企业合规管理
法律实务指引

建筑施工企业

合规及风险防范指引

韩 骁 王晓儒 主编

编委会成员

韩 骁 王晓儒 薛璐璐
方 乐 吕伊凡

中国法治出版社
CHINA LEGAL PUBLISHING HOUSE

序

在民商事纠纷案件中，建设工程合同纠纷案件具有专业性强、疑难复杂问题集中的特点。刑事合规领域，亦属于政策、法律研究和刑事辩护的热点。两者的研究和发展均离不开不同行业的法官、学者、律师们持续不断地研究、讨论与论著撰写。我的学生韩骁律师和青年才俊王晓儒律师，在上述建设工程合同合规领域，都有着自己的法律研究心得及丰富的实务经验。韩骁律师曾受教于我，现已成长为身兼数职的合伙人律师，既任大学硕士生导师，又任北京市国有资产法治研究会副会长、北京市律师协会财税法律专业委员会副主任等职。王晓儒律师年轻有为，在建设工程合同纠纷案件办理方面富有经验、善于思考。

我在给青年法学生讲课时多次提及“法律人要懂得自己造就自己”，这既是对青年学者的殷切寄语，也是一份叮嘱。其中，不同行业的青年学者因行业法律思维方式的不同，造就自己的方式也体现出差异。法学教授的法律思维旨在探求法理，其在课堂上分析案例或者撰写论文研究案例，主要目的在于探求法律上的理论、研讨判决的理由及其正确与否。律师从事法律思维的目的，是通过法律解释，运用法律依法保护委托人的合法权益。因此，法学教授撰写的文章同律师撰写的文章也因法律思维方式的不同而有差异，律师的写作更具实操性。律师结合自己实践工作将经验转化为文字，也是一种自我造就和成就的方式。

本书知识上的复合性、资料丰富性、实操性最具特点。本书基于建筑施工企业行业特点，主要对行业内刑事风险问题进行了阐释，为建筑施工企业进行刑事合规化建设提供了切实可行的方案，这无疑顺应了国家对企业加强合规建设的要求，也为“大合规”建设提供了自己的智慧。

任何知识都存在争论的空间，更何况覆盖面广泛的一本书籍，但我相信编者已做好迎接批评的准备。对于青年律师学者们愿意将自己实践付诸文章的探索，我们应给予尊重和鼓励。将此书推荐给建筑施工企业及从事建设工程施工合同纠纷案件和企业合规的实务人士，期待引发进一步的探讨和思考。

梁慧星

目　录

导论　建筑施工企业刑事风险下企业合规

《2019—2020 企业家刑事风险分析报告》① 显示：建筑行业在工程承揽阶段犯罪案件数及发案率居所有行业首位。建筑施工企业如何提取构建企业合规的方法论，从而脱离单纯民事、行政合规视角，无疑将成为建筑施工企业防范刑事风险的一大路径。

建筑施工企业合规工作何以重要？

（一）建筑施工企业及主要负责人员刑事犯罪情况

《2019—2020 企业家刑事风险分析报告》显示：建筑行业在工程承揽阶段犯罪案件数及发案率居所有行业首位。建筑施工企业主要涉及的罪名：在企业招投标环节，主要涉及罪名为串通投标罪、侵犯商业秘密罪；在企业施工环节，主要涉及罪名为重大责任事故罪，伪造公司、企业、事业单位、人民团体印章罪，受贿罪；在竣工结算环节，主要涉及罪名为拒不支付劳动报酬罪、聚众扰乱社会秩序罪；在企业资金管理环节，主要涉及罪名为职务侵占罪、挪用资金罪、虚开增值税专用发票罪。

表 0-1　建筑施工企业安全生产环节刑事风险

罪名	内容
重大责任事故罪	在生产、作业中违反有关安全管理的规定，因而发生重大伤亡事故或者造成其他严重后果的。

① 2021 年 4 月，北京师范大学刑事法律科学研究院院长、中国企业家犯罪预防研究中心主任张远煌在第八届企业刑事合规高端论坛暨《2019-2020 企业家刑事风险分析报告》发布会上正式发布该报告。

续表

罪名	内容
强令、组织他人违章冒险作业罪	强令他人违章冒险作业，或者明知存在重大事故隐患而不排除，仍冒险组织作业，因而发生重大伤亡事故或者造成其他严重后果的。
危险作业罪	在生产、作业中违反有关安全管理的规定，有下列情形之一，具有发生重大伤亡事故或者其他严重后果的现实危险的，处一年以下有期徒刑、拘役或者管制：（一）关闭、破坏直接关系生产安全的监控、报警、防护、救生设备、设施，或者篡改、隐瞒、销毁其相关数据、信息的；（二）因存在重大事故隐患被依法责令停产停业、停止施工、停止使用有关设备、设施、场所或者立即采取排除危险的整改措施，而拒不执行的；（三）涉及安全生产的事项未经依法批准或者许可，擅自从事矿山开采、金属冶炼、建筑施工，以及危险物品生产、经营、储存等高度危险的生产作业活动的。
重大劳动安全事故罪	安全生产设施或者安全生产条件不符合国家规定，因而发生重大伤亡事故或者造成其他严重后果的。
工程重大安全事故罪	建设单位、设计单位、施工单位、工程监理单位违反国家规定，降低工程质量标准，造成重大安全事故的。
不报、谎报安全事故罪	在安全事故发生后，负有报告职责的人员不报或者谎报事故情况，贻误事故抢救，情节严重的。

（二）建筑施工企业刑事风险下企业合规之必要

企业合规的目标是“通过办好每一个案件，积极营造法治化营商环境”，保障公司正常经营，预防人事风险、经营风险、财务风险和行政/刑事风险（资质吊销、声誉损失、丧失自由）。

如何有效防控建筑施工企业安全生产中的刑事法律风险？

1. 搭建安全生产组织体系

建筑施工企业必须建立安全生产组织体系，明确企业安全生产的决策、管理、实施的机构或岗位。

建筑施工企业安全生产责任体系应符合下列要求：企业主要负责人应领导企业安全管理工作，组织制定企业中长期安全管理目标和制度，审议、决策重大安全事项；各管理层主要负责人应明确并组织落实本管理层各职能部门和岗位的安全生产职责，实现本管理层的安全管理目标；各管理层的职能部门及岗位应承担职责范围内与安全生产相关的职责，互相配合，实现相关安全管理目标。施工企业应依据职责落实各管理层、职能部门、岗位的安全生产责任。

施工企业各管理层、职能部门、岗位的安全生产责任应形成责任书，并应经责任部门或责任人确认。责任书的内容应包括安全生产职责、目标、考核奖惩标准等。

工程项目总承包单位、专业承包和劳务分包单位的项目经理、技术负责人和专职安全生产管理人员，应组成安全管理组织，并应协调、管理现场安全生产；项目经理应按规定到岗带班指挥生产；总承包单位，专业承包和劳务分包单位应按规定配备项目专职安全生产管理人员，负责施工现场各自管理范围内的安全生产日常管理。①

2. 制定安全生产责任制度

建筑施工企业应依据法律法规，结合企业的安全管理目标、生产经营规模、管理体制建立安全生产管理制度。其一，施工企业安全生产管理制度应包括安全生产教育培训，安全费用管理，施工设施、设备及劳动防护用品的安全管理，安全生产技术管理，分包（供）方安全生产管理，施工现场安全管理，应急救援管理，生产安全事故管理，安全检查和改进，安全考核和奖惩等制度；其二，施工企业的各项安全生产管理制度应规定相应的工作内容、职责与权限、工作程序及标准；其三，施工企业安全生产管理制度，应随有关法律法规以及企业生产经营、管理体制的变化，适时更新、修订完善。

3. 落实安全生产刑事风险排查

4. 拟定岗位风险评价量表

5. 加强安全文化宣传与文化教育

（三）施工环节环保合规要点

如何有效防控建筑施工企业环保刑事法律风险？

① 参见中华人民共和国住房和城乡建设部《施工企业安全生产管理规范》（GB 50656-2011）。

1. 设置环保合规管理组织

收集并整理涉及本企业环保责任的全部法律法规等规范性文件，按照规范性文件审查企业涉及环保事项的实际情况，分析潜在风险，针对潜在风险提出解决方案、应急预案及合规指引等文件，并制定环保合规制度，对企业成员开展环保合规教育与再培训。

2. 严控污染物管理与排放合规

施工企业如实记录企业污染物排放情况，确保污染物排放符合国家要求。如需第三方代为处置污染物、废弃物，应当审慎检查第三方资质能力，避免因第三方行为被罚或涉诉。

其关键在于重视建立环境管理台账记录制度。《排污许可管理条例》第二十一条第一款规定，排污单位应当建立环境管理台账记录制度，按照排污许可证规定的格式、内容和频次，如实记录主要生产设施、污染防治设施运行情况以及污染物排放浓度、排放量。环境管理台账记录保存期限不得少于5年。

表0-2 环境管理台账记录流程

记录项目	详细内容
一般标准	排污单位应建立环境管理台账记录制度，落实环境管理台账记录的责任单位和责任人，明确工作职责，并对环境管理台账的真实性、完整性和规范性负责。一般按日或按批次进行记录，异常情况应按次记录。 实施简化管理的排污单位，其环境管理台账内容可适当缩减，但应至少记录污染防治设施运行管理信息和监测记录信息，记录频次可适当降低。
记录形式	分为电子台账和纸质台账两种形式。
记录内容	基本信息、生产设施运行管理信息、污染防治设施运行管理信息、监测记录信息及其他环境管理信息等。
记录频次	基本信息：未发生变化的，1次/年；发生变化的，在发生变化时记录1次。 生产设施运行管理信息：正常工况的，运行状态、生产负荷等信息均按日获批次记录，1次/日或批次；非正常工况的，按照工况期记录，1次/工况期。 污染防治设施运行管理信息：正常情况的，运行情况、主要药剂添加情况等信息按日或批次记录，1次/日或批次；异常情况的，按照异常情况期记录，1次/异常情况期。

续表

记录项目	详细内容
	监测记录信息：按 HJ819 及各行业自行监测技术指南规定执行。 其他环境管理信息：（1）废气无组织污染防治措施管理信息，按日记录，1 次/日；（2）停产或错峰生产的，原则上仅对停产或错峰生产的起止日期各记录 1 次；（3）其他信息，依据法律法规、标准规范或实际生产运行规律等确定记录频次。
记录存储及保存	（1）纸质存储：应将纸质台账存放于保护袋、卷夹或保护盒等保存介质中；由专人签字、定点保存；应采取防光、防热、防潮、防细菌及防污染等措施；如有破损应及时修补，并留存备查；保存时间原则上不低于 3 年。 （2）电子化存储：应存放于电子存储介质中，并进行数据备份；可在排污许可管理信息平台填报并保存；由专人定期维护管理；保存时间原则上不低于 3 年。

第一章 企业合规介绍

一、企业合规是什么

企业合规（Corporate Compliance），即“事前合规”，是指企业自觉主动进行的合规建设，是一种旨在防范企业法律风险的全面预防型合规。企业通过优化治理结构、健全规章制度、建设合规文化，应对合规风险的管理体系，防范、发现和应对合规风险。企业合规是企业走向现代化、法治化的一项显著标志，是现代企业治理结构的重要组成部分。

要逐渐将合规建设从企业违法犯罪向“事前合规”推进，从“要我合规”转变为“我要合规”，培养我国企业合规的“土壤”。可见，企业合规的建立倾向于“预防犯罪”。有效的企业合规可以引导企业依法合规经营，达到预防犯罪的目的，在发生企业员工涉嫌犯罪的情况下，还可以有效保障企业的合法权益、切割企业与员工的责任，避免企业被牵连入罪，最终为企业发展吃上“法治定心丸”。①

二、企业合规的基本价值

企业合规是一种以风险防控为导向的公司治理体系。为什么要建立企业合规管理体系？也就是建立企业合规的正当性问题。学者曾提出诸如“商业效益理论”“企业社会责任理论”“道德行为理论”“降低违法成本理论”“社会效益理论”等不同观点。企业合规并不会直接创造显而易见的价值，短时间内还可能会因为投入大量的人力、物力、财力，丧失部分商业机遇和商业利益。因此，人们

---

① 冯科臻、李光奇：《建议从三个维度推进企业合规》，载《检察日报》2022年10月21日，第3版。

就会提出一个问题：企业合规制度的建立是否会带来以及如何带来超越经济性的价值利益？

近年来，我国企业合规制度无论是借鉴国外经验，还是结合国内的具体实践，都展现出企业合规对企业自身、国家治理和公共利益的正向价值。具体而言，企业合规的价值集中体现在以下四个方面。

（一）企业社会责任的承担

企业的社会责任是指企业在追求扩大生产和增加利润的同时，要注重维护社会公共利益，包括环境保护、依法纳税、保护劳动者权益等。西方国家对此曾提出两种理论，分别是“企业社会责任理论”和“道德行为理论”。从我国监管部门近年来的实践看，有将两种理论相结合的趋势，即将企业“合规”与“道德”联系起来，认为企业合规是对道德义务的履行，是对社会责任的承担。从而进一步引出“合规文化”这一概念。所谓合规文化，大体而言，就是体现企业道德责任和社会责任的一套规范。但企业有什么方式能够促进合规文化的落地而不是只停留在纸面上呢？企业合规的实施，虽然在短时间内会使企业有所牺牲，但从长远来看，其形成的浓厚的合规文化，有助于在追求利益的同时，亦注重承担企业的社会责任，树立良好的社会形象，为企业发展提供巨大的无形财产。

（二）企业的可持续性发展

“合规是组织可持续性发展的基石”，是实现“良好治理原则”的保障，这一理念是在中国合规体系国家标准的《合规管理体系指南》（GB/T 35770-2017）中明确提出的。在具体谈论企业的可持续性发展过程中，有学者将这种价值分为合规制度给企业带来的消极收益和积极收益。消极收益被认为是企业合规体系建立过程中对企业所做“牺牲”的特定利益的“补救”。首先，合规体系的建立是对合规风险的有效防范，一个企业通常会面临四类风险：一是战略风险；二是经营风险；三是财务风险；四是法律风险，这四类风险由企业内部不同的负责部门分工化解。[①] 唯独合规风险，举一个例子，当企业面临合规风险时，就可能会受到行政处罚、刑事处罚或者面临国际仲裁风险，严重的会导致企业失去市场准入

① 陈瑞华：《企业合规基本理论》（第三版），法律出版社 2022 年版，第 68-79 页。

资格，甚至被吊销营业执照等灾难性后果。这种风险与一般的法律风险不可同日而语。因此，虽然合规风险属于法律风险的一类，但因其关乎企业存亡的特性，应比一般的法律风险更受重视。

其次，建立企业合规制度可以在行政以及刑事领域树立一道“隔离墙”，实现企业与员工、客户、第三方商业伙伴和被并购企业之间风险及责任的有效分割。例如，企业通过颁布专项合规政策，既能对员工和高级管理人员起到提示与警醒作用，又能在员工和高管人员存在失职行为时，借助合规管理体系，通过提出无责任抗辩事由推翻过去的严格责任制。

合规制度给企业带来的积极收益集中体现在通过建立企业合规体系，形成良好的企业管理体系，从而提升企业商誉。通过企业合规带来的企业竞争力，促进企业市场信用度的提升，推动企业的可持续性发展。

（三）健全社会治理体系

从社会治理体系来看，企业合规既是企业治理体系和治理能力现代化的重要标志，也是国家治理体系和治理能力的重要体现。企业通过自我监督、自主监督减少企业犯罪，从而完善社会治理体系也是企业合规制度建设的重要价值。

（四）保护社会公共利益

企业合规对社会公共利益起着特殊的保障作用，一个企业在建立有效的合规体系框架下开展经营活动本身就能够起到预防犯罪、维护经济秩序、保障社会公共利益的作用。

考察我国企业合规制度的发展现状发现，许多企业将其业务活动和内部经营活动中涉及的一般性法律问题的法律服务（即一般的企业常年法律顾问制度）等同于企业合规制度，从而忽视了企业合规的价值。搭建企业合规制度时，如果只从民事角度、行政角度考虑，可能无法进行刑事风险的合规防范，企业对刑事合规的重视不足将导致实务操作中存在较大风险。因而从刑事合规视角出发完善企业合规制度体系，便于企业合规的本土化改造，利于企业规避风险，顺利开展经济活动。

聚焦于本书所论述的建筑工程领域，建筑施工企业及主要负责人从施工合同签订、业务分包、施工，以及竣工、验收各阶段都面临着较高的合规风险。建筑施工企业搭建完善的合规管理体系既是企业承担社会责任、维护社会公共利益的表现，又是为企业自身创造价值，实现可持续性发展的首要途径。

第二章　建筑施工企业组织架构设计

合规管理组织架构是合规体系建设的基础。通过完善合规管理组织架构，协调管理职能和资源配置，强化合规职责及组织领导，以支撑企业合规管理体系的高效运行。以中国中铁为例，其合规管理组织架构包括党委纪委、董事会/监事会及经理层、合规管理部门、全体员工四个层次，以确保合规管理覆盖所有业务、部门、分支机构、各级子企业和全体员工。①

一、合规管理组织架构设置的原则

《中央企业合规管理指引（试行）》与《企业境外经营合规管理指引》作为企业合规管理建设的主要官方指导文件，都明确规定了企业合规管理的原则。《中央企业合规管理指引（试行）》指出，中央企业应当按照全面覆盖、强化责任、协同联动、客观独立的原则加快建立健全合规管理体系。《企业境外经营合规管理指引》第五条提出，企业合规管理要坚持独立性、适用性、全面性的原则。以上两部官方文件中所确定的合规管理原则，是我国企业进行合规管理建设、明确自身合规管理原则的重要参考。

科学性原则是指企业在设立合规组织时，应遵循企业合规运行的基本规律，结合企业合规管理的实际需要和情况，科学地制订合规组织的设置方案。科学性原则是企业合规组织设立的首要原则。

独立性原则是指企业在设置合规组织时，应保证合规组织的信息传达路径是独立且垂直的。这样的组织设置能保证当违规行为发生时，合规管理组织可排除部门和组织内部的各项干扰，迅速将合规情况信息传递给企业合规管理最高层。目前，仍然有不少建筑施工企业没有设立专门的合规部门，这部分企业的合规职

① 李林蔚、陈文楷、秦舟：《合规管理体系建设研究》，载《法制博览》2020年第29期。

责只是笼统地由法律事务部门承担。或者，有的企业虽然设置了合规部门，但是并没有赋予其相应的职权，这就导致合规部门存在感低、权威性不强，合规工作难以推进。建筑施工企业在设计合规管理体系时应从制度设计、机构设置、岗位安排、职权配置、报告机制等方面确保合规管理的独立性，这对企业尽快形成合规管理概念具有重要作用。①

责任性原则是指企业合规组织的设置应当以保证合规责任体系的有效落实为目标之一，明确合规组织内部成员的各项责任内容。合规组织的设置不仅包括合规权力的划分，还包括合规风险的承担、相应责任义务的履行。

二、合规管理组织架构的具体设置

企业应根据自身规模设立合规管理委员会或者合规管理负责人，其主要职责包括：组织领导合规管理工作；制定合规管理规划；监督和评价合规管理工作；审议研究合规管理重大事项。企业可以设置首席合规官，由国有施工企业的相关负责人或总法律顾问担任，负责合规工作的规划、实施和监督。②

（一）董事会合规权限

在“定战略”方面，董事会应当建立健全企业战略规划研究、编制、实施、评估的闭环管理体系。在“作决策”方面，董事会应依照法定程序和公司章程决策企业重大经营管理事项，如企业经营计划、重大投融资事项、年度财务预决算、重要改革方案等，并督导经理层高效执行。在“防风险”方面，董事会应当推动完善企业的风险管理体系、内部控制体系、合规管理体系和违规经营投资责任追究工作体系，有效识别研判、推动防范化解重大风险。董事会审议重大经营管理事项，应重点研判其合法合规性、与出资人要求的一致性、与企业发展战略的契合性、风险与收益的综合平衡性等。③

（二）总经理合规权限

经理层作为董事会决策的执行机构，其主要负责日常经营管理，因此企业需

---

① 王春军：《“施工企业合规管理体系和能力建设”系列之六 施企合规管理的组织架构》，载《施工企业管理》2020 年第 6 期。

② 周峰、蒋玄斌：《探讨国有施工企业合规管理办法》，载《财经界》2021 年第 33 期。

③ 参见《中央企业董事会工作规则（试行）》。

要编制经理职责清单，该职责清单根据公司的具体情况编制，不能仅仅照搬《公司法》的条款，而是要做到履职有据可依。而其合规管理职责主要包括：组织拟定合规管理基本制度和合规手册，并向董事会报告。

（三）首席合规官（法务部部长兼任）合规权限

2018年国务院发改委出台的《企业境外经营合规管理指引》第十一条第（二）项第一次明确提出“企业可结合实际任命专职的首席合规官”。首席合规官的主要职责包括：对企业经营范围和特点有翔实的了解，对合规管理、法律、审计部门具有基本的职能掌握；对合规管理制度和体系建立有基本的理解；掌握专项合规管理的管理技能，如基本的反舞弊、反商业贿赂调查方法和手段，并且能够独立领导跨部门的企业全面调查；组织制定合规管理规划；对企业重大决策提出合规意见；领导合规管理部门开展具体工作；向合规管理委员会、经理层、董事会汇报合规管理重大事项等；组织审查合规管理年度报告；起草企业章程；组织审查合规管理的基本制度和具体制度规定；其他合规管理职责。[①]

（四）合规与风险委员会（合规小组）合规权限

合规与风险委员会（合规小组）的合规管理职责主要包括：审核合规管理战略规划和年度报告，明确年度合规管理目标；审核合规管理基本制度；审核合规管理机构及其职责设置方案；研究合规管理有关重大事项，对合规管理提出意见或建议；研究重大违规事项，向董事会提出对有关违规人员的处理意见或建议；对合规管理工作进行指导、监督和评价；协调解决合规管理重大问题，为推进合规管理提供保障、创造条件。

（五）公司各职能部门合规权限

合规整改离不开各部门及各岗位的各司其职和协调配合，为保证公司合规整改工作的顺利进行以及公司经营管理的健康有序，公司应进一步明确相关部门的分工与职责。公司主要部门的合规职责如下：

1）业务部门负责本领域的日常合规管理工作，按照合规要求完善业务管理制度和流程，主动开展合规风险识别和隐患排查，发布合规预警，组织合规审

① 王春军：《“施工企业合规管理体系和能力建设”系列之六 施企合规管理的组织架构》，载《施工企业管理》2020年第6期。

查，及时向合规管理牵头部门通报风险事项，妥善应对合规风险事件，做好本领域合规培训和商业伙伴合规调查等工作，组织或配合进行违规问题调查并及时整改。

2）人事部门应更好地辅助其他各项合规管理制度在公司内部的落实，同时也应把握合规文化在公司内部的培养和提升。一般而言，与人事相关的合规制度应协同服务于整体合规制度设立的目标，体现在招聘、培训、绩效考核和人事措施等各个方面。

3）审计部门监督劳动保护和安全生产费用的提取、使用情况；审计评价各项目部（中心、分公司）领导人员任期内安全管理指标的完成情况。

4）企业法务部门是合规管理的实施部门，负责组织协调和监督合规管理工作，主要职责包括：在日常经济活动和法律事务中，执行国家安全生产相关法律法规，落实相关要求；及时更新安全生产法律法规有效目录，提出减少、避免安全生产法律风险的措施和法律意见；管理和协调涉及企业安全生产法律纠纷和诉讼事项；处理涉及安全生产相关的诉讼、仲裁、行政复议等案件；审核涉及企业安全生产的规章制度、经济合同、重要决策、授权委托书的法律合规性，参与相关生产安全事故调查处理；其他部门应根据有关法律法规和监管部门的要求，加强相关业务领域的合规风险识别、评估和应对工作。

三、工程建设类企业项目部合规要求

（一）重视项目部合规①

项目部有项目管理部、项目经理部等多个称呼，我国法律文件对于其概念的界定，如在《建设项目工程总承包管理规范》（GB/T 50358-2017）中界定为：根据工程总承包企业管理规定，结合项目特点，确定组织形式，组建项目部，确定项目部的职能。通常项目部由施工企业自己组织建立，通过合同或者协议形式由他人组建项目部。因此，实践中有人认为项目部是施工企业的内部管理机构，也有一部分律师认为项目部是法人设立的但是没有营业证照的分支机构。

---

① 林锦瑞：《建设工程项目部主要法律问题及司法解决》，西南政法大学2016年硕士学位论文。

项目部通常有如下几个特点：一是相对于施工企业较为独立，其是为了完成某一施工项目而成立的，主要围绕工程项目运作，虽与施工企业形成相对独立的关系，但必然受到施工企业的监督、管理；二是项目部具有综合性，其对项目的全过程、全方位进行管理和监督，包括设计、财务、工程质量、材料采购等，并设立多个职能部门负责各个环节；三是临时性，项目部伴随具体的施工项目而存在，一个项目部竣工验收之后，便也会随之解散，存续期间有限。

项目部是施工单位项目的具体承担者，但现实中项目部与施工企业的权责并不明晰，实践中项目部经常把自己当作独立的法人进行对外活动，超越职权签订合同、私刻公章等，导致了一系列建工纠纷。同时，由于缺乏具体法律法规规定，在司法层面上也有一定的操作难度，因此，重视项目部合规是大势所趋。[①]

（二）项目部人员的合规职责

施工企业对项目经理的管理。一般来说，项目经理是施工单位为了完成某一具体项目施工而特定设立的一种管理职位，隶属于施工单位，与施工单位之间具有委托代理关系。项目经理从事的经营管理行为会被视为企业行为，因此施工单位应妥善选任项目经理，通常一个项目部的项目经理在没有重大过失或故意犯罪的情况下不会更换。项目部的合规以项目经理为中心，虽然施工单位不直接负责项目部的合规，但应当起到监督作用，在资金、材料采购、安全质量等重大方面监督项目经理的决策流程是否合规，并定时检查项目经理的合规职责履行情况。

1. 项目经理的合规职责

项目经理作为项目的总组织者、总协调者和总指挥者，也应当统筹项目部的合规工作。认真贯彻国家和上级有关方针、政策、法律法规，以及公司制定实施的各项规章制度，自觉维护企业形象和职工权益，确保全面完成公司下达的各项指标；全面负责工程项目施工管理工作，对项目内各分项工程的工作进度、质量、安全和文明施工等进行全面监督管理；组织制订工程项目的施工组织设计，包括工程进度计划和技术方案，制定并实施安全生产和质量保证措施；根据公司

① 王春军：《“施工企业合规管理体系和能力建设”系列之十 施企项目部的合规管理》，载《施工企业管理》2020 年第 10 期。

年（季）度施工生产计划，组织编制季（月）度施工计划，包括劳动力、材料构件和机械设备的使用计划，并在实施中随时调配；科学组织和管理进入项目工地的人员、资金、物资，协调分包单位之间的关系，及时解决施工中出现的问题；负责组建项目经理部组织机构，组织制定项目经理部各类岗位人员的职责、权限和各类管理规章制度，并监督实施；搞好与各业务部门的关系，积极配合上级各职能部门对本项目工程的各类检查。

2. 项目技术员

全面负责项目经理部的技术和质量管理工作，包括与项目经理部各部门、社会各级相关部门及有关组织的技术和质量相关工作；遵守国家、行业、地方和企业的技术政策、标准、规范和制度；建立健全项目部技术质量管理体系和规章制度，明确项目技术质量人员的岗位责任制；组织本项目施工组织设计、施工方案、技术交底的编制和论证工作，并实施管理；负责本项目测量、实验、计量、工程资料，以及技术标准的编制和技术培训等工作；组织对施工样板、分项、分部工程质量进行检验评定工作，参加单位工程的竣工验收；负责确定项目质量目标并监控实施过程；领导项目部技术部门推广和应用新工艺、新材料、新技术。

3. 项目施工员

协助项目总工程师组织图纸会审并参与设计交底，组织施工组织设计的编制并实施管理，编制并审核施工方案，对分包单位进行技术交底。办理设计变更或技术洽商时，充分利用多媒体影像资料，收集工程中的差、错、漏项及不可预见因素引起工程变更的有关资料。熟悉合同文件、技术规范、设计图纸，在施工过程中对质量、进度进行全面控制，施工中出现的问题要按规范要求提出处理意见，对不能解决的问题要及时汇报，请示项目总工程师处理。研究解决施工中的技术难题，按照技术规范和规则解决技术问题，推广新技术、新材料、新设备、新工艺的应用。组织、指导现场施工人员施工，填写工程日记和各种施工记录，负责收集、整理和汇总工程质检资料、验收资料、施工图表、竣工资料并进行检查和监督。负责所管项目，向施工队提供测量资料、设计图纸，进行交桩、技术标准、关键工艺、注意事项的交底。监督放样，校核平面位置及标高，监督操作工艺，组织中间抽检及分部、分项的承包人验收。对关键工序和隐蔽工程督促施工员做好记录等。

4. 项目质检员

认真贯彻执行国家工程质量检验评定标准，按照国家标准要求开展质量管理活动，参与施工项目的预检、隐检、验收和样板工序质量检验等工作。深入各班组，随时进行工程质量检查，及时处理发现的问题，确保将质量事故消灭在萌芽状态。认真督促检查原材料质量，查看有关质保书，发现不合格原材料立即停用，检查混凝土试块制作和保养情况。协助物资部门按有关技术标准进行监督检查，对需试验的物资，督促材料人员和试验员按时取样送检，把好原材料质量关。把好工序质量关，实施工程质量预控，严格执行“三检制”，以工序质量来保证分项工程质量。组织制定项目部质量管理规章制度和创优目标计划，并监督实施。督促项目分包单位建立健全质量保证体系，对分包项目质量人员进行管理，组织项目质量例会，分析质量形势，提出质量改进意见并监督实施，有权制止违章作业和违章指挥，按规定实施停工和处罚。参与施工项目质量问题和质量事故的调查、处理工作，并监督、验证纠正措施的执行。

5. 项目安全员

严格执行各项安全生产、劳动保护的方针、政策、法令及规章制度，做好项目的安全生产管理工作，熟悉安全技术操作规程，掌握安全防护标准，制定安全生产制度、安全检查制度和安全教育制度，并负责贯彻实施。配合安全领导小组开展旬（周）例行安全生产大检查，做好记录，督促整改并实施奖惩。每天进行项目安全巡查，制止违章指挥和违章作业，做好安全生产工作日记。对违反安全条例和有关安全法规的行为，经劝说无效，有权提出处理意见，报有关领导批准后执行。督促项目分包单位建立健全安全保证体系，对分包项目安全人员进行管理。做好特殊作业人员的登记管理工作，督促其遵守安全生产制度，持证上岗，杜绝违章作业。按时上报项目各类统计报表，按上级要求收集、整理各项安全管理资料。有权制止违章作业、违章指挥，按规定实施停工和处罚。参加施工项目安全问题、安全事故的调查、处理工作，并监督、验证纠正措施的执行情况。参与劳保用品和防护用品的采购、验收、发放工作，协助有关部门开展安全施工宣传、教育工作，做好安全标志牌挂放等。

6. 项目材料员

根据工程进度情况，按月（周）编制物资采购和租赁计划，经项目经理审批后，及时供应施工用的材料、机具、附件等。采购材料时采取“比质量、比价格、比服务、算成本”三比一算方法，做到优质优价，货比三家，努力降低工程成本；认真贯彻和执行党和国家及地方的有关物资政策的法令、法规和企业的各项规章制度，确保公司物资系统的经营活动无任何违规、违章行为。建立健全并不断完善项目部物资管理各项制度，保证物资从计划、采购、加工订货，到现场消耗、回收利用的各个环节均处于受控状态。按照施工组织设计及现场施工平面图的要求，严格材料码放的位置，确保安全合理堆放，防止料具堆放倒塌造成人身伤害。对危险品（易燃、易爆、有毒）材料的储存和发放，应采取严格的管理措施和应急措施，并对采购运输进行专门的安全教育和交底。及时组织工程所需物资的合同洽谈、评审、签订工作，认真审核各种物资的采购计划和资金计划，最大限度地发挥资金的作用，以最少的投入获取最大的效益。负责做好材料的进退场计量、验收，编制材料报表并及时汇总上报，加强对周转材料的管理，严防周转材料损伤短缺，严格执行周转材料制度及管理责任书。

7. 项目资料员

主动向相关业务部门（人员）收集应存档资料并进行归档。资料归档后，有关人员确需临时借用的，必须进行详细登记（用途、内容、张数或页码）。所有归档资料（包括临时）必须符合有关职能部门的要求，随时能够接受检查。同时，要加强业务学习，不断提升资料管理水平。

8. 项目财务员

为加强资金管理，确保资金使用安全，提高资金使用效率，必须建立领导审批制度，保证一切资金在《会计法》允许的范围内使用；物资采购及加工订货款项的支付必须按照双方签订的经济合同和质量、工期、进度要求的相关条款执行。对分包付款要严格按照合同约定的付款比例进行，任何分包商和个人不得超比例付款。根据会计制度，定期汇总会计凭证，并与科目明细账核对一致。认真审核收支原始凭证，确保账务处理符合制度规定，账目清楚，数字准确，并结算及时。各项付款时手续必须齐全，财务主管要严格把关，对手续不全或超比例的分包付款，财务人员有权拒绝支付。按时按要求记账收款，按时编制会计报表，确保数据真实、内容完整、说明清楚、报送及时且专款专用以及严格按照财务管理制度的要求，认真做好记账凭证的稽核，保证财务结算的正确、及时和真实，为领导提供可靠的经营管理资料。及时认真完成好领导交办的工作，督导所负责岗位的工作情况，并对工作完成的效果负直接的责任。

当项目部出现法律问题时，施工企业往往会受到牵连。因此，项目部的合规工作不能只局限于自身。项目经理作为项目部合规的主导人员，应当由施工企业严格选任并监督。在项目经理的带领下，项目部全体人员应对该项目从材料采购到进场施工，从验收到资料管理等各个方面进行合规操作，以降低法律风险。[①]

① 王春军：《“施工企业合规管理体系和能力建设”系列之十 施企项目部的合规管理》，载《施工企业管理》2020年第10期。

第三章　建筑施工企业资质合规要求

资质是指某一单位或个人被有关政府机关或授权机构赋予或确认具有承办某事务的资格。[①] 我国法律规定，从事建筑活动的建筑施工企业，必须在取得相应等级资质后，才可在其资质等级许可的范围内从事建筑活动。

根据《建筑业企业资质管理规定》第五条的规定，建筑业企业资质分为施工总承包资质、专业承包资质、施工劳务资质三个序列。施工总承包资质、专业承包资质按照工程性质和技术特点分别划分为若干资质类别，各资质类别按照规定的条件划分为若干资质等级。施工劳务资质不分类别与等级。[②]

一、建筑施工企业各项资质要求

建设工程领域的资质划分标准主要有两种：一是行业标准；二是专业标准。[③]

所谓行业标准，是指建设工程类型较多，包括传统的“铁公基”（如以铁路、公路、机场为代表的国家传统基础设施建设）、新兴的“新基建”（如以新发展理念为引领，以技术创新为驱动，以信息网络为基础，面向高质量发展需要，提供数字转型、智能升级、融合创新等服务的基础设施体系，包括信息基础设施、融合基础设施及创新基础设施），以及水利、电力、通信、化工、煤炭等与民生密切相关的基础设施建设。无论是“铁公基”“新基建”还是“民生基础设施”，每一具体行业有其特定的技术要求和质量标准，因此，都有其特殊的资质要求，如公路工程所需的“公路工程施工总承包企业资质”、通信工程所需的“通信工程施工企业资

---

① 曲修山、何红锋：《建设工程施工合同纠纷处理实务》，知识产权出版社 2004 年版。

② 中华人民共和国住房和城乡建设部：《建筑业企业资质管理规定》。

③ 参见《规范资质资格管理》，载《施工企业管理》2015 年第 7 期，第 47-48 页。

质”以及电力工程所需的“电力施工企业资质”等。①

所谓专业标准，是指无论是传统的“铁公基”，还是新兴的“新基建”，抑或是“民生基础设施”，针对每一具体工程，都需要完成勘察、设计、施工，都需要工程监理保证施工质量，都需要工程造价咨询机构准确计算施工成本。② 工程勘察、设计、施工、监理及造价咨询等每一具体业务的专业性都非常强，为了保证每一业务成果质量，国家对每一行业中的工程勘察、设计、施工等都规定了具体的资质要求，如工程勘察所需的“工程勘察各类资质”以及工程施工所需的“施工总承包资质、专业承包资质或者施工劳务资质”等。

就具体的资质标准而言，国家主要从施工企业的资信能力、主要人员资质和经验要求、科技水平、工程业绩等方面进行不同层级的规定。

例如，建筑工程施工总承包资质分为甲级、乙级。施工总承包序列又设有13个类别，分别是：建筑工程施工总承包、公路工程施工总承包、铁路工程施工总承包、港口与航道工程施工总承包、水利水电工程施工总承包、电力工程施工总承包、矿山工程施工总承包、冶金工程施工总承包、石油化工工程施工总承包、市政公用工程施工总承包、通信工程施工总承包、机电工程施工总承包、民航工程施工总承包。

建筑施工企业资质的等级、类别、范围关系到企业在建筑市场中的竞争地位和能力，直接影响企业的经营业绩，进而对企业的生存、发展产生重大影响。建立资质合规管理体系：一是有利于防止企业经营效益流失。③ 缺乏合规资质管理体系将对企业效益造成巨大威胁，如未对业主资信和履约能力进行评估，工程款被拖欠；没有资质、借用资质、造假资质或是超越资质范围建设的施工企业，如果在施工过程中由于技术水平有限导致了工程事故，还将面临施工合同无效、工程款无法收回、降低资质等级、被判处重大责任事故罪等各种风险。二是能为企

---

① 李木子、李欠欠：《基于提高企业核心竞争力的建筑业企业资质管理》，载《城市建设理论研究》2016年第11期。

② 高田冰、刘长明、赵春阳：《论工程造价咨询对控制工程造价的影响》，载2013年《海峡两岸经济管理学术研究会论文集》。

③ 李木子、李欠欠：《基于提高企业核心竞争力的建筑业企业资质管理》，载《城市建设理论研究》2016年第11期。

业创造价值。一方面，企业效益流失的减少能增强企业资金实力，在垫资施工盛行的环境下，资金实力强的企业能在竞争中获得更大优势。另一方面，建筑施工企业是否具有合规管理体系，直接关系到工程项目能否按期、按质完成。在一些工程招标活动中，招标人会要求投标人建立合规管理体系，不存在违法违规行为①，如我国《政府采购法》第二十二条规定，政府采购活动的供应商应具备良好的商业信誉和健全的财务会计制度，参加政府采购活动前三年内没有重大违法记录。基于此，要提高企业经营开发、生产产值、利润等经营指标，就要针对企业实力、社会需求等方面加强建筑施工企业资质合规管理，建筑施工企业建立合规管理体系之必要性可见一斑。

二、建筑施工企业因资质产生的法律风险

企业法律风险是指企业从筹备设立起至依法终止前，其作为或不作为的行为与法律规范存在差异，并因此而未尽法定义务或未用法定权利，导致承担民事、行政甚至刑事责任，以及单方权益丧失的可能性。我国对从事建设工程的主体实行最严格的资质管理，而建筑施工企业常见的违法发包和挂靠等无资质、超越资质、借用资质、造假资质开展施工活动的行为，均有可能产生民事、行政乃至刑事责任风险。②

（一）建筑施工企业资质问题

1. 未取得资质或无资质

建筑施工企业将工程发包或委托给无资质的单位或自然人，或者无资质的单位和自然人承揽建筑工程，均可能面临承担罚款、降低资质等级等行政责任风险，以及建设工程合同无效、对实际施工人的违约行为承担连带责任等民事责任风险。此外，若因实际施工人的原因（如质量、工期、材料）造成重大责任事故，则转让、出借资质的施工企业难以摆脱相应的刑事责任，可能会涉嫌重大责任事故罪、重大劳动安全事故罪等刑事法律风险。

---

① 国家发展和改革委员会、中华人民共和国工业和信息化部、中华人民共和国财政部、中华人民共和国住房和城乡建设部、中华人民共和国交通运输部、中华人民共和国铁道部、中华人民共和国水利部、国家广播电影电视总局、中国民用航空局：《工程建设项目施工招标投标办法》。

② 祝连波、路景艳：《我国建筑施工企业法律风险研究文献综述》，载《建设监理》2013年第9期。

法条链接

《中华人民共和国建筑法》

第二十九条第三款 禁止总承包单位将工程分包给不具备相应资质条件的单位。禁止分包单位将其承包的工程再分包。

第六十五条第一款 发包单位将工程发包给不具有相应资质条件的承包单位的，或者违反本法规定将建筑工程肢解发包的，责令改正，处以罚款。

第六十五条第三款 未取得资质证书承揽工程的，予以取缔，并处罚款；有违法所得的，予以没收。

《最高人民法院关于审理建设工程施工合同纠纷案件适用法律问题的解释（一）》

第五条 具有劳务作业法定资质的承包人与总承包人、分包人签订的劳务分包合同，当事人请求确认无效的，人民法院依法不予支持。

《建设工程质量管理条例》

第五十四条 违反本条例规定，建设单位将建设工程发包给不具有相应资质等级的勘察、设计、施工单位或者委托给不具有相应资质等级的工程监理单位的，责令改正，处50万元以上100万元以下的罚款。

第六十一条 违反本条例规定，勘察、设计、施工、工程监理单位允许其他单位或者个人以本单位名义承揽工程的，责令改正，没收违法所得，对勘察、设计单位和工程监理单位处合同约定的勘察费、设计费和监理酬金1倍以上2倍以下的罚款；对施工单位处工程合同价款百分之二以上百分之四以下的罚款；可以责令停业整顿，降低资质等级；情节严重的，吊销资质证书。

《房屋建筑和市政基础设施工程施工分包管理办法》

第十九条 未取得建筑业企业资质承接分包工程的，按照《中华人民共和国建筑法》第六十五条第三款和《建设工程质量管理条例》第六十条第一款、第二款的规定处罚。

《建设工程安全生产管理条例》

第五十五条　违反本条例的规定，建设单位有下列行为之一的，责令限期改正，处20万元以上50万元以下的罚款；造成重大安全事故，构成犯罪的，对直接责任人员，依照刑法有关规定追究刑事责任；造成损失的，依法承担赔偿责任：

（一）对勘察、设计、施工、工程监理等单位提出不符合安全生产法律、法规和强制性标准规定的要求的；

（二）要求施工单位压缩合同约定的工期的；

（三）将拆除工程发包给不具有相应资质等级的施工单位的。

第六十五条　违反本条例的规定，施工单位有下列行为之一的，责令限期改正；逾期未改正的，责令停业整顿，并处10万元以上30万元以下的罚款；情节严重的，降低资质等级，直至吊销资质证书；造成重大安全事故，构成犯罪的，对直接责任人员，依照刑法有关规定追究刑事责任；造成损失的，依法承担赔偿责任：

（一）安全防护用具、机械设备、施工机具及配件在进入施工现场前未经查验或者查验不合格即投入使用的；

（二）使用未经验收或者验收不合格的施工起重机械和整体提升脚手架、模板等自升式架设设施的；

（三）委托不具有相应资质的单位承担施工现场安装、拆卸施工起重机械和整体提升脚手架、模板等自升式架设设施的；

（四）在施工组织设计中未编制安全技术措施、施工现场临时用电方案或者专项施工方案的。

相关案例

（1）最高人民检察院发布第二十五批指导性案例之二：宋某某等人重大责任事故案①

【裁判要旨】

将工程分包给无资质的人或单位搭设、工程层层分包等施工安全隐患或违反工程建设强制性标准的行为，若导致重大责任事故的发生，认定构成重大责任事

① 参见山西省长治县人民法院刑事判决书（2018）晋0421刑初158号。

故罪。

【主要案情】

2016 年 5 月，宋某某作为 A 煤业公司矿长，在 3 号煤层配采项目建设过程中，违反《关于加强煤炭建设项目管理的通知》（发改能源〔2006〕1039 号）要求，在没有施工单位和监理单位的情况下，即开始自行组织工人施工，并与周某某签订虚假的施工、监理合同以应付相关单位的验收。杨某作为该矿的总工程师，违反《煤矿安全规程》（国家安全生产监督管理总局令第 87 号）要求，未结合实际情况加强设计和制定安全措施，在 3 号煤层配采施工遇到旧巷时仍然采用常规设计，且部分设计数据与相关要求不符，导致旧巷扩刷工程对顶煤支护的力度不够。后该矿施工人员赵某某带领 4 名工人在 3101 综采工作面运输顺槽和联络巷交叉口处清煤时，发生顶部支护板塌落事故，导致上覆煤层坍塌，造成 3 名工人死亡，赵某某及另一名工人受伤，直接经济损失 635.9 万元。

【裁判理由】

2018 年 12 月 21 日，上党区人民法院作出一审判决，认为宋某某作为建设单位 A 煤业公司矿长，是矿井安全生产第一责任人，负责全矿安全生产工作，为节约成本，其违反上述通知要求，在没有具备相关资质的施工单位和监理单位的情况下，弄虚作假应付验收，自行组织工人施工，长期危险作业，最终导致事故发生，其对事故的发生负主要责任。且事故发生后，其对事故的迟报负直接责任。

（2）江苏法院（2014）参阅案例 40 号：倪甲等违反安全管理规定造成重大伤亡事故构成重大责任事故案①

【裁判要旨】

建设单位、施工单位、监理单位的主要负责人以及建设项目具体施工管理者，违反安全管理规定，不履行或不正确履行各自职责导致发生重大伤亡事故的，构成重大责任事故罪。

【主要案情】

2009 年，在施工过程中，A 监理公司并未对 B 公司派驻项目工程的所有现

① 江苏省南通市中级人民法院刑事裁定书（2013）启刑初字第 0111 号；（2013）通中刑终字第 0060 号。

场监理人员的资质进行审查。A监理公司委派的总监理工程师黄某在对工地巡查过程中发现工程安全、质量隐患曾向被告人樊某汇报，但被告人樊某未予以足够重视并采取有效应对措施。

2011年9月，C建工天津分公司以C建工的名义与D公司签订五大中心主体及配套工程（二标段）施工合同，承建五大中心工程。C建工天津分公司指派副经理即被告人顾某某负责江苏区域内项目工程的日常管理工作，被告人顾某某事实上还行使五大中心工程项目经理职权，代表C建工天津分公司对五大中心工程实施管理。C建工员工被告人倪甲以内部承包方式与被告人倪乙共同出资承建其中的三大中心工程，并成立C建工恒大倪甲项目部，被告人倪甲为项目总负责人，负责工程项目的质量、安全、日常管理等工作，被告人倪乙为材料员，同时参与项目工程的管理。被告人倪甲、倪乙聘请被告人冯某某担任工程项目执行经理，兼任技术负责人，负责生产、技术、安全等工作。

2011年9月23日，D公司工程部经理被告人袁某某明知五大中心工程项目未取得施工许可证、未办理安全报监手续，仍向C建工发出工程开工令，要求工程开工。被告人倪甲、顾某某、冯某某明知上述情形，仍于2011年9月底开始项目工程前期施工准备，并于2011年12月底对主体工程正式开工。

2011年10月25日，被告人倪乙代表C建工恒大倪甲项目部将三大中心工程图纸范围内所有木工模板制安分项工程劳务分包给无特种作业资质的被告人何某某。被告人倪甲对此表示认可。被告人何某某承接该项劳务工程后，将高大模板支撑系统搭设劳务工程分包给无特种作业资质的郑某（另案处理）。郑某雇用十余名无特种作业资质的农民工进行施工。

2011年11月8日，被告人倪甲代表C建工恒大倪甲项目部与E钢管租赁站签订钢管、钢管脚手架扣件租赁协议。2012年6月12日至7月29日，被告人倪乙多次从该站租赁钢管、扣件，且未经检测即提供给三大中心工程施工使用。后经抽查检测鉴定，上述钢管的断后伸长率、抗拉强度、屈服强度均不符合GB/T 700-2006《碳素结构钢》标准的要求，钢管脚手架扣件的抗拉性能、扭转刚度、抗破坏性能均不符合GB 15831-2006标准的要求。

2012年4月底，被告人冯某某复制并修改其他施工企业高大模板专项施工方案及评审专家组成员签字，伪造专家论证意见，编制“健康、运动、饮食中心”高支模工程专项施工方案，被告人顾某某签字同意并上报。2012年8月初，郑某在未取得高大模板支撑系统专项施工方案且无施工安全技术指导的情况下，带领施工队凭经验搭设完成运动中心高大模板支撑系统。搭设前，被告人冯某某未按规定对该高大模板支撑系统需要处理或加固的地基进行验收，也未向施工人员进行安全技术交底；搭设完成后，被告人倪甲、倪乙、顾某某、冯某某、何某某、袁某某、樊某也未按规定参与或组织人员对该高大模板支撑系统进行检查验收。

2012年8月25日下午，在未取得总监理工程师签发的混凝土浇筑令的情况下，被告人倪乙擅自决定浇筑混凝土，并通知供应商于次日早晨供应混凝土。被告人冯某某明知上述情形却未予以制止。2012年8月26日7时许，C建工恒大倪甲项目部泥工组开始对运动中心三层顶浇筑混凝土。当日17时许，施工人员发现高大模板支撑排架不稳定，且上午浇筑的混凝土位置有下沉现象，随即向被告人冯某某汇报。被告人冯某某获悉险情后，未按规定疏散施工人员，反而指挥施工人员冒险对高大模板支撑排架盲目进行加固。当日18时许，运动中心高大模板支撑系统突然变形并坍塌，致使在支撑排架上作业的四人死亡，多人受伤。

经南通市安全生产监督管理局等部门组成的事故调查组调查认定，被告人倪甲、倪乙、冯某某、何某某、顾某某、袁某某、樊某均对事故的发生负有直接责任。

【裁判理由】

被告人倪甲、倪乙、冯某某、何某某、顾某某、袁某某、樊某在恒大威尼斯水城运动中心高大模板支撑系统工程项目中，分别作为施工单位、建设单位、监理单位，以及具体实施者，在不同环节和岗位中，本应上下衔接、相互制约、相互督促，却违反安全管理规定，不履行、不正确履行或者消极履行各自的职责、义务，最终导致高大模板支撑系统坍塌、四人死亡的重大后果，情节特别恶劣，应以重大责任事故罪追究其刑事责任。

(3) 金甲、李某某等重大责任事故案[①]

【裁判要旨】

对生产、作业负有组织、指挥或者管理职责的负责人、管理人员、实际控制人、投资人等人员，以及直接从事生产、作业的人员，若没有从事施工活动的资质或未履行管理义务，发生重大伤亡事故或者造成其他严重后果的，构成重大责任事故罪。

【主要案情】

2016年5月，被告人金甲借用A有限公司的资质投标B有限公司的烟筒拆除项目并中标，后被告人金甲违规将工程转包给无拆除资质的被告人李某某，被告人李某某安排无施工资质的被告人朱某某在拆除现场进行施工管理，被告人朱某某违反建筑拆除工程安全技术规范制订施工方案并组织施工。同年6月5日15时许，正在被拆除的烟筒发生倒塌，造成三名现场施工人员死亡。被告人郑某某作为B有限公司烟筒拆除项目负责人、被告人金乙作为B有限公司安全科科长，在拆除烟筒过程中未落实安全管理责任，未与施工队伍签订安全协议，未审查外来施工人员资格，未发现、拆除工程层层分包等问题，致使出现本次事故。

【裁判理由】

金甲系拆除工程承包人，其无管理资格证书管理工程；未制订烟筒拆除施工方案；未编制施工组织设计；未进行安全教育和技术交底；将工程转包给无资质人员。李某某系拆除工程承包人，其无资质承接工程；将工程转包给无资质人员，未履行安全管理责任。朱某某系拆除工程承包人，其无资质承接工程；雇用无资格人员组织施工；未制订脚手架施工方案，未对脚手架验收。被告人金甲、李某某、朱某某、郑某某、金乙系对生产、作业负有组织、指挥、管理职责的管理人员，五被告人在生产、作业中违反安全管理规定，因而发生重大伤亡事故，其行为均已构成重大责任事故罪，且情节特别恶劣，公诉机关指控罪名成立，法院予以采信。

---

① 山东省桓台县人民法院刑事判决书（2017）鲁0321刑初30号。

（4）王某某重大劳动安全事故案[①]

【裁判要旨】

安全生产设施或者安全生产条件不符合国家规定，如施工单位无资质，未办理相关手续，因而发生重大伤亡事故或者造成其他严重后果的行为，构成重大劳动安全事故罪。

【主要案情】

2010年10月12日，被告人王某某以汉中A建设工程有限公司法定代表人的身份（以下简称A公司）与汉中市经济开发区某居委会三组签订了租赁土地10.8亩的协议，此后王某某在相关土地、电力部门审批、使用手续未办理、未批准的情况下，明知没有相关土地审批、无地勘、无设计、无监理、施工单位无资质，仍擅自动工修建公司厂房，后被汉中市国土资源局经济开发区分局、汉中市兴元新区土地执法监察大队指出其建设违法，要求其停止施工，并对其予以行政处罚。但王某某不接受行政处罚，仍未办理任何建设手续，在无安全管理人员、无安全管理制度、施工现场有重大安全隐患，又未采取有效安全措施的情况下继续让工人施工作业。2013年2月20日12时许，工人许某在A公司所租用土地内修建厂房施工作业过程中触及高压电线，被电击身亡（殁年27岁）。

【裁判理由】

上诉人王某某作为A公司法定代表人，A公司无施工资质，未经审批进行建筑施工，其修建厂房的工程系无地勘、无设计、无监理、施工单位无资质、未经审批，属违章建设，其在安全生产设施、生产条件不符合国家规定的情况下组织工人施工，因而在施工过程中发生一名工人触电死亡的伤亡事故，王某某对该事故的发生负有直接责任，其行为构成重大劳动安全事故罪。

（5）最高人民检察院发布5起人民检察院行刑衔接工作典型案例之三：北京刘某某非法采矿案[②]

【裁判要旨】

自然人或者单位违反矿产资源法的规定，无专业采矿施工资质，且未取得采

---

① 陕西省汉中市中级人民法院刑事判决书（2013）汉中刑终字第00099号。

② 北京市第三中级人民法院刑事裁定书（2020）京03刑终593号。

矿许可证擅自采矿，擅自进入国家规划矿区、对国民经济具有重要价值的矿区和他人矿区范围采矿的行为，构成非法采矿罪。

【主要案情】

2011 年 6 月到 11 月，被告人刘某某在既未取得许可证，也无专业施工资质的情况下，在北京市密云区石城镇某河道内盗采沙石，涉案沙石料价值 1279734.6 元，造成矿产资源严重破坏。2019 年 5 月，密云区检察院在与区水务局日常工作沟通联系中发现案件线索。之后，区水务部门开展调查并邀请检察机关就案件定性提供咨询。密云区检察院经审查认为，犯罪嫌疑人刘某某上述行为涉嫌犯罪，于 2019 年 10 月 11 日向密云水库管理处和密云水库综合执法大队提出检察意见，建议其将案件移送公安机关立案侦查。次日，密云水库管理处、密云水库综合执法大队向密云公安分局移送案件，并将相关材料抄送密云区检察院。同年 10 月 29 日，密云区检察院对犯罪嫌疑人刘某某批准逮捕；同年 12 月 26 日，公安机关移送密云区检察院审查起诉。由于案情复杂，为查清案件事实确保起诉质量，经依法退回补充侦查，2020 年 6 月，密云区检察院以非法采矿罪提起公诉。

【裁判理由】

2011 年 6 月到 11 月，被告人刘某某在未取得许可证，也无专业施工资质的情况下，在北京市密云区石城镇某河道内盗采沙石，涉案沙石料价值 1279734.6 元，经鉴定，所采沙石为建筑用沙矿产资源。刘某某借工程之机违法施工造成矿产资源严重破坏。

2. 超越资质

建筑施工企业超越本企业资质等级许可的业务范围或者以任何形式用其他建筑施工企业的名义承揽工程，可能会导致承担罚款、降低或吊销资质等级、没收违法所得等行政责任风险，以及建设工程合同无效、对实际施工人的违约行为承担连带责任等民事责任风险。此外，还可能会涉嫌重大责任事故罪、重大劳动安全事故罪、合同诈骗罪等刑事法律风险。

法条链接

《中华人民共和国建筑法》

第二十六条第二款 禁止建筑施工企业超越本企业资质等级许可的业务范围或者以任何形式用其他建筑施工企业的名义承揽工程……

第六十五条第二款 超越本单位资质等级承揽工程的，责令停止违法行为，处以罚款，可以责令停业整顿，降低资质等级；情节严重的，吊销资质证书；有违法所得的，予以没收。

《建设工程质量管理条例》

第二十五条 施工单位应当依法取得相应等级的资质证书，并在其资质等级许可的范围内承揽工程。

禁止施工单位超越本单位资质等级许可的业务范围或者以其他施工单位的名义承揽工程。禁止施工单位允许其他单位或者个人以本单位的名义承揽工程。

施工单位不得转包或者违法分包工程。

第六十条 违反本条例规定，勘察、设计、施工、工程监理单位超越本单位资质等级承揽工程的，责令停止违法行为，对勘察、设计单位或者工程监理单位处合同约定的勘察费、设计费或者监理酬金1倍以上2倍以下的罚款；对施工单位处工程合同价款2%以上4%以下的罚款，可以责令停业整顿，降低资质等级；情节严重的，吊销资质证书；有违法所得的，予以没收。

未取得资质证书承揽工程的，予以取缔，依照前款规定处以罚款；有违法所得的，予以没收。

以欺骗手段取得资质证书承揽工程的，吊销资质证书，依照本条第一款规定处以罚款；有违法所得的，予以没收。

《最高人民法院关于审理建设工程施工合同纠纷案件适用法律问题的解释（一）》

第四条 承包人超越资质等级许可的业务范围签订建设工程施工合同，在建设工程竣工前取得相应资质等级，当事人请求按照无效合同处理的，人民法院不予支持。

相关案例

（1）余某某等人重大劳动安全事故案[①]

【裁判要旨】

不具备施工资质而违法承包建筑施工工程，超越经营范围组织施工发生重大伤亡事故或者造成其他严重后果的行为，构成重大劳动安全事故罪。

【主要案情】

2017 年 3 月 17 日，被告人余某某在明知眉山市 A 建筑劳务有限公司不具备建筑施工资质的情况下，仍超越经营范围，代表眉山市 A 建筑劳务有限公司与四川 B 化工科技有限公司签订污水管网项目施工合同，后余某某作为该项目负责人组织人员进场施工。眉山市 A 建筑劳务有限公司及余某某在均未针对该项目进行地质分析、编制专项施工方案、安全管理方案、生产安全事故应急救援预案，以及组织开展专项安全教育培训等，对施工地层条件不清楚且没有设置安全保护措施的情况下，违法、违规冒险指挥顶管施工作业。2017 年 3 月 23 日 22 时 30 分许，施工人员即被害人周某在管道尽头向前人工掘进的过程中，掘进位置上方土方发生坍塌，造成周某被埋并窒息死亡。

【裁判理由】

被告人余某某作为涉案污水管网安装施工项目的直接负责人，明知眉山市 A 建筑劳务有限公司不具备顶管施工资质而违法承包建筑施工工程，超越经营范围组织施工，且在顶管作业施工过程中没有按照安全生产法等法律法规的规定保证安全生产的投入，没有针对该施工项目进行地质分析、编制专项施工方案、安全管理方案、生产安全事故应急救援预案以及组织专项安全教育培训等，对施工地层条件不清楚且没有设置安全保护措施的情况下，违法、违规冒险指挥顶管施工作业，造成了被害人周某在施工过程中因发生土方坍塌而被埋并窒息死亡的严重后果，其行为已构成重大劳动安全事故罪。被告人余某某自动投案，如实供述了自己的犯罪事实，是自首，可从轻或者减轻处罚。自诉人的经济损失已部分得到赔偿，可对被告人余某某酌情从轻处罚。

---

① 四川省眉山市中级人民法院刑事判决书（2020）川 14 刑终 7 号。

（2）潘某某被控合同诈骗案①

【裁判要旨】

合同诈骗罪要求行为人以签订合同为手段，主观上具有非法占有的目的，客观上实施了骗取他人财物的行为。被告人虽然不具有建筑资质，但其主观上具有履行建设施工合同的目的，客观上实施了履行建设施工合同的行为，不构成合同诈骗罪。（注：不构成合同诈骗罪不代表不需要承担行政责任和民事责任）

【主要案情】

被告人潘某某没有建筑资质，假冒不具有建筑资质、虚构注册资金11.24亿元的环某建设工程集团有限公司（以下简称环某公司）的委托代理人及代表，于2010年11月28日与永某公司的法定代表人曹某签订了承建“东某御城”的《建设工程施工合同》及《补充协议》，约定“东某御城”工程项目由环某公司承建，总建筑面积约30万平方米，工程造价暂定4.5亿元，环某公司必须保证工程所必需的资质，且必须垫资施工到正负0.00层混凝土结构板后，永某公司才支付首批工程进度款1500万元。

被告人潘某某承揽“东某御城”工程后，隐瞒自己不具备建筑资质、冒用他人名义承揽工程的事实，将“东某御城”高层建筑工程违法分包给没有资质的人施工，获取分包人押金、保证金、“借款”、建筑材料款和施工价款，用于维持工程建设，进而获取建设单位永某公司的工程款、工程利润。

被告人潘某某通过上述手段获取分包人押金263万元、保证金15万元、“借款”40.5万元、建筑材料款2638407.95元以及施工价款2489626.75元。

此外，被告人潘某某以分包“东某御城”工程为诱饵，于2011年4月22日，以其本人的名义，与范某签订《施工合同》，将“东某御城”护坡工程分包给没有施工资质的范某，由范某进行地下室护坡混凝土喷射施工。

【裁判理由】

原审被告人潘某某虽然没有建筑资质，但其以环某公司的名义承揽了“东某御城”建设工程，主观上具有履行建设施工合同的目的，客观上实施了履行建设

① 广东省高级人民法院刑事判决书（2016）粤刑再10号。

施工合同的行为。在案证据不能证实潘某某主观上具有非法占有的目的，也不能证实潘某某客观上实施了骗取他人财物的行为。原审被告人潘某某的申诉意见及其辩护人的辩护意见具有事实和法律依据，应予以采纳。原审裁判认定潘某某构成合同诈骗罪证据不足，定罪量刑错误。

（3）安徽省住房和城乡建设厅撤销行政许可决定书（索引号：00298586X/202206-00049）[①]

【决定要旨】

该单位在建筑施工总承包二级资质申报中，有超越本企业资质等级承揽工程行为，存在隐瞒有关真实情况取得建筑施工总承包二级资质行为。

【决定结果】

我厅于2022年5月30日向你单位发出《告知书》（建市告函〔2022〕009号），你单位于2022年6月7日签收且未在陈述申辩期内向我厅提出有效书面陈述或申辩。依据《行政许可法》第六十九条、第七十九条和《建筑业企业资质管理规定》（中华人民共和国住房和城乡建设部令第22号）第二十三条、第二十九条的规定，我厅拟撤销你单位建筑施工总承包二级资质的行政许可。请你单位在收到本决定书之日起15日内，持市政建筑施工总承包二级资质证书到安徽省住房和城乡建设厅办理相关手续。

（4）万某、胡某等重大责任事故罪[②]

【裁判要旨】

在生产、作业中违反有关安全管理的规定，如借用资质承揽工程、未尽对施工工程的管理、监督职责因而发生死亡结果的重大安全事故，构成重大责任事故罪，并根据事故责任大小量刑。

【主要案情】

2017年8月28日，被告人万某在无建筑工程施工资质的情况下借用建始某成公司的资质，并经该公司法定代表人被告人谭某的书面委托，以建始某成公司

---

① 安徽省住房和城乡建设厅建市决函〔2022〕016号。

② 湖北省恩施土家族苗族自治州中级人民法院刑事裁定书（2019）鄂28刑终62号。

的名义与建始工行签订了建始工行原办公楼（危房）拆除工程施工合同，合同约定被告人万某为建始某成公司驻场总负责人，工程价款为人民币35.6969万元。

被告人万某借用建始某成公司的资质承接到上述工程后，遂邀约被告人胡某（无建筑工程施工资质）合伙承包该工程。后被告人万某、胡某将该工程的钢管脚手架安装拆除分包给被告人周某某，将该工程中四层至七层的房屋人工拆除工程分包给被告人张某某。2017年9月18日，被告人周某某开工搭建脚手架（施工工人由其自行雇请）。同年10月30日，由被告人胡某经手与被告人张某某签订危房人工拆除施工协议，与被告人周某某补签脚手架施工承包协议。随后被告人张某某开工拆房（施工工人由其自行雇请），被告人万某、胡某在施工现场直接指挥被告人张某某如何施工。同年11月1日，建始工行与同欣监理建始分公司签订建设工程监理合同，合同明确被告人黄某宪为建始工行原办公楼（危房）拆除工程的总监理工程师，监理服务费为人民币9400元，后被告人黄某宪到施工现场开展监理工作。

2017年11月22日下午，建始工行原办公楼（危房）拆除施工照常进行，当日16时46分，因拆除作业时堆积在建始工行临业州大道一侧的第5层外走廊板的建筑垃圾未及时清理，使该层外走廊板负荷严重超载发生坍塌，致使相同位置下部的第4、3、2、1层外走廊及底部雨棚产生多米诺骨牌效应，瞬间相继坍塌，致使靠外走廊搭设的双排防护脚手架连带垮塌砸毁人行道，造成经过人行道的行人5人死亡、3人受伤。

【裁判理由】

被告人万某、胡某作为涉案工程的实际承包人，直接组织、指挥生产、作业，应负事故的主要责任。被告人张某某作为涉案工程拆除作业的分包人，直接管理该生产作业，而事故的直接原因系拆除作业所致，张某某应负事故的主要责任，基于被告人张某某是在被告人万某、胡某的直接指挥下作业，因此其责任小于被告人万某、胡某。被告人谭某并非涉案工程的实际承包人，也未直接参与生产、作业的组织、指挥，其不应负事故的主要责任。被告人黄某宪作为涉案工程的监理人员对安全生产负有管理、监督职责，其未认真履行监理职责的行为与事故的发生有因果关系，但由于系间接原因，不应负事故的主要责任。被告人周某某作为涉案工程脚手架搭建拆除作业的分包人，对该作业以外的生产作业没有管理职责，而公诉机关提交的证据已充分证实脚手架不会直接坍塌、事故发生的直接原因也与脚手架作业无关，因此被告人周某某不应负事故责任。

综上，被告人万某、胡某、张某某、谭某、黄某宪在生产、作业中违反有关安全管理的规定，发生五人死亡的重大安全事故，其行为均已构成重大责任事故罪，属情节特别恶劣均应受刑罚处罚，其中被告人万某、胡某、张某某负事故主要责任。被告人万某、胡某、张某某、谭某、黄某宪或主动报警或在案发现场等待处理，基于本案的实际，公安民警在案发之初到现场属必然事实，五被告人到案后均如实供述犯罪事实，当庭自愿认罪，均系自首，可依法对五被告人从轻或减轻处罚。

3. 借用资质

建筑施工企业转让、出借资质或允许他人以本企业的名义承揽工程，一方面建筑施工企业明知施工人没有资质，而转让、出借资质，允许施工人以本企业的名义承揽工程；另一方面若明知实际施工人质量、工期、材料不符合规定等，建筑施工企业未做好施工监管工作，又未及时纠正及制止，即使是因实际施工人的原因（如质量、工期、材料）造成重大责任事故，企业作为名义上的施工人，可能也会被列为共同犯罪主体，承担相应的刑事责任。

法条链接

《中华人民共和国建筑法》

第二十六条第二款　……禁止建筑施工企业以任何形式允许其他单位或者个人使用本企业的资质证书、营业执照，以本企业的名义承揽工程。

第六十六条　建筑施工企业转让、出借资质证书或者以其他方式允许他人以本企业的名义承揽工程的，责令改正，没收违法所得，并处罚款，可以责令停业整顿，降低资质等级；情节严重的，吊销资质证书。对因该项承揽工程不符合规定的质量标准造成的损失，建筑施工企业与使用本企业名义的单位或者个人承担连带赔偿责任。

《最高人民法院关于审理建设工程施工合同纠纷案件适用法律问题的解释（一）》

第七条 缺乏资质的单位或者个人借用有资质的建筑施工企业名义签订建设工程施工合同，发包人请求出借方与借用方对建设工程质量不合格等因出借资质造成的损失承担连带赔偿责任的，人民法院应予支持。

《房屋建筑和市政基础设施工程施工分包管理办法》

第十五条 禁止转让、出借企业资质证书或者以其他方式允许他人以本企业名义承揽工程。

分包工程发包人没有将其承包的工程进行分包，在施工现场所设项目管理机构的项目负责人、技术负责人、项目核算负责人、质量管理人员、安全管理人员不是工程承包人本单位人员的，视同允许他人以本企业名义承揽工程。

《建筑工程施工发包与承包违法行为认定查处管理办法》

第十五条 县级以上人民政府住房和城乡建设主管部门对本行政区域内发现的违法发包、转包、违法分包及挂靠等违法行为，应当依法进行调查，按照本办法进行认定，并依法予以行政处罚。

（一）对建设单位存在本办法第五条规定的违法发包情形的处罚：

1. 依据本办法第六条（一）、（二）项规定认定的，依据《中华人民共和国建筑法》第六十五条、《建设工程质量管理条例》第五十四条规定进行处罚。

2. 依据本办法第六条（三）项规定认定的，依据《中华人民共和国招标投标法》第四十九条、《中华人民共和国招标投标法实施条例》第六十四条规定进行处罚。

3. 依据本办法第六条（四）项规定认定的，依据《中华人民共和国招标投标法》第五十一条、《中华人民共和国招标投标法实施条例》第六十三条规定进行处罚。

4. 依据本办法第六条（五）项规定认定的，依据《中华人民共和国建筑法》第六十五条、《建设工程质量管理条例》第五十五条规定进行处罚。

5. 建设单位违法发包，拒不整改或者整改后仍达不到要求的，视为没有依法确定施工企业，将其违法行为记入诚信档案，实行联合惩戒。对全部或部分使用国有资金的项目，同时将建设单位违法发包的行为告知其上级主管部门及纪检监察部门，并建议对建设单位直接负责的主管人员和其他直接责任人员给予相应的行政处分。

（二）对认定有转包、违法分包违法行为的施工单位，依据《中华人民共和国建筑法》第六十七条、《建设工程质量管理条例》第六十二条规定进行处罚。

（三）对认定有挂靠行为的施工单位或个人，依据《中华人民共和国招标投标法》第五十四条、《中华人民共和国建筑法》第六十五条和《建设工程质量管理条例》第六十条规定进行处罚。

（四）对认定有转让、出借资质证书或者以其他方式允许他人以本单位的名义承揽工程的施工单位，依据《中华人民共和国建筑法》第六十六条、《建设工程质量管理条例》第六十一条规定进行处罚。

（五）对建设单位、施工单位给予单位罚款处罚的，依据《建设工程质量管理条例》第七十三条、《中华人民共和国招标投标法》第四十九条、《中华人民共和国招标投标法实施条例》第六十四条规定，对单位直接负责的主管人员和其他直接责任人员进行处罚。

（六）对认定有转包、违法分包、挂靠、转让出借资质证书或者以其他方式允许他人以本单位的名义承揽工程等违法行为的施工单位，可依法限制其参加工程投标活动、承揽新的工程项目，并对其企业资质是否满足资质标准条件进行核查，对达不到资质标准要求的限期整改，整改后仍达不到要求的，资质审批机关撤回其资质证书。

对2年内发生2次及以上转包、违法分包、挂靠、转让出借资质证书或者以其他方式允许他人以本单位的名义承揽工程的施工单位，应当依法按照情节严重情形给予处罚。

（七）因违法发包、转包、违法分包、挂靠等违法行为导致发生质量安全事故的，应当依法按照情节严重情形给予处罚。

相关案例

（1）高某某等串通投标案[①]

【裁判要旨】

借用他人公司名义参与招投标，损害国家、集体、公民合法利益的行为，构成串通投标罪。

【主要案情】

被告人许某增、李某、许某军、周某某伙同他人于2013年12月，受陈某1（已判刑）指使，为承揽“北京市房山区琉璃河镇某某某村等九村基本农田整理项目”，以他人公司的名义，采取围标的方式参与招投标并中标，中标项目金额为人民币2629万余元。

被告人许某增、肖某某、李某、许某杰伙同他人于2015年五六月，受陈某1指使，为承揽“北京市房山区琉璃河镇某某某幼儿园新建工程”，以他人公司的名义，采取招标人与投标人串通及围标的方式参与招投标并中标，中标项目金额为人民币209万余元。

被告人许某增、肖某某、李某、高某某、许某杰伙同他人于2015年7月，受陈某1指使，为承揽“北京市房山区琉璃河镇某某某村等九村基本农田整理项目”，以他人公司的名义，采取招标人与投标人串通及围标的方式参与招投标并中标，中标项目金额为人民币2119万余元。

被告人许某增、许某杰于2014年至2017年，受陈某1、许某1（已判刑）指使，以他人公司的名义在北京市房山区承揽工程，为结算工程款向他人非法购买发票。其中被告人许某增参与购买假票、套票38张，票面数额为人民币1500余万元，被告人许某杰参与购买假票、套票15张，票面数额为人民币500余万元。经税务部门稽核，实际收取工程款的北京A公司于2014年至2017年，偷逃税款共计人民币300余万元。

【裁判理由】

被告人许某增、许某杰、李某、肖某某、许某军、高某某、周某某互相串通

---

① 北京市西城区人民法院刑事判决书（2019）京0102刑初963号。

投标情节严重的行为，损害了其他投标人的利益，扰乱了市场经济秩序。被告人许某增、许某杰虚开发票，情节严重，其行为危害了国家税收征管制度。被告人许某增、许某杰构成了串通投标罪和虚开发票罪，被告人李某、肖某某、许某军、高某某、周某某构成了串通投标罪，均应依法予以惩处。

鉴于被告人许某增、许某杰在判决宣告前一人犯数罪，应数罪并罚。被告人许某增、许某杰、李某、肖某某、许某军、高某某、周某某均具有自首情节，均可依法从轻处罚。被告人李某、肖某某、许某军、高某某、周某某自愿认罪认罚，均可依法从宽处理。根据本案的犯罪事实和情节，可对被告人李某、肖某某、许某军、高某某、周某某适用缓刑。

（2）刘某成等与某海建筑工程有限公司等串通投标案①

【裁判要旨】

投标人借用他人资质围标，相互串通投标报价，损害招标人利益，情节严重，其行为构成串通投标罪。

【主要案情】

2017年11月，被告人汪某萍、高某平借用相关公司资质参加某市第二污水处理厂土建工程项目一标段和二标段的投标；被告人刘某成、邱某东均使用其本人所在的公司资质并借用其他公司资质参加投标。2017年11月30日，经过评委评定，被告人刘某成所在的某海公司及其借用资质的润邦公司，被告人邱某东借用资质的某桥公司、云某公司、昌某公司、某胜公司四家公司，被告人高某平借用资质的A公司、某峰公司两家公司和某胜公司，共计九家公司通过一标段资格预审（又称入围，下同）；被告人汪某萍借用资质的某邦公司、某通公司、某天公司、某元公司、某阁公司五家公司，被告人邱某东所在的某山海公司及其借用资质的某通公司、某源公司、某丰公司等四家公司共计九家公司通过二标段资格预审。

在入围后的2017年12月，被告人汪某萍、刘某成、邱某东、高某平四人通过协商约定：以邱某东借用的并在一标段入围的四家公司竞标控制权，换取汪某萍借用并在二标段入围的五家公司竞标控制权，以保证邱某东所在的某山海公司

---

① 湖北省襄阳（樊）市中级人民法院刑事判决书（2020）鄂06刑终241号。

中标二标段项目；刘某成分别支付给汪某萍、高某平230万元、50万元的价款并相应取得一标段入围公司的竞标控制权，以保证刘某成所在的某海公司能够中标一标段项目。

被告人刘某成在获取一标段全部入围的九家公司竞标控制权后，遂通过安排部分入围公司放弃投标，并安排某海公司工作人员王某2编制其他入围公司的投标文件，并以控制商务标报价、技术标内容等方式，确保某海公司能够中标。被告人邱某东在获取二标段全部入围的九家公司竞标控制权后，遂亦通过安排部分入围公司放弃投标，并安排某山海公司工作人员张某审核其他入围公司的投标文件，同时通过控制商务标报价、技术标内容等方式，确保某山海公司能够中标。2017年12月28日，某市第二污水处理厂土建工程项目一标段和二标段开标，某海公司与某山海公司分别以2384.95万元、1862.83万元价格中标一标段和二标段。2018年1月8日，被告人刘某成、某山海公司的法定代表人陈某3分别代表某海公司、某山海公司，与某市城市建设和环境保护开发有限公司签订了一标段、二标段的工程施工合同。

另查明，被告人汪某萍、刘某成、邱某东、高某以支付相应人员出场费、资质借用费等方式，借得上述公司资质，且在投标期间，安排并结算了上述公司人员在某市的住宿费用。

2018年6月21日，某市某污水处理有限公司在该市公共资源交易网发布招标公告，对某农场污水管网收集系统建设工程进行公开招标。被告人王某、汪某萍、刘某成、刘某林借用相关公司资质参加投标。后经过评委评定，被告人王某借用资质的某成公司、被告人汪某萍借用资质的某丰公司、被告人刘某成借用资质的某湖公司、被告人刘志林借用资质的某水公司、被告人高某平借用资质的某鹰公司，与某岗公司、某达公司等共计七家公司通过资格预审。

为了能够实际承建上述工程，在开标前一天，被告人王某联系汪某萍、刘某成、刘某林等人，在某市南城建设路某饭店进行商议。席间王某提出，该项目无论哪家公司中标，均由其实际承建工程，并承诺给予资质借用人汪某萍、刘某林、刘某成等人每人15万元的报酬，被告人汪某萍、刘某成、刘某林等人均表示同意。2018年8月13日和14日，被告人王某从本人建行银行卡支取现金39

万元，另从陈某1、马某2处分别借得现金40万元、41万元，筹得资金，并在该市市区多地分别将15万元现金交给被告人汪某萍、刘某成、刘某林等人。

【裁判理由】

上诉人刘某成与原审被告单位某海建筑工程有限公司、某山海建设集团有限公司，以及原审被告人汪某萍、王某、邱某东、高某平、刘某林作为公开招标项目投标人，通过借用他人资质围标、相互串通投标报价的方式损害招标人利益，情节严重，其行为均已构成串通投标罪。案发后，均主动交代了自己的犯罪事实，系自首，依法可从轻处罚。汪某萍、邱某东、高某平、王某、刘某林均认罪认罚，依法均可从宽处罚。汪某萍、刘某成、高某平、刘某林主动退缴涉案违法所得，可酌情从轻处罚。刘某成犯罪情节较轻，有悔罪表现，没有再犯罪的危险，宣告缓刑对其所居住的社区无重大不良影响，可以适用缓刑。综上，原审判决认定事实清楚，证据确实、充分，定罪准确，量刑适当，鉴于对刘某成适用监禁刑可能会给某海建筑工程有限公司正常经营带来严重且不可逆的后果，处理本案时应兼顾企业的生存发展，可以对刘某成适用非监禁刑，对于其他原审被告人，因实际羁押期限已满原审所判决刑期，如对其改判非监禁刑并未实际减轻其所承担的刑罚，故不予变动。

(3) 邢某等重大责任事故案①

【裁判要旨】

对生产、作业负有组织、指挥或者管理职责的负责人、管理人员、实际控制人、投资人等人员，以及直接从事生产、作业的人员，若没有从事施工活动的资质或未履行管理义务，发生重大伤亡事故或者造成其他严重后果的，构成重大责任事故罪。

【主要案情】

河北某集团有限责任公司（以下简称河北某集团）承揽了中某京城临港重型装备有限公司（以下简称中某公司）的非公路矿用自卸车生产基地项目建设工程，被告人谢某为项目部经理。后河北某集团将钢结构安装工程承包给了被告人吴某的山东某钢结构工程有限公司进行加工安装，吴某又将钢结构安装工程承

---

① 河北省沧州市中级人民法院刑事裁定书（2017）冀09刑终286号。

包给了没有资质的被告人魏某负责施工。随后，河北某集团在没有施工许可证的情况下进行了土建工程。

被告人魏某无施工资质且明知不具备施工条件，却进行钢结构安装工程立柱的施工，并指使被告人邢某在材料齐全后进行钢结构工程横梁的安装。2016 年 3 月 23 日 12 时 30 分许，邢某在明知不具备施工条件的情况下，仍组织并指挥杨某 1、王某 2、龚某、肖某、李某 2、王某 1 等工人进行钢结构横梁安装施工。杨某 1、王某 2、龚某、肖某四名工人站在横梁上，吊车司机被告人王某明知施工具有危险性仍操作吊车吊装横梁，横梁吊起后钢丝绳崩断，导致杨某 1、王某 2、龚某、肖某四人从高空坠落后死亡。案发后，杨某 1、王某 2、龚某、肖某的亲属均得到了赔偿。

【裁判理由】

河北某集团将钢结构安装工程外包后，原审被告人谢某作为工程的项目部经理，对该特种作业施工监管不利，没有严格按照钢结构安装的各相关规范制订安装方案，未对钢结构安装承包单位和施工人员进行资格审查、安全培训；原审被告人吴某借用资质承包钢结构安装工程后，又将该工程承包给没有钢结构安装资质的原审被告人魏某，且外包后对该项工程管理失控；魏某明知自己没有钢结构安装的相关资质而从吴某手中承揽钢结构安装工程，且雇用没有任何特种作业资格的工人进行施工，并在没有通知吴某及施工单位河北某集团的情况下，让上诉人邢某在材料备齐后进行横梁安装；上诉人邢某明知自己无钢结构工程安装资质，在没有通知安全管理人员、监理人员到场对吊装作业进行技术交底的情况下，主观上认为符合安装条件，指挥没有特种作业资格的工人进行吊装钢梁作业，且对四名工人严重违反安全操作规范的行为未予制止；原审被告人王某作为起重机司机，明知邢某等人在进行钢结构横梁吊装作业时，采用起重机吊人的工作方式属于违章危险作业，非但未予以制止，反而听从邢某指挥，违章作业。五被告人的行为，造成四人死亡的重大责任事故，均已构成重大责任事故罪，且属情节特别恶劣。上诉人邢某虽然是听从魏某安排进行安装施工，但其作为现场安装作业组织者、指挥者，对事故的发生应负主要责任，但其具有积极抢救、自首、取得被害人谅解等法定、酌定从轻、减轻处罚情节，原判已给予考虑。故，驳回上诉，全案维持原判。

(4) **倪某某串通投标案**[①]

【裁判要旨】

非法借用公司资质参与竞标，通过串通投标的方式使其确定的某一特定竞标公司中标，进而获取非法利益的，构成串通投标罪。

【主要案情】

自2016年5月起，杨某某（另案处理）等人在不具备工程施工资质的情况下，受他人指使，通过被告人倪某某非法借用上海某展拆房有限公司（以下简称某展公司）、上海某花拆房有限公司（以下简称某花公司）、上海某众拆房有限公司、上海某都建筑装饰有限公司等多家公司资质，先后以上述公司的名义制作标书并参与同一政府工程项目竞标，通过串通投标使特定竞标公司中标，进而获取非法利益。

截至2018年5月，被告人倪某某明知上述人员借用上述多家公司资质，系参与同一项目竞标以获取政府工程，仍然帮忙借用资质，致使上述人员先后以某展公司、某花公司等名义中标轨交14号线真新新村站非居住房屋拆除工程、西栅桥路某某某号房屋拆除工程、曹依路某某某号房屋拆除工程、嘉定区某有限公司拆除及场地翻挖外运工程等13个项目，中标工程项目总金额共计人民币3519万余元。

【裁判理由】

被告人倪某某伙同他人，在工程招标过程中串通投标报价，损害招标人利益，情节严重，其行为已构成串通投标罪。倪某某在共同犯罪中起次要作用，系从犯，应当从轻处罚；具有自首情节，可从轻处罚。

4. 伪造资质

建筑施工企业以欺骗手段取得资质证书的，可能承担吊销资质证书、处以罚款、一定期限内不得再申请同项行政许可等行政风险，并可能涉嫌合同诈骗罪、重大责任事故罪。

---

① 上海市嘉定区人民法院刑事判决书（2019）沪0114刑初348号。

法条链接

《中华人民共和国建筑法》

第六十五条第四款 以欺骗手段取得资质证书的，吊销资质证书，处以罚款；构成犯罪的，依法追究刑事责任。

《建设工程质量管理条例》

第六十条 违反本条例规定，勘察、设计、施工、工程监理单位超越本单位资质等级承揽工程的，责令停止违法行为，对勘察、设计单位或者工程监理单位处合同约定的勘察费、设计费或者监理酬金1倍以上2倍以下的罚款；对施工单位处工程合同价款2%以上4%以下的罚款，可以责令停业整顿，降低资质等级；情节严重的，吊销资质证书；有违法所得的，予以没收。

未取得资质证书承揽工程的，予以取缔，依照前款规定处以罚款；有违法所得的，予以没收。

以欺骗手段取得资质证书承揽工程的，吊销资质证书，依照本条第一款规定处以罚款；有违法所得的，予以没收。

相关案例

（1）任某某、邓某某重大责任事故罪①

【裁判要旨】

因未落实主要负责人职责，未认真审核特种作业人员持证情况，未要求和组织对进场作业人员进行安全培训，未督促安全生产管理人员和作业人员落实危险化学品安全规章制度和操作规程，未经他人允许，长期冒用他人注册安全工程师证书，在相关许可证中造假等行为，造成重大责任事故发生的，构成重大责任事故罪。

【主要案情】

某峰公司雇用无资质人员，在未对气柜内乙炔气体进行置换排气和浓度检测的情况下实施动火作业，违规指挥导致气柜内残余乙炔与空气形成的爆炸性混合物闪爆，造成3人死亡、直接经济损失约人民币345万元的严重后果。被告人任

---

① 福建省建瓯市人民法院刑事判决书（2020）闽0783刑初312号。

某某未落实主要负责人职责，未认真审核特种作业人员持证情况，未要求和组织对进场作业人员进行安全培训，未督促安全生产管理人员和作业人员落实危险化学品安全规章制度和操作规程，未经他人允许，长期冒用他人注册安全工程师证书，并在事故当日动火作业许可证中造假，对事故发生负有主要责任。被告人邓某某未能依法履行岗位安全生产管理职责，未要求和组织对进场作业人员进行安全培训，亦未督促安全生产管理人员和作业人员落实危险化学品安全规章制度与操作规程，对事故的发生负有主要责任。

【裁判理由】

被告人任某某、邓某某在生产、作业中违反有关安全管理规定，违章指挥、违章动火作业引起爆炸，因而造成重大伤亡事故，导致3人死亡、直接经济损失约人民币345万元的严重后果，情节特别恶劣，被告人任某某、邓某某的行为均已构成重大责任事故罪；公诉机关指控罪名成立。事故发生后，被告人任某某、邓某某留在事故现场配合政府各部门处理事故，在归案后均能如实供述自己的犯罪事实，可认定为自首，庭审中亦自愿认罪认罚，且某峰公司已赔偿三名被害人家属全部经济损失，任某某取得被害人林某1、黄某1家属的谅解，邓某某取得三名被害人家属的谅解，二被告人具有认罪、悔罪表现；经社区矫正管理局调查评估，二被告人均具备社区矫正条件，宣告缓刑对所居住社区没有重大不良影响，故对被告人任某某、邓某某予以从轻处罚并适用缓刑。

（2）霍某某伪造国家机关证件案①

【裁判要旨】

伪造国家机关核发的资质文件投标工程建设的，构成伪造国家机关证件罪。

【主要案情】

2013年年初，被告人霍某某为承揽西安地铁相关地基基础工程，购买了伪造的陕西省住房和城乡建设厅“地基与基础工程专业承包二级”资质证明，并使用该资质证明与中铁一局、中铁十局、中铁十八局、中铁隧道局等单位签订西安地铁三号线注浆施工合同。

---

① 陕西省西安市灞桥区人民法院刑事判决书（2018）陕0111刑初41号。

【裁判理由】

被告人霍某某为承揽工程，伪造国家机关核发的资质文件投标工程建设，其行为已构成《刑法》第二百八十条第一款规定的伪造国家机关证件罪。西安市灞桥区人民检察院指控被告人所犯罪名成立，依法应予惩处。鉴于被告人能够如实供述罪行，且认罪、悔罪，依法可从轻处罚。

(3) **封某某合同诈骗案**①

【裁判要旨】

以非法占有为目的，谎称能代办建筑企业施工资质升级事宜，以签订合同的形式骗取他人财物，构成合同诈骗罪。

【主要案情】

被告人封某某对外谎称能代办建筑企业施工资质升级事宜，并经中间人夏某2介绍，与被骗单位武汉市某田建筑工程有限责任公司（以下简称某田公司）负责人潘某协商，承诺为某田公司代办施工资质升级事宜。2011年3月24日，被告人封某某以其参与开办的武汉中某诚建筑咨询有限公司（2013年6月5日变更名称为武汉中某诚建设有限公司）的名义，在武汉市硚口区某街23号与某田公司签订代办合同，约定为某田公司代为办理"房屋建筑工程施工总承包壹级、市政公用工程施工总承包叁级、地基与基础专业承包叁级、装饰装修专业承包叁级资质"事项，代办最后期限为2012年1月1日前，代办费共计人民币178万元。后被告人封某某在2011年3月至2016年6月，以上述代办费名义，先后多次从某田公司及负责人潘某处骗取了某田公司人民币共计146万元，其中中间人夏某2三次代收共计人民币70万元。被告人封某某还将其伪造的"住建部文件"1份、2014年"建筑企业资质证"正本1本及副本5本、2016年"建筑企业资质证"正本1本及副本1本交付某田公司，谎称已经完成代办事宜。后某田公司发现被骗，遂报案。

【裁判理由】

被告人封某某以非法占有为目的，在签订、履行合同过程中，骗取某田公司

① 湖北省武汉市硚口区人民法院刑事判决书（2020）鄂0104刑初112号，经二审撤销原判决。二审裁定：湖北省武汉市中级人民法院刑事裁定书（2020）鄂01刑终828号。

的财物共计人民币146万元，其行为构成合同诈骗罪。因某田公司于案发前收到中间人夏某2代为退款人民币20万元，被告人封某某实际骗取某田公司的财物数额应为人民币126万元，属合同诈骗犯罪中诈骗他人财物数额特别巨大情形，依法应从重处罚。鉴于被告人封某某到案后坦白了部分犯罪事实且当庭自愿认罪，加上中间人夏某2在案发后代还被骗单位人民币60万元，可依法酌情从轻处罚。被告人封某某在实施本案犯罪行为后，又实施其他诈骗犯罪行为并被判刑。其在本案实施的犯罪行为属遗漏前罪未处罚情形，依法应将本案所处的刑罚与后罪所处的刑罚实行数罪并罚，后罪所判处的缓刑依法应予撤销。公诉机关对被告人封某某犯合同诈骗罪的指控成立，但其对被告人封某某实施合同诈骗，骗取他人财物属数额巨大情形的指控与本案查明的犯罪事实不符，该指控不当，应予纠正。辩护人认为被告人具有坦白情节，自愿认罪，且被骗单位部分损失得以挽回，建议对其从轻处罚的辩护意见正确，应予采纳。对被告人封某某造成被骗单位的损失，依法应责令其退赔。

（4）韩某某重大责任事故案①

【裁判要旨】

持伪造资质非法承揽建设施工工程，组织无相应特种作业资质人员，未办理相关许可和备案等手续，未制订施工方案，造成重大责任事故的，构成重大责任事故罪。

【主要案情】

2014年10月，被告人韩某某在无拆卸塔吊资质的情况下同意实施某拆卸工程。后某公司某府工地项目部安全员季某与韩某某电话沟通，确定于2014年11月1日拆卸该塔吊。韩某某在未进行安全施工技术交底，未制作拆卸工程专项施工方案、安全生产事故应急救援预案的情况下，安排妻弟张某等四人于约定的拆卸日期到施工现场拆卸该塔吊。施工中，张某在塔吊操作间操作塔吊，王某胜、王某宝、树某某在塔吊平台上拆卸塔吊。13时30分许，施工工人王某胜、王某宝、树某某、张某与塔吊操作间、塔臂从高空一起坠落，致使王某胜、王某宝、

① 山东省东营市东营区人民法院刑事判决书（2015）东刑初字第438号。

树某某三人死亡、张某受伤。经查，韩某某施工队持伪造资质非法承揽塔式起重机拆卸工程，组织无相应特种作业资质人员，在未按照要求向市住房城乡建设委报备、未制订塔式起重机拆卸方案且未进行安全技术交底的情况下，不服从施工单位停止施工指令，擅自拆卸塔式起重机。经鉴定，作业人员在降塔时没有严格按照塔机使用说明书要求进行操作是造成本次事故的直接原因。

【裁判理由】

被告人韩某某在塔吊拆卸作业中，违反有关安全管理规定，因而发生重大伤亡事故，致三人死亡、一人受伤，其行为构成重大责任事故罪。公诉机关提供的证据确实、充分，指控的罪名成立，但公诉机关指控被告人韩某某情节特别恶劣，所提供的证据不能证明被告人在本次事故中承担主要责任，故该指控证据不足，法院不予支持。案发后，被告人虽接电话通知后主动接受调查，但对于系其组织拆卸塔吊工程的主要犯罪事实不予认可，故不构成自首，其辩护人提出的“被告人具有自首情节”的辩护观点不能成立，法院不予采纳。被害人亲属已获得赔偿，并对被告人予以谅解，可酌情从轻处罚。

（5）住房和城乡建设部办公厅关于8起违法违规典型案例的通报之三：[①] 江苏中恒建设有限公司利用虚假材料获取资质案

【决定要旨】

资质申报材料造假的施工企业资质将被撤销，且可能会被判定3年内不得再次申请该行政许可。

【决定结果】

2015年4月，我部决定撤销江苏中恒建设有限公司房屋建筑工程施工总承包一级资质的行政许可，并在3年内不得再次申请该行政许可。

【决定理由】

2014年7月，江苏中恒建设有限公司申请房屋建筑工程施工总承包一级资质，2015年2月我部同意其申请。但随后该公司被举报资质申报材料造假、一级

① 参见《住房和城乡建设部办公厅关于8起违法违规典型案例的通报》建办稽函〔2015〕975号，载中华人民共和国住房和城乡建设部官网，https://www.mohurd.gov.cn/gongkai/zhengce/zhengcefilelib/201511/20151106_225506.html（最后访问时间：2023年11月28日）。

建造师挂靠和代表业绩材料造假等问题。

（二）建筑施工企业涉资质合同问题

1. 具备施工资质施工合同有效[①]

（1）具备施工资质的当事人签订的施工合同有效

在湖北某食品公司、四川某食品公司施工合同纠纷一案中，承包方早在2002年即取得了相应的施工资质，其建筑业企业资质证书上记载的发证时间为2016年系因更换新证所致，并非承接工程后才取得资质；案涉钢结构工程的分包单位超前钢构公司亦具有相应的施工资质。故，本案承包方具有相应资质，施工合同有效。

（2）有资质的建筑施工企业将案涉工程交由分公司施工，签订的施工合同有效

在青海A房地产公司、B国际工程公司施工合同纠纷一案中，B国际工程公司中标后将工程项目交由其分公司施工，不为法律所禁止，且协议中明确分公司向承包方支付工程款，发包方无证据证明系借用资质施工，故合同有效。

2. 资质问题对合同效力的影响

《最高人民法院关于审理建设工程施工合同纠纷案件适用法律问题的解释（一）》第一条规定："建设工程施工合同具有下列情形之一的，应当依据民法典第一百五十三条第一款的规定，认定无效：（一）承包人未取得建筑业企业资质或者超越资质等级的；（二）没有资质的实际施工人借用有资质的建筑施工企业名义的；（三）建设工程必须进行招标而未招标或者中标无效的。承包人因转包、违法分包建设工程与他人签订的建设工程施工合同，应当依据《民法典》第一百五十三条第一款及第七百九十一条第二款、第三款的规定，认定无效。"第六条规定："建设工程施工合同无效，一方当事人请求对方赔偿损失的，应当就对方过错、损失大小、过错与损失之间的因果关系承担举证责任。损失大小无法确定，一方当事人请求参照合同约定的质量标准、建设工期、工程价款支付时

① 参见魏志强、卞冲冲：《法规变迁下近两年最高法院施工合同纠纷案件的深度观察（下）》，载北大法宝网，https：//www. pkulaw. com/lawfirmarticles/23847b5112b57884a3c62a4bdf347483bdfb. html（最后访问时间：2023年11月28日）。

间等内容确定损失大小的，人民法院可以结合双方过错程度、过错与损失之间的因果关系等因素作出裁判。”

《民法典》第一百五十三条第一款规定：“违反法律、行政法规的强制性规定的民事法律行为无效。但是，该强制性规定不导致该民事法律行为无效的除外。”第七百九十一条规定：“发包人可以与总承包人订立建设工程合同，也可以分别与勘察人、设计人、施工人订立勘察、设计、施工承包合同。发包人不得将应当由一个承包人完成的建设工程支解成若干部分发包给数个承包人。总承包人或者勘察、设计、施工承包人经发包人同意，可以将自己承包的部分工作交由第三人完成。第三人就其完成的工作成果与总承包人或者勘察、设计、施工承包人向发包人承担连带责任。承包人不得将其承包的全部建设工程转包给第三人或者将其承包的全部建设工程支解以后以分包的名义分别转包给第三人。禁止承包人将工程分包给不具备相应资质条件的单位。禁止分包单位将其承包的工程再分包。建设工程主体结构的施工必须由承包人自行完成。”

根据前述规定，如建设工程施工合同的承包人系自然人、个体工商户等未取得建筑施工企业资质的主体，或者没有资质的实际施工人借用有资质的建筑施工企业名义或挂靠有资质的建筑施工企业的，合同可能因此无效，自始没有法律约束力，即使相关合同条款中约定了如发生施工事故全部责任由承包方承担，也会因此无效，企业无法以该等条款避免责任承担。

（1）肢解发包签订的合同无效

在江苏A建设集团公司、安庆某房地产公司施工合同纠纷一案中，发包方将工程发包给施工总承包单位，又将桩基工程部分分包给A公司，桩基工程系总包施工范围，系肢解发包，施工合同无效。

（2）违法转包合同无效

在中国A建设集团公司、B集团公司建设工程施工合同纠纷一案中，中标人C公司经招投标承接工程，但未实际进行施工，而是将工程转由B公司施工，B公司又将70%以上的工程分包给第四工程公司施工，C公司与B公司、B公司与第四工程公司签订的协议均无效。

（3）以被挂靠人名义签订的合同无效

在甘肃某建设集团公司、庆阳市某房地产公司施工合同纠纷一案中，实际施工人借用有资质的建筑施工企业的名义进行投标，中标后与发包方签订施工合同，该施工合同无效。

3. 签订合同的主观善意对合同效力的影响

依据《最高人民法院关于审理建设工程施工合同纠纷案件适用法律问题的解释（一）》第一条第一款第（二）项规定，没有资质的实际施工人挂靠有资质的建筑施工企业名义签订的建设施工合同无效。但在适用该规定时还应衡量发包人的主观善意情况，若发包人主观系善意的，应优先保护善意相对人的利益。

相关案例

许昌信诺置业有限公司、河南林九建设工程有限公司建设工程施工合同纠纷再审审查与审判监督①

【裁判要旨】

在处理无资质的企业或个人挂靠有资质的建筑企业承揽工程时，应区分内部关系和外部关系。挂靠人与被挂靠人之间的协议因违反法律的禁止性规定而无效。而挂靠人以被挂靠人名义对外签订合同的效力，应根据合同相对人是否善意、在签订协议时是否知道挂靠事实来作出认定。如果相对人不知道挂靠事实，且有理由相信承包人就是被挂靠人，则应优先保护善意相对人的利益，双方所签订协议直接约束善意相对人和被挂靠人，该协议并不属于无效协议。如果相对人在签订协议时知道挂靠事实，即相对人与挂靠人、被挂靠人通谋作出虚假意思表示，则当事人签订的建设工程施工合同属于无效合同。

4. 合同效力的补正②

（1）合同补正后的效力

依据《最高人民法院关于审理建设工程施工合同纠纷案件适用法律问题的解

① 最高人民法院民事裁定书（2019）最高法民申 1245 号。

② 李有星、高放：《主体资质影响合同效力之理论探析——以建设工程合同为例》，载《浙江大学学报（人文社会科学版）》2015 年第 5 期，第 77-78 页。

释（一）》第四条规定，承包人在施工中取得相应资质后，对超越资质等级签订的施工合同应按有效处理。因建筑施工企业行政管理部门对建筑施工企业资质实施动态管理，只要在竣工验收前取得与承揽工程相适应的资质等级，表明其已经具备对承揽工程进行建设施工的能力，合同就应该按照有效处理。

（2）合同效力补正的时间

合同效力的补正时间为工程竣工前。需要注意的是，这里的“工程竣工”是指工程施工完毕的时间，即工程施工完毕后，承包人将建设工程实际交付发包人的时间，而非建设、勘察、设计、监理、施工单位共同验收工程的时间。

相关案例

（1）贵州某煤业有限公司与贵州某建筑工程有限公司建设工程施工合同纠纷再审案[①]

【裁判要旨】

本案的争议焦点为：（一）二审关于案涉《建设工程施工合同》效力的认定是否正确；（二）二审认定案涉职工宿舍工程已经竣工验收合格并以贵州某建筑工程有限公司（以下简称某建筑公司）报送的结算书作为确定工程价款的依据是否正确。针对第一个争议焦点。贵州某煤业有限公司（以下简称某煤业）主张因汇源公司不具备资质，案涉《建设工程施工合同》应当无效。法院认为，某煤业所称涉案工程招投标过程中存在泄露标底、串通作弊等情形，并没有证据证明。且本案中，案涉单身宿舍楼工程 2013 年 10 月 31 日竣工前，某建筑公司已具备房屋建筑工程施工总承包二级资质。据此，二审依据《最高人民法院关于审理建设工程施工合同纠纷案件适用法律问题的解释》第五条[②]“承包人超越资质等级许可的业务范围签订建设工程施工合同，在建设工程竣工前取得相应资质等级，当事人请求按照无效合同处理的，不予支持”的规定，认定案涉施工合同有效，并无不当。

---

① 最高人民法院民事裁定书（2018）最高法民申 752 号。

② 该条现为《最高人民法院关于审理建设工程施工合同纠纷案件适用法律问题的解释（一）》（法释〔2020〕25 号）第四条。

（2）重庆市某建筑劳务有限公司与咸阳某建筑工程有限公司等建设工程施工合同纠纷再审申请案[①]

【裁判要旨】

根据《最高人民法院关于审理建设工程施工合同纠纷案件适用法律问题的解释（一）》第一条第一款第（一）项之规定，承包人无建筑施工企业资质或者超越资质等级签订的建设工程施工合同应认定为无效。某建筑劳务有限公司取得的《建筑业企业资质证书》载明的承包资质范围注明，其承包单项业务合同不得超过企业注册资本金的5倍。某建筑劳务有限公司在签订案涉承包合同时，注册资本为50万元。该合同约定的总价为3200万元，未明确单项业务工程价款。在此情况下，二审判决认定某建筑劳务有限公司超越资质签订的承包合同无效，并无不当。某建筑劳务有限公司虽主张已完成增资，且即使其确实增加了注册资本，但根据《最高人民法院关于审理建设工程施工合同纠纷案件适用法律问题的解释》第五条规定，本案不属于该解释规定情形范畴，且无证据证明其承包合同单项工程价款未超500万元。故，某建筑劳务有限公司主张二审判决认定案涉承包合同无效错误的申请再审理由不能成立。

（三）责任承担问题

缺乏资质的单位或者个人借用有资质的建筑施工企业名义签订建设工程施工合同，对因该项承揽工程不符合规定的质量标准而造成的损失，建筑施工企业与使用本企业名义的单位或者个人承担连带赔偿责任。

法条链接

《中华人民共和国建筑法》

第六十六条　建筑施工企业转让、出借资质证书或者以其他方式允许他人以本企业的名义承揽工程的，责令改正，没收违法所得，并处罚款，可以责令停业整顿，降低资质等级；情节严重的，吊销资质证书。对因该项承揽工程不符合规定的质量标准造成的损失，建筑施工企业与使用本企业名义的单位或者个人承担连带赔偿责任。

---

① 最高人民法院民事裁定书（2016）最高法民申1128号。

《最高人民法院关于审理建设工程施工合同纠纷案件适用法律问题的解释（一）》

第七条 缺乏资质的单位或者个人借用有资质的建筑施工企业名义签订建设工程施工合同，发包人请求出借方与借用方对建设工程质量不合格等因出借资质造成的损失承担连带赔偿责任的，人民法院应予支持。

1. 竣工赔偿金、工程款、工程质量损失的责任承担问题

无资质的自然人（实际施工人）借用施工企业建筑资质与发包人签订建设工程施工合同，违反法律强制性规定，该合同应认定为无效。虽然建设工程施工合同无效，但案涉工程已竣工验收合格，实际施工人在实际施工完成后，有权要求发包方按照合同约定支付工程价款。若工程存在质量问题，挂靠人和被挂靠人应对质量损失承担连带赔偿责任。但若发包人主张逾期竣工赔偿金的，被挂靠人不承担赔偿责任。

相关案例

（1）湖南省某建筑股份有限公司、萍乡市某房地产开发有限公司建设工程施工合同纠纷[①]

【裁判要旨】

①有资质的施工企业向无资质的自然人收取一定的管理费，双方之间不是公司与内部员工的关系，而是该自然人借用施工企业资质承接工程，从而形成挂靠关系。

②工程实际由借用施工企业资质的自然人组织进行施工，并由该自然人向发包人缴纳保证金。其不仅负责案涉工程的现场管理，而且掌握所有的工程资料，且在项目施工过程中，案涉设备租赁费、材料费、工人工资均由其直接支付，即可认定为实际施工人。

③无资质的自然人（实际施工人）借用施工企业资质与发包人签订的建设工程施工合同，因违反法律强制性规定，应认定为无效。

④在案涉工程施工过程中，发包人知晓实际施工人借用资质承建工程且认可

---

① 最高人民法院民事裁定书（2019）最高法民申1307号。

其完成的工程施工任务，因此双方形成权利义务关系。虽然建设工程施工合同无效，但案涉工程已竣工验收合格，实际施工人有权要求发包方按照合同约定支付工程价款。

⑤当工程已交付发包人，实际施工人作为承包人，工程结算应当在实际施工人与发包人之间进行，建设工程施工合同的承包方无权向发包人主张工程款。

⑥因发包人与建设工程施工合同的承包方之间不存在建设工程施工合同关系，故发包人无权向建设工程施工合同的承包方及实际施工人主张逾期竣工赔偿金。

（2）贵州某消防工程有限公司、王某某与广州市某装修有限公司诉王某云等建设工程施工合同纠纷①

【裁判要旨】

工程经鉴定意见证明存在质量问题，造成发包人损失的，发包人主张挂靠人和被挂靠人就损失承担连带赔偿责任的，法院予以支持。

（3）肇庆某塑胶五金制品有限公司诉张某芳、广宁县某建筑工程有限公司建设工程施工合同纠纷②

【裁判要旨】

建设工程经验收后又因质量问题需要整改的，实际施工人承担赔偿责任，被挂靠人由于允许实际施工人借用其资质，因此其应对工程质量给发包人造成的损失承担连带赔偿责任。

（4）乌鲁木齐市某工贸有限责任公司诉刘某良、新疆某建筑安装工程有限公司建设工程施工合同纠纷③

【裁判要旨】

因工程质量出现问题产生的损失费用，实际施工人承担主要责任，被挂靠人允许实际施工人以挂靠形式使用其企业的名义承揽工程，亦应对该损失承担连带赔偿责任。

---

① 贵州省高级人民法院民事裁定书（2017）黔民终881号。

② 广东省肇庆市中级人民法院民事判决书（2018）粤12民终731号。

③ 新疆维吾尔自治区乌鲁木齐市中级人民法院民事判决书（2017）新01民终2537号。

（5）湖南省某建筑股份有限公司诉萍乡市某房地产开发有限公司建设工程施工合同纠纷[①]

【裁判要旨】

因工程质量产生的损失赔偿由挂靠人与被挂靠人承担连带赔偿责任，但若发包人主张的是逾期竣工赔偿金的，则被挂靠人不承担赔偿责任。

2. 施工过程中的劳动者人身损害责任承担

施工过程中因资质问题产生的损害赔偿责任承担形式主要分为以下四种情形：

（1）建筑工程直接发包给无相应资质条件的承包单位或个人，或者总承包方违反规定将建筑工程肢解发包给无相应资质条件的承包单位或个人，导致发生建筑施工事故人身损害赔偿时，承包单位或个人和发包单位应承担连带赔偿责任。形成工伤赔偿争议进入仲裁或诉讼程序时，发包单位列为第三人；形成雇员损害赔偿争议诉讼时，发包单位为共同被告。

（2）总承包单位将工程分包或合法分包的单位将承包的工程再分包给不具有相应资质条件的单位或个人，导致分包或再分包方发生建筑施工事故人身损害赔偿，分包方和总承包方、再分包方和分包方为赔偿责任主体，并承担连带赔偿责任。形成工伤赔偿争议进入仲裁或诉讼程序时，总承包方或分包方列为第三人；形成雇员损害赔偿争议诉讼时，总承包方或分包方为共同被告。

（3）承包单位将其承包的建筑工程转包给不具有相应资质条件的单位或个人，导致接受转包方发生建筑施工事故人身损害赔偿，接受转包方和承包单位为赔偿责任主体，并承担连带赔偿责任。形成工伤赔偿争议进入仲裁或诉讼程序时，承包单位列为第三人；形成雇员损害赔偿争议诉讼时，承包单位为共同被告。

（4）建筑企业若转让、出借资质证书或者以其他方式允许他人以本企业名义承揽工程，导致相关方发生建筑施工事故人身损害赔偿时，相关责任方应承担连带赔偿责任。相关责任方包括接受转让方和转让方、出借方和出借方、借用其他企业名义和允许借用方形成工伤赔偿争议进入仲裁和诉讼程序时，转让方、出

---

① 江西省高级人民法院民事判决书（2018）赣民终 323 号。

借方、允许借用方列为第三人；形成雇员损害赔偿争议诉讼时，转让方、出借方、允许借用方列为共同被告。①

根据上述规定，如企业将建设工程业务发包给不具备用工主体资格的组织或自然人，对该组织或自然人雇用的劳动者，由具备用工主体资格的发包方承担用工主体责任；给劳动者造成损害的，企业作为发包方与个人承包经营者承担连带赔偿责任。尤其是在自然人作为承包方的情况下，其招用的施工人员通常未签署劳动合同也未缴纳任何工伤保险，一旦发生事故，企业与前述施工人员将构成劳动关系，相关责任将由企业全部承担，可能给企业造成较大的经济损失和社会舆论压力。

法条链接

《中华人民共和国劳动合同法》

第九十四条　个人承包经营违反本法规定招用劳动者，给劳动者造成损害的，发包的组织与个人承包经营者承担连带赔偿责任。

《劳动和社会保障部关于确立劳动关系有关事项的通知》

四、建筑施工、矿山企业等用人单位将工程（业务）或经营权发包给不具备用工主体资格的组织或自然人，对该组织或自然人招用的劳动者，由具备用工主体资格的发包方承担用工主体责任。

《中华人民共和国安全生产法》

第一百零三条　生产经营单位将生产经营项目、场所、设备发包或者出租给不具备安全生产条件或者相应资质的单位或者个人的，责令限期改正，没收违法所得；违法所得十万元以上的，并处违法所得二倍以上五倍以下的罚款；没有违法所得或者违法所得不足十万元的，单处或者并处十万元以上二十万元以下的罚款；对其直接负责的主管人员和其他直接责任人员处一万元以上二万元以下的罚款；导致发生生产安全事故给他人造成损害的，与承包方、承租方承担连带赔偿责任。

生产经营单位未与承包单位、承租单位签订专门的安全生产管理协议或者未在承包合同、租赁合同中明确各自的安全生产管理职责，或者未对承包单位、承

① 宋宗宇：《建筑法案例评析》，对外经济贸易大学出版社 2009 年版。

租单位的安全生产统一协调、管理的，责令限期改正，处五万元以下的罚款，对其直接负责的主管人员和其他直接责任人员处一万元以下的罚款；逾期未改正的，责令停产停业整顿……

《最高人民法院关于审理建设工程施工合同纠纷案件适用法律问题的解释（一）》

第四十三条第二款 实际施工人以发包人为被告主张权利的，人民法院应当追加转包人或者违法分包人为本案第三人，在查明发包人欠付转包人或者违法分包人建设工程价款的数额后，判决发包人在欠付建设工程价款范围内对实际施工人承担责任。

《建设领域农民工工资支付管理暂行办法》

第十二条 工程总承包企业不得将工程违反规定发包、分包给不具备用工主体资格的组织或个人，否则应当承担清偿拖欠工资连带责任。

三、建筑施工企业资质合规要求

建筑施工企业从工程项目的前期施工准备、施工合作、过程中的施工风险控制、产品质量检查评定、竣工验收到交用后服务各个环节，均应有相关的合规制度或标准供参考与遵循，并明确各部门或单位在整个工作流程中各自的职责和权限。

（一）前期调查

施工企业在承接或者分包、转包项目前要对自己的商业伙伴的资信状况进行调查，谨慎选择商业伙伴。

1. 对建设单位的资信调查

施工企业在承接项目时，应对建设单位进行资信调查，避免因建设单位资信不足造成工程款无法收回，从而造成自身损失。对于建设单位的资信调查应包含以下四点：

（1）过往履约情况是否良好

过往履约情况是否良好主要包含两个方面：

一是过往履约是否有“不良履约记录”，是否存在结算久拖不决、过程延期支付工程款、不守信用等情况；

二是涉诉情况，主要关注施工企业诉讼建设单位的案件数量、建设单位是否存在不合理反诉等。

（2）建设单位盈利模式是否合法

主要是指建设单位在开发项目时，是否存在违法情况，包括违法贷款、违法开发等。

（3）偿债能力是否充足

施工企业在实施项目时，最大的风险大于建设单位能否按时足额支付工程款，因此，施工企业在对建设单位进行调查时应关注其是否有足够的资产偿债能力和现金支付能力。

（4）项目前景是否良好

有的项目施工企业在承接时，明知业主资信不好，但是由于各种原因不得不承接。因此，项目前景对于施工企业就变得极为重要，即项目是否容易变现极为重要。一个项目如果前景很好，如发达地区的房地产项目，即使业主资信不好，只要能保证业主回收的资金优先支付工程款，那么对施工企业来说，工程款的回收也不会有太大的问题。如果项目前景不佳，再加上业主本身没有支付能力，一旦业主中途放弃项目或者其他原因导致工程款无法回收，施工企业不仅无法回收工程款，还很可能让项目无法拍卖，导致施工企业彻底亏损。

2. 对联合体成员的资信调查

（1）过往履约情况是否良好及偿债能力是否充足。

（2）重视对项目回款的控制权。

施工企业与联合体合作时，应尽量控制项目回款，要求建设单位将项目回款直接支付至施工企业。若联合体对方不接受施工企业支配，施工企业应与联合体相对方共同设立监管账户，对项目回款进行监管和控制，防止联合体相对方单独控制项目回款。

3. 对分供商的管理

施工企业应结合自身情况，对分供商进行考核，建立合格供应商名录，只有进入合格分供商名录的单位才有资格参与企业的招标，施工企业针对想要进入合格分供商名录的单位主要考察以下几点：

针对材料供应商：

(1) 经营资格与信誉；(2) 材料、设备的质量；(3) 供应能力；(4) 资金状况；(5) 财务报表；(6) 纳税情况；(7) 售后服务；等等。

针对分包商：

(1) 经营许可和资质证明；(2) 专业能力；(3) 人员结构和素质；(4) 机具装备；(5) 施工保证能力（含技术、质量、安全、施工管理)；(6) 资金能力；(7) 财务报表；(8) 纳税情况；(9) 工程业绩。

（二）挂靠调研①

在挂靠项目中，施工企业获得的利益有限且不确定，承担着巨大的风险。因此，律师对于挂靠的建议是将挂靠变成合作，挂靠变合作需要做到两点：一是将项目管理纳入公司管理体系，不能游离在外；二是利益共享、责任共担。具体建议如下：

1. 进行严格的投标评审和合同评审

施工企业要对项目进行严格的投标评审和合同评审，在投标时严格把握投标条件，对于投标条件过于苛刻的项目不允许投标；若合同约定极为不合理，则施工企业应拒绝挂靠。

2. 要共建项目管理团队

共建项目管理团队是为了提升项目管理水平，让施工企业更加深入地掌控项目，让施工企业利用其管理经验为项目提供支持，成为项目真正的负责人，并可以让施工企业掌握项目的进度、实际成本，了解项目实际情况，以此降低项目风险。

3. 项目资金问题约定清楚

施工企业与“挂靠人”将项目资金问题约定清楚，尽量实现资金平衡。如果项目自身现金流无法平衡，需要现金流投入，那么施工企业应与“挂靠人”约定现金流由谁投入、投入的方式、投入的比例等，如果过程中发现投入不够，应明确约定补充投入的资金如何界定等问题。

---

① 徐莉萍、王宇霆：《挂靠施工情形下的相关行为效力分析》，载《福建建材》2017 年第 8 期。

4. 遵守公司的相关制度

在合作模式下，施工企业应要求“挂靠人”遵守公司相关制度，包含采购制度、档案管理制度、项目承包责任制度等。

5. 加强项目过程管控

过程管控包括严格按照合同要求施工、保证施工质量、保证分包付款、保证结算资料落地、保证项目过程和竣工验收，并遵守公司关于施工项目管理的规定，如质量管理体系、计量管理体系、进度管理体系等。

6. 构建合作双方的利益分配方式

施工企业在与他人合作时，要构建合作双方的利益分配方式，不要采用保底收益方式。构建分配方式需要双方确定收入的认定标准、成本的认定标准，以及项目在施工过程中如何进行中间分配、项目实施完毕后如何最终分配等问题。

7. 不要轻易合作亏损项目

施工企业在与“挂靠人”合作时，不要轻易相信合作方的资金实力和扭亏能力，避免合作亏损项目。

第四章　建筑施工企业招投标阶段刑事风险及合规要求

一、建筑施工企业招投标阶段刑事风险

通过表 4-1 可以看出，串通投标罪是建筑施工企业在招投标环节中高频触犯的罪名，建筑施工企业需要把握招投标环节中存在的刑事风险，通过合规制度防范刑事风险。

（一）串通投标罪

表 4-1　建筑施工企业串通投标罪数据

时间	2001—2019 年	2020 年	2021 年	2022 年	2023 年
案件数量/件	1172	491	136	35	18

（参考“威科先行·法律信息库”，通过检索“串通投标罪+建设工程”得出）

1. 串通投标罪概述

（1）罪名简述

串通投标是指投标人相互串通投标报价，损害招标人或者其他投标人利益，情节严重，或投标人与招标人串通投标，损害国家、集体、公民的合法利益的行为。

（2）历史演变

在市场经济的建立与发展的背景下，招标投标制度被逐步推广。在 1993 年出台的《反不正当竞争法》① 中首次明文规定了串通投标行为。1997 年修订的

① 1993 年《反不正当竞争法》第十五条规定：投标者不得串通投标，抬高标价或者压低标价。投标者和招标者不得相互勾结，以排挤竞争对手的公平竞争。

《刑法》第二百二十三条专门设置了串通投标罪,[①] 并且沿用至今。随后 1999 年、2002 年通过的《招标投标法》《政府采购法》[②],对招投标行为进行了详细的规定,跨越多个领域,横向形成了较为严密的法律体系,有利于打击串通投标的违法犯罪行为。

(3)所涉法律法规、司法解释规定

1)《刑法》

《刑法》第二百二十三条 投标人相互串通投标报价,损害招标人或者其他投标人利益,情节严重的,处三年以下有期徒刑或者拘役,并处或者单处罚金。

投标人与招标人串通投标,损害国家、集体、公民的合法利益的,依照前款的规定处罚。

第二百三十一条 单位犯本节第二百二十一条至第二百三十条规定之罪的,对单位判处罚金,并对其直接负责的主管人员和其他直接责任人员,依照本节各该条的规定处罚。

2)立案标准

2010 年 5 月 7 日最高人民检察院、公安部通过的《关于公安机关管辖的刑事案件立案追诉标准的规定(二)》

第七十六条 投标人相互串通投标报价,或者投标人与招标人串通投标,涉嫌下列情形之一的,应予立案追诉:

(一)损害招标人、投标人或者国家、集体、公民的合法利益,造成直接经济损失数额在五十万元以上的;

(二)违法所得数额在十万元以上的;

(三)中标项目金额在二百万元以上的;

(四)采取威胁、欺骗或者贿赂等非法手段的;

(五)虽未达到上述数额标准,但两年内因串通投标,受过行政处罚二次以

---

① 1997 年《刑法》第二百二十三条规定:投标人相互串通投标报价,损害招标人或者其他投标人利益,情节严重的,处三年以下有期徒刑或者拘役,并处或者单处罚金。投标人与招标人串通投标,损害国家、集体、公民的合法利益的,依照前款的规定处罚。

② 2002 年《政府采购法》第二十五条第一款规定:政府采购当事人不得相互串通损害国家利益、社会公共利益和其他当事人的合法权益;不得以任何手段排斥其他供应商参与竞争。

上，又串通投标的；

（六）其他情节严重的情形。

第八十八条　本规定中的“虽未达到上述数额标准”，是指接近上述数额标准且已达到该数额的百分之八十以上的。

第八十九条　对于预备犯、未遂犯、中止犯，需要追究刑事责任的，应予立案追诉。

第九十条　本规定中的立案追诉标准，除法律、司法解释、本规定中另有规定的以外，适用于相应的单位犯罪。

（4）保护法益

串通投标罪归属于破坏社会主义市场经济秩序罪中的扰乱市场秩序的犯罪，串通投标罪的保护法益是招标投标的市场竞争秩序。根据《刑法》对串通投标罪的规定，也有学者提出串通投标罪保护的法益还包括招标人、其他投标人以及国家、集体、其他公民的合法利益的观点。

（5）表现形式

串通投标是指在招标投标过程中，招标人与投标人或者投标人之间串通，排除招投标市场的公平竞争行为。根据串通主体的不同，串通投标罪的表现形式主要分为两类：

1）投标人通过书面或口头的方式串通投标

①投标人之间相互约定，一致抬高或者压低投标价。

②投标人之间相互约定，在招标项目中轮流以高价或低价位中标。

③投标人之间进行内部竞价，内定中标人，再参加投标。

投标人根据招标文件要求以及投标人自身优势决定愿意向招标人付出的价格。而投标之间通过串通投标的方式导致招标者既要支付高额费用，又难以保障工程质量。

2）投标人与招标人串通投标

投标人与招标人串通投标是指招标者与特定投标人在招标投标活动中，以不正当手段进行私下交易，使公开招标投标流于形式，共同损害国家、集体、公民（包括其他投标者）的利益的行为。投标人与招标人串通投标行为主要表现为：

①招标人在公开开标前开启标书，将投标情况告知其他投标人，或者协助投标人撤换标书、更改报价。

②招标人和投标者商定在招标投标时压低或者抬高标价，中标后招标者再给投标者额外补偿。

③招标人预先内定中标者，并据此决定取舍。

④投标人通过贿赂手段，在公开开标之前，从招标人处获取投标相关信息的行为。

3）串通拍卖行为不符合串通投标罪

根据 2020 年 12 月 21 日最高人民检察院发布的《关于印发最高人民检察院第二十四批指导性案例的通知》（检例第 90 号 · 许某某、包某某串通投标立案监督案），刑法规定了串通投标罪，但未规定串通拍卖行为构成犯罪。对于串通拍卖行为，不能以串通投标罪予以追诉。公安机关对串通竞拍国有资产行为以涉嫌串通投标罪刑事立案的，检察机关应当通过立案监督，依法通知公安机关撤销案件。

（6）行为主体

串通投标罪的行为主体只能是招标人和投标人。根据《刑法》第二百二十三条和第二百三十一条的规定，此处的“招标人”“投标人”既可以是单位，也可以是达到刑事责任年龄且具备刑事责任能力的自然人。

《招标投标法》第八条规定：“招标人是依照本法规定提出招标项目、进行招标的法人或者其他组织。”第二十五条规定：“投标人是响应招标、参加投标竞争的法人或者其他组织。依法招标的科研项目允许个人参加投标的，投标的个人适用本法有关投标人的规定。”该法中招标人和投标人一般只限于法人或者其他组织，仅限于科研项目投标中，投标人可以是自然人。但在刑事司法实践中，串通投标既可能是法人或者单位之间进行串通，也可能是主管、负责人，为了谋取个人利益就招投标事项进行串通，串通投标罪的主体不应局限于《招标投标法》的规定，而应在刑法自身体系内作实质性解释。对于《刑法》第二百二十三条中的招标人与投标人，可以将其解释为包含主管、负责人等在内的自然人。

（7）罪责

串通投标罪在主观上表现为故意。即投标人相互串通投标报价，或者投标人与招标人串通时，明知自身串通投标的行为会损害招标人或其他投标人的利益，但仍采取该行为，并希望或放任这种危害后果的发生，不论其动机如何都不影响本罪成立。过失不能构成本罪。

（8）量刑

1）自然人犯本罪的，处三年以下有期徒刑或者拘役，并处或者单处罚金。

2）单位犯本罪的，对单位判处罚金，对其直接负责的主管人员和其他直接责任人员依上述规定追究刑事责任。

2. 主要争议问题

（1）《刑法》第二百二十三条第二款“投标人与招标人串通投标，损害国家、集体、公民的合法利益的”是否以情节严重为要件？

根据《刑法》第二百二十三条第一款的规定，学界对于“投标人相互串通投标报价，损害招标人或者其他投标人利益”的情形，将“情节严重”作为构成要件没有异议。但是对于该条的第二款是否以“情节严重”作为构成要件，学界分为肯定说和否定说两种观点。

否定说的观点认为，第二款行为的法益侵害重于第一款行为，故不应以情节严重为要件。[①] 支持肯定说的学者主张第二款的内容是对第一款的补充，虽然法条表述没有明文规定，但仍应该将“情节严重”作为构成要件，并且第二款行为的法益侵害性并不当然高于第一款，因此第二款应当以情节严重为要件。[②] 也有学者指出，如果否认“情节严重”为《刑法》第二百二十三条第二款规定行为的构成要件，则意味着当投标人在同一招投标活动中，既与招标人又与某些特定投标人串通投标时，虽其出于一个罪过，却要用两种犯罪构成来衡量其是否成立犯罪，造成司法实践操作上的矛盾，这显然有悖于立法意图和刑法理论。[③] 2001年，最高人民检察院、公安部发布的《关于经济犯罪案件追诉标准的规定》

---

① 张明楷：《刑法学（下）》（第六版），法律出版社2021年版，第1082页。

② 王作富主编：《刑法分则实务研究（中）》，中国方正出版社2013年版，第656页。

③ 杨莉英：《串通投标罪客观要件探析》，载《河北大学学报（哲学社会科学版）》2006年第3期。

(已失效)第六十八条对“投标人相互串通投标报价”和“投标人与招标人串通投标”规定了相同追诉标准，某一程度上说明了《刑法》第二百二十三条第一款和第二款的串通投标罪都应以“情节严重”为构成要件，印证了肯定说的观点。

(2)被挂靠单位不知情的情况下，单个的行为人利用掌控的多个单位参与围标，能否被认定为串通投标罪?

在工程建设领域，一人(或一个单位)常同时挂靠多个单位，并以这些单位的名义投标。表面上，这些单位是独立投标人，实际上由其操控。如果被挂靠单位明知挂靠者参与“围标”而积极配合，其行为应具有“串通性”，挂靠者与被挂靠者均应被认定为串通投标。但在被挂靠的单位不知情的情况下，单个的行为人利用掌控的多个单位参与围标，能否作串通投标罪的认定?

否定说的观点认为，“名义上的多个投标人实际上只是行为人一人，不具备两个以上主体勾结串联的情况，不能认定为串通投标行为”。[①] 支持否定说的学者主张通过合同诈骗罪或非法经营罪进行处理。肯定说的观点认为，“刑法所关注的是数个投标人之间是否存在串通而使招投标失去竞争性，而不在于数个投标人是否被一人控制或者如何控制”。[②] 肯定说的观点认为，在被挂靠单位不知情的情况下，单个的行为人利用掌控的多个单位参与围标的行为属于《招标投标法》第五十四条“投标人以他人名义投标或者以其他方式弄虚作假，骗取中标的，中标无效，给招标人造成损失的，依法承担赔偿责任；构成犯罪的，依法追究刑事责任”的情形，可以通过串通投标罪处理。司法实务中，一些地方通过相关司法文件将此种情况作为串通投标的形式，如福建省高级人民法院、检察院、公安厅于2007年制定的《办理串通投标犯罪案件有关问题座谈会纪要》规定，采取挂靠、盗用等非法手段，以多个投标人名义进行围标的，按《刑法》第二百二十三条第一款串通投标罪的规定处罚。

---

① 杨莉英:《串通投标罪客观要件探析》，载《河北大学学报(哲学社会科学版)》2006年第3期，第76页。

② 孙国祥:《串通投标罪若干疑难问题辨析》，载《政治与法律》2009年第3期，第49页。

（3）如何界分串通投标罪中自然人行为与单位行为？

虽然招标人作为一个独立主体存在，但实际受自然人控制。参与招标投标的一般是单位，但是实施具体的招标和投标行为的通常是工作人员。参与招标活动的人员具有复杂身份，既是招标单位的一员，又具有自然人的个人人格。这种双重身份决定了他在招标活动中的行为既可能是代表招标单位的行为，也可能是他作为招标参与人个人擅自实施的行为。那么工作人员串通投标的行为是单位行为还是个人行为？区分自然人行为和单位行为的关键，是参与招标的责任人员的行为是否代表了招标人决策机关意志。一种观点认为，根据《招标投标法》，招投标人是法人或者其他组织，负责招投标的人员是招投标人的工作人员，本身不代表招投标人，因此，工作人员不构成串通投标罪。另一种观点认为，实务中，大量的串通投标行为都是招标人的内部工作人员所为，其行为并不能当然地代表招标人，但可以个人串通投标罪定罪量刑。①

（4）串通招标代理人是否构成串通招标人？

一般认为，串通投标罪的主体是特殊主体，只能是招标人和投标人。但实践中存在招标代理机构与业主或投标人互相串通、虚假招投标的现象，招标代理机构能否构成串通招标罪？关于此类问题争论的核心依旧在于《刑法》对于招标人、投标人的定义。

否定说的观点认为，依据《招标投标法》第十三条第一款的规定："招标代理机构是依法设立、从事招标代理业务并提供相关服务的社会中介组织。"招标代理机构不属于《刑法》第二百二十三条规定的招标人的范畴。肯定说的观点认为，串通投标罪的主体应该在刑法自身体系内作解释，不应局限于《招标投标法》的规定，与其保持一致。② 肯定说的观点还认为，招标代理机构直接代表招标人一方参与交易活动，与一般的中介组织不同，其缺乏独立性。招标人通过代理招标协议把招标人的部分权利转移给了招标代理机构，履行招标人的法律义务。自然可以从招标人不得与投标人串通投标的规定中得出作为代理机构也不得

① 程明伦：《串通投标罪若干司法适用问题及其延伸》，吉林大学 2017 年硕士学位论文。

② 杨莉英、崔雪芹：《串通投标罪的法律适用》，载《人民司法》2006 年第 4 期，第 73 页。

串通投标的逻辑结论。[①] 招标代理人代理招标人具体组织实施招投标活动，是实质意义上的招标人。虽然招标代理人不具有《招标投标法》的招标人或者投标人身份，但无可否认，其行为也同样侵害了串通投标罪保护的法益，而且侵害的程度可能大于具有法定身份的招标人或者投标人的串通行为，所以应当属于刑法意义上的招标人范畴。1998 年国家工商行政管理局公布的《关于禁止串通招标投标行为的暂行规定》（已失效）将项目主办人和代理招标活动的中介机构也纳入招标人的范围之中，该规定也成为支持肯定说的论据之一。

3. 案例总结

（1）李某、李某祥等人串通投标案[②]

【裁判要旨】

法院认为，一人控制几家公司投标，比与他人的串通行为更为严重，举轻以明重，当然构成串通投标。李某及其他从业人员共同完成了同一工程的多份工程量造价标书的制作，并利用其技术优势，帮助实际投标人在招投标过程中获得较高的中标率，排挤其他投标人的公平竞争，损害招标人、其他投标人利益，具有较大的社会危害性，与实际投标人共同实施串通行为，构成串通投标罪的共同犯罪。

【主要案情】

2013 年 1 月，在国某星城工程招投标过程中，朱某、张某、付某权为顺利承接该工程，与被告人李某商议后，分别向 16 家公司租借资质投标，并采取由李某等被告人共同编制上述不同投标公司的投标文件等方式排挤其他投标人的公平竞争，使张某、朱某、付某权最后成为实际中标人。2013 年 4 月，李某等六名被告采取相似的方式帮助吴某国顺利承接某佳家园工程。

（2）湖北省华某 1 建设工程有限公司、蔡某某串通投标、寻衅滋事、妨害公务案[③]

【裁判要旨】

被告单位湖北省华某 1 建设工程有限公司在招投标过程中，采取借用多家公

① 孙国祥：《串通投标罪若干疑难问题辨析》，载《政治与法律》2009 年第 3 期，第 50 页。

② 湖北省宜昌市夷陵区人民法院刑事判决书（2014）鄂夷陵刑初字第 00121 号。

③ 湖北省黄梅县人民法院刑事判决书（2020）鄂 1127 刑初 270 号。

司资质的做法，通过编制标书的方式串通投标报价，损害招标人和其他投标人的利益，扰乱了市场秩序，情节严重。湖北省华某1建设工程有限公司因本案构成单位犯罪，应以串通投标罪追究被告单位的刑事责任。被告人蔡某某作为湖北省华某1建设工程有限公司（以下简称华某1公司）直接负责的主管人员，应承担单位犯罪的相应刑事责任，同时蔡某某在岳湾安置区工程招投标过程中，为达到中标的目的指使柯某2、刘某2串通投标报价，严重损害招标人和其他人的利益，其行为已构成串通投标罪。

【主要案情】

黄梅县公共资源交易监督管理局发布岳湾17、18号楼工程施工招标公告。招标公告发出后，柯某2因为没有建筑资质，便联系华某1公司法人蔡某某，提出借华某1公司的资质参与此次招标，并答应支付报酬。蔡某某表示同意，还安排华某1公司的经理刘某2帮助操作，在蔡某某的指使下，刘某2为柯某2提供了一份参标公司名单，之后由柯某2提供资金，刘某2、柯某2两人分头向参标公司负责人支付1万元至1.5万元不等的现金作为陪标费用，并由刘某2将华某1公司的投标标底透露给以上参标公司，以便华某1公司顺利中标。2014年8月8日，华某1公司以2786.309367万元人民币的报价中标。其后以同样的方法以2544.689854万元人民币中标岳湾15、16号楼工程。

（3）邓某贤等串通投标案[①]

【裁判要旨】

被告人陈某涛虽然是在履行工作责任过程中，代表单位参与涉案招投标工程，但是其在投标过程中所实施的超出正常履职范围的“串通”行为是否有单位授权，即是否代表单位意志？经查，被告人陈某涛对此无法提供证据证明。相反，被告单位明确否认曾授权或默许陈某涛实施违法串通的行为。鉴于被告人陈某涛仅为被告单位的内设机构的支部书记、副经理，其行为不足以推定为代表单位意志。

综上，被告人陈某涛所实施的串通投标行为无充分证据证明系经过单位决

① 广东省中山市第一中级人民法院刑事判决书（2019）粤2071刑初996号。

策，代表单位意志，不应以单位犯罪处理，因此被告单位广州市某水工程有限公司无罪。

【主要案情】

2015 年 5 月，时任大涌镇党委委员的邓某在工作中获知大涌镇生活污水处理厂有污水处理工程项目对外招标，于是找到其经商的同学罗某 2，二人商议由邓某从中提供帮助，罗某 2 设法中标该工程项目。罗某 2 通过他人介绍找到时任广州市某水工程有限公司（以下简称广某公司）副经理的被告人陈某涛，商量以其公司名义参与投标，中标后广某公司从中收取服务费及每月 5%的管理费。随后，邓某安排被告人陈某涛及罗某 2 与负责该项目招标事宜的被告人邓某贤对接，由被告人邓某贤根据被告人陈某涛提供的广某公司的数据，制定出有利于广某公司中标的招标评分标准。随后，为保证广某公司中标，罗某 2 又通过他人找了另外 3 家公司参与“围标”。其中，被告人陈某涛介绍罗某 2 联系其妻子任职的永联环保科技公司参与“围标”，而后广某公司在公开招标中顺利中标。

（4）谭某新串通投标案①

【裁判要旨】

第一，某高中教学楼工程缺少相关手续，且资金未予落实，根据相关规定，不符合招标条件要求；被委托的招标代理公司已注销，无权进行代理，且招标程序并未完成，垫资承建的单位并非法律意义上由该招标程序产生，故不能用串通投标罪来评价谭某新和谭某博的行为。

第二，判断上诉人谭某新与谭某博是否构成串通投标罪，关键看其行为是否存在损害其他竞标人、招标方以及国家或集体利益。其他两家投标公司均未制作标书，也未到招标会现场进行投标，依现有证据可知其没有投标意向，系陪标，故不存在损害其他投标人利益之说。

第三，根据建设工程施工合同、竣工验收备案书、竣工验收报告书等文件所载的内容，涉案工程进场施工日期早于开标日期，结合其他相关书证、证人证言和被告人供述等证据，现有证据表明该工程为内定工程，系招标方与谭某博等在

① 辽宁省葫芦岛市中级人民法院刑事判决书（2016）辽 14 刑终 234 号。

平等自愿基础上的真实意思表示，更不涉及损害招标方利益之说，招投标过程仅系形式所需而已，没有证据证明招标者（建设方）与其相互串通实施串通投标行为而损害国家或集体利益。

故无论是主观要件还是客观要件，二上诉人的行为都不符合串通投标罪的犯罪构成，谭某新、谭某博不构成串通投标罪。

【主要案情】

葫芦岛市某高级中学（以下简称某中）要新建教学楼，因工程资金问题，需承建单位全额垫资。某四建公司项目经理周某、某业建筑公司（以下简称某业公司）经理朱某与葫芦岛市建委招标办的谭某新三人同葫芦岛市教育局局长刘某某商定，由谭某新的二姐谭某博全额垫资承建。谭某新介绍葫芦岛某缘建筑工程招标有限公司（以下简称某缘公司）作为此项工程的招标代理公司，并安排葫芦岛某星建筑工程有限公司（以下简称某星公司）和某业公司作为某中教学楼工程招标的陪标单位，还安排他人制作工程量清单，并用该工程量清单安排葫芦岛顺某工程造价咨询有限公司（以下简称顺某公司）以某缘公司的名义根据工程量清单套制招标文件，以辽宁某建集团有限公司（以下简称辽宁某建）、某星公司和某业公司的名义制作投标文件。顺某公司完成制作后，谭某新便安排他人到前述某星公司和某业公司盖章封标，谭某博用前述辽宁某建名义盖章封标。最后辽宁某建中标。

（5）湖北权某建设工程有限公司、徐某来串通投标案①

【裁判要旨】

被告单位湖北权某建设工程有限公司（以下简称权某公司）与其他公司串通投标，损害招标人及其他投标人的利益，情节严重，其行为已构成串通投标罪。被告单位权某公司和被告人徐某来应承担相应的刑事责任。

【主要案情】

2017 年 4 月，被告单位权某公司的法定代表人即被告人徐某来，在得知恩施市红土乡石窑某小镇易地扶贫搬迁安置小区基础设施工程和红土乡稻池村某塘采

① 湖北省恩施市人民法院刑事判决书（2020）鄂 2801 刑初 312 号。

煤沉陷区暨易地扶贫搬迁集中安置小区附属工程招标项目后，为确保权某公司能够承揽该工程，徐某来找到冉某，请冉某所在的恩施某铭建设工程有限公司按权某公司的要求投标报价，并向冉某支付 10 万元作为参加投标的保证金。同时，徐某来还请唐某为其找公司按其要求投标报价，并给唐某 4 万元作为参加投标的保证金。最终权某公司以 4067494.16 元的报价中标。2017 年 4 月 17 日，被告单位权某公司、恩施某铭建设工程有限公司、湖北某瑞建设工程有限公司及另一家公司共同参加对红土乡稻池村某塘采煤沉陷区暨异地扶贫搬迁集中安置小区附属工程开标会议，最终权某公司以 6073599.76 元的报价中标。

4. 合规要点

（1）及时披露相关信息

对串通投标行为的刑事合规而言，应聚焦于披露可能发现不法行为的信息，为国家机关发现不法行为提供有力的证据资料。

首先，主动披露与其他企业及职员的资金往来情况。财物资金的流动能够直接反映企业是否参与违法犯罪活动。依据招投标制度，投标人应当向招标人预交保证金，预定中标者为了实施串通投标行为须提供资金以供围标、陪标企业缴纳保证金，中标之后招标人再将投标人的保证金予以返还。《招标投标法实施条例》第二十六条规定，以现金或者支票形式提交的投标保证金应当从其基本账户转出。根据工商管理相关要求，每个企业只能有一个基本账户。因此，如果出现两个及两个以上的投标人从同一基本账户缴纳投标保证金的情况，就有串通投标的嫌疑。如果与其他投标人确实存在经济往来活动，则需要提供相关合同记录及交付凭证，以审查是否存在违法犯罪活动。可疑行为包括但不限于以下内容：向商业伙伴支付的经济利益与其提供的服务不成正比或明显偏离市场价格，不寻常的奖金或额外支付，超过常规的或大额度的预付款，或者给予新客户不寻常的大额赊账额度；非直接途径或非正规方式进行付款、账外支付；合同中有不寻常或值得怀疑的付款条款，要求不在合同中对付款的数额、账户详情、收款人进行完整的披露等。

其次，主动披露工程概算及依据。串通投标是通过设定多层次的投标价格以提高中标概率，或者排除其他参与者的中标可能性，因此必然存在企业的投标价格与其实际成本不符的情形。企业主动披露工程概算及依据后，如果其报价不合理地低于或高于企业成本价，则监督机构可据此测算是否有实施串通行为的可能性，并进一步调查。

最后，主动披露工程获取过程。防止投标人之间串通投标最直接有效的途径就是企业主动向监督机构披露工程项目来源，如是通过投标还是通过分包、转包获得，如是通过分包、转包获得，还应披露上家企业的具体信息。串通投标的行为方式之一是投标企业联合围标，预定企业中标之后会将工程分给参与围标企业作为补偿，主动披露上述信息，可以促进企业在招投标环节的合规行为。就招标人与投标人之间的串通而言，企业应当主动披露投标人员与招标单位人员的接触过程，具体包括时间、场所以及是否参加了相关会议等。

（2）投标文件规范管理

投标文件是串通投标犯罪中重要的证据。建筑施工企业应当建立投标文件管理规范，设立责任人员，重视投标文件的编制法定流程和要求。防止出现下列情况，若出现则存在被直接推定为投标人之间进行串通投标的风险：

①不同投标人的投标文件由同一单位或者个人编制；

②委托同一单位或个人办理投标事宜；

③项目管理成员为同一个人；

④投标文件相互混装。

投标人应当高质量编制招标文件，鼓励通过市场调研、专家咨询论证等方式明确招标需求，优化招标方案。对于委托招标代理机构编制的招标文件，应当认真组织审查，确保合法合规、科学合理、符合需求。对于涉及公共利益、社会关注度较高的项目，以及技术复杂、专业性强的项目，鼓励就招标文件征求社会公众或行业意见。依法必须招标的项目的招标文件，应当使用国家规定的标准文本，根据项目的具体特点与实际需要编制。简化投标文件形式要求，一般情况下，不得将装订、纸张、明显的文字错误等列为否决投标情形。

（3）合规的沟通行为

招标人与投标人、投标人与投标人之间的沟通行为应当咨询专业的刑事律师，不恰当的沟通行为存在串通投标的风险。投标人可以根据招标项目的具体情况，组织潜在投标人踏勘项目现场，但是“不得组织单个或者部分潜在投标人踏勘项目现场”。评标委员会可以要求投标人对投标文件中含义不明确的内容作出必要的澄清和说明。但是“澄清、说明的内容不得超过投标文件的范围，或者改变投标文件的实质性内容”，否则可能涉嫌串通投标。

招标人应当选派或者委托责任心强、熟悉业务、公道正派的人员作为招标人代表参加评标，并遵守利益冲突回避原则。严禁招标人代表私下接触投标人、潜在投标人、评标专家或相关利害关系人。严禁在评标过程中发表带有倾向性、误导性的言论或者暗示性的意见或建议，干扰或影响其他评标委员会成员公正独立评标。招标人代表发现其他评标委员会成员不按照招标文件规定的评标标准和方法评标的，应当及时提醒、劝阻并向有关招标投标行政监督部门报告。

（4）制定企业内部招标投标规范

建筑施工企业应当制定企业内部招标投标规范，以便企业员工在开展招标或者投标工作时有所依据。关于招标规范制度的内容，应覆盖整个招标流程，如明确企业必须招标的项目、招标前的审批备案、招标的具体流程、负责部门、时间安排、招标代理机构的选择、招标文件的编写、投标人资格的审查、标底的确定，以及相应的责任等；关于投标的规范，应注意规范参加投标员工的行为并明确相应的责任。[①] 建筑施工企业应当向相关责任人员明确招投标流程中存在的刑事风险并加强对员工的培训，制定员工手册。针对串通投标行为风险点建立管控要素、管控体系和管控点，对串通投标行为进行详细具体的风险点识别与评估，并建立相应的奖惩制度和保障制度。依法必须招标项目应当在组织招标前，按照权责匹配原则落实主要负责人和相关负责人。鼓励招标人建立招标项目绩效评价机制和招标采购专业化队伍，加大对招标项目管理人员的问责问效力度，将招标投标活动合法合规性、交易结果和履约绩效与履职评定、奖励惩处挂钩。

---

① 陈杰、侯云飞：《工程项日招投标多利益主体合谋行为识别研究》，载《铁道科学与工程学报》2020 年第 3 期，第 784-785 页。

（二）侵犯商业秘密罪

表 4-2 建筑施工企业侵犯商业秘密罪数据

时间	2001—2019 年	2020 年	2021 年	2022 年	2023 年
案件数量/件	6	—	—	—	—

（参考“威科先行·法律信息库”，通过检索“侵犯商业秘密罪+建设工程”得出）

虽然侵犯商业秘密罪在建设施工领域并不常见，但仍存在侵犯商业秘密的风险，因此建筑施工企业在招标投标环节和施工建造环节仍要警惕侵犯商业秘密的情形。

1. 侵犯商业秘密罪概述

（1）罪名简述

侵犯商业秘密罪，是指以盗窃、贿赂、欺诈、胁迫、电子侵入或者其他不正当手段获取权利人的商业秘密，披露、使用或者允许他人使用以上述手段获取的权利人的商业秘密，违反保密义务或者违反权利人有关保守商业秘密的要求，披露、使用或者允许他人使用其所掌握的商业秘密，以及明知上述行为而获取、披露、使用或者允许他人使用该商业秘密，情节严重的行为。

（2）历史演变

我国对商业秘密的刑事保护起步较晚。20 世纪 90 年代，最高人民法院、最高人民检察院出台的《关于办理盗窃案件具体应用法律若干问题的解释》（现已失效）中将盗窃无形财产包括重要技术成果认定为盗窃罪①，侵犯商业秘密的行为开始受到《刑法》的保护。1997 年修订的《刑法》正式设置了侵犯商业秘密罪，并且规定了不同类型的犯罪行为。

2020 年《刑法修正案（十一）》第二十二条修订侵犯商业秘密罪。在行为方式上，将“盗窃、利诱、胁迫”修改为“盗窃、贿赂、欺诈、胁迫、电子侵入”。新增“欺诈”和“电子侵入”，将“利诱”修改为“贿赂”，将“违反约定”修改为“违反保密义务”，将“明知或者应知”修改为“明知”。在入罪门槛上，将“给商业秘密的权利人造成重大损失”“造成特别严重后果”修改为

---

① 1997 年《关于办理盗窃案件具体应用法律若干问题的解释》（现已失效）第十二条第（六）项规定：盗窃技术成果等商业秘密的，按照刑法第二百一十九条的规定定罪处罚。

“情节严重”“情节特别严重”。在罪量方面，删除了本条原本规定的拘役刑以及原第二款关于商业秘密的定义，将法定最高刑由 7 年有期徒刑提高至 10 年有期徒刑。

（3）所涉法律法规、司法解释规定

1）《刑法》

第二百一十九条 （侵犯商业秘密罪）有下列侵犯商业秘密行为之一，情节严重的，处三年以下有期徒刑，并处或者单处罚金；情节特别严重的，处三年以上十年以下有期徒刑，并处罚金：

（一）以盗窃、贿赂、欺诈、胁迫、电子侵入或者其他不正当手段获取权利人的商业秘密的；

（二）披露、使用或者允许他人使用以前项手段获取的权利人的商业秘密的；

（三）违反保密义务或者违反权利人有关保守商业秘密的要求，披露、使用或者允许他人使用其所掌握的商业秘密的。

明知前款所列行为，获取、披露、使用或者允许他人使用该商业秘密的，以侵犯商业秘密论。

本条所称权利人，是指商业秘密的所有人和经商业秘密所有人许可的商业秘密使用人。

2）立案标准

根据 2020 年 9 月 17 日最高人民检察院、公安部发布的《关于修改侵犯商业秘密刑事案件立案追诉标准的决定》，侵犯商业秘密，涉嫌下列情形之一的，应予立案追诉：

（一）给商业秘密权利人造成损失数额在三十万元以上的；

（二）因侵犯商业秘密违法所得数额在三十万元以上的；

（三）直接导致商业秘密的权利人因重大经营困难而破产、倒闭的；

（四）其他给商业秘密权利人造成重大损失的情形。

前款规定的造成损失数额或者违法所得数额的认定方式：

（一）以不正当手段获取权利人的商业秘密，尚未披露、使用或者允许他人使用的，损失数额可以根据该项商业秘密的合理许可使用费确定；

（二）以不正当手段获取权利人的商业秘密后，披露、使用或者允许他人使用的，损失数额可以根据权利人因被侵权造成销售利润的损失确定，但该损失数额低于商业秘密合理许可使用费的，根据合理许可使用费确定；

（三）违反约定、权利人有关保守商业秘密的要求，披露、使用或者允许他人使用其所掌握的商业秘密的，损失数额可以根据权利人因被侵权造成销售利润的损失确定；

（四）明知商业秘密是不正当手段获取或者是违反约定、权利人有关保守商业秘密的要求披露、使用、允许使用，仍获取、使用或者披露的，损失数额可以根据权利人因被侵权造成销售利润的损失确定；

（五）因侵犯商业秘密行为导致商业秘密已为公众所知悉或者灭失的，损失数额可以根据该项商业秘密的商业价值确定。商业秘密的商业价值，可以根据该项商业秘密的研究开发成本、实施该项商业秘密的收益综合确定；

（六）因披露或者允许他人使用商业秘密而获得的财物或者其他财产性利益，应当认定为违法所得。

前款第二项、第三项、第四项规定的权利人因被侵权造成销售利润的损失，可以根据权利人因被侵权造成销售量减少的总数乘以权利人每件产品的合理利润确定；销售量减少的总数无法确定的，可以根据侵权产品销售量乘以权利人每件产品的合理利润确定；权利人因被侵权造成销售量减少的总数和每件产品的合理利润均无法确定的，可以根据侵权产品销售量乘以每件侵权产品的合理利润确定。商业秘密系用于服务等其他经营活动的，损失数额可以根据权利人因被侵权而减少的合理利润确定。

商业秘密的权利人为减轻对商业运营、商业计划的损失或者重新恢复计算机信息系统安全、其他系统安全而支出的补救费用，应当计入给商业秘密的权利人造成的损失。

（4）保护法益

侵犯商业秘密罪保护的法益，复杂客体说是我国学界的主要观点。虽然复杂客体说对侵犯商业秘密罪保护法益的主要法益和次要法益的次序没有定论，[①] 但是，一般认为侵犯商业秘密罪被划入破坏社会主义市场经济秩序罪中破坏知识产权罪的类别之中，说明侵犯知识产权罪保护的法益既包括相关国家商业秘密管理制度、管理秩序，也包括商业秘密权利人的权利或利益。

（5）表现形式

1）根据2019年修正后的《反不正当竞争法》第九条的规定，侵犯商业秘密的行为包括下列行为：

①以盗窃、贿赂、欺诈、胁迫、电子侵入或者其他不正当手段获取权利人的商业秘密；

②披露、使用或者允许他人使用以前项手段获取的权利人的商业秘密；

③违反保密义务或者违反权利人有关保守商业秘密的要求，披露、使用或者允许他人使用其所掌握的商业秘密；

④教唆、引诱、帮助他人违反保密义务或者违反权利人有关保守商业秘密的要求，获取、披露、使用或者允许他人使用权利人的商业秘密。

经营者以外的其他自然人、法人和非法人组织实施前款所列违法行为的，视为侵犯商业秘密。

第三人明知或者应知商业秘密权利人的员工、前员工或者其他单位、个人实施本条第一款所列违法行为，仍获取、披露、使用或者允许他人使用该商业秘密的，视为侵犯商业秘密。

2）采取非法复制、未经授权或者超越授权使用计算机信息系统等方式窃取商业秘密的行为，根据2020年9月《最高人民法院、最高人民检察院关于办理侵犯知识产权刑事案件具体应用法律若干问题的解释（三）》，应当认定为《刑法》第二百一十九条第一款第（一）项规定的“盗窃”。

3）在刑事诉讼程序中，当事人、辩护人、诉讼代理人等人擅自披露、使用或者允许他人使用在刑事诉讼程序中接触、获取的已被申请采取保密措施的商业秘密，依法按照侵犯商业秘密罪追究刑事责任。

---

① 王志远：《侵犯商业秘密罪保护法益的秩序化界定及其教义学展开》，载《政治与法律》2021年第6期，第39页。

（6）行为对象

侵犯商业秘密罪的行为对象为商业秘密，商业秘密具有保密性、价值性和秘密性的特征。根据《反不正当竞争法》第九条的规定，商业秘密，是指不为公众所知悉、具有商业价值并经权利人采取相应保密措施的技术信息、经营信息等商业信息。根据《反不正当竞争法》对商业秘密的定义，商业秘密由以下四部分内容组成：

①商业秘密是不为公众所知悉，仅限于特定范围内的人知悉的事项。

②商业秘密具有商业价值，商业价值是指商业秘密在生产、消费、经营、交易中能够给权利人带来经济利益。

③商业秘密经权利人采取了相应保密措施。

④商业秘密是技术信息、经营信息等商业信息。技术信息与经营信息等商业秘密，既可能以文字、图像为载体，也可能以实物为载体，还可能存在于人的大脑、计算机或操作方式中。①

（7）行为主体

理论界通说认为，本罪的主体是一般主体，包括已满 16 周岁具有刑事责任能力的自然人。

（8）罪责

侵犯商业秘密罪的责任形式为故意，行为人必须明知自己侵害的行为对象是他人的商业秘密，不知道是商业秘密而实施本罪构成要件行为的，即使具有违法性，因为缺乏有责性也不成立犯罪。成立本罪不要求行为人出于特定目的与动机。《刑法修正案（十一）》将侵犯商业秘密罪第二款的“明知或者应知”修改为“明知”，排除了侵犯商业秘密罪在主观方面的过失，因此侵犯商业秘密罪主观方面为故意并且不包括过失。

（9）量刑

根据《刑法》第二百一十九条的规定，犯侵犯商业秘密罪的，处 3 年以下有期徒刑，并处或者单处罚金；情节特别严重的，处 3 年以上 10 年以下有期徒刑，并处罚金。

---

① 张明楷：《刑法学（下）》（第六版），法律出版社 2021 年版，第 1076 页。

根据《刑法》第二百二十条规定，单位犯本罪的，对单位判处罚金，并对其直接负责的主管人员和其他直接责任人员，依照上述规定处罚。

2. 主要争议问题

（1）“商业秘密”的认定

《刑法修正案（十一）》删除了《刑法》中的商业秘密，商业秘密的认定不再具有《刑法》上的直接依据。在司法实践中能否直接适用《反不正当竞争法》中关于商业秘密的定义（秘密性、价值性、保密性）及商业秘密涵盖的范围存在争论，也存在刑法与行政法之间的协调问题。

针对商业秘密的秘密性，存在两种标准去判断是否存在秘密性，即主观标准和客观标准。主观标准即从主观上认为是否为秘密；客观标准参考的因素主要包括两个方面：一是该信息是否公开；二是信息获取的难易程度。但是，对识别秘密性的具体内容以及秘密性针对的“公众”的范围，学界仍然存在争议。①

日本《反不正当竞争法》第二条第四款规定了商业秘密的定义：商业秘密是指作为秘密管理的生产方法、销售方法，以及其他对经营活动有用的技术上或者经营上未被公知的信息。美国的《反经济间谍法》规定的商业秘密的概念主要强调了其具有秘密性、保密性、价值性属性，将其规定为不拘泥于存在形态的所有类型和形式的财务、经营、科学、技术、经济、工程、产品或服务信息。与我国对商业秘密的定义相比略有不同。有学者针对是否需要将“信息性”纳入商业秘密的构成要件之中进行辩论。② 持肯定说的观点认为，法条中明确将商业秘密认定为技术或经营等商业信息，实质上主要是对外延范围的要求，而并不是从根本上与其他信息进行区分的本质要素，故将其作为构成要件并不合适。③ 也有学者主张坚持秘密性、价值性和保密性三要件。④ 持此类观点的学者大都支持《刑法》对商业秘密的定义与行政法保持一致的说法，因为从作为处理空白刑法一般途径的法律解释角度出发，刑法中的商业秘密概念本就与行政法中的定义同

---

① 刘宪权、吴允锋：《侵犯知识产权犯罪理论与实践》，北京大学出版社2007年版，第318-319页。

② 吴汉东：《知识产权法》，北京大学出版社2019年版，第341页；薛克鹏、孙虹：《竞争法学》，中国政法大学出版社2019年版，第175-176页。

③ 李宁宁：《侵犯商业秘密罪研究》，西南科技大学2022年硕士学位论文，第6页。

④ 江伟：《侵犯商业秘密案件成案难原因及对策探析》，载《中国检察官》2020年第24期。

源，所以毋庸置疑可以适用行政法中对商业秘密定义的规定。也有学者主张将实用性加入，成为第四个构成要件，[①] 司法实践中实用性也确实成为衡量商业秘密的重要参考因素。但也有学者认为，如果增加“实用性”作为构成要件之一，这可能会导致商业秘密无法得到刑法全面的保护。[②]

（2）“情节严重”的认定

《最高人民法院、最高人民检察院关于办理侵犯知识产权刑事案件具体应用法律若干问题的解释（三）》规定了“重大损失”的情形，并解释了损失数额和违法所得的计算方式，“造成重大损失”属于“情节严重”的情形之一，但并不是“情节严重”的全部内容，“重大损失”的范围和认定标准不够细化，“情节严重”本身就具有模糊性，并且法律和司法解释没有统一的认定标准。

对于如何把握作为犯罪构成要件的“情节严重”，主要有以下三种观点：第一种观点认为，“情节严重”的内容仅包含客观方面的内容。[③] 此类观点认为主观因素藏匿于人的心中，难以通过外在的方式识别出来，因此将外化的客观行为作为“情节严重”的构成要件，一般从危害后果、非法获利数额、行为方式手段及社会影响等方面进行衡量。第二种观点认为，“情节严重”需要同时考虑主观与客观两个方面的因素。[④] 人的行为都是主客观相结合的产物，要准确评价行为的性质需考虑主观恶性，主观恶性是衡量“情节严重”的重要因素。第三种观点认为，要根据具体情节对情节是否严重进行综合考量，包含行为方式、手段性质、行为次数、危害结果、社会影响以及主观恶性等多方面的考量。[⑤] 此外，还有学者主张将“重大损失”作为侵犯商业秘密罪的入罪门槛，起到了限定处罚范围的作用，“重大损失”不仅是“情节严重”的内容之一，更是“情节严重”的“门槛”。[⑥]

---

① 倪才龙：《商业秘密保护法》，上海大学出版社 2005 年版，第 31-56 页。

② 唐稷尧：《扩张与限缩：论我国商业秘密刑法保护的基本立场与实现路径》，载《政治与法律》2020 年第 7 期。

③ 张明楷：《犯罪构成体系与构成要件要素》，北京大学出版社 2010 年版，第 239 页。

④ 陈兴良：《本体刑法学》，商务印书馆 2001 年版，第 131 页。

⑤ 余双彪：《论犯罪构成要素中的“情节严重”》，载《中国刑事法杂志》2013 年第 8 期，第 33 页。

⑥ 何腾姣：《侵犯商业秘密罪“情节严重”中的“重大损失”之探析》，载《海南大学学报（人文社会科学版）》2022 年第 4 期，第 131 页。

（3）“电子侵入”行为的认定

《刑法修正案（十一）》新增了“电子侵入”作为侵犯商业秘密的行为之一，这是因为商业秘密不再局限于传统的储存方式，而是大多通过计算机网络数据的形式存储。在此之前，以电子侵入手段获取商业秘密有可能被认定为非法获取计算机信息系统数据罪；也有部分司法裁判案例将该行为方式作为“盗窃”或“其他不正当手段”认定为侵犯商业秘密罪。因此有学者指出《刑法》第二百一十九条规定了四种行为方式，在第一种行为方式中，规定了“其他不正当手段”。在《刑法修正案（十一）》增设行为方式以前，以电子侵入获取商业秘密的行为完全可以通过“其他不正当手段”来认定其行为的不法性。[①] 但也有观点主张区分“电子侵入”和盗窃行为，两者区分的主要依据在于是否具有进入计算机信息系统的权限，是否对计算机信息系统造成了威胁、破坏，如果不具备以上特征，则仍应当认定为传统的盗窃行为。[②]

对于如何认定“电子侵入”，现有法律法规尚未对电子侵入行为（包括侵入手段、侵入行为和侵入对象）进行界定。有学者主张，可以参考司法解释对非法侵入计算机信息系统罪、非法获取计算机信息系统数据罪中关于“侵入”的定义，即“电子侵入”是通过技术手段躲避或突破内部设置的安全措施的行为。[③] 还有观点认为，可以参考司法解释对非法侵入计算机信息系统罪、非法获取计算机信息系统数据罪中关于“侵入”的定义，但要有所区别，不能照搬照抄，[④] 在侵入行为方面可以解释为行为人在明知没有权限的情形下进入他人计算机网络系统，包括强行突破、窃取身份信息或者其他非法途径破解。但在侵入的目的方面要与其区分，侵犯商业秘密罪需要行为人带有不正当获取商业秘密的目的；而非法侵入计算机信息系统罪行为人只具有非法侵入他人计算机系统的故意。也有学

---

① 童德华、任静：《侵犯商业秘密罪的立法变革与司法适用》，载《烟台大学学报（哲学社会科学版）》2022 年第 4 期，第 35 页。

② 战铁鸣：《侵犯商业秘密罪中电子侵入行为研究》，吉林大学 2022 年硕士学位论文，第 11 页。

③ 王文华：《中美贸易谈判中侵犯商业秘密的刑事责任问题研究》，载《经贸法律评论》2020 年第 4 期，第 43-44 页。

④ 战铁鸣：《侵犯商业秘密罪中电子侵入行为研究》，吉林大学 2022 年硕士学位论文，第 7 页。

者简单地认定“电子侵入”是通过木马等不正当方式窃取商业秘密的行为。①

3. 案例总结

（1）罗某辉侵犯商业秘密案②

【裁判要旨】

法院认为，经鉴定凯某公司拥有的保密技术属于商业秘密。被告人罗某辉违反权利人有关保守商业秘密的要求，披露并允许他人使用其所掌握的商业秘密，给商业秘密权利人造成重大损失，其行为已构成侵犯商业秘密罪。

【主要案情】

2016年，某境公司授权陈某及某青公司为某境公司某污水处理设备唯一技术工艺全权代理战略合作伙伴。随后某青公司将其全部权利义务受让给其成立的控股子公司凯某公司。被告人罗某辉与某青公司签订《保密协议》，约定竞业限制条款和保密条款。罗某辉从某青公司离职后，入职某清源公司，被告人罗某辉利用自己在某青公司掌握的保密技术帮助某清源公司实际控制的某源公司生产、安装同类污水处理设备。帮助某清源公司中标某设备采购项目，并且进行施工建设，给权利人造成重大损失。

（2）北京某公司等侵犯商业秘密案③

【裁判要旨】

①关于涉案模具技术属于商业秘密

根据《反不正当竞争法》第九条第四款的规定，商业秘密是指不为公众所知悉，能为权利人带来经济利益，具有实用性并经权利人采取保密措施的技术信息和经营信息。对于涉案模具技术能给权利人带来经济利益，具有实用性并经权利人采取保密措施，各方均无异议，本案的争议焦点在于涉案模具技术是否为公众所知悉。

首先，北京某公司、郭某将涉案模具技术申请专利，经初步审查后被国家知

---

① 马天一：《电子侵入获取权利人商业秘密的刑法规制——以〈刑法修正案（十一）〉（草案）为视角》，载《河北公安警察职业学院学报》2020年第3期，第53-56页。

② 湖南省益阳市资阳区人民法院刑事判决书（2020）湘0902刑初251号。

③ 北京市第二中级人民法院刑事判决书（2019）京02刑终425号。

识产权局公告公开并授予专利权，也说明涉案模具技术具有新颖性。

其次，生效民事裁决已确认北京某公司、郭某等人侵犯青岛某公司商业秘密的事实，即确认了涉案模具技术属于商业秘密，在相同证据的情况下，对同一事实，法的适用也应统一。综上，在相关专利公告公开前，涉案模具技术可以认定为商业秘密。

②关于北京某公司、郭某不构成侵犯商业秘密罪

三方协议约定转移的是“纵向轨枕和减振轨道系统技术及与之相关的所有技术资源和项目资源”，涉案模具技术虽独立于纵向轨枕技术和减振轨道系统技术，但涉案模具技术是生产产品的工具，纵向轨枕是产品，二者之间又存在一定的关联，由此“与之相关的所有技术资源”是否包含此种关联下的模具技术也可能存在不同理解。故，认定北京某公司、郭某明知涉案模具技术属于青岛某公司商业秘密而故意将之申请专利予以公开的证据不足。郭某及北京某公司在将涉案模具技术申请专利时，未征求齐某等主要研发人的意见，体现出北京某公司、郭某对技术研发人的劳动成果的不尊重，对他人知识产权权益保护的漠视，但这种不尊重研发人意见的主观故意与构成侵犯商业秘密罪中的未经商业秘密权利人许可的主观故意不同，未达到犯罪所需的主观故意程度。法院认为认定北京某公司、郭某具有侵犯商业秘密罪的主观故意的证据不足，北京某公司、郭某均不构成侵犯商业秘密罪。

【主要案情】

郭某入职青岛某公司任技术员，并签订劳动合同、保密协议和竞业禁止协议。齐某为青岛某公司成员。此后，青岛某公司申请成立北京某公司。齐某作为甲方，尹某作为乙方，商某以北京某科技开发有限公司的名义作为丙方，三方签署合作协议。该协议主要内容包括：三方同意将甲方拥有的纵向轨枕技术及与之相关的所有技术资源和项目资源统一整合到一个新的企业平台上。随后，北京某公司作为新平台，逐步承接青岛某公司各项业务。青岛某公司包括郭某在内的部分员工陆续转至北京某公司工作，职务与工作内容和在青岛某公司基本一致。

之后为完成北京市科委“轨道交通纵向轨枕关键技术研究与工程示范”课题，郭某向北京某公司提出用涉案模具技术申请专利，后北京某公司在未征求涉

案模具技术的主要研发人齐某等青岛某公司原员工的意见的情况下，向国家知识产权局申请“一种用于模制纵向轨枕的模具”实用新型专利。随后国家知识产权局将该专利授权公告公开。

4. 合规要点

（1）实施具体有效的保密措施

侵犯商业秘密罪案件中许多争论的焦点在于权利人是否采取了保密措施。建筑施工企业，不仅主观上要具有保护商业秘密的意识，客观上更要采取实际行动。并且刑事犯罪中对保密措施的考核有着更严格的标准。

保密措施可以分为两大类：第一类是对涉密人员的保密措施，如对能够接触、获取商业秘密的员工、前员工、供应商、客户、来访者等提出保密要求、签订保密协议、竞业限制条款等；第二类则是对涉密信息的保密措施，包括物理隔离方式和电子隔离方式，如对能够接触、获取商业秘密的计算机设备、电子设备、网络设备、存储设备、软件等，采取禁止或者限制使用、访问、存储、复制等措施；要求离职员工登记、返还、清除、销毁其接触或者获取的商业秘密及其载体；对涉密的厂房、车间等生产经营场所限制来访者或者进行区分管理；通过标记、分类、隔离、加密、封存、限制能够接触或者获取的人员范围等方式，对商业秘密及其载体进行区分和管理。①

除了处理具体的保密措施外，为了避免企业陷入被窃取商业秘密的风险中，建筑施工企业有必要建立完善的商业秘密保护合规管理制度，依托专业团队建立标准化的刑事合规操作流程。商业秘密保护合规管理制度一般包含商业秘密保护机构、商业秘密识别与确定的方法和流程、商业秘密等级划分及相应的保护措施、商业秘密相关资料的管理方法、商业秘密接触者登记管理办法、商业秘密泄露的应急处理方案、商业秘密保护相关的举报、惩处机制及商业秘密保护的培训等内容。获悉侵犯商业秘密刑事风险线索后，企业应第一时间启动内部调查程序，不仅要识别涉嫌侵犯商业秘密的行为人，还要收集完整的证据资料，并根据具体的调查情况及时收集信息出具事实调查报告。为了防止商业秘密犯罪风险进一步扩大，企业还需采取相应的保全措施。

① 崔国斌：《新酒入旧瓶：企业数据保护的商业秘密路径》，载《政治与法律》2023 年第 11 期。

侵犯商业秘密犯罪风险处置结束后，企业需要及时分析侵犯商业秘密刑事风险发生的原因，寻找目前商业秘密管理制度中的缺漏和不足之处，完善相应的工作流程和工作环节。将商业秘密保护纳入企业刑事合规管理体系中，防止侵犯商业秘密刑事犯罪风险再次发生，以系统化方式制定完善的商业秘密保护制度，建立健全侵犯商业秘密刑事风险防范机制和应对机制。①

（2）规范内部工作人员流动和信息甄别

大多数侵犯商业秘密罪的案件都由离职员工带走并使用商业秘密造成。建筑施工企业需要增强商业秘密保护意识，既要在知识产权合规管理中加强保密措施，防范因人才流失损害企业权益，也应避免通过不正当手段吸引人才、进行不正当的人才交易，警惕因新员工带来前公司的商业秘密而承担刑事责任。

建筑施工企业应禁止向被害公司的员工购买商业秘密或者以获取商业秘密为目的引诱被害公司的技术、销售人员到本公司任职。为了规避企业内部员工造成的侵犯商业秘密罪，企业与员工之间一般通过签订保密协议或劳动合同中的保密条款的方式来保护企业商业秘密。企业可以约定违约责任、保密义务的起止时间、对员工的补偿等内容。员工对企业商业秘密的保护义务不因劳动合同的解除、终止而免除，其应当按照保密协议的内容承担保护企业商业秘密的义务。建筑施工企业在日常经营活动中应当进一步增强商业秘密保护意识，了解保护商业秘密的途径和方法，更好地健全和落实商业秘密保护制度，防范侵犯商业秘密罪的风险。

在对涉密人员风险管控之外，从企业刑事合规管理角度来看，企业应定期对公司内部现有的和近期输入的技术信息与经营信息进行分析整理，以法律规范作为审核标准，以商业秘密的定义特征作为切入点，分类辨别出涉及商业秘密的信息数据，确认信息来源和信息权属，甄别企业自有信息和外来输入信息。防范企业内部工作人员以不正当手段获取权利人的商业秘密或者新招职工启动与前公司类似的项目等工作，损害原公司利益。只有明确保护对象的范围，才能根据不同

① 武东方、蒋昊：《企业知识产权刑事合规的再审视——以商业秘密专项合规计划为视角》，载《上海法学研究》2021 年第 11 期，第 189-190 页。

商业秘密的特征采取适当的刑事风险防范措施。①

(三) 受贿罪、行贿罪

1. 受贿罪、行贿罪概述

(1) 罪名简述

受贿罪是指国家工作人员利用职务上的便利，索取他人财物，或者非法收受他人财物，为他人谋取利益的行为。国家工作人员在经济往来中，违反国家规定，收受各种名义的回扣、手续费，归个人所有的，以受贿论处。

行贿罪是指为牟取不正当利益，给予国家工作人员以财物的行为。在经济往来中，违反国家规定，给予国家工作人员以财物，数额较大的，或者违反国家规定，给予国家工作人员以各种名义的回扣、手续费的，以行贿论处。因被勒索给予国家工作人员以财物，没有获得不正当利益的，不是行贿。

(2) 所涉法律法规、司法解释规定

1) 受贿罪

《最高人民法院、最高人民检察院关于办理贪污贿赂刑事案件适用法律若干问题的解释》

第十三条　具有下列情形之一的，应当认定为“为他人谋取利益”，构成犯罪的，应当依照刑法关于受贿犯罪的规定定罪处罚：

(一) 实际或者承诺为他人谋取利益的；

(二) 明知他人有具体请托事项的；

(三) 履职时未被请托，但事后基于该履职事由收受他人财物的。

国家工作人员索取、收受具有上下级关系的下属或者具有行政管理关系的被管理人员的财物价值三万元以上，可能影响职权行使的，视为承诺为他人谋取利益。

第十五条　对多次受贿未经处理的，累计计算受贿数额。

国家工作人员利用职务上的便利为请托人谋取利益前后多次收受请托人财物，受请托之前收受的财物数额在一万元以上的，应当一并计入受贿数额。

① 武东方、蒋昊：《企业知识产权刑事合规的再审视——以商业秘密专项合规计划为视角》，载《上海法学研究》2021 年第 11 期，第 180-181 页。

2）行贿罪

《最高人民法院、最高人民检察院关于办理行贿刑事案件具体应用法律若干问题的解释》

第五条 多次行贿未经处理的，按照累计行贿数额处罚。

第十条 实施行贿犯罪，具有下列情形之一的，一般不适用缓刑和免予刑事处罚：

（一）向三人以上行贿的；

（二）因行贿受过行政处罚或者刑事处罚的；

（三）为实施违法犯罪活动而行贿的；

（四）造成严重危害后果的；

（五）其他不适用缓刑和免予刑事处罚的情形。

具有刑法第三百九十条第二款规定的情形的，不受前款规定的限制。

第十二条 行贿犯罪中的“谋取不正当利益”，是指行贿人谋取的利益违反法律、法规、规章、政策规定，或者要求国家工作人员违反法律、法规、规章、政策、行业规范的规定，为自己提供帮助或者方便条件。

违背公平、公正原则，在经济、组织人事管理等活动中，谋取竞争优势的，应当认定为“谋取不正当利益”。

《最高人民法院、最高人民检察院关于办理贪污贿赂刑事案件适用法律若干问题的解释》

第七条 为谋取不正当利益，向国家工作人员行贿，数额在三万元以上的，应当依照刑法第三百九十条的规定以行贿罪追究刑事责任。

行贿数额在一万元以上不满三万元，具有下列情形之一的，应当依照刑法第三百九十条的规定以行贿罪追究刑事责任：

（一）向三人以上行贿的；

（二）将违法所得用于行贿的；

（三）通过行贿谋取职务提拔、调整的；

（四）向负有食品、药品、安全生产、环境保护等监督管理职责的国家工作人员行贿，实施非法活动的；

（五）向司法工作人员行贿，影响司法公正的；

（六）造成经济损失数额在五十万元以上不满一百万元的。

（3）保护法益

行贿罪保护的法益是国家工作人员职务行为的不可收买性。受贿罪的保护法益历来都是国内外讨论的课题，国内对受贿罪的保护法益也有许多争论。[①] 受贿罪的保护法益是国家机关的正常管理活动的观点在过去很长一段时间内成为通说。目前，廉洁性说成为受贿罪的保护法益的通说，即受贿罪的保护法益是国家工作人员职务行为的廉洁性，但是不同学者在具体表述上也有所不同。

（4）表现形式

1）受贿罪

受贿罪的表现形式主要分为两种。一是索取型，国家工作人员利用职务上的便利，索取他人财物。二是收受型，国家工作人员非法收受他人财物，为他人谋取利益。

①国家工作人员利用职务上的便利为请托人谋取利益，由请托人出资，“合作”开办公司或者进行其他“合作”投资的，以受贿论处。

②国家工作人员利用职务上的便利为请托人谋取利益，以委托请托人投资证券、期货或者其他委托理财的名义，未实际出资而获取“收益”，或者虽然实际出资，但获取“收益”明显高于出资应得收益的，以受贿论处。

2）行贿罪

行贿罪的表现形式主要分为四种。一是为了利用国家工作人员的职务行为，主动给予国家工作人员以财物。二是在有求于国家工作人员的职务行为时，由于国家工作人员的索取而给予财物。三是与国家工作人员约定，以满足自己的要求为条件给予国家工作人员以财物。四是事后报酬，在国家工作人员利用职务上的便利为自己谋取利益之后，给予国家工作人员以财物作为报酬。

（5）行为对象

受贿罪的行为对象是贿赂，《刑法》将贿赂的范围限定为财物，包括货币、物品和财产性利益。财产性利益包括可以折算为货币的物质利益，如房屋装修、

---

① 张明楷：《刑法学（下）》（第六版），法律出版社 2021 年版，第 1582 页。

债务免除等，以及需要支付货币的其他利益，如会员服务、旅游等。

行贿罪的行为对象仅限于国家工作人员。《刑法》第九十三条及其立法解释详细规定了国家工作人员的范围。

（6）行为主体

受贿罪是身份犯，本罪的行为主体是国家工作人员，指的是国家机关中从事公务的人员。行贿罪的主体是一般主体，凡是年满 16 周岁具有刑事责任能力的自然人均能成为本罪的主体。

（7）罪责

1）受贿罪

受贿罪的责任形式为故意，受贿罪的主观故意要满足三个方面的内容。第一，行为人主观上具有索取或者接受贿赂的意思。如果没有索取或者接受贿赂的意思，事实上也没有接受的，不成立受贿罪。第二，行为人认识到自己索取、收取贿赂的行为会侵害国家工作人员职务行为的不可收买性。第三，行为人对受贿行为的危害结果持希望或者放任发生的态度。

2）行贿罪

行贿罪的责任形式为故意，行为人明知自己给予国家工作人员以财物的行为侵害了国家工作人员职务行为的不可收买性，并且希望或者放任这种结果的发生，具有牟取不正当利益的目的。行为人是否具有牟取不正当利益的目的，是区分本罪与非罪界限的重要标志。

（8）量刑

1）受贿罪

对犯受贿罪的，根据受贿所得数额及情节，依照《刑法》第三百八十三条的规定处罚。索贿的从重处罚。

《刑法》第三百八十三条内容为：“对犯贪污罪的，根据情节轻重，分别依照下列规定处罚：（一）贪污数额较大或者有其他较重情节的，处三年以下有期徒刑或者拘役，并处罚金。（二）贪污数额巨大或者有其他严重情节的，处三年以上十年以下有期徒刑，并处罚金或者没收财产。（三）贪污数额特别巨大或者有其他特别严重情节的，处十年以上有期徒刑或者无期徒刑，并处罚金或者没收财产；数额特别巨大，并使国家和人民利益遭受特别重大损失的，处无期徒刑或者死刑，并处没收财产。对多次贪污未经处理的，按照累计贪污数额处罚。犯第一款罪，在提起公诉前如实供述自己罪行、真诚悔罪、积极退赃，避免、减少损害结果的发生，有第一项规定情形的，可以从轻、减轻或者免除处罚；有第二项、第三项规定情形的，可以从轻处罚。犯第一款罪，有第三项规定情形被判处死刑缓期执行的，人民法院根据犯罪情节等情况可以同时决定在其死刑缓期执行两年期满依法减为有期徒刑后，终身监禁，不得减刑、假释。”

2）行贿罪

对犯行贿罪的，处五年以下有期徒刑或者拘役，并处罚金；因行贿牟取不正当利益，情节严重的，或者使国家利益遭受重大损失的，处五年以上十年以下有期徒刑，并处罚金；情节特别严重的，或者使国家利益遭受特别重大损失的，处十年以上有期徒刑或者无期徒刑，并处罚金或者没收财产。

行贿人在被追诉前主动交代行贿行为的，可以从轻或者减轻处罚。其中，犯罪较轻的，对侦破重大案件起关键作用的，或者有重大立功表现的，可以减轻或者免除处罚。

2. 主要争议问题

（1）受贿罪“财物”的认定

受贿罪的行为对象是贿赂，但我国《刑法》将受贿罪中的贿赂限定为财物，并且将财物限定于财产性利益而不包括非财产性利益，有学者认为这是对难以量化的贿赂的容忍。[①] 对于财物的定义学界没有统一的观点，其中主要包括三种学说：第一种是财物说；第二种是财产利益说；第三种是利益说。

（2）行贿罪“不正当利益”的认定

司法实务和理论中主要是采用法律标准说，即以法律规范为“不正当利益”评价标准，但在实践中对“不正当利益”的认定有时会因选择的法律标准不同而不同。有学者主张从对利益本身的性质出发认定“不正当利益”，即“非法利益说”，还有学者主张“手段不正当说”“职务违反说”等观点。

---

① 徐众：《受贿罪客观方面探讨》，中国政法大学 2017 年硕士学位论文。

二、建筑施工企业招投标阶段合规要求

根据《招标投标法》对建筑施工企业在招投标环节行为的规范要求，主要分为招标环节、投标环节和开标、评标、中标环节进行规范。

（一）招标环节

在招标环节，建筑施工企业对于依法应当进行招标的项目，不得采取任何方式规避招标，也不得通过任何方式排斥潜在投标人或者实行歧视待遇。建筑施工企业应当按照《招标投标法》有关规定履行项目审批手续，载明招标公告的内容，根据招标项目的特点和需要编制招标文件等。招标人不得泄露影响公平竞争的招标项目的内容，并做好保密措施，所有的投标纸质资料都必须进行密封、签字、盖章处理，否则可能会影响招标判断或造成信息泄露问题。

建筑施工企业可以实行招标工作管办分离模式。招标管理部门负责招标相关章程制度的制定和招标前期的审批，强化法定招标、非公开招标事项的审批；招标组织部门负责招标活动的实施。

（二）投标环节

建设施工项目投标文件的内容应当包括拟派出的项目负责人与主要技术人员的简历、业绩和拟用于完成招标项目的机械设备等。投标人不得相互串通投标报价，不得排挤其他投标人的公平竞争，损害招标人、其他投标人的合法权益或国家利益、社会公共利益。禁止投标人以向招标人或者评标委员会成员行贿的手段谋取中标。投标人不得以低于成本的报价竞标。投标人与招标人或者招标人之间串通投标，中标无效，并依法追究相关责任人与企业的行政和刑事责任。

为了防止投标人与招标人之间的串通行为，建筑施工企业可以推广实行电子招投标方式，并开展线上评标工作，减少招投标过程中投标人的见面交易机会，同时也对围标、串标起到有效的防范作用。在招标投标过程中，应该为合同的履行打好基础，保险、担保方、业主以及承包商之间应该相互制约，各自履行好职责，利用信用手段来加强各自的责任，维护建筑市场的正常秩序，保证工程的质量，从而推动建设工程招标投标的规范化运行。投标人以他人名义投标或者以其

他方式弄虚作假，骗取中标的，中标无效，给招标人造成损失的，依法承担赔偿责任；构成犯罪的，依法追究刑事责任。

开标、评标、中标环节应当按照法定的流程进行。投标人应对投标文件中含义不明确的内容作必要的澄清或者说明，但是澄清或者说明不得超出投标文件的范围或者改变投标文件的实质性内容。在确定中标人之前，招标人不得与投标人就投标价格、投标方案等实质性内容进行谈判。

实践中，建筑工程招标活动中一般采取低价中标法，但是当低价中标法难以保障建筑企业的基本利益时，部分企业就会采取偷工减料等方式获取利益。建筑施工企业在进行招投标工作的过程中要对标书中的报价进行合理判断，通过设计控制价和最高价排除不符合规定的投标报价。招标控制价是指建设工程项目在实施的过程中产生的最基本的建设成本，设计控制价能够有效防止低价中标，避免产生建设工程验收不合格等问题，进而造成资源浪费。最高限价是在招标控制价的基础上，减去国家或者地方法规规定的必须按费率计算的费用，对评价投标方的整体报价具有重要的参考价值。[①] 除此之外，可以在招投标的评价体系中引入更多参考因素，如企业的社会信用和社会评价等，并根据指标的重要性在评价体系中设置一定的比例值。

参加招投标活动的企业很多，投标人都需要支付保证金，大量的保证金积压在银行的储蓄中会产生一定的利息，在招标工作结束后需要将保证金和利息退还。《招标投标法实施条例》中对于保证金利息有明确的规定。中标人不履行与招标人订立的合同的，履约保证金不予退还，给招标人造成的损失超过履约保证金数额的，还应当对超过部分予以赔偿；没有提交履约保证金的，应当对招标人的损失承担赔偿责任。招、投标双方可以参考《民法典》保证金和利息的相关规定制定合规章程。

在招投标环节，建筑施工企业除应满足行政机关的合规要求外，还应了解建筑施工企业涉及的刑事风险。其中主要包括串通投标罪、侵犯商业秘密罪和受贿罪。建筑施工企业应当聘请专业的刑事律师咨询招投标环节涉及的刑事风险，设立主要责任人员，加强对招投标文件的审核，防止假冒或无权代理责任人签字或

---

① 颜昆：《招投标过程中涉及法律问题的探讨》，载《中国招标》2020年第12期，第103页。

盖章的行为，重视招投标程序行为，培训内部工作人员的刑事风险意识。

建筑施工企业应结合自身性质、行业类型等因素，依据《招标投标法》《招标投标法实施条例》《刑法》《民法典》等相关法律法规，制定企业内部招标投标规范，以便企业员工在开展招标或者投标工作时有所依据。

第五章　建筑施工企业施工阶段刑事风险及合规要求

一、建筑施工企业安全生产刑事风险

（一）破坏电力设备罪/过失破坏电力设备罪

表 5-1　建筑施工企业破坏电力设备罪、过失破坏电力设备罪数据

时间	2001—2019 年	2020 年	2021 年	2022 年	2023 年
案件数量/件	71	11	6	3	1

（参考“威科先行 · 法律信息库”，通过检索建筑施工企业破坏电力设备罪、过失破坏电力设备罪得出）

1. 破坏电力设备罪/过失破坏电力设备罪概述

（1）罪名简述

破坏电力设备罪是指故意破坏电力设备，危害公共安全的行为。

（2）所涉法律法规、司法解释规定

1）《刑法》

第一百一十八条　破坏电力、燃气或者其他易燃易爆设备，危害公共安全，尚未造成严重后果的，处三年以上十年以下有期徒刑。

第一百一十九条　破坏交通工具、交通设施、电力设备、燃气设备、易燃易爆设备，造成严重后果的，处十年以上有期徒刑、无期徒刑或者死刑。

过失犯前款罪的，处三年以上七年以下有期徒刑；情节较轻的，处三年以下有期徒刑或者拘役。

2）司法解释规定

《最高人民法院关于审理破坏电力设备刑事案件具体应用法律若干问题的解释》

第一条　破坏电力设备，具有下列情形之一的，属于刑法第一百一十九条第一款规定的“造成严重后果”，以破坏电力设备罪判处十年以上有期徒刑、无期

徒刑或者死刑：

（一）造成一人以上死亡、三人以上重伤或者十人以上轻伤的；

（二）造成一万以上用户电力供应中断六小时以上，致使生产、生活受到严重影响的；

（三）造成直接经济损失一百万元以上的；

（四）造成其他危害公共安全严重后果的。

第二条　过失损坏电力设备，造成本解释第一条规定的严重后果的，依照刑法第一百一十九条第二款的规定，以过失损坏电力设备罪判处三年以上七年以下有期徒刑；情节较轻的，处三年以下有期徒刑或者拘役。

第三条　盗窃电力设备，危害公共安全，但不构成盗窃罪的，以破坏电力设备罪定罪处罚；同时构成盗窃罪和破坏电力设备罪的，依照刑法处罚较重的规定定罪处罚。

盗窃电力设备，没有危及公共安全，但应当追究刑事责任的，可以根据案件的不同情况，按照盗窃罪等犯罪处理。

第四条　本解释所称电力设备，是指处于运行、应急等使用中的电力设备；已经通电使用，只是由于枯水季节或电力不足等原因暂停使用的电力设备；已经交付使用但尚未通电的电力设备。不包括尚未安装完毕，或者已经安装完毕但尚未交付使用的电力设备。

（3）保护法益

本罪名包含在危害公共安全类罪名中，侵犯的法益是公共安全。亦即不特定或者多数人的生命、健康安全以及公众生活的平稳与安宁，这也是本罪所保护的法益。

（4）表现形式

1）破坏电力设备罪的犯罪对象必须是正在使用中的电力设备，具体包括发电设备、供电设备等。正在使用中，是指电力设备经过验收以后，正式交付使用或投入使用。处于生产过程中的电力设备和未交付投入使用的电力设备以及报废、废置不用的电力设备不是正在使用中的电力设备，行为人对其进行破坏不构成破坏电力设备罪。

2）破坏行为的方式没有限定，既可以是作为，也可以是不作为。在大多数情况下，行为人表现为作为，如采用爆炸、放火的方法破坏电力设备，在电力设备中掺放杂物，毁坏电力设备的重要部件或者偷割、偷拆电力设备等。在少数情况下，行为人也可表现为不作为，如对电力设备负有维修保护职责的工作人员在上班检修电力设备期间发现重要部位异常或者出现故障，有毁坏电力设备的危险却置之不理，放任危险的发生，其客观行为方式就是不作为。

3）行为人的破坏必须危及公共安全，即造成或足以造成危害公共安全的后果。要认定行为人的行为是否危害公共安全，必须根据破坏的具体对象、破坏的具体部位和破坏的具体损害程度等来综合认定。如果行为人的行为造成或足以造成危害公共安全的全部后果的，即构成本罪。如果行为人的破坏行为不足以危害公共安全的，如破坏行为轻微或者破坏电力设备的次要部件，不可能引发严重后果的，则不构成本罪。

（5）行为主体

本罪的行为主体是一般主体，即凡是达到刑事责任年龄，具备刑事责任能力，实施破坏电力设备的自然人均可成为破坏电力设备罪的主体。

（6）罪责

破坏电力设备罪的责任形式为故意，包括直接故意或间接故意，即明知自己破坏电力设备的行为会发生危害公共供电安全的结果，并且希望或者放任这种结果的发生。至于犯罪的动机，亦可多种多样，不管是贪财图利还是泄愤报复都不影响本罪的成立。

过失破坏电力设备罪的主观要件为过失，即应当预见自己的行为可能发生危害社会的结果，因为疏忽大意而没有预见，或者已经预见而轻信能够避免，以致发生这种结果。

（7）量刑

《刑法》第一百一十八条和第一百一十九条规定了破坏电力设备罪的基本犯和结果加重犯的量刑幅度，未造成严重后果的，处三年以上十年以下有期徒刑，造成严重后果的，处十年以上有期徒刑、无期徒刑或者死刑。过失犯罪的，处三年以上七年以下有期徒刑；情节较轻的，处三年以下有期徒刑或者拘役。根据

2007 年 8 月 15 日《最高人民法院关于审理破坏电力设备刑事案件具体应用法律若干问题的解释》第一条的规定，破坏电力设备，具有下列情形之一的，属于刑法第一百一十九条第一款规定的“造成严重后果”：①造成一人以上死亡、三人以上重伤或者十人以上轻伤的；②造成一万以上用户电力供应中断六小时以上，致使生产、生活受到严重影响的；③造成直接经济损失一百万元以上的；④造成其他危害公共安全严重后果的。

2. 主要争议问题

（1）如何界定“足以危害公共安全”？

以危险方法危害公共安全罪的犯罪客体即公共安全，是指多数人的生命、健康、重大公私财产安全和社会生活的平稳与安宁[①]。破坏电力设备罪被划分在以危险方法危害公共安全类罪中，是具体危险犯，即无须造成损害结果，有足以危害公共安全的危险就能认定本罪。对于具体危险犯，要判断行为是否已经造成危险状态，不仅要求行为人实施了特定行为，还需结合案件当时的具体情况判断危险是否发生。但在目前的司法实践中存在一种倾向，即在认定破坏电力设备罪时，只要破坏了正在使用中的电力设备，就作出构成破坏电力设备罪的定论[②]。在司法实务中，认定行为人的行为是否足以危害公共安全，必须根据其破坏的具体对象、具体部位、破坏的方法以及破坏的具体损害程度等来综合分析，切忌一概而论。

（2）如何区分破坏电力设备罪和盗窃罪？

盗窃罪是指以非法占有为目的，秘密窃取公私财物，数额较大或多次窃取的行为。

破坏电力设备罪，是指破坏电力设备，危害公共安全，造成或者足以造成严重后果的行为。

盗窃罪和破坏电力设备罪的主要区别是[③]：①性质不同。这两罪是我国刑法分则规定的两个犯罪类型，破坏电力设备罪属于危害公共安全类罪，盗窃罪则属

① 何小林：《从一则案例看破坏电力设备罪的认定》，湘潭大学 2012 年硕士学位论文。
② 辛晶：《破坏电力设备罪中危害公共安全的界定》，载《当代电力文化》2015 年第 6 期。
③ 荣成：《盗窃罪与破坏电力设备罪的法律辨析》，载《大众用电》2006 年第 11 期。

于侵犯财产类罪。②侵犯的客体不同。破坏电力设备罪侵犯的客体是公共安全，其侵害的对象是刑法所规定的特定对象，即电力设备。盗窃罪侵犯的客体是公私财物的所有权，其侵害的对象是不特定的公私财物。③客观方面表现不同。破坏电力设备罪客观方面表现为对电力设备的破坏行为，破坏手段多样，如砸坏、剪断、盗窃。这些行为有可能引起不知晓的人身伤亡或重大公共财物遭受损失，即危害了公共安全。只要具备了这种危险性的存在而不要求实际上的后果发生，就构成此罪，亦不要求行为人采取的手段是秘密的，还是公开的。盗窃罪客观方面表现为用秘密窃取的方法占有公私财物或多次盗窃公私财物。④主观方面不同。破坏电力设备罪主观故意只能是破坏电力设备，危害公共安全。其动机既可以是破坏生产，也可以是窃取电力设备，从而获取非法利益。盗窃罪的主观方面是故意，具有将公私财物秘密地非法占有的故意。

（3）过失破坏电力设备罪如何认定？

过失破坏电力设备罪为结果犯，必须造成《最高人民法院关于审理破坏电力设备刑事案件具体应用法律若干问题的解释》所规定的严重后果的，才构成犯罪。因此不存在未遂犯罪。同时要注意“严重后果”同行为人“过失行为”之间的因果关系，如果“严重后果”不是由于行为人过失行为所引起，则行为人不负刑事责任。

3. 案例总结

（1）许某清破坏电力设备案①

【裁判要旨】

在明知有电缆裸露后未采取有效措施防止危害结果的发生，对危害结果持放任态度，构成故意破坏电力设备罪。

【主要案情】

2013 年 6 月 19 日，被告人许某清在未取得建设工程规划施工许可证的情况下，在福安市城北街道某空地及道路边，雇用陈某甲、肖某、胡某等人在该地块进行房屋地桩孔洞挖掘施工。次日，胡某在挖掘过程中发现地下铺埋的电缆，并告知被告人许某清，被告人许某清仍指使继续往旁边挖掘施工，致使部分电缆裸

① 福建省宁德市中级人民法院刑事裁定书（2015）宁刑终字第 222 号。

露、受损，当日施工结束后，被告人许某清也未采取相应保护措施。6 月 21 日 9 时许，孔洞内其中一根电缆因损坏发生事故，造成福安市供电有限公司 35KV 城北变 10KV 后垅线过流 I 段跳闸，该线路供电用户 4023 户停电约 4 小时 01 分；6 月 24 日，该后垅线 618 线路段再次发生故障，造成供电用户福安市亿力电力器材有限公司的仓库停电约 6 小时。两次事故后，福安市供电有限公司均及时组织人员进行抢修，经福安市价格认证中心鉴定，6 月 21 日后垅线电缆抢修工程，造价价格鉴定为 34067 元；6 月 24 日后垅线电缆抢修工程，造价价格鉴定为 3016 元。

（2）**姚某破坏电力设备案**①

【裁判要旨】

盗窃正在使用中的电力设备，危害公共安全的，构成破坏电力设备罪。

【主要案情】

2014 年 11 月 23 日 16 时许，被告人赵某、沈某、黄某振、江某驾驶牌号为浙 A×××××号的工程抢修车，窜至杭州市西湖区某经济科技园区支二路上，以撬棍撬开窨井盖、卡钳剪断电缆线、将电缆线从地下管道内抽出的手段，窃得正在使用的 002 号至 007 号路灯电缆线 200 米，价值人民币（以下币种同）10018 元，因电缆线被盗造成建设工程损失 13877 元。同年 11 月 28 日 16 时许，被告人赵某、沈某、黄某振、姚某驾驶牌号为浙 A×××××号的工程抢修车，窜至杭州市西湖区某经济科技园区定山路上，采用上述相同手段窃得正在使用的 010 号至 011 号路灯电缆线 36 米，价值 1802 元，因电缆线被盗造成建设工程损失 5551 元。在盗窃过程中被园区保安发现，被告人姚某被当场抓获，其余被告人驾车逃跑。

4. 合规要点

建筑施工企业在施工过程中，不免会遇到铺设的电缆、电线等供电输电设备，在施工过程中做好风险的防范是很有必要的。那么该怎么预防此类问题呢？事实上，除了少部分的建筑施工企业工作人员会以非法占有为目的偷盗电力设备设施之外（破坏电力设备罪），大部分施工企业是在没有摸清电力设备供电的情

---

① 浙江省杭州市中级人民法院刑事裁定书（2015）浙杭刑终字第 501 号。

况下开始施工，而导致电力设备遭到破坏，可能造成危害公共安全、公私财物遭到破坏的严重后果，还可能涉及过失破坏电力设备罪。对于建筑施工企业的建议：一是企业要尽可能做好人员的管理和培训，对于偷盗电缆、偷盗电力设备的行为要尽量杜绝；偷盗行为不能单纯地理解为涉嫌盗窃罪，因为偷盗行为也是破坏行为的一种，偷盗行为往往会以故意破坏电力设备罪而定罪处罚，量刑幅度和刑期较重。二是在建设施工之前，要熟悉电力设备设施运行情况，不要因为过失行为或者采用置之不理的态度造成危害公共安全的不可挽回的后果。

（二）破坏广播电视设施、公用电信设施罪/过失损坏广播电视设施、公用电信设施罪

1. 破坏广播电视设施、公用电信设施罪/过失损坏广播电视设施、公用电信概述

（1）罪名简述

破坏广播电视设施、公用电信设施罪，是指故意破坏广播电视设施、公用电信设施，足以危害公共安全的行为。

过失损坏广播电视设施、公用电信设施罪，是指过失毁坏广播电视设施、公用电信设施，已经造成严重后果的行为。

（2）历史演变

1957 年《刑法草案》第二十二稿第一百二十二条明确规定："故意损毁电报、电话或者其他通讯设备足以危害公共安全的，处五年以下有期徒刑或者拘役。"该稿第一百二十二条的规定只列举了电报、电话这两种通信设备，而没有"广播电台"等传播设备，也没有对破坏通信设备造成严重后果以及过失犯罪作出相应规定。鉴于此，1963 年《刑法草案（修正稿）》第三十三稿对各种类型的破坏通信设备行为作了区分，并规定了相应法定刑。该稿第一百一十七条规定："破坏广播电台、电报、电话或者其他通讯设备足以危害公共安全的，处七年以下有期徒刑或者拘役。"第一百一十八条规定："破坏……广播电台或者其他通讯设备的首要分子或者引起严重后果的，处七年以上有期徒刑。"在此基础上，1979 年《刑法》第一百一十一条破坏通讯设备罪中规定："破坏广播电台、电报、电话或者其他通讯设备，危害公共安全的，处七年以下有期徒刑或者拘

役；造成严重后果的，处七年以上有期徒刑。”1997 年《刑法》修订时根据新时期的发展形势，对 1979 年《刑法》第一百一十一条进行了吸收与修改，将“广播电台、电报、电话或者其他通讯设备”修改为“广播电视设施、公用电信设施”。修改后的表述，法律用语更加准确，更能体现广播电视、公用电信事业发展变化的需要，同时也有利于司法实践。①

（3）所涉法律法规、司法解释规定

1）《刑法》

第一百二十四条　破坏广播电视设施、公用电信设施，危害公共安全的，处三年以上七年以下有期徒刑；造成严重后果的，处七年以上有期徒刑。

过失犯前款罪的，处三年以上七年以下有期徒刑；情节较轻的，处三年以下有期徒刑或者拘役。

2）定罪标准和量刑幅度

《最高人民法院关于审理破坏公用电信设施刑事案件具体应用法律若干问题的解释》

第一条　采用截断通信线路、损毁通信设备或者删除、修改、增加电信网计算机信息系统中存储、处理或者传输的数据和应用程序等手段，故意破坏正在使用的公用电信设施，具有下列情形之一的，属于刑法第一百二十四条规定的“危害公共安全”，依照刑法第一百二十四条第一款规定，以破坏公用电信设施罪处三年以上七年以下有期徒刑：

（一）造成火警、匪警、医疗急救、交通事故报警、救灾、抢险、防汛等通信中断或者严重障碍，并因此贻误救助、救治、救灾、抢险等，致使人员死亡一人、重伤三人以上或者造成财产损失三十万元以上的；

（二）造成二千以上不满一万用户通信中断一小时以上，或者一万以上用户通信中断不满一小时的；

（三）在一个本地网范围内，网间通信全阻、关口局至某一局向全部中断或网间某一业务全部中断不满二小时或者直接影响范围不满五万（用户×小时）的；

① 刘贞：《破坏公用电信设施罪研究》，中国政法大学 2007 年硕士学位论文。

（四）造成网间通信严重障碍，一日内累计二小时以上不满十二小时的；

（五）其他危害公共安全的情形。

第二条　实施本解释第一条规定的行为，具有下列情形之一的，属于刑法第一百二十四条第一款规定的“严重后果”，以破坏公用电信设施罪处七年以上有期徒刑：

（一）造成火警、匪警、医疗急救、交通事故报警、救灾、抢险、防汛等通信中断或者严重障碍，并因此贻误救助、救治、救灾、抢险等，致使人员死亡二人以上、重伤六人以上或者造成财产损失六十万元以上的；

（二）造成一万以上用户通信中断一小时以上的；

（三）在一个本地网范围内，网间通信全阻、关口局至某一局向全部中断或网间某一业务全部中断二小时以上或者直接影响范围五万（用户×小时）以上的；

（四）造成网间通信严重障碍，一日内累计十二小时以上的；

（五）造成其他严重后果的。

《最高人民法院关于审理破坏广播电视设施等刑事案件具体应用法律若干问题的解释》

第一条　采取拆卸、毁坏设备，剪割缆线，删除、修改、增加广播电视设备系统中存储、处理、传输的数据和应用程序，非法占用频率等手段，破坏正在使用的广播电视设施，具有下列情形之一的，依照刑法第一百二十四条第一款的规定，以破坏广播电视设施罪处三年以上七年以下有期徒刑：

（一）造成救灾、抢险、防汛和灾害预警等重大公共信息无法发布的；

（二）造成县级、地市（设区的市）级广播电视台中直接关系节目播出的设施无法使用，信号无法播出的；

（三）造成省级以上广播电视传输网内的设施无法使用，地市（设区的市）级广播电视传输网内的设施无法使用三小时以上，县级广播电视传输网内的设施无法使用十二小时以上，信号无法传输的；

（四）其他危害公共安全的情形。

第二条　实施本解释第一条规定的行为，具有下列情形之一的，应当认定为刑法第一百二十四条第一款规定的“造成严重后果”，以破坏广播电视设施罪处七年以上有期徒刑：

（一）造成救灾、抢险、防汛和灾害预警等重大公共信息无法发布，因此贻误排除险情或者疏导群众，致使一人以上死亡、三人以上重伤或者财产损失五十万元以上，或者引起严重社会恐慌、社会秩序混乱的；

（二）造成省级以上广播电视台中直接关系节目播出的设施无法使用，信号无法播出的；

（三）造成省级以上广播电视传输网内的设施无法使用三小时以上，地市（设区的市）级广播电视传输网内的设施无法使用十二小时以上，县级广播电视传输网内的设施无法使用四十八小时以上，信号无法传输的；

（四）造成其他严重后果的。

3）其他规定

2014年3月14日，最高人民法院、最高人民检察院、公安部、国家安全部公布的《关于依法办理非法生产销售使用"伪基站"设备案件的意见》规定，非法使用"伪基站"设备干扰公用电信网络信号，危害公共安全的，依照《刑法》第一百二十四条第一款的规定，以破坏公用电信设施罪追究刑事责任。

（4）保护法益

本罪所保护的法益是通信方面的公共安全。可以理解为故意或者过失实施危害或足以危害由通信中断和通信障碍引发的不特定多数人的生命、健康、重大财产安全，重大公共财产安全和法定其他公共利益的安全。

（5）表现形式

本罪在客观方面表现为破坏广播电视设施、公用电信设施，足以危害公共安全的行为。破坏方法多种多样，如拆卸或毁坏广播电视设施、公用电信设施重要机件，砸毁机器设备，偷割电线、截断电缆，挖走电线杆，故意违反操作规程，使机器设备损坏，使广播、电视、电信通信无法进行等。

本罪的犯罪对象是正在使用的广播、电视、公用电信设施，包括广播电台收发电波的设施；电视台的发射与接收电视图像的设备以及有线广播电视传播覆盖设施；邮电部门收发电报的机械设备；公用电话的交换设施、通信线路、卫星通信的发射与接收电信号的设施；国家重要部门，如铁路、军队、航空中的电话交换台、无线电通信网络；在航空、航海、交通工具以及交通设施中的无线电通信、导航设施；等等。随着计算机的广泛应用，破坏公用电信设施罪的犯罪对象不但可以是通信线路、通信设备等一些以物理特征为表现形式存在的硬件，而且可以是电信网计算机信息系统中存储、处理或者传输的数据和应用程序，以删除、修改、增加等手段对数据和程序的破坏，一样可以构成本罪①。

公用电信设施不包括军用的通信设施。破坏武器装备、军事设施、军用通信的行为在1997年《刑法》分则第七章危害国防利益罪中第三百六十九条破坏武器装备、军事设施、军用通信罪中作出了规定。

过失损坏广播电视设施、公用电信设施罪是结果犯，根据后果定罪，没有犯罪未遂。虽然刑法没有明确按结果犯定性，但过失行为没有造成损失的，一般不应定罪，只有造成严重后果的才依照《刑法》第一百二十四条第二款规定定罪处罚。

（6）行为主体

本罪的主体是一般主体，既可以是普通公民，也可以是从事广播、电视通信业务的人员。凡达到法定刑事责任年龄、具有刑事责任能力的人均可构成本罪。也包括单位犯罪。

（7）罪责

破坏广播电视设施、公用电信设施罪主观方面表现为故意，包括直接故意和间接故意。故意的内容表现为行为人明知其破坏广播电视、电信设施的行为会危害通信的公共安全，并且希望或者放任这种危害结果的发生。实施本罪的动机可以多种多样，动机如何不影响本罪的成立。

过失损坏广播电视设施、公用电信设施罪主观方面表现为过失，即行为人对其破坏广播电视设施、电信设施的行为可能引起的严重后果应当预见，因为疏忽大意而未能预见或者虽然已经预见但轻信能够避免，以致发生了严重后果。

---

① 刘贞：《破坏公用电信设施罪研究》，中国政法大学2007年硕士学位论文。

（8）量刑

破坏广播电视设施、公用电信设施罪未造成严重后果的，处 3 年以上 7 年以下有期徒刑，造成严重后果的，处 7 年以上有期徒刑。

过失损坏广播电视设施、公用电信设施罪，处 3 年以上 7 年以下有期徒刑；情节较轻的，处 3 年以下有期徒刑或者拘役。

2. 主要争议问题

（1）本罪与盗窃罪想象竞合时的量刑问题①

1）定性为盗窃罪

盗窃公用电信设施“数额特别巨大或者有其他特别严重情节”，又同时构成破坏公用电信设施罪并具有“造成严重后果的”。《刑法》第二百六十四条规定了“数额特别巨大或者有其他特别严重情节的”，有期徒刑为“十年以上”；破坏公用电信设施罪第一款规定了“造成严重后果的”，有期徒刑为“七年以上”。二者单罪的有期徒刑最高均为 15 年。“法定最高刑相同，则应以法定最低刑为准”，盗窃罪的法定最低刑 10 年重于破坏公用电信设施罪的法定最低刑 7 年，此种情形应认定为盗窃罪。

2）定性为破坏公用电信设施罪

盗窃公用电信设施“数额巨大或者有其他严重情节”，又同时构成破坏公用电信设施罪并具有“造成严重后果的”。《刑法》第二百六十四条规定了“数额巨大或者有其他严重情节的”，有期徒刑为“三年以上十年以下”，而破坏公用电信设施罪第一款规定了“造成严重后果的”，有期徒刑为“七年到十五年”。破坏公用电信设施罪的法定最高刑 15 年重于盗窃罪的法定最高刑 10 年，因此应认定为破坏公用电信设施罪。

3）定性为盗窃罪

盗窃公用电信设施“数额巨大或者有其他严重情节”，又同时构成破坏公用电信设施罪具有“危害公共安全的”。《刑法》第二百六十四条规定了“数额巨大或者有其他严重情节的”，有期徒刑为“三年以上十年以下”，而破坏公用电信设施罪第一款规定了“危害公共安全的”，有期徒刑为“三年以上七年以下”。

① 刘贞：《破坏公用电信设施罪研究》，中国政法大学 2007 年硕士学位论文。

盗窃罪的法定最高刑10年重于破坏公用电信设施罪的法定最高刑7年，因此应认定为盗窃罪。

4）定性为破坏公用电信设施罪

盗窃公用电信设施“数额较大的或者多次盗窃”，又同时构成破坏公用电信设施罪具有“危害公共安全的”。《刑法》第二百六十四条规定了“数额较大的，或者多次盗窃”，有期徒刑为“三年以下”，而破坏公用电信设施罪第一款规定了有期徒刑为“三年以上七年以下”。这种情况自然应认定为破坏公用电信设施罪。

5）实际上已非想象竞合

该情形实际上已经不是想象竞合犯，为了方便说明定罪情况的变化，这里一并说明。司法解释规定了对于盗窃公用电信设施价值数额不大但是构成危害公共安全犯罪的，依照《刑法》第一百二十四条规定处罚。即不构成盗窃罪追诉标准，但是危害了公共安全，以破坏公用电信设施罪定罪。

（2）本罪与爆炸罪、放火罪的划分

用放火、爆炸等危险方法破坏广播电视设施、公用电信设施，危害公共安全，则同时触犯本罪和放火罪（爆炸罪）罪名，属于想象竞合犯，应当择一重罪处罚；如果放火、爆炸的方法本身没有达到犯罪的程度，破坏广播电视设施、公用电信设施罪能够成立的，只以本罪一罪处罚。

3. 案例总结

曹某军破坏广播电视设施、公用电信设施案①

【裁判要旨】

被告人在并不明知的情况下挖断电缆，造成通信光缆中断10小时以上，131户政企单位互联网专线中断、745户家庭宽带中断、872户普通语音客户通信中断，由于被告人并无主观故意，应判处过失损坏公用电信设施罪。

【主要案情】

上海某公司工作人员曹某军雇用张某驾驶挖掘机在位于怀远县工业园区的某金兑公司院墙外挖排水沟，在施工过程中，挖掘机驾驶员张某从地下挖到一根往

---

① 安徽省蚌埠市中级人民法院刑事判决书（2016）皖03刑终173号。

外流水的白色塑料管子，遂向曹某军报告，曹某军上前查看后认为没事，便让张某继续施工。张某继续施工时，将白色塑料管内的部分通信光缆挖断，造成蚌埠线务局网间障碍4小时25分和约5万用户受到影响。张某发现部分光缆被挖断后停下挖掘机，再次向曹某军报告，曹某军误认为是废弃的光缆，再次让张某继续施工。随后，张某又将该塑料管内的某移动公司和某电信公司两家单位的通信电缆挖断，造成某移动公司在本地网范围内，新综合楼–工业园、梅桥传输光缆网间通信全阻，光缆中断时长943分钟、约636家宽带用户及10家集体专线用户受到影响；造成某电信公司在本地网范围内，关口局怀远至蚌埠中山街局方向全部中断，光缆中断时长10余小时及131户政企单位客户互联网专线、745户家庭宽带、872户普通语音客户受到影响。尽管三家被害单位在施工现场设有电缆警示标志，但因307省道施工而被土掩埋，未能发挥有效作用。

4. 合规要点

本罪与破坏电力设备罪有很多的相似之处，对建筑施工企业来说，除了预防自然人犯罪以外，还要重视单位犯罪的情况。有的建筑施工企业以建设施工和公共改造为由擅自搬移和剪断线缆；在地下改造迁移工程中无视国家法律法规，恶意剪断通信电缆、光缆，严重影响网络安全和通信畅通；还有的工程施工单位无视警示标志，野蛮作业损坏干线光缆，过失造成严重后果。

过失破坏线缆的情况常见的是单位直接负责的主管人员、施工人员无视线路保护标志，或者不听护线人员劝阻，指使、强令他人违章或进行野蛮作业。司法解释中对指使、组织、教唆他人实施本故意犯罪行为的，按照共犯定罪处罚，司法实践中，对直接负责的主管人员、施工管理人员明知是通信线路、设备，而指使、强令他人予以损毁的，以破坏公用电信设施罪的共犯论处。①

建筑施工企业要遵守相关工作流程规范，提前跟电信通信公司企业、政府规划部门做好沟通联系，掌握电信线路状况，以免在施工过程中因过失导致电缆受损。

---

① 刘贞：《破坏公用电信设施罪研究》，中国政法大学2007年硕士学位论文。

（三）重大责任事故罪/强令、组织他人违章冒险作业罪

1. 重大责任事故罪/强令、组织他人违章冒险作业罪概述

（1）罪名简述

重大责任事故罪，是指在生产、作业中违反有关安全管理规定，因而发生重大伤亡事故或造成其他严重后果的行为。

强令、组织他人违章冒险作业罪，是指强令他人违章冒险作业，或者明知存在重大事故隐患而不排除，仍冒险组织作业，因而发生重大伤亡事故或者造成其他严重后果的行为。强令、组织他人违章冒险作业罪是从旧刑法重大责任事故罪中分离出来的，从立法沿革来看，主要是重大责任事故罪的一种加重情节的犯罪[①]。

（2）历史演变

本罪历经了主体的扩张和客观标准的限缩。我国在立法中第一次出现关于本罪的规定是在1963年的《刑法修正案》中，具体内容是："工厂、矿山、林场、建筑企业的职工，由于严重不负责任，违反规章制度，因而发生重大事故，造成严重后果的，处五年以下有期徒刑或拘役；情节特别恶劣的，处五年以上有期徒刑"，之后的1979年《刑法》、1997年《刑法》都在此基础上进行了修改。《刑法修正案（六）》扩大了本罪的主体范围，明确了本罪只能发生在"生产、作业中"，将"违反有关安全管理的规定"作为核心要件，并且将"强令他人违章冒险作业"单列出来规定了更重的法定刑。综观新中国成立以来我国刑法关于重大责任事故罪立法的演变，发现主要集中在犯罪主体、客观构成要件和刑罚强度三个方面，这体现了"在人类社会的不同时代，也各自存在着独具特色的犯罪与刑罚"的刑法沿革规律[②]。

（3）所涉法律法规、司法解释规定

1）《刑法》

第一百三十四条　在生产、作业中违反有关安全管理的规定，因而发生重大

---

① 郭川：《建设工程领域重大责任事故罪司法适用研究》，中南财经政法大学2019年硕士学位论文。

② 栾叶：《重大责任事故罪研究——结合建设工程领域相关案例分析》，吉林大学2008年硕士学位论文。

伤亡事故或者造成其他严重后果的，处三年以下有期徒刑或者拘役；情节特别恶劣的，处三年以上七年以下有期徒刑。

强令他人违章冒险作业，或者明知存在重大事故隐患而不排除，仍冒险组织作业，因而发生重大伤亡事故或者造成其他严重后果的，处五年以下有期徒刑或者拘役；情节特别恶劣的，处五年以上有期徒刑。

2）定罪量刑标准

《最高人民法院、最高人民检察院关于办理危害生产安全刑事案件适用法律若干问题的解释》

第五条　明知存在事故隐患、继续作业存在危险，仍然违反有关安全管理的规定，实施下列行为之一的，应当认定为刑法第一百三十四条第二款规定的“强令他人违章冒险作业”：

（一）利用组织、指挥、管理职权，强制他人违章作业的；

（二）采取威逼、胁迫、恐吓等手段，强制他人违章作业的；

（三）故意掩盖事故隐患，组织他人违章作业的；

（四）其他强令他人违章作业的行为。

第六条　实施刑法……第一百三十四条第一款……规定的行为，因而发生安全事故，具有下列情形之一的，应当认定为“造成严重后果”或者“发生重大伤亡事故或者造成其他严重后果”，对相关责任人员，处三年以下有期徒刑或者拘役：

（一）造成死亡一人以上，或者重伤三人以上的；

（二）造成直接经济损失一百万元以上的；

（三）其他造成严重后果或者重大安全事故的情形。

实施刑法第一百三十四条第二款规定的行为，因而发生安全事故，具有本条第一款规定情形的，应当认定为“发生重大伤亡事故或者造成其他严重后果”，对相关责任人员，处五年以下有期徒刑或者拘役。

……

第七条　实施刑法第一百三十二条、第一百三十四条第一款、第一百三十五条、第一百三十五条之一、第一百三十六条、第一百三十九条规定的行为，因而发生安全事故，具有下列情形之一的，对相关责任人员，处三年以上七年以下有期徒刑：

（一）造成死亡三人以上或者重伤十人以上，负事故主要责任的；

（二）造成直接经济损失五百万元以上，负事故主要责任的；

（三）其他造成特别严重后果、情节特别恶劣或者后果特别严重的情形。

实施刑法第一百三十四条第二款规定的行为，因而发生安全事故，具有本条第一款规定情形的，对相关责任人员，处五年以上有期徒刑。

……

（4）保护法益

重大安全事故罪和强令、组织他人违章冒险作业罪的客体是安全生产秩序。由于工业、建筑业、矿业等行业现代化程度不断提高，各个生产、作业之间紧密联系，如果各个环节违反了操作规程、不服从管理，或者强令从事生产、作业，将会危及不特定多数人生命、健康和公私财产的重大损失。

（5）表现形式

重大责任事故罪在客观上表现为在生产、作业中违反有关安全管理规定的行为。首先行为人的行为必须是从事生产、作业的行为；其次行为人的行为时间必须是在生产、作业中，不能是生产、作业之外的任何时点；最后行为人的行为必须是违反有关安全管理规定的行为，除此之外，如生产管理规定、质量管理规定、人员管理规定等都不符合重大责任事故罪中的客观行为。

强令、组织他人违章冒险作业罪客观方面表现为强令他人违章冒险作业，或者明知存在重大事故隐患而不排除，仍冒险组织作业的行为。“强令”，主要是指生产、施工、作业等工作的管理人员，明知自己的决定违反安全生产、作业的规章制度，可能会发生事故，却心存侥幸，自认为不会出事，而强行命令他人违章作业的行为。“组织”一般具有以下特征：①“组织”的对象是具体的生产、作业；②“组织”与特定的“重大事故或者造成其他严重后果”之间有紧密联系。一般性的建章立制、财务管理等日常管理行为通常不宜认定为本罪中的“组织”。

（6）行为主体

重大责任事故罪的主体为自然人，犯罪必须达到《刑法》规定的刑事责任年龄、具有刑事责任能力，是从事生产、作业的一般主体，单位不构成重大责任事故罪。2015年《最高人民法院、最高人民检察院关于办理危害生产安全刑事案件适用法律若干问题的解释》中规定的主体为对生产、作业负有组织、指挥或者管理职责的负责人、管理人员、实际控制人、投资人等人员，以及直接从事生产、作业的人员。比如，生产工人、工程师、技术员、化验员、施工员、设计师、主管生产的厂长、矿长、坑长、车间主任、队长等。从事非生产、作业性的一般党政工作人员因官僚主义或玩忽职守造成重大损失的，不构成本罪，而构成滥用职权罪或玩忽职守罪。缺乏施工资质的经营者，以及合作经营组织或者个体经营户的从业人员，无证开采的小煤矿从业人员均可成为本罪的行为主体。[①]

强令、组织他人违章冒险作业罪的主体一般需要具备两个条件：一是负有重大事故隐患的排除义务或者职责；二是有一定组织能力。根据《最高人民法院、最高人民检察院关于办理危害生产安全刑事案件适用法律若干问题的解释》第二条的规定，强令、组织他人违章冒险作业罪的主体包括对生产、作业负有组织、指挥或者管理职责的负责人、管理人员、实际控制人、投资人等人员。

（7）罪责

重大责任事故罪的主观方面是过失，既可以是过于自信的过失，也可以是疏忽大意的过失。是行为人违反安全管理规定生产、作业可能会造成重大安全事故或者其他严重后果，因疏忽大意而未预见；或者虽然已经预见，但轻信能够避免，因而发生重大事故的主观心理态度。本罪过失的预见能力在认识因素上应当主要参照业务过失标准去考量，以岗位职责、安全准则、规章制度等对行为人业务能力的要求来确定可预见的维度；意志因素上，两种过失都对重大责任事故的结果保持反对心态，都不希望发生重大伤亡事故或者其他严重后果。如果意志因素表现为听之任之或者放任态度，即重大责任事故的危害结果发生也罢，不发生也罢，客观方面属于间接故意，不成立本罪，可能成立以危险方法危害公共安全罪[②]。不以行为人对相关规章制度是否明知为要求，对违反安全管理规定的行为往往出于故意，但并不影响判定行为人在发生重大责任事故时主观方面表现为过

---

① 孙加柱：《重大责任事故罪的法律适用问题》，载《法制博览》2022年第4期。

② 2011年12月30日《最高人民法院关于进一步加强危害生产安全刑事案件审判工作的意见》第九条规定："严格把握危害生产安全犯罪与以其他危险方法危害公共安全罪的界限，不应将生产经营中违章违规的故意不加区别地视为对危害后果发生的故意。"

失、放任或者已预但见轻信能够避免的心态。

强令、组织他人违章冒险作业罪的主观方面是过失，即对“发生重大伤亡事故或者造成其他严重后果”，行为人因疏忽大意而没有预见，或者已经预见而轻信能够避免。

（8）量刑

重大责任事故罪的基本刑为重大伤亡事故或者造成其他严重后果的，处三年以下有期徒刑或者拘役；情节特别恶劣的，处三年以上七年以下有期徒刑。

强令、组织他人违章冒险作业罪一般处五年以下有期徒刑或者拘役；情节特别恶劣的，处五年以上有期徒刑。

2. 主要争议问题

（1）重大责任事故罪的责任主体怎么认定?

本罪的主体从特殊主体改为一般主体后，主体范围扩大了。既包括 1997 年《刑法》规定的工厂、矿山、林场、建筑企业或其他企业、事业单位的职工，也包括其他生产、经营单位的人员，个体经营户、群众合作经营组织的生产、管理人员，甚至包括违法经营单位、无照经营单位的生产、作业及其指挥人员等。在建设工程领域，发生事故被追究的责任主体越来越广泛，牵扯施工单位、建设单位和监管单位，建设方、施工方、监理方都有可能成为该罪的主体。

（2）监督过失能否认定重大责任事故?

监督过失，是指监督者并不亲自从事危险事务，但对直接从事危险事务者负有监督责任的人，在直接从事危险事务的人因过失行为导致危害结果发生时，应当承担过失的责任。在建设工程领域发生的重大责任事故案，实则存在两种监督关系，也是建筑行业规定专设的监督关系。比如，施工单位设立的安全员，专职对施工安全进行监督；建设单位委托的监理，对整个工程安全项目进行监督。有观点认为，监理与建设方是委托与被委托关系，事故原因并非监理直接造成，监理未发现事故或者未有效通知整改，是委托行为的失职，不应对监理追究法律责任。但必须考虑的是，这种监督关系属于专职监督，其对监督者的法律定位，是根据其职责“依法监督”，以排除安全隐患、保障建筑活动顺利进行为目的。从其具备的专业监督知识以及技能来看，其对安全生产中的违规行为有超过一般主体的认知能力，也有法律强行性要求，这里的专职监督，除非存在合理信赖理由，否则监督失职导致后果发生一般应当作为犯罪处理。

（3）允许他人借用本人、本公司的建筑业从业资质，是否必须追究出借方的刑事责任？

有观点认为，出借方出借资质虽违反行政法规，但事故是由他人违规施工导致，出借方无论是在法律关系上，还是在合同关系上，均不具备对施工人员的管理职责，且事故因借用资质方疏于安全管理所致，因此出借方不承担刑事责任。但这种观点，人为忽视了出借方对建设活动中安全隐患的直接作用。评价出借资质方是否需对事故担负刑事责任，应考虑以下方面：一是出借行为是否会造成建设活动存在安全隐患或者增加危险系数。项目经理资质证书是承接工程、中标、取得开工许可的必备要件，是施工的前提，且该岗位对安全施工负有重要责任，专业性极强且必不可少。专业人员的缺失，势必会造成安全隐患，关于这一点，出借人应有所认识。二是出借资质行为与事故后果是否存在因果关系。若事故原因属于出借人管理范围，如施工现场电焊工人无证施工导致事故发生，这系项目经理在入场施工时必须查明的，因此引发事故的，出借人需承担责任①。

3. 案例总结

（1）季某光重大责任事故案②

【裁判要旨】

季某光在施工作业中，违反安全管理规定，因而发生重大伤亡事故，其行为已构成重大责任事故罪。季某光如实供述自己的罪行，依法可以从轻处罚。关于辩护人提出的季某光非本罪适格犯罪主体的辩护意见，经查，根据相关法律规定，本罪的犯罪主体包括对生产、作业负有组织、指挥或者管理职责的负责人或管理人员；季某光的供述及证人姚某等人的证言，均证实本案所涉房屋修缮工程系季某光从姚某手中转包所得，季某光对该工程负有指挥、管理职责，故季某光成为重大责任事故罪的犯罪主体。

---

① 胡智强：《建设工程领域重大责任事故罪的司法认定》，上海交通大学2013年硕士学位论文。

② 江苏省苏州市中级人民法院刑事裁定书（2019）苏05刑终466号。

【主要案情】

2017年4月18日下午，姚某（已判刑）承揽苏州市吴江区某村4组邱某甲家房屋建造工程，后将部分工程转包给被告人季某光。在施工过程中，二人均未对施工现场进行安全管理，未在施工周围设置安全防护栏、防护网等安全措施，且未严格监督、教育工人按照使用规则正确佩戴和使用劳动防护用品，致被害人于某丙在一楼楼顶推运混凝土车时从高处坠落，后经医院抢救无效死亡。

（2）秦某、姚某某、吴某某重大责任事故案①

【裁判要旨】

被告人秦某作为施工单位的主要负责人，在没有取得资质的前提下承接建筑项目，未落实安全措施，未对从业人员进行安全生产教育和培训，对施工现场的安全状况疏于管理，对于事故负有管理责任；被告人姚某某作为施工单位的现场负责人，在施工过程中随意招募施工人员，安排无证人员进行高处作业，导致事故发生，是事故的直接责任人员；被告人吴某某未经施工许可，将建筑施工项目发包给不具备资质的秦某公司承建，未审核施工单位的安全生产条件，未履行安全管理职责，对于事故负有监督和管理责任。尤其要指出的是，虽然被告人吴某某的行为没有直接导致事故发生，但其违规发包等行为与事故发生存在密不可分的关系，与本案损害后果存在间接因果关系。上述3名被告人作为工程发包方、建设方，违反安全管理法规，未履行或消极履行各自的职责，导致伤亡事故发生，其行为已符合重大责任事故罪的构成要件，依法应予惩处。

【主要案情】

吴某某违反建筑法的相关规定，在未办理任何手续的情况下，违章改扩建上海某某电器有限公司门卫室，并将上述工程发包给未取得建筑资质的秦某所经营的上海秦某建筑安装工程有限公司施工。2012年3月29日8时许，秦某、姚某某在未提供任何高空作业安全措施的情况下，由现场负责人姚某某安排未经任何培训且无登高证的被害人刘某某等人，在上海市浦东新区某某路上海某某电器有限公司进场铺设钢结构楼层板时，被害人刘某某不慎从9.5米高的二层顶钢梁上

---

① 上海市浦东新区人民法院刑事判决书（2012）浦刑初字第5210号。

坠落，经抢救无效后死亡。经鉴定，被害人刘某某符合高坠致颅脑损伤死亡。

(3) 张某平重大责任事故案[①]

【裁判要旨】

重大责任事故罪，客观方面主要表现为在生产和作业过程中违反有关安全管理规定，因而发生重大伤亡事故，造成严重后果的行为。行为人必须具有违反有关安全管理规定的行为，主要表现为不服从管理、不听从指挥、不遵守操作规程而盲目蛮干。本案中，张某平的当庭供述，证人范某2、马某、武某1、武某2、韦某、廖某1、张某2等人证实许某军在没有任何资质的情况下，承包个体建筑拆除工程，违反建筑拆除工程安全技术规定组织工人施工。故对原审被告人张某平及其辩护人提出其和许某军之间存在雇佣关系的上诉理由及辩护意见予以支持。对唐山市人民检察院提出许某军和张某平等人是相互承揽劳务关系的出庭意见不予支持。许某军在施工之前未制定安全管理制度，未组织工人进行安全教育、技术培训，仅就具体工作进行简单安排。张某平、李某、武某1、武某2在整个拆除工程中未经过相关培训，采用底部掏掘或推倒的方法从事拆墙作业，许某军亦未进行指导及阻止，且现有证据不能证实李某及张某平在拆墙过程中有不服从管理、不听从指挥而盲目蛮干的行为，同时许某军供述相信二人能完成拆墙任务是因为二人从事此工作已五六年，其间未发生任何事故。故，法院对张某平及其辩护人提出张某平未经过安全操作培训、不存在不服从管理行为的上诉理由及辩护意见予以支持。综上所述，张某平的行为不构成重大责任事故罪。

【主要案情】

2016年6月20日7时许，被告人许某军（已判刑）在玉田县玉田镇某大厦地下室内违反安全管理规定组织工人施工。被告人张某平在拆墙时墙体倒塌，将正在作业的工人李某和张某平压于墙体下，后李某经抢救无效后死亡，张某平受伤，经鉴定，李某属巨大钝性外力作用致重型颅脑损伤死亡。

另查明，被害人李某亲属与许某军就民事部分达成和解协议，被害人李某亲属已谅解许某军、张某平。

---

① 河北省唐山市中级人民法院刑事判决书（2018）冀02刑终640号。

（4）**高某某等人重大责任事故案**①

【裁判要旨】

甲方吉林省某物流有限公司与乙方吉林省某建筑工程有限公司于2014年6月23日签订的《建设工程施工合同》载明高某某是该项目甲方派驻施工现场的工程师，并未规定其负有安全管理职责；建设单位吉林省某物流有限公司实际控制人孟某某和该工程建设单位代表刘某某的证言虽证实高某某负有安全管理职责，但该证言没有其他证据相佐证；施工班长黄某某、项目经理李某某均证实高某某主要负责工程技术方面的工作。综上，因现有证据不能认定高某某在该工程项目中负有安全管理职责，故高某某不应对该项目施工过程中发生的安全事故承担责任，其行为不构成犯罪。故，对高某某的上诉理由及其辩护人的辩护意见予以采纳。

【主要案情】

被告人高某某于2013年10月出任吉林省某物流有限公司轿车零部件焊装工程联合厂房项目派驻工程师，实际为建筑单位吉林省兴辰物流有限公司的施工管理代表人，在履职期间，违反《吉林省建筑施工现场标准化管理办法（试行）》第二章第九条之规定，项目无开工许可证违规开工，未将安全生产纳入管理、落到实处，未对施工现场无安全管理制度和措施、无专职安全员等问题进行及时纠正，在签收电力部门的隐患通知书后，疏忽大意，仍然没有在高压线下方设立警示标志及拦阻设施，致使工人违规操作，导致“8·28”重大责任事故发生。

4. 合规要点

（1）建立健全安全管理规章制度

参与项目工程的各方主体均应将安全施工作为工程运转的立足点，并制定相应的规章制度。除此之外，建设单位、施工单位、监理单位、工程项目部等主体还应综合不同工程项目的不同特点，在现行法律法规以及行业规章制度的指引下，进一步细化并完善其内部安全管理制度规范，尤其是要通过加大事故预防奖

① 吉林省长春市中级人民法院刑事判决书（2016）吉01刑终164号。

惩力度等方式，形成一套切实可行且具有约束力的安全准则，不仅要将安全管理规章制度悬挂于醒目位置，还要在例会、每天进场施工前或单独会议中时刻提醒强调。更为重要的是，在做好安全施工岗前培训教育以及安全技术交底工作的基础上，必须确保安全准则以及施工作业操作规程的学习真正落实到每一个工程相关人员身上，从而提高人员安全施工的风险意识，在一定程度上减少违章指挥、违章作业、违反劳动纪律等情况，以实现对重大责任事故的有效规避。

（2）加强项目施工现场管理

违法发包、分包、转包以及挂靠行为的存在，使当前建筑行业中部分项目的现场安全管理极不规范、极不严格，各项规章制度形同虚设，导致重大责任事故的发生概率直线上升。因此，在完善相关规章制度的同时，加强项目施工现场的管理也同样重要。为此，相关管理人员应当督促施工单位进行封闭施工，按规定进行现场围护，并在醒目位置悬挂安全警示标志，禁止非施工人员进入施工区域。与此同时，还应采取相应的安全防范措施，提供符合安全保障标准的设施、施工机械设备以及材料，严格监督、教育施工人员按照正确的使用规则规范佩戴安全帽、安全带和劳动保护用品等，不得冒险作业。在施工作业过程中，施工人员一旦发现安全隐患，必须马上停止施工，并将该情况及时上报，待隐患排除后方可继续施工。除此之外，不得因为抢工期、赶进度等擅自压缩施工工序，不选用缺乏相应资质或较难管理的施工人员进行施工。

（3）明确工程参与主体的职责及义务

在建设工程领域内，一旦发生重大责任事故，一切对项目工程负有组织、指挥或者管理职责的负责人、管理人、实际控制人、投资人甚至直接从事施工作业的人员都有可能成为“重大责任事故罪”的犯罪主体。为此，项目工程的各方参与主体，包括但不限于建设单位法定代表人、勘察设计员、监理员、项目经理、技术负责人、安全负责人、施工人员等，均应提高安全意识，严格依据法律规定以及合同约定明确并正确履行好自身的安全管理职责、义务，做到在工程施工的不同岗位和环节中，上下衔接、互相制约①。

---

①　黄斐：《建设工程领域重大责任事故罪主体研究》，内蒙古大学2017年硕士学位论文。

（四）危险作业罪

1. 危险作业罪概述

（1）罪名简述

危险作业罪是指在生产、作业中违反有关安全管理的规定，有刑法所列情形之一的，具有发生重大伤亡事故或者其他严重后果的现实危险的行为。

（2）历史演变

从1979年《刑法》到1997年《刑法》，再到《刑法修正案（六）》的修订，为顺应社会生产变化情势，满足打击安全生产犯罪需要，我国就安全生产犯罪的相关内容不断进行调整修改，但是均片面关注事故结果，对危害安全生产行为的刑事介入度不足，难以符合打击犯罪范围扩大的需要，无法发挥刑法的预防机能。2016年公布的《中共中央　国务院关于推进安全生产领域改革发展的意见》中提出，“研究修改刑法有关条款，将生产经营过程中极易导致重大生产安全事故的违法行为列入刑法调整范围”。危险作业罪的设立，是我国首次对安全生产领域未发生重大伤亡事故或未造成严重后果，但有现实危险的违法行为追究刑事责任，加大了事故前严重违法行为刑事责任追究力度。

（3）所涉法律法规、司法解释规定

1）《刑法》

第一百三十四条之一　在生产、作业中违反有关安全管理的规定，有下列情形之一，具有发生重大伤亡事故或者其他严重后果的现实危险的，处一年以下有期徒刑、拘役或者管制：

（一）关闭、破坏直接关系生产安全的监控、报警、防护、救生设备、设施，或者篡改、隐瞒、销毁其相关数据、信息的；

（二）因存在重大事故隐患被依法责令停产停业、停止施工、停止使用有关设备、设施、场所或者立即采取排除危险的整改措施，而拒不执行的；

（三）涉及安全生产的事项未经依法批准或者许可，擅自从事矿山开采、金属冶炼、建筑施工，以及危险物品生产、经营、储存等高度危险的生产作业活动的。

2）定罪量刑标准

最高人民法院、最高人民检察院、公安部等《关于依法惩治涉枪支、弹药、

爆炸物、易燃易爆危险物品犯罪的意见》（法发〔2021〕35号）

第五条第二款、第三款 在易燃易爆危险物品生产、经营、储存等高度危险的生产作业活动中违反有关安全管理的规定，有下列情形之一，具有发生重大伤亡事故或者其他严重后果的现实危险的，依照刑法第一百三十四条之一第三项的规定，以危险作业罪定罪处罚：

（1）委托无资质企业或者个人储存易燃易爆危险物品的；

（2）在储存的普通货物中夹带易燃易爆危险物品的；

（3）将易燃易爆危险物品谎报或者匿报为普通货物申报、储存的；

（4）其他涉及安全生产的事项未经依法批准或者许可，擅自从事易燃易爆危险物品生产、经营、储存等活动的情形。

实施前两款行为，同时构成刑法第一百三十条规定之罪等其他犯罪的，依照处罚较重的规定定罪处罚；导致发生重大伤亡事故或者其他严重后果，符合刑法第一百三十四条、第一百三十五条、第一百三十六条等规定的，依照各该条的规定定罪从重处罚。

（4）保护法益

危险作业罪的客体是在生产、作业中违反有关安全生产的管理制度和公共安全。近年来，在生产、作业中违反安全管理制度呈现高发、多发态势，不仅对生产、作业人员，而且对其他不特定多数人的生命、健康或者财产产生较大安全隐患。这种安全隐患，一旦转化为安全生产事故，将会造成难以估量的巨大损失。为更好地发挥刑法的预防、警示和教育功能，实现刑法防线前移，加强民生保护，《刑法》将本罪规定为危险犯，不要求实际发生生产、作业事故，只要“具有发生重大伤亡事故或者其他严重后果的现实危险”，即可成立本罪①。

（5）表现形式

危险作业罪在客观方面必须同时符合两个构成要件：一是违反行政安全管理监督命令，实施不得为而为或应为而不为的行为；二是具有发生重大伤亡事故或其他严重后果的现实危险。

---

① 代海军：《风险刑法背景下我国惩治危害生产安全犯罪功能转向——基于〈刑法修正案（十一）〉危险作业罪的分析》，载《中国法律评论》2021年第5期，第195-196页。

本罪将三种具体行为方式作为危险作业罪的实行行为：一是关闭、破坏生产安全装置设备，改、隐、毁数据信息；二是拒不执行停止作业或整改措施的行政命令；三是未经批准或许可擅自生产作业。“现实危险”标志着危险作业罪是具体危险犯，在危险的要求上需要有导致重大伤亡事故的现实危险的量的要求，它是积累到一定程度尚未转化为重大或特大事故的危险，但危险又具有紧迫性和“千钧一发”性，以示与距离实害较远、比较缓和的、能被确定为行政违法的抽象危险相分辨。构成危险作业罪，行为方式上必须同时符合违反“行政安全管理监督命令+三种行为方式之一+现实危险”，三者缺一不可。①

（6）行为主体

危险作业罪的主体为一般主体，凡年满 16 周岁且具有刑事责任能力的自然人均可构成本罪。主体包括对生产、作业负有组织、指挥或者管理职责的负责人、管理人员、实际控制人、投资人员，以及直接从事生产、作业的一线从业人员等。

（7）罪责

在理论上，对危险作业罪的罪过形式存在较大分歧。有人主张本罪的心态是故意，认为本罪是业务过失犯的行为犯罪化，将其设置为故意危险犯，具有处罚前置化的性质，它是刑法保护前置化的一种特殊表现形态，即行为人认识到可能发生重大事故的现实危险，仍然故意在生产、作业中违反安全管理相关的规定，实施违法的行为。也有人认为本罪所规定的“现实危险”是犯罪成立的“结果要求”。这种“现实危险”被作为构成要件要素中行为人“主观方面”认识的内容，但行为人对该现实危险持否定的心理态度，故本罪为过失犯罪。还有人认为：行为人故意实施违反安全管理规定的行为，对于违规生产行为引发的危害后果，既可以出于故意，也可以出于过失。从过失的角度来看，它表现为应当预见到自己的行为可能会引发造成严重后果的现实危险状态，因疏忽大意而没有预见，或者已经预见到自己的行为会引发造成严重后果的现实危险状态，但轻信能够避免，以致这种状态产生或者持续。从故意的角度来看，行为人明知自己的行

① 邓红梅、徐洪斌：《从法理到规范：危险作业罪的法教义学分析》，载《长白学刊》2022 年第 4 期。

为会引发造成严重后果的现实危险状态，并且希望或者放任这种状态的产生或者持续。

实践中，从各地办理的危险作业案件的有关报道和有关司法文书看，司法机关一般没有直接判定本罪的罪过形式。不过，在个别案件具体处理意见中，似乎可以看出司法机关倾向于将本罪的主观方面认定为故意①。

（8）量刑

本罪的量刑为一年以下有期徒刑、拘役或者管制。

2. 主要争议问题

（1）危险作业罪与重大责任事故罪的区分

危险作业罪和重大责任事故罪都以“在生产、作业中违反有关安全管理的规定”作为客观方面的内容，两罪的区别主要在于：①具体行为方式的范围不同。危险作业罪的行为方式范围较窄，仅限于《刑法》第一百三十四条之一规定的三种行为方式，而重大责任事故罪原则上包括各种在生产、作业中违反有关安全管理规定的行为。②对“违反有关安全管理的规定”的心理态度不同。危险作业罪中行为人违反有关安全管理规定属于明知故犯，而重大责任事故罪违反有关安全管理规定既可以是明知故犯也可以是过失违反。因而，在生产、作业中过失违反有关安全管理规定的行为，不可能构成危险作业罪，只可能构成重大责任事故罪。③对于“发生重大伤亡事故或者造成其他严重后果的现实危险”和“发生重大伤亡事故或者造成其他严重后果”的意志态度不同②。

（2）危险作业罪和强令、组织他人违章冒险作业罪的区分

《刑法》第一百三十四条第二款“明知存在重大事故隐患而不排除，仍冒险组织作业……”规定的是强令、组织他人违章冒险作业罪。从法律规定内容可以看出，该罪的行为方式与危险作业罪第（二）项中“因存在重大事故隐患……拒不执行”的行为方式具有重合之处，组织违章冒险作业行为包含危险作业。那么，两罪是否存在法条竞合的关系？没有重大伤亡事故发生的，能否被认定为危险作业罪？

---

① 桂亚胜：《危险作业罪的理解与适用》，载《上海法学研究》集刊2021年第21卷。

② 陈志军：《危险作业罪认定中的三个疑难问题研究》，载《江西社会科学》2022年第6期。

可以从两个方面分析得出结论：一是因存在重大事故隐患被安全管理机关依法责令停产停业或立即采取整改措施，而拒不执行或者拒不排除，仍冒险组织作业，构成危险作业罪。此时，安全管理机关查处涉事单位在生产、作业中存在重大事故隐患，并依法责令停止整改是涉事单位责任人员“明知”的依据，换言之，拒绝执行行政安全管理监督命令是“明知”的显现，符合该前提才能以危险作业罪定罪。二是不符合“明知”依据，仅因生产、作业中，内部职工和安全管理人员向单位责任人员反映存在重大事故隐患，但不排除危险、继续冒险组织作业的，不构成危险作业罪。此时，尽管安全主管责任人员已经知晓生产作业中存在重大事故隐患，但由于其主观上存在可能不会发生事故的侥幸心理，为了继续扩大生产而未停产停业或采取排除危险的措施。因此，尽管行为人“明知”，但仍属过失，因为尽管日常生活中的“明知”可以称为“故意”，但此时，行为人往往有依据相信结果可以避免，它与刑法上的故意完全不同。组织他人冒险作业未发生重大伤亡事故的，可能构成危险作业罪，发生了重大伤亡事故的，则构成强令、组织他人违章冒险作业罪。两罪之间仅行为方式具有重合之处，罪名间无包容或交叉关系。因此，它们不是法条竞合关系，适用时不能选择“特别法优先”的原则，而应择一重罪处罚。①

3. 案例总结

（1）翁某翔危险作业案②

【裁判要旨】

被告人翁某翔在作业中违反有关安全管理的规定，涉及安全生产的事项未经依法许可，擅自从事危险化学品的生产经营，具有发生严重后果的现实危险，其行为已构成危险作业罪。

① 邓红梅、徐洪斌：《从法理到规范：危险作业罪的法教义学分析》，载《长白学刊》2022 年第 4 期。

② 浙江省海盐县人民法院刑事判决书（2021）浙 0424 刑初 291 号。

【主要案情】

2018年2月至2019年7月，被告人翁某翔在明知浙江某化工科技有限公司未取得环戊醇、环戊酮（危险化学品）生产许可和经营许可证的情况下，指使其公司员工生产310余吨环戊酮，并将环戊酮销售至山东某药业有限公司、宁波某化工有限公司、上海某实业有限公司等，销售金额达879万余元。

（2）施某明危险作业案①

【裁判要旨】

法院认为，被告人施某明在生产、作业中违反有关安全管理规定，未经许可擅自从事危险物品储存的高度危险生产作业，具有发生重大伤亡事故的现实危险，其行为已构成危险作业罪。

【主要案情】

杭州市临安区人民检察院指控2019年年底至2021年9月，被告人施某明为了杭州临安某化工有限公司经营需要，在未取得危险化学品储存许可的情况下，擅自在临安区天目山镇横塘村某仓库储存危险化学品。该仓库与民宿紧邻，且500米范围内有居民区、国道和高速公路。2021年9月8日，杭州市临安区应急管理局在该仓库内检查发现无水乙醇、异丙醇、甲醇、变性乙醇、二甲苯、乙二醇、氨水、95%乙醇、乙酸乙酯、正丙酯、乙酸丁酯等化学品372桶。经鉴定，上述化学品均属于危险化学品。经浙江省应急管理科学研究院风险评估，该危险化学品仓库存在重大事故隐患，具有发生重大伤亡事故的现实风险。案发后，被告人施某明于2021年9月27日经杭州市公安局临安区分局民警电话通知到案接受调查。

4. 合规要点

从危险作业罪三种危险作业行为表现和必须“具有发生重大伤亡事故或者其他严重后果的现实危险”构成要件与从实践中对重大事故的实证调查来看，企业管理体制的缺陷、未建立安全生产合规体系才是引发事故的重要危险源，应当与作业人员危险源等同对待。比如，“在对建筑工程重大事故致因的实证调查中发

① 浙江省杭州市临安区人民法院（原浙江省临安市人民法院）刑事判决书（2021）浙0112刑初454号。

现，安全教育培训不充分、安全检查不充分、管理人员履职不充分，是实践中出现频率较高的事故致因，应得到高度的重视和严格的管控”。

危险作业罪所规定的三种危险作业行为在《安全生产法》《危险化学品安全管理条例》等前置法中均有涉及，其处罚对象主要为涉案人员所在企业，但前置法对这些行为的行政处罚类型有限，企业承担安全责任的方式较为简单，通常是责令停产整顿或罚款，缺乏对企业内部制度、管理体系进行干涉的措施，且缺乏行政执法和解制度的规定。目前行政监管部门尚未建立针对企业安全生产的行政合规制度。因此，企业应适应危险作业罪的积极预防立法导向，注重使企业的经营行为符合行政法律法规的规定，通过安全生产合规来避免企业行政违法的风险，同时也避免企业负责人因危险作业罪的入罪风险。企业可以从以下四个方面入手进行合规建设：

（1）遵守法律，落实安全生产制度

企业应当严格遵守安全生产法的相关规定，开展生产活动前必须取得相应的生产资质。同时，要建立健全安全生产责任制和安全生产规章制度，组织制定并实施相关操作规程、安全生产教育和培训计划，并建立相应的机制，加强对全员安全生产责任制落实情况的监督考核，保证全员安全生产责任制的落实。

（2）以人为本，贯彻安全发展理念

企业各项生产经营活动都应在保证人员安全的前提下进行。企业管理者应定时了解职工的身体及心理状态，查看职工是否适应每日工作量，以及工作环境和设备设施是否存在潜在风险。

（3）强化管理，突出风险防范意识

关注重点部位，对企业高风险岗位、危险设备、危险环境采取管控措施。关注实时变化，企业各级人员应及时掌握、分析本单位的变化信息，关注新员工或转岗员工，及时对其进行培训。安全生产最终体现在员工身上，安全管理需渗透到每个作业环节和每一位员工。

（4）出现事故，增强应急管理能力

企业应组织制定安全生产事故应急救援的预案，督促员工学习，确保出现事故时能及时应对。加大对安全设备如安全检测器、灭火器、摄像头、氧气检测仪等的投入，定时对安全设备进行维护、保养和检测。发生事故后，应当及时采取有效措施，防止事故的扩大，尽量减少财产损失和人员伤亡，按照国家有关规定立即如实报告当地负有安全生产监督管理职责的部门。

（五）重大劳动安全事故罪

表 5-2 建设工程领域重大劳动安全事故罪数据

时间	2001—2019 年	2020 年	2021 年	2022 年	2023 年
案件数量/件	232	37	17	1	—

（参考“威科先行·法律信息库”，通过检索“重大劳动安全事故罪+建设工程”得出）

重大劳动安全事故罪在建设工程领域每年的案件数量并不少，属于建设工程领域发案率较高的罪名，占重大劳动安全事故罪总体发案率的一半，需引起企业足够的重视。

1. 重大劳动安全事故罪概述

（1）罪名简述

重大劳动安全事故罪，是指安全生产设施或者安全生产条件不符合国家规定，因而发生重大伤亡事故或者造成其他严重后果的行为。

（2）历史演变

《刑法》在第一百三十五条明确规定了重大劳动安全事故罪，之后本罪在惩治安全生产事故类刑事犯罪方面发挥了积极的作用。2006 年，《刑法修正案（六）》对本罪进行了重大调整，除法定刑、犯罪客体等没有变动外，本罪的犯罪主体、犯罪客观方面、刑罚对象等均进行了重大修正。2007 年，《最高人民法院、最高人民检察院关于办理危害矿山生产安全刑事案件具体应用法律若干问题的解释》（已失效）分别对“直接负责的主管人员和其他直接责任人员”“重大伤亡事故或者其他严重后果”“情节特别恶劣”进行了司法解释，明确了“直接负责的主管人员和其他直接责任人员”的范围。两次立法和一次司法解释为惩治安全生产事故犯罪提供了重要的法律依据。

（3）所涉法律法规、司法解释规定

1）《刑法》

第一百三十五条　安全生产设施或者安全生产条件不符合国家规定，因而发生重大伤亡事故或者造成其他严重后果的，对直接负责的主管人员和其他直接责任人员，处三年以下有期徒刑或者拘役；情节特别恶劣的，处三年以上七年以下有期徒刑。

2）定罪量刑标准

2015 年 12 月 14 日《最高人民法院、最高人民检察院关于办理危害生产安全刑事案件适用法律若干问题的解释》，就刑法第一百三十五条的适用，解释如下：

第三条　刑法第一百三十五条规定的“直接负责的主管人员和其他直接责任人员”，是指对安全生产设施或者安全生产条件不符合国家规定负有直接责任的生产经营单位负责人、管理人员、实际控制人、投资人，以及其他对安全生产设施或者安全生产条件负有管理、维护职责的人员。

第六条　实施刑法第一百三十二条、第一百三十四条第一款、第一百三十五条、第一百三十五条之一、第一百三十六条、第一百三十九条规定的行为，因而发生安全事故，具有下列情形之一的，应当认定为“造成严重后果”或者“发生重大伤亡事故或者造成其他严重后果”，对相关责任人员，处三年以下有期徒刑或者拘役：

（一）造成死亡一人以上，或者重伤三人以上的；

（二）造成直接经济损失一百万元以上的；

（三）其他造成严重后果或者重大安全事故的情形。

实施刑法第一百三十四条第二款规定的行为，因而发生安全事故，具有本条第一款规定情形的，应当认定为“发生重大伤亡事故或者造成其他严重后果”，对相关责任人员，处五年以下有期徒刑或者拘役。

实施刑法第一百三十七条规定的行为，因而发生安全事故，具有本条第一款规定情形的，应当认定为“造成重大安全事故”，对直接责任人员，处五年以下有期徒刑或者拘役，并处罚金。

实施刑法第一百三十八条规定的行为，因而发生安全事故，具有本条第一款第一项规定情形的，应当认定为“发生重大伤亡事故”，对直接责任人员，处三年以下有期徒刑或者拘役。

第七条　实施刑法第一百三十二条、第一百三十四条第一款、第一百三十五条、第一百三十五条之一、第一百三十六条、第一百三十九条规定的行为，因而发生安全事故，具有下列情形之一的，对相关责任人员，处三年以上七年以下有期徒刑：

（一）造成死亡三人以上或者重伤十人以上，负事故主要责任的；

（二）造成直接经济损失五百万元以上，负事故主要责任的；

（三）其他造成特别严重后果、情节特别恶劣或者后果特别严重的情形。

实施刑法第一百三十四条第二款规定的行为，因而发生安全事故，具有本条第一款规定情形的，对相关责任人员，处五年以上有期徒刑。

实施刑法第一百三十七条规定的行为，因而发生安全事故，具有本条第一款规定情形的，对直接责任人员，处五年以上十年以下有期徒刑，并处罚金。

实施刑法第一百三十八条规定的行为，因而发生安全事故，具有下列情形之一的，对直接责任人员，处三年以上七年以下有期徒刑：

（一）造成死亡三人以上或者重伤十人以上，负事故主要责任的；

（二）具有本解释第六条第一款第一项规定情形，同时造成直接经济损失五百万元以上并负事故主要责任的，或者同时造成恶劣社会影响的。

根据2009年12月25日《最高人民法院研究室关于被告人阮某重大劳动安全事故案有关法律适用问题的答复》（法研〔2009〕228号），用人单位违反职业病防治法的规定，职业病危害防御设施不符合国家规定，因而发生重大伤亡事故或者造成其他严重后果的，对直接负责的主管人员和其他直接责任人员，可以依照刑法第一百三十五条的规定，以重大劳动安全事故罪定罪处罚。

（4）保护法益

本罪保护的法益是生产安全和劳动者的生命、健康和重大公私财产的安全。生产安全是各行各业都十分重视的问题，在生产过程中出现一点问题，都有可能导致正常生产秩序的破坏，甚至发生重大伤亡事故，造成财产损失。保护劳动者在生产过程中的安全与健康，是生产经营单位的法律义务和责任。对于无视劳动者的安全，忽视安全生产规定的行为，必须依法惩处。

（5）表现形式

单位中对排除事故隐患、防止事故发生负有职责义务的主管人员和其他直接责任人员知道或应当知道厂矿等企业、事业单位的劳动安全设施不符合国家规定，经有关部门或单位职工提出后，仍不采取措施，因而发生重大伤亡事故或者造成其他严重后果的行为。

（6）行为主体

本罪的主体为特殊主体，即单位中对排除事故隐患、防止事故发生负有职责义务的主管人员和其他直接责任人员。这里的单位，根据《劳动法》第二条的规定，既包括一切在中华人民共和国境内设立的企业和个体经济组织，也包括其他与劳动者建立了劳动合同关系的国家机关、事业组织和社会团体。司法实践中，重大劳动安全事故罪主要发生在从事生产、经营的企业和个体经济组织中。对排除事故隐患、防止事故发生负有职责义务的主管人员和其他直接责任人员，通常是指用人单位的法定代表人、厂长、经理、主管劳动安全和劳动卫生的副厂长、副经理，以及直接负责有关劳动安全和劳动卫生工作的安全员、电工等。由于国家工作人员失职造成重大事故的，可以直接依照《刑法》的规定，以他罪追究责任，所以，本罪的主体不包括国家工作人员。

（7）罪责

关于重大劳动安全事故罪的主观方面，刑法理论界有不同的观点：第一种观点认为，本罪在主观方面是过失，包括疏忽大意的过失和过于自信的过失，即应当预见到自己不采取措施消除事故隐患的行为可能发生重大伤亡事故或者造成其他严重后果，因疏忽大意而没有预见，或者已经预见到而轻信能够避免。还有学者进一步指出，“本罪主观上对于造成的重大伤亡事故只能是过失，但对事故隐患不采取措施的不作为表现，可能是故意，也可能是过失”。第二种观点认为，本罪在主观上只能是过失，包括疏忽大意的过失和过于自信的过失。但这是针对发生重大伤亡事故或者其他严重危害后果而言的。对于劳动安全设施不符合国家规定，经有关部门或者单位职工提出后，行为人对事故隐患仍不采取措施的行为而言，其主观态度就不一定是过失。相反，行为人对他人提出的事故隐患的意见置之不理，严重不负责任，乃至于对事故隐患依旧不采取措施，从主观态度分析，只能是一种故意，而不能是过失[①]。

司法实践中，我们认为本罪在主观方面表现为过失，即明知单位的安全生产设施及安全生产条件不符合国家规定，可能会造成重大事故，因疏忽大意而没有预见到或虽然预见到却轻信能够避免的主观心理态度。

（8）量刑

犯本罪的，处三年以下有期徒刑或者拘役；情节特别恶劣的，处三年以上七年以下有期徒刑。

2. 主要争议问题

（1）单位能否成为重大劳动安全事故罪的主体？

单位犯罪是由单位共同研究决策或代表单位的负责人决定，相关人员按照单位的整体意志而组织实施危害行为的犯罪，单位犯罪的主观方面是单位共同意志的集中体现。而单位意志的体现需要决策者的决定和实施者的实施，只有通过单位集体研究决定，或者由能够代表单位的负责人决定的，由相关人员将这一体现单位的犯罪意志决定付诸实施的且具有社会危害的行为，才能视为单位犯罪。如果危害社会的行为不是出于集体或负责人的决定，即不是在单位整体意志的支配下实施的，即使是单位内部成员实施的，也不能视为单位犯罪。单位是一种法律拟制的主体，其本身是没有主观意志的，其主观意志是由能够代表单位的负责人及其委托的负责人作出的，因此单位犯罪也只能是以自然人为载体的犯罪，脱离了自然人的存在，作为无生命机体的单位是不可能构成犯罪的。就本罪而言，如果导致“安全生产设施或者安全生产条件不符合国家规定”的决策由单位负责人共同研究决策，并由对安全生产设施或安全生产条件具有主管或分管责任的人不折不扣地实施，且导致“重大伤亡事故和其他严重后果”，那么本罪的犯罪主体可以是单位；如果单位某个人或某些人的独自决定或决策致使安全生产设施或安全生产条件不符合国家规定，因这一决定或决策不能代表单位集中意志的表达，或者相关人员没有按照单位领导集体的决策实施的，那么单位就不能成为本

① 冯彦君：《重大劳动安全事故罪若干问题探析》，载《国家检察官学院学报》2001 年第 2 期，第 33-34 页。

罪的犯罪主体，犯罪主体只能是“直接负责的主管人员和其他直接责任人员”①。

（2）本罪与重大责任事故罪的区别

依据我国法律的规定，重大责任事故是指在生产和施工的过程中，违反相关的安全法则和规章制度，造成的重大伤亡事故或者其他严重损害的行为；重大劳动安全事故是指生产设备和条件的不合格造成的重大伤亡事故或者其他严重损害的行为。由上述定义可以看出，两种罪名的界定具有很多相似之处：一是都涉及安全生产的领域，如矿难、爆破、塌方等事故，是违章操作或违规操作造成的；二是二者都造成了重大伤亡事故或其他严重伤害，一般都会导致人员的死伤，都对人民群众的生命财产安全造成了极大的损失，对相关责任人应当处以严厉的惩罚②。

司法实践中，对两罪区分的难点在于：同一主体实施的行为如果同时违反两罪涉及的安全管理规定，如建筑工地负责人在生产、作业过程中，未提供必要的施工安全防护，同时违反《建设工程安全生产管理条例》第二十二条，以及《劳动法》第五十四条的规定，既属于在建筑工程施工中违反安全管理规定，又属于劳动安全设施不齐全，这种情况认定何种犯罪，笔者认为，要根据事故的主要原因来判断。如果主要原因是行为人在建筑工程施工中违反安全管理规定的，认定为重大责任事故罪；如果事故发生主要是因为建筑单位未配备必要的安全生产设施或者安全生产条件，则认定为重大劳动安全事故罪。

3. 案例总结

（1）顾某重大劳动安全事故案③

【裁判要旨】

被告人顾某作为甘肃某电梯有限公司的总经理，在负责公司的生产经营和安全管理工作期间未认真履行职责，安全生产设施不符合国家规定，因而发生重大伤亡事故，对事故的发生负主要责任，情节特别恶劣，其行为构成重大劳动安全事故罪，依法应予惩处。

---

① 谢中华：《重大劳动安全事故罪司法适用的研究》，安徽大学 2015 年硕士学位论文。

② 顾德周：《试论重大责任事故罪与重大劳动安全事故罪区别》，载《人力资源管理》2015 年第 11 期。

③ 甘肃省泾川县人民法院刑事判决书（2021）甘 0821 刑初 118 号。

【主要案情】

被告人顾某担任甘肃某电梯有限公司的总经理。2020 年 11 月 14 日，甘肃某电梯有限公司在给泾川县某郡小区安装电梯期间，电梯安装队长薛某强为了赶工程进度，在该公司其他两名安装人员不在场的情况下，私自聘用未经岗前安全培训且不具备相应资质能力的农民工吕某元、蒋某生，在某郡××楼内，采用钢管及扣件私自搭建了不符合操作规范的简易顶层作业平台，用来安装电梯对重块。15 日 7 时许，薛某强及吕某元、蒋某生三人进入 26 层电梯安装现场进行施工，三人在向电梯对重架内安放对重块时，搭建的简易操作平台超过了其荷载能力，导致操作平台的钢管发生弯曲变形，操作台失衡，向电梯井道内侧翻。站在操作平台上的薛某强、吕某元、蒋某生坠落至地坑，吕某元当场死亡，薛某强、蒋某生经抢救无效后死亡。经查，三名安装人员均未系安全带和安全绳，且操作平台未设置任何加固措施。

（2）黄某平重大劳动安全事故案①

【裁判要旨】

被告人黄某平作为项目经理，在企业劳动安全生产条件不符合国家规定的情况下，对事故隐患不采取有效措施，因而发生一人死亡的重大伤亡事故，负有直接责任，其行为已构成重大劳动安全事故罪。

【主要案情】

2018 年 1 月，某海公司从柘荣县某丰房地产开发有限公司处承包了柘荣县××新城××期（6 号楼至 10 号楼）土建及安装工程，施工工期为 2018 年 3 月至 2021 年 3 月，后某海公司决定让被告人黄某平任该项目的经理，负责项目工程安全生产责任，其间，被告人黄某平未正确履行安全生产工作职责，未设置高处洞口作业安全防护设施，违反了国家有关《建筑施工高处作业安全技术规范》等强制性规定，且在某海公司通知整改门窗洞口等安全隐患的情况下拒不整改，并向某海公司谎报整改完毕。2019 年 6 月 9 日 9 时许，柘荣县××新城××期项目水电工人吴某独自在××号楼××室内进行水电作业时，连人带梯从未设置安全防护

① 福建省柘荣县人民法院刑事判决书（2021）闽 0926 刑初 75 号。

设施的 790mm×1480mm 的厨房门窗洞口外坠落身亡。

（3）**杨某某重大劳动安全事故案**[①]

【裁判要旨】

法院认为，上诉人杨某某作为霍邱县某某矿业有限公司（以下简称某某矿业）实际出资人和实际控制人，非法将矿山建设施工发包给不具备施工资质和安全管理能力的个人，不落实安全生产管理责任，因而发生重大伤亡事故，其行为构成重大劳动安全事故罪，应依法惩处。上诉人杨某某及其辩护人关于其不应承担刑事责任的相关诉辩意见，与本案查明的事实不符，本案多名证人的证言及工程施工承包合同、某某矿业整体租赁协议等证据均证实杨某某确实存在上述行为。故该诉辩意见不能成立，不予支持。

【主要案情】

2015 年 1 月 1 日，李某与浙江某 1 建设集团达成协议，李某借用该公司资质用于某某矿业公司矿山井下采掘工程并支付管理费用，该公司任命李某为中矿集团驻某某矿业项目部负责人，施工合同期限为 2015 年 1 月 1 日至 12 月 31 日。同日，李某与杨某某签订建设工程施工合同，承包某某矿业公司王街道铁矿井下掘进、打眼、放炮、采矿等作业，合同期限为 2015 年 1 月 1 日至 2016 年 1 月 1 日。后李某组织人员进行矿井下施工作业，安排陈某负责井下具体施工管理。2015 年 12 月 31 日，李某借用浙江某 1 建设集团有限公司资质期满后未办理续期手续，李某在没有相关施工资质的情况下仍在某某矿业公司矿井下组织人员进行生产作业。2016 年 4 月 7 日，胡某受杨某某委托与李某续签建设工程施工合同，由李某继续承包某某矿业公司矿山井下全部采掘工程，合同有效期为 2016 年 4 月 7 日至 2017 年 4 月 7 日。因某某矿业公司拖欠李某工程款，2016 年 10 月 12 日，经胡某提议，杨某某同意，某某矿业登记股东张某代表公司与李某签订协议，将某某矿业公司整体出租给李某经营，用每月 40 万元的租金抵偿欠款，李某自负盈亏；在李某要求下，双方将协议签订时间提前至 2016 年 5 月 1 日。从 2016 年 10 月起，李某全面经营某某矿业公司，负责井下矿石开采、销售及所有开支。

---

① 安徽省六安市中级人民法院刑事裁定书（2021）皖 15 刑终 25 号。

2017年1月4日，六安市安全生产监督管理局以某某矿业公司“矿山基建工期已到期，企业未申请延期”为由，向该公司下达“矿山停止基建施工”的现场处理措施决定书。同日下午，李某仍组织工人在井下进行爆破作业，并继续生产。次日凌晨，又对井下巷道进行爆破作业；10时许，刘某、何某、陈某等人下井进行施工、排险等作业；13时许，刘某、何某在井下-260米处施工作业时发生岩石坍塌事故，刘某被砸当场身亡，何某被砸伤后送往阜阳创伤医院经抢救无效于同日23时许死亡。经霍邱县公安司法鉴定中心鉴定，刘某符合巨大暴力致多脏器损伤死亡，何某符合多脏器损伤死亡。

另查明：2017年3月21日，霍邱县人民政府出具《霍邱县人民政府关于霍邱县某某矿业有限责任公司王街道铁矿“2017.1.5”冒顶事故调查报告的批复》，认定此起事故系生产安全责任事故，企业实际出资人和实际管理人违法将矿山建设施工发包给不具备施工资质与安全管理能力的个人，企业自身放弃对外包作业人员管理，不落实安全生产管理责任是事故发生的间接原因之一，杨某某作为某某矿业实际出资人，对此起事故的发生负主要管理责任。

(4) 甘某华、廖某武、罗某重大劳动安全事故案[①]

【裁判要旨】

上诉人甘某华，原审被告人廖某武、罗某违规、违法组建涉案项目部、监理部，不具备相关施工资质违规开展施工管理工作，虚构监理部门，未及时发现、纠正安全生产重大隐患，落实安全生产责任不到位，安全管理工作监督不力，在涉案隧洞发生瓦斯不断逸出后，未按相关要求上报主管部门和安监机关，在安全生产条件不符合国家规定的情况下，未对施工场所进行有效安全管理，导致涉案四被害人进入隧洞发生重大事故而身亡，其三人均已构成重大劳动安全事故罪，情节特别恶劣。

【主要案情】

2016年3月13日，某公司与西乡县某水电开发有限公司以议标的方式签订施工承包合同，承担杨某河水电站1、2号引水隧洞开挖工程施工。某明公司设

---

① 陕西省汉中市中级人民法院刑事裁定书（2020）陕07刑终76号。

立杨某河水电站项目部，任命蔡某某为项目经理，主持项目部工作。由某明公司副总经理被告人甘某华负责安全生产，由汉中某水利水电工程技术有限公司（其法定代表人边某某因犯伪造国家机关证件罪、伪造事业单位印章罪被判刑）负责设计，由汉中某建设工程监理咨询有限公司负责工程监理（法定代表人即被告人罗某）。后西乡县大河镇杨某河水电站1号引水隧洞出口端发生瓦斯爆炸事故，造成4人死亡。事故的直接原因为：①1号引水隧洞出口端爆炸事故地段岩层为寒武系泥质灰岩，该地层泥质灰岩中蕴藏着岩层气（主要成分为甲烷）。隧洞开挖后岩层气不断逸出，停工5日的独头隧洞内未通风，甲烷浓度达到爆炸限值。②董某乙、林某乙在未充分通风的情况下，未采取任何防护措施私自进入隧洞中到达爆炸限值的瓦斯气体范围内，因抽烟或服装摩擦产生静电引起瓦斯气体爆炸。③由于隧洞内空气有限，瓦斯气体爆炸时消耗氧气，产生了大量一氧化碳气体，氧气含量相对下降，某明公司作业人员未佩戴专业救援器材擅自进入隧洞内爆炸区域救人，造成董某甲、张某某缺氧窒息。事故的间接原因为，①施工环节：某明公司安全生产责任未落实、安全管理措施未落实、事故隐患排查治理未落实、安全技术措施未落实、应急救援工作未落实；②监理环节：瑞某监理公司设置虚假项目监理机构，虚设项目总监理师和监理工程师，造成不能及时纠正参建单位安全生产违规行为，致使重大隐患未能得到有效治理；③项目设计、建设项目管理、质量安全监督、行业安全监管环节也存在相应问题。被告人廖某武作为某明公司杨某河水电站项目部负责人，不具备相关施工资质，违规从事水电站工程项目施工管理工作；履行安全管理职责不到位，事故隐患排查治理不力；重要节假日未安排领导值班，致使事故发生、扩大，应对事故负主要责任。被告人甘某华作为某明公司副总经理，主管安全生产工作，对杨某河水电站项目部安全管理工作监督不力；将项目部主要负责人、专业技术人员、安全管理人员调离岗位，安排不具备相应资质的人员从事项目部管理工作；对项目部违法违规行为失察失管；对施工工地重大事故隐患排查治理监督不力，应对事故负主要责任。被告人罗某作为瑞某监理公司的董事长，违规组建虚假项目监理机构，编造虚假监理资料，对监理施工项目安全监督不力，造成严重后果，应对事故负主要责任。

（5）袁某、徐某重大劳动安全事故案[①]

【裁判要旨】

被告人袁某、徐某作为直接负责施工安全的主管人员，未提供符合国家规定的安全生产设施，因而发生重大伤亡事故，致1人死亡，其行为均已构成重大劳动安全事故罪。

【主要案情】

2019年11月，被告人袁某、徐某在不具备安全生产的条件下承接张家港市某达电梯装潢有限公司成品仓库监控安装作业。2019年11月22日9时许，被告人袁某、徐某在未提供安全带、安全帽等个人防护用品及未采取相应安全防坠落措施等不具备安全生产条件的情况下，安排所雇用人员陈某东等人在张家港市某达电梯装潢有限公司成品仓库的上方屋面进行安装监控的布线作业。后陈某东在无安全措施的情况下在屋面行走时不慎踩穿阳光板后坠落地面受伤（坠落高度约8.8米），后经抢救无效死亡。

4. 合规要点

民营企业安全生产面临的刑事法律风险主要集中在建筑施工、消防安全、危险化学品安全等领域。民营企业往往重视成本控制以增强市场竞争力，易忽视安全生产投入、教育培训以及监督管理。一旦发生安全责任事故，造成人员伤亡，不仅相关企业人员可能因此获罪，企业的生产经营也可能遭受重创。因此，民营企业要强化安全生产意识，加大在预防责任事故方面的必要投入，严格执行与企业安全生产相关的法律法规、标准规范、安全操作规程，开展多种形式的安全教育培训活动，并及时准确发现和消除安全隐患，防范安全事故的发生。在建设工程企业的管理和作业中，要注意以下四点：

（1）建筑施工企业施工设施、设备和劳动防护用品的安全管理应包括购置、租赁、装拆、验收、检测、使用、保养、维修、改造和报废等内容。

（2）建筑施工企业应根据生产经营特点和规模，配备符合安全要求的施工设施、设备、劳动防护用品及相关的安全检测器具。

（3）建筑施工企业应建立并保存施工设施、设备、劳动防护用品及相关的

---

① 江苏省张家港市人民法院刑事判决书（2020）苏0582刑初1215号。

安全检测器具安全管理档案，并记录以下内容：

1）来源、类型、数量、技术性能、使用年限等静态管理信息，以及目前使用地点、使用状态、使用责任人、检测、日常维修保养等动态管理信息；

2）采购、租赁、改造、报废计划及实施情况。

（4）建筑施工企业应依据企业安全技术管理制度，对施工设施、设备、劳动防护用品及相关的安全检测器具实施技术管理，定期分析安全状态，确定指导、检查的重点，采取必要的改进措施。

建筑施工企业及人员要预防该种犯罪就应排除安全生产设施或者安全生产条件不符合国家规定情形的问题。建筑企业应学习有关安全生产设施、安全生产条件的法律法规等规定，结合施工情况解决用于保障劳动者安全的技术设备、设施和各种用品不符合规定的问题①。

（六）工程重大安全事故罪

由表5-3可见，工程重大安全事故罪在2021年前多发，其余年份发案率不高。但是相关建设工程企业依然要对此项罪名引起重视。

表5-3　工程重大安全事故罪数据

时间	2001—2019年	2020年	2021年	2022年	2023年
案件数量/件	108	20	2	—	1

（参考“威科先行·法律信息库”，通过检索“工程重大安全事故罪”得出）

1. 工程重大安全事故罪概述

（1）罪名简述

工程重大安全事故罪，是指建设单位、设计单位、施工单位、工程监理单位违反国家规定，降低工程质量标准，造成重大安全事故的行为。

（2）历史演变

工程重大安全事故罪的首次立法出现在1996年12月全国人大常委会法制工作委员会起草的《刑法（修订草案）》分则第三章破坏社会主义市场经济秩序罪的第一节生产、销售伪劣商品罪中。其中涉及工程重大安全事故罪的法条有第

① 马威铭：《风险管理在建设工程施工安全监督管理中的应用》，华南理工大学2013年硕士学位论文。

一百四十一条、第一百四十二条和第一百四十三条。由于这三条罪名符合危害公共安全的特征，而且与重大责任事故罪相类似，所以在听取有关方面建议后，将这三条移到了第二章以危险方法危害公共安全罪中。因此，在 1997 年 2 月 17 日的《刑法（修订草案）》（修改稿）中，第一百三十七条规定了工程重大安全事故罪，建设单位、建筑设计单位、施工单位违反国家规定，降低工程质量标准，造成重大安全事故的，对直接责任人员，处三年以下有期徒刑、拘役或者管制；后果特别严重的，处三年以上七年以下有期徒刑。最后经过讨论，才形成了现行《刑法》第一百三十七条的规定，建设单位、设计单位、施工单位、工程监理单位违反国家规定，降低工程质量标准，造成重大安全事故的，对直接责任人员，处五年以下有期徒刑或者拘役，并处罚金；后果特别严重的，处五年以上十年以下有期徒刑，并处罚金①。

（3）所涉法律法规、司法解释规定

1）《刑法》

第一百三十七条　建设单位、设计单位、施工单位、工程监理单位违反国家规定，降低工程质量标准，造成重大安全事故的，对直接责任人员，处五年以下有期徒刑或者拘役，并处罚金；后果特别严重的，处五年以上十年以下有期徒刑，并处罚金。

2）定罪量刑标准

《最高人民法院、最高人民检察院关于办理危害生产安全刑事案件适用法律若干问题的解释》（2015 年），就刑法第一百三十七条的适用，解释如下：

第六条　实施刑法第一百三十二条、第一百三十四条第一款、第一百三十五条、第一百三十五条之一、第一百三十六条、第一百三十九条规定的行为，因而发生安全事故，具有下列情形之一的，应当认定为“造成严重后果”或者“发生重大伤亡事故或者造成其他严重后果”，对相关责任人员，处三年以下有期徒刑或者拘役：

（一）造成死亡一人以上，或者重伤三人以上的；

（二）造成直接经济损失一百万元以上的；

① 王志恒：《工程重大安全事故罪研究》，大连海事大学 2014 年硕士学位论文。

（三）其他造成严重后果或者重大安全事故的情形。

……

实施刑法第一百三十七条规定的行为，因而发生安全事故，具有本条第一款规定情形的，应当认定为“造成重大安全事故”，对直接责任人员，处五年以下有期徒刑或者拘役，并处罚金。

……

第七条 实施刑法第一百三十二条、第一百三十四条第一款、第一百三十五条、第一百三十五条之一、第一百三十六条、第一百三十九条规定的行为，因而发生安全事故，具有下列情形之一的，对相关责任人员，处三年以上七年以下有期徒刑：

（一）造成死亡三人以上或者重伤十人以上，负事故主要责任的；

（二）造成直接经济损失五百万元以上，负事故主要责任的；

（三）其他造成特别严重后果、情节特别恶劣或者后果特别严重的情形。

……

实施刑法第一百三十七条规定的行为，因而发生安全事故，具有本条第一款规定情形的，对直接责任人员，处五年以上十年以下有期徒刑，并处罚金。

……

《最高人民法院、最高人民检察院、公安部关于办理涉窨井盖相关刑事案件的指导意见》

第五条第二款 窨井盖建设、设计、施工、工程监理单位违反国家规定，降低工程质量标准，造成重大安全事故的，依照刑法第一百三十七条的规定，以工程重大安全事故罪定罪处罚。

第十二条 本意见所称的“窨井盖”，包括城市、城乡接合部和乡村等地的窨井盖以及其他井盖。

3）立案标准

《最高人民检察院、公安部关于公安机关管辖的刑事案件立案追诉标准的规定（一）》

第十三条 建设单位、设计单位、施工单位、工程监理单位违反国家规定，降低工程质量标准，涉嫌下列情形之一的，应予立案追诉：

（一）造成死亡一人以上，或者重伤三人以上的；

（二）造成直接经济损失五十万元以上的；

（三）其他造成严重后果的情形。

（4）保护法益

按照我国刑法的规定，本罪的客体是“公共安全”，即不特定或者多数人的生命、健康、财产的安全。质量合格是建设工程安全的基础，当今各国普遍建立了建设工程质量监督管理的相关制度。根据我国《建设工程质量管理条例》第八章罚则第七十四条的规定，建设单位、设计单位、施工单位、工程监理单位违反国家规定，降低工程质量标准，造成重大安全事故，构成犯罪的，对直接责任人员依法追究刑事责任，其基本精神与《刑法》第一百三十七条关于工程重大安全事故罪的规定完全一致，由此可以看出，本罪除了危害“公共安全”之外，还违反了国家对工程建设质量的监督管理制度。因此，仅此而言，本罪的客体是复杂客体[①]。

（5）表现形式

本罪的表现形式为违反国家规定、降低工程质量并且造成严重后果的行为。根据《刑法》第九十六条的规定，本法所称违反国家规定，是指违反全国人民代表大会及其常务委员会制定的法律和决定，国务院制定的行政法规、规定的行政措施、发布的决定和命令。因此，本罪中的“违反国家规定”是指违反全国人民代表大会及其常务委员会或国务院制定的与建设工程质量监督管理方面有关的规定，如违反《建筑法》《建设工程质量管理条例》《建设工程勘察设计管理条例》等。“降低工程质量标准”是指建设单位、设计单位、施工单位和工程监理单位在建设、设计、施工和监理过程中，违反国家的相关法律法规，致使工程质量不符合国家的建设工程安全标准，如粗制滥造、以次料充当好料、不实行严格的质量检测等行为。依照国务院2000年发布的《建设工程质量管理条例》，“工程”的意义应当解释为建设工程，包括土木工程、建筑工程、线路管道和设

① 孟庆鹏：《工程重大事故罪疑难问题研究》，吉林大学2008年硕士学位论文。

备安装工程及装修工程[①]。

本罪要求危害行为“造成重大安全事故……后果特别严重的……”，即本罪为结果犯。根据司法解释规定，造成重大安全事故要求具有下列情形之一：①造成死亡一人以上，或者重伤三人以上的；②造成直接经济损失五十万元以上的；③其他造成严重后果或者重大安全事故的情形。由此可见，并不是所有违反国家规定，降低工程标准的行为都构成本罪，只有因此造成重大安全事故，造成严重后果，危害公共安全，才构成本罪。

（6）行为主体

本罪的主体为特殊主体，即单位。主体只能是建设单位、设计单位或者是施工单位及工程监理单位。本罪处罚的对象是以上述四类单位为存在前提的“直接责任人员”。其中，建设单位，是指经国家有关部门审批，具有工程建设者的资格，从事房地产开发和经营的企业。设计单位，是指为建设单位的建设项目进行总体设计的单位，由建设单位在项目实施前委托。施工单位，是指从事土木工程、建筑工程、线路管道和设备安装工程及装修工程的新建、扩建、改建和拆除等有关活动的企业，负责工程的建造施工工作，一般通过招投标与建设单位签订合同。工程监理单位，是指取得监理资质证书，具有法人资格的监理公司、监理事务所等，一般由建设单位委托具有相应资质等级的工程监理单位进行监理[②]。实践中，未取得资质或非依法成立的从事工程建设、设计、施工、监理的单位也能成为本罪的主体。根据最高人民检察院 1988 年 3 月 18 日发布的《关于无照施工经营者能否构成重大责任事故罪主体的批复》的规定，无照施工经营者在施工过程中强令从业人员违章冒险作业，造成重大伤亡事故的，可以构成重大责任事故罪主体。1987 年发布的《最高人民检察院关于无证开采的小煤矿从业人员亦属于刑法第一百一十四条犯罪主体的批复》（已失效）的规定，无证开采的小煤矿从业人员也属于重大责任事故罪的主体。

曲新久教授认为，本罪主体从日常用语的字面意思上看是单位犯罪，不包括自然人犯罪，但是本罪中所说的单位并不与自然人相对立，并不限于“单位犯

① 王志恒：《工程重大安全事故罪研究》，大连海事大学 2014 年硕士学位论文。

② 原中华人民共和国建设部《工程建设监理单位资质管理试行办法》（1992 年版），现已失效。

罪”意义上的单位，而是既包括“单位”也包括与单位字面意思相对应的个人，“建设单位、设计单位、施工单位、工程监理单位”应当解释为“建设者、设计者、施工者、工程监理者”，这样就解释了若是自然人以个人身份与对方签订建设工程合同，并且在组织施工中降低工程质量标准，造成重大安全事故的行为应当可以适用《刑法》第一百三十七条的规定①。

笔者认为，在现阶段依照司法实践中的具体操作和众多学者的理解乃至普通民众对刑法条文的认识分析工程重大安全事故罪的主体只能是刑法明文规定的四类单位，受处罚的是单位直接责任人，但该罪的主体单位、自然人并不是相对独立的关系。

（7）罪责

本罪的罪过形式是过失，有学者认为行为人对行为所造成的危害结果是过失，但对违反国家规定降低工程质量标准的行为既可以是故意，也可以是过失；也有学者认为行为人对于造成重大安全事故的结果是过失，但是对于违反国家规定降低工程质量标准的行为只能是故意。我国罪过形式的判定标准采取的是“结果标准说”立场，即罪过形式是以行为人对其行为所造成的危害社会的结果所持的心理态度。当行为与结果的心理态度无法一致时，侧重结果的无价值判断，从而认定本罪为过失犯罪②。

（8）量刑

根据《刑法》第一百三十七条规定，建设单位、设计单位、施工单位、工程监理单位违反国家规定，降低工程质量标准，造成重大安全事故的，对直接责任人员，处五年以下有期徒刑或者拘役，并处罚金；后果特别严重的，处五年以上十年以下有期徒刑，并处罚金。司法机关在适用本条规定处罚时，应当注意的问题是，本罪属实行单罚制的单位犯罪，只处罚直接责任人员。“直接责任人员”，是指对构成本罪负有直接责任的人，主要是决定违反国家规定，降低工程质量的单位负责人、设计师、工程监理以及组织施工的人员。

---

① 曲新久：《从“身份”到行为——工程重大安全事故罪的一个解释问题》，载《人民检察》2011年第17期。

② 王思华：《工程重大安全事故罪若干问题研究》，中国政法大学2011年硕士学位论文。

2. 主要争议问题

（1）重大安全事故的标准是什么？

关于重大安全事故，至今仍然没有具体的普遍适用的法律、法规或司法解释规定。《最高人民检察院、公安部关于公安机关管辖的刑事案件立案追诉标准的规定（一）》第十三条虽有规定，但其为最高人民检察院、公安部关于公安机关管辖的刑事案件立案追诉标准的规定，并非司法裁判应适用的标准。

《生产安全事故报告和调查处理条例》（2007 年第 493 号）对“重大生产安全事故”作出了规定，该条例第三条规定：“根据生产安全事故（以下简称事故）造成的人员伤亡或者直接经济损失，事故一般分为以下等级：（一）特别重大事故，是指造成 30 人以上死亡，或者 100 人以上重伤（包括急性工业中毒，下同），或者 1 亿元以上直接经济损失的事故；（二）重大事故，是指造成 10 人以上 30 人以下死亡，或者 50 人以上 100 人以下重伤，或者 5000 万元以上 1 亿元以下直接经济损失的事故；（三）较大事故，是指造成 3 人以上 10 人以下死亡，或者 10 人以上 50 人以下重伤，或者 1000 万元以上 5000 万元以下直接经济损失的事故；（四）一般事故，是指造成 3 人以下死亡，或者 10 人以下重伤，或者 1000 万元以下直接经济损失的事故……”

根据《最高人民法院、最高人民检察院关于办理危害生产安全刑事案件适用法律若干问题的解释（二）》第七条第二款的规定“……有下列情形之一的，属于刑法第二百二十九条第一款第三项规定的‘致使公共财产、国家和人民利益遭受特别重大损失’：（一）造成死亡三人以上或者重伤十人以上安全事故的；（二）造成直接经济损失五百万元以上安全事故的；（三）其他致使公共财产、国家和人民利益遭受特别重大损失的情形。”《最高人民法院、最高人民检察院关于办理危害生产安全刑事案件适用法律若干问题的解释（二）》对本罪定罪量刑的其他问题，如从重、从轻处罚情形，罪数形态，禁止令、从业禁止的适用等也作出了规定。

上述规定是针对生产安全事故中“重大事故”的认定标准规定，关于建筑工程施工安全事故中的“重大安全事故”认定标准，目前并无具体规定，可参考上述认定标准。

（2）工程重大安全事故罪与重大劳动安全事故罪的区别是什么？

两罪都属于过失危害公共安全的责任事故犯罪，都可以发生在生产、作业过程中。两者的主要区别在于：①主体不同。工程重大安全事故罪是纯正的单位犯罪，主体是特定的单位，即建设单位、设计单位、施工单位、工程监理单位，处罚的是直接责任人员。而重大劳动安全事故罪的主体包括任何企业、事业单位的负责劳动安全设施的直接责任人员。②客观表现不同。其一，工程重大安全事故罪违反的是国家制定的有关工程质量方面的规定，重大劳动安全事故罪违反的则是国家制定的有关劳动安全设施方面的规定；其二，工程重大安全事故罪只能发生在建设、设计、施工、监理过程中，重大劳动安全事故罪则可以发生在所有生产、作业活动过程中；其三，工程重大安全事故罪既可以作为方式实施，也可以不作为方式实施，而重大劳动安全事故罪只能以不作为方式实施；其四，重大劳动安全事故罪以经有关部门或者单位职工对事故隐患提出而仍不采取措施为犯罪构成要件；而工程重大安全事故罪未作此等要求。

（3）自然灾害因素介入的情况下是否导致因果关系的中断？

在现实生活中，如遇到地震、洪水、风暴等自然灾害而导致建筑物坍塌，那么工程坍塌的主要原因是人的行为还是自然灾害？自然灾害的发生是否导致了因果关系的中断？自然灾害介入因素主要有以下三种情形：

一是自然灾害和行为人降低工程质量共同作用的情况下造成了安全事故的发生，如果没有自然灾害因素的介入，工程安全事故就不会发生。此种情况下，降低工程质量标准与自然灾害共同导致结果的发生，缺少任何一个因素危害结果都不会发生。根据“结果避免可能性理论”，行为人在严格遵守国家规定，保证工程质量的情况下危害结果是可以避免的，因此，行为人的行为与危害结果间具有因果关系，是可以归责为行为人的。在这种情形下，行为人的行为与危害结果间具有刑法意义上的因果关系，应承担刑事责任。

二是行为人降低工程质量标准的行为本身必然会导致工程重大安全事故的发生，但是自然灾害的介入导致危害结果提前发生的情形。①行为人降低工程质量标准的行为本身必然会导致工程重大安全事故的发生，但自然灾害的介入导致危害后果提前发生，但若行为人遵守国家规定保证工程质量是可以避免危害结果的发生。根据“合义务替代行为”理论，若遵守国家规定保证工程质量是可以避免危害结果发生的，则应成立刑法意义上的因果关系，追究行为人的刑事责任。②行为人降低工程质量标准的行为本身必然能够导致重大安全事故的发生，但自然灾害的介入导致危害后果提前发生，即便行为人遵守国家规定保证工程质量也无法避免危害结果的发生。在此情况下，当行为人遵守义务也不能避免结果发生时，义务违反与结果之间欠缺内在关联性，刑法意义上的因果关系中断，不能追究行为人的刑事责任。

三是工程重大安全事故发生的原因究竟是行为人行为还是自然灾害，或者两者兼有，难以区分事故原因。在此种情形下，应根据有利于被告人的疑罪从无原则，认定为无刑法意义上的因果关系，排除归责①。

3. 案例总结

（1）崔某工程重大安全事故案②

【裁判要旨】

施工单位甲玻璃铝业（上海）有限公司，违反国家规定，降低工程质量标准，造成一人死亡的重大安全事故，被告人崔某作为施工单位施工项目负责人，对事故的发生负有直接责任，其行为构成工程重大安全事故罪。

【主要案情】

2015年4月，甲玻璃铝业（上海）有限公司（以下简称甲公司）与山西乙置地房地产开发有限公司就“太原某业天地二期办公楼幕墙”项目签订施工合同，甲公司授权被告人崔某实际负责该项目的施工。在施工过程中，甲公司及崔某未严格按照设计图纸施工，偷工减料，降低了工程质量标准。2019年9月9日17时24分许，被害人常肖某步行至太原市小店区某业天地办公楼西侧时，某业天地办公楼西侧外墙20层的一块铝合金装饰条意外坠落，砸中路过的常肖某，致使常肖某当场死亡。经依法鉴定，某业天地办公楼外墙铝合金装饰条坠落，系未按设计图纸进行施工，施工过程中偷工减料，降低工程质量标准，造成实际抗压承载力严重不满足设计要求，铝合金装饰条坠落构件上盘头自攻钉（实际有效

① 王思华：《工程重大安全事故罪若干问题研究》，中国政法大学2011年硕士学位论文。

② 山西省太原市小店区人民法院刑事裁定书（2020）晋0105刑初612号。

剪切直径4毫米）在外力作用下被剪切破坏，直接导致铝合金装饰条构件坠落。

（2）周某、管某工程重大安全事故案①

【裁判要旨】

古某公司、宏某公司作为工程建设单位，违反国家规定，降低工程质量标准，造成重大安全事故，上诉人管某以及原审被告人周某作为直接责任人员，均构成工程重大安全事故罪。关于上诉人管某及其辩护人提出，“认定案件事实不清，适用法律不当，应该追究其他负有直接责任者的责任，要求依法撤销原审判决，对上诉人作出公正裁判”的上诉理由和辩护意见。经查，古某公司承揽了城北护城河段景观及绿化工程，为了加快工程进度，建设方将工程分包给宏某公司，工程分包不能解除承包人任何责任与义务，承包人应在分包场地派驻相应管理人员，对于分包单位的任何违约行为或疏忽造成工程损害或者给发包人造成其他损失的，承包人应承担连带责任，古某公司负有施工管理责任。根据《建筑法》的有关规定和古某公司与宏某公司的合同约定，古某公司作为城北护城河段景观廊桥施工工程的承建单位，即使与宏某公司签订了指定分包合同，具体施工由宏某公司承担，也不能免除古某公司作为承包人对工程质量的监督管理责任。上诉人管某作为古某公司的项目负责人，负有对现场工程质量和分包单位宏某公司施工质量的监督管理责任。后工程质量由于存在重大安全隐患，最终出现廊桥倒塌，致人死伤的安全事故，上诉人管某作为直接责任人，应当追究其刑事责任。

【主要案情】

2011年1月，古某公司与南京市市政工程建设处签订《施工合同》，由古某公司负责承建城北护城河段景观及绿化工程，管某系古某公司派驻现场的项目负责人。5月28日，被告人周某在宏某公司未取得相应施工资质的情况下，以该公司名义与古某公司签订工程分包合同，承揽了位于本市某景观廊桥施工工程。在施工过程中，宏某公司未严格按照设计图纸和施工规范加工安装廊桥木结构建筑，质量管控缺失，将柱脚直径12毫米对拉螺杆改用3英寸圆钉，施工组织设

① 青海省西宁市中级人民法院刑事裁定书（2014）宁刑终字第91号。

计缺乏针对木结构的内容及措施，节点榫卯做法不规范，降低了工程质量标准。古某公司未核实分包方的施工资质，被告人管某作为施工方古某公司派驻现场的项目负责人，未履行工程质量监管的职责，导致该廊桥项目工程质量存在重大安全隐患。2012 年 7 月 3 日晚，该廊桥在暴雨大风中倒塌，造成 2 人死亡、6 人受伤和人民币 80 余万元的直接经济损失的事故。事故发生后，事故调查技术组出具专家意见，认为恶劣天气是导致本次事故的重要因素，是该廊桥倒塌的诱因；设计单位未针对仿古木结构体系抗侧能力偏弱的特点采取必要的加强措施，施工单位未严格按照设计图纸和规范要求施工是本次事故的主要原因。

(3) 徐某、金某工程重大安全事故案①

【裁判要旨】

被告人徐某、金某无视国家法律，违反国家规定，降低工程质量标准，造成重大安全事故，致 2 人死亡、1 人轻伤、1 人轻微伤，其行为均已构成工程重大安全事故罪，应依法惩处。

【主要案情】

方某与佛山市 A 装饰材料有限公司（以下简称 A 公司）签订了关于其位于惠来县住宅轻钢材料建设合同，合同中约定 A 公司提供材料和技术人员，负责指导施工，施工人员由方某负责。后 A 公司为方某设计建设平面图和外观效果图并提供给方某确认。同年 9 月 26 日，A 公司通过微信给方某发送了住宅楼房屋设计的平面图，方某根据平面图设计要求在住宅地建设了地基。同年 11 月，A 公司通过车辆将 238 平方米的自建轻钢材料运送到惠来县并由方某签收。同年 12 月 10 日，A 公司施工指导部的负责人被告人徐某接到公司售后部的指令，要求其安排技术人员到惠来县某陇镇指导方某进行施工。随后，徐某指派没有取得相关施工资质的被告人金某作为现场施工技术人员，到惠来县某陇镇指导工人现场进行施工。同年 12 月 16 日，金某到达惠来县某陇镇指导方某进行施工。随后，金某为方某介绍了刘某汉、常某明、孙某城 3 名熟练工人，还有方某召集的 4 名本地工人，工人在金某指导下开始将材料进行分类，分层拼装。2020 年 1 月 7

① 广东省惠来县人民法院刑事判决书（2020）粤 5224 刑初 355 号。

日，房屋主体结构建设完成封顶，要对外墙进行封板时，金某离开工地。2020年1月14日，住宅楼墙体搭建工程过半，刘某汉、常某明、孙某城3名熟练工人均回家乡过春节。2020年2月5日至7日，方某指示其儿子方某真及林某强通过吊机吊运安装水电所需材料并进行水电安装工作，2020年2月7日15时许，该住宅楼建筑发生了坍塌事故，造成方某真、林某强死亡，方某浩、方某锋受伤。经广东省建设工程质量安全检测总站有限公司对方某住宅事故进行鉴定：FT8-2桁架2轴支座处斜腹杆与下弦杆连接节点处由于1颗自攻螺钉漏打，下弦杆节点处翼缘在偏心受拉作用下首先发生节点破坏，支座处斜腹杆退出工作，桁架失去承载能力。之后相邻桁架受到荷载重分布和墙柱变形扰动的共同作用，支座处的斜腹杆连接节点出现自攻螺钉拔出或剪切破坏，相邻桁架也失去承载能力。最后导致桁架上、下弦杆弯折或断裂，四楼客厅楼面整块坍塌。

（4）赵某林、韦某仕工程重大安全事故案①

【裁判要旨】

被告人赵某林、韦某仕作为施工单位直接责任人员，违反国家规定，在单位及个人均无施工安装资质的情况下，降低工程质量标准，引发较大事故，后果特别严重，二被告人的行为均已构成工程重大安全事故罪。

【主要案情】

2010年1月5日，被告人韦某仕代表多某机械公司（卖方）、多某安装公司（安装方）与总经理禹某代表的建某公司（买方）签订《混凝土搅拌站购销合同》，建某公司购买多某机械公司自行设计、生产的HZS240型间歇式水泥混凝土搅拌站成套设备1套（以下称为4号生产线），多某机械公司提供的产品应符合国标《混凝土搅拌站（楼）技术条件》GB 10172-88和双方约定的其他技术条款。其中基本设施由多某机械公司提供，其他由多某安装公司承担，包括4个粉料仓底架（其中2个水泥仓、1个矿粉仓、1个粉煤灰仓，每个罐仓能容纳200吨粉料）、4个除尘器、集中结构；所需基础预埋件、仓顶避雷设施的制作安装；设备运输、安装及调试费；培训、跟产，一年保修服务；主站封装。被告人

① 湖南省长沙市中级人民法院刑事裁定书（2021）湘01刑终127号。

韦某仕为该项目生产、安装的负责人，其安排没有任何安装资质的被告人赵某林自带人员安装该条生产线，被告人赵某林予以接受。2010年5月下旬，被告人韦某仕在没有对4号生产线进行质量检验的情况下与建某公司验收、交接，建某公司将4号生产线投入生产。2017年3月30日，4号生产线在狂风暴雨的影响下坍塌，造成输送水泥的工人4人死亡、1人受伤，直接经济损失500余万元。经调查，事故发生的直接原因是4号生产线搅拌楼的安装设计存在缺陷，设计承载储备能力不足；4号生产线搅拌楼支撑钢结构焊接施工人员专业素质不强，加上焊接施工时偷工减料，导致支撑钢结构焊接工艺十分粗糙，焊接质量存在严重缺陷；4号生产线搅拌楼在使用多年后，焊接质量缺陷导致支撑钢结构的承载能力和抗失稳能力严重降低，也加快了焊缝的锈蚀，在达到一定程度后，在外力作用下引起坍塌。

（5）方某君、范某棋、肖某东等工程重大安全事故案①

【裁判要旨】

乐山市A房地产开发有限公司（以下简称A公司）、眉山B建筑桩基有限公司（以下简称B公司）、乐山市C建筑工程监理有限公司（以下简称C公司）分别作为某苑小区的建筑单位、地基处理施工单位、监理单位，违反国家法律、法规和强制性规定，降低工程质量标准，造成工程重大安全事故，直接经济损失达3873.31975万元，后果特别严重，原审被告人范某棋、肖某东、汪某安作为建筑单位的直接责任人，原审被告人马某贵作为地基处理施工单位的直接责任人，原审被告人方某君、毛某忠、蒋某辉作为监理单位的直接责任人，其行为均构成工程重大安全事故罪。

【主要案情】

A公司作为开发商委托B公司对某苑小区的地基进行处理，B公司作为地基处理的施工单位指派马某贵担任项目经理，负责现场施工；A公司与华某公司签订建设工程施工合同，但华某公司只是名义上的承建方，某苑小区建筑工程仍然由A公司运作。A公司委托C公司作为该项目的监理单位，监理合同约定由C

① 四川省乐山市中级人民法院刑事裁定书（2020）川11刑终87号。

公司对某苑小区的地基处理和上层建筑施工进行全程监理。A 公司在主体建筑的施工过程中，没有对建筑物进行沉降观测。自 2007 年 5 月起，某苑小区 8 号、9 号楼相继出现地基不均匀沉降，B 公司唐某、马某贵及袁某兴到达施工现场，在 A 公司范某棋、肖某东和 C 公司方某君等相关人员在场的情况下，袁某兴提出用打孔灌浆的方案进行地基加固处理，B 公司唐某聘请赵某等人负责打孔灌浆工作。地基出现不均匀沉降后，省建科院、B 公司、C 公司、A 公司均未向乐山建筑行政主管部门报告，也未按建筑规范所要求的程序进行处理。2007 年 12 月 28 日，某苑小区主体工程通过验收，2008 年 1 月交付使用。交付使用后不久，某苑小区部分建筑物即陆续发生了较严重的不均匀沉降，并于 2009 年 4 月至 2010 年 4 月对 5 号、8 号、9 号楼进行过墙体裂缝修复与加固，其中，5 号、8 号楼还进行过纠倾加固。经审计，某苑小区拆除重建工程造价为 3873.31975 万元。

4. 合规要点

建设单位：建设单位作为工程建设项目的发起者、最终受益者，追求自身利益最大化往往是其首要选择。但是，建设单位在拥有决策权和经营管理权的同时，也必须承担相应的责任和义务：（1）建设单位应当将工程发包给具有相应资质等级的单位，不得将工程肢解发包。（2）建设单位应当对工程项目的设计、施工、监理单位以及重要设备、材料等的采购依照法律程序进行招标，选定符合条件的投标单位，不得迫使承包方以低于成本的价格竞标。（3）建设单位不得明示或暗示设计单位或施工单位违反工程建设强制性标准，不得任意压缩合理工期，降低工程质量标准。（4）建设单位收到建设工程竣工报告后，应当组织、施工、工程监理等有关单位进行竣工验收，验收合格后，方可交付使用。

设计单位：设计单位接受建设单位的委托对工程项目进行总体设计，是工程项目得以施工建设的基础。因此，设计单位责任重大，具体要求如下：（1）设计单位必须按照工程建设强制性标准进行设计，相关执业人员和单位共同对设计文件的质量负责。（2）设计单位在设计文件中选用的建筑材料、建筑构配件和设备，应当注明规格、型号、性能等技术指标，其质量要求必须符合国家规定的标准。除有特殊要求的建筑材料、专用设备、工艺生产线等外，设计单位不得指定生产厂家、供应商。（3）设计单位应当就审查合格的施工图文设计文件向施工单位作出详细说明，参与建设工程质量事故分析，并对因设计造成的质量事故，提出相应的技术处理方案。

施工单位：施工单位在整个工程建设项目中居于主体地位，承担的责任和义务最为重大。具体如下：（1）施工单位应当依法取得相应等级的资质证书，并在其资质等级许可的范围内承揽工程，不得转包或者违法分包工程。（2）施工单位应当对建设工程的施工质量负责。建设工程实行总承包的，总承包单位应当对全部建设工程质量负责；总承包单位依法将建设工程分包给其他单位的，分包单位应当按照分包合同的约定对其分包工程的质量向总承包单位负责，总承包单位与分包单位对分包工程的质量承担连带责任。（3）施工单位必须按照工程设计图纸和施工技术标准施工，可以提出相应的意见和建议，但是不得擅自修改工程设计，不得偷工减料。（4）施工单位必须建立健全施工质量检验制度，严格工序管理。按照工程设计要求、施工技术标准和合同约定，对建筑材料、建筑构配件、设备和商品混凝土进行检验，未经检验或者检验不合格的，不得使用。（5）施工单位对施工中出现质量问题的建设工程或者竣工验收不合格的建设工程，应当负责返修。（6）施工单位应当建立健全教育培训制度，加强对职工的教育培训；未经教育培训或者考核不合格的人员，不得上岗作业。

监理单位：监理单位主要负责施工质量的监督管理，是保障建筑工程质量安全的关键。关于监理单位的责任和义务如下：（1）监理单位应当依法取得相应等级的资质证书，并在其资质等级许可的范围内承担监理业务。禁止监理单位超越本单位资质等级许可的范围或者以其他监理单位的名义承担工程监理业务。（2）监理单位与被监理工程的施工承包单位以及建筑材料、建筑构配件和设备供应单位有隶属关系或者其他利害关系的，不得承担该项建设工程的监理业务。（3）监理单位应当依照法律、法规以及有关技术标准、设计文件和建设工程承包合同，代表建设单位对施工质量实施监理，并对施工质量承担监理责任①。

---

① 中华人民共和国国务院令第279号《建设工程质量管理条例》。

（七）消防责任事故罪

1. 消防责任事故罪概述

（1）罪名简述

消防责任事故罪，是指违反消防管理法规，经消防监督机构通知采取改正措施而拒绝执行，造成严重后果的行为。

（2）历史演变

1957 年我国第一部消防法律《消防监督条例》出台。1984 年 5 月，第六届全国人大五次会议审议通过了《消防条例》，该条例第三十条第二款规定了对火灾事故责任人的刑事责任、行政处罚和行政处分三种法律责任，但并未对刑事责任追究的法律手段进行规定，实质上仍无法可依，这种规定仅仅是一种准用性规范，并无具体的制裁内容，在司法实践中无法进行操作。1997 年刑法引入了消防责任事故罪的罪名，以刑罚惩处的方式对肇事者进行处理。2009 年 5 月 1 日实施的修订的《消防法》第七十二条同样明确了违反本法规定，构成犯罪的，依法追究刑事责任①。

（3）所涉法律法规、司法解释规定

1）《刑法》

第一百三十九条　违反消防管理法规，经消防监督机构通知采取改正措施而拒绝执行，造成严重后果的，对直接责任人员，处三年以下有期徒刑或者拘役；后果特别严重的，处三年以上七年以下有期徒刑。

2）立案追诉标准

根据《最高人民检察院、公安部关于公安机关管辖的刑事案件立案追诉标准的规定（一）》第十五条规定，违反消防管理法规，经消防监督机构通知采取改正措施而拒绝执行，涉嫌下列情形之一的，应予立案追诉：（一）造成死亡一人以上，或者重伤三人以上；（二）造成直接经济损失五十万元以上的；（三）造成森林火灾，过火有林地面积二公顷以上，或者过火疏林地、灌木林地、未成林地、苗圃地面积四公顷以上的；（本项由森林公安机关管辖）（四）其他造成严重后果的情形。

---

① 金雨：《消防责任事故罪的若干问题研究》，云南大学 2017 年硕士学位论文。

（4）保护法益

有人认为，公共安全、公民的生命健康权、公私财产安全、国家的消防监督管理制度等，都是消防责任事故罪的客体要件。也有人认为，本罪的客体主要是公共安全和国家的消防监督管理制度。消防工作关系着国家经济社会的健康发展，以及人民群众的生命财产安全。为了科学高效地开展消防工作，各级、各地人大及其常委会，以及各级政府及其组成部门制定了相关的消防管理法律法规，消防救援机构联合相关部门制定了各种消防技术规范，任何单位和公民都有遵守消防管理法律法规和技术规范的义务。因此，本罪侵犯的客体有国家的消防监督管理制度。本罪是结果犯，构成本罪必须发生火灾事故同时造成人员伤亡或者公私财产的巨大损失，给社会带来重大的危害。因此，本罪侵犯的客体还包括公共安全。综上所述，该罪侵犯的客体主要是国家的消防监督管理制度和公共安全①。

（5）表现形式

本罪在客观方面表现为违反消防管理法规且经消防监督机构通知采取改正措施而拒绝执行的行为。违反消防管理法规而造成严重后果，是这种犯罪行为的本质特征。

（6）行为主体

在消防责任事故罪的主体认定中，有三种观点：一是一般主体作为消防责任事故罪的主体，即年满 16 周岁具有完全刑事责任能力的自然人；二是特殊主体作为消防责任事故罪的主体，即经公安机关消防机构责令改正的机关、团体、企业、事业单位的直接责任人员；三是单位作为消防责任事故罪的主体，因一般主体与特殊主体是针对自然人主体的区分，故单位主体没有一般主体与特殊主体的区分。笔者认为，一般主体作为消防责任事故罪的主体较合理，也可包括单位。一般主体的范围较特殊主体的范围更广，既包含实施违法行为造成火灾严重后果的单位消防安全责任人、消防安全管理人，也包含实施违法行为造成火灾严重后果的具体行为人。

（7）罪责

一种观点认为，本罪的犯罪主观方面为过失，即“行为人能够预见违反消防

① 谢军华：《消防责任事故罪研究》，郑州大学 2020 年硕士学位论文。

管理法规、拒不执行改正措施可能会导致火灾事故的发生，但是由于疏忽大意而没能够预见或者预见到了危险的发生但轻信自己能够避免火灾事故的发生”。尽管行为人对于火灾隐患整改通知拒绝执行的行为属于明知故犯，但大多数行为人并不希望或者放任火灾的发生。另一种观点认为，本罪的主观方面包含间接故意，理由是人的内心活动很难直接客观地描述，需要结合行为人的陈述、行为、态度进行综合评判，也不排除会有一心只为经济利益而无视消防安全，置社会公共消防安全与人员生命财产安全于不顾，虽经公安消防机构责令改正与处罚但依旧我行我素，且宁愿接受罚款也不愿投资消防安全设施维护整改。笔者认为，不能将间接故意作为本罪的主观构成要件：一是如若为故意，那本罪的描述应变为“行为人明知自己违反消防管理法规且经消防监督机构通知采取改正措施而拒绝执行”的行为会造成严重后果，并且希望或者放任这种结果的发生；二是如果行为人明知存在火灾隐患，有证据证明其置之不理是持希望或者放任的意思，那么对于造成火灾发生的这一危害后果，不构成消防责任事故罪，应以放火罪论处。

（8）量刑

犯本罪的，处三年以下有期徒刑或者拘役；后果特别严重的，处三年以上七年以下有期徒刑。所谓后果特别严重，是指发生重大火灾，造成多人重伤、死亡或者公私财产的巨大损失。确定犯罪行为人的具体刑罚时，还可考虑以下因素：①犯罪行为人的一贯表现；②犯罪行为人是否多次违反消防管理法规，是否经消防监督机构多次通知采取改正措施而多次拒绝执行；③犯罪后的表现，如有无自首、立功表现，犯罪后是否积极采取有效措施抢救人员、防止危害结果的扩大，是否为逃避罪责而破坏、伪造现场；④犯罪行为人的刑事责任年龄和刑事责任能力；⑤严重后果的具体情况等。

2. 主要争议问题

消防责任事故罪与重大劳动安全事故罪的界限

自 1997 年《刑法》增设消防责任事故罪以来，在众多火灾事故中，大多数责任人被法院以重大劳动安全事故罪定罪处罚，被认定为消防责任事故罪的犯罪嫌疑人却很少。消防责任事故罪与重大劳动安全事故罪均属于危害公共安全的行为，两者的具体区别如下：

①犯罪主体方面，消防责任事故罪的主体范围是对消防安全、防火工作有直接责任的人员，而重大劳动安全事故罪的主体则是矿山、工厂、林场、建筑企业及其他企业中对安全生产条件、设施装备安全性能负有保障义务的直接责任人员。

②违反的管理规定方面，行为人构成消防责任事故罪违反的是消防安全方面的管理法规、规章、规定等，而重大劳动安全事故罪行为人违反的是劳动安全方面的规定。

③在不采取措施的对象方面，消防责任事故罪针对的是消防监督机构通知采取的整改措施而不采取的行为，而重大劳动安全事故罪是对有关部门或单位职工提出的“事故隐患”不采取措施的不作为的犯罪。

④事故的表现形式方面，消防责任事故罪的损害后果只能表现为火灾形式，而重大劳动安全事故罪危害后果的表现形式既可以是火灾形式，也可以是火灾之外的其他表现形式，如爆炸事故、人身事故等。

3. 案例总结

（1）权某军消防责任事故案[①]

【裁判要旨】

冯某作为对防火安全负有职责的负责人，违反消防管理法规，经消防监督机构通知整改但未采取措施消除火灾隐患，造成火灾致两人死亡及重大财产损失的严重后果，其行为已构成消防责任事故罪；权某军作为××公司实际经营负责人因疏忽大意，在具有火灾危险的区域内安排员工留宿，造成火灾致两名员工死亡的事故，对此负有直接责任，其行为已构成失火罪。上诉人权某军提出，原审认定事实不清，其并非失火罪的责任主体，而是本次事故的受害人；其在本次事故中已尽到勤勉尽职的义务，且已赔偿被害人共计 70 万元，在本案中仅应承担民事赔偿责任，而非刑事责任，请求二审法院改判其无罪。经查，权某军系××公司的实际负责人，其因疏忽大意，在楼层一侧安全出口封闭、具有火灾隐患的区域内安排员工留宿，权某军在租赁涉案厂房后，曾对电路予以改建，并使用拖线板连接绕线机。事故认定书中认定二次短路熔痕的导线有绕线机设备的内部导

---

① 上海市第一中级人民法院刑事裁定书（2020）沪 01 刑终 1190 号。

线，证明当时绕线机未切断电源，处于通电状态。因此，权某军作为××公司的实际控制人，对此次火灾事故的发生，且最终导致两名员工死亡的严重危害后果负有直接责任，其行为已构成失火罪。

【主要案情】

2019 年 3 月 10 日，冯某将上海市浦东新区××镇××村××队××宅××号自建的二楼东侧厂房，租赁给××公司实际负责人权某军生产经营羊毛衫。冯某违反消防管理法规，经公安、安监、村委会多次消防安全检查不合格仍不整改，而权某军因疏忽大意，在具有火灾危险的区域内安排员工留宿。2019 年 5 月 24 日 1 时 15 分许，该二楼东侧厂房发生火灾，导致在该厂区留宿的××公司女员工张某、陈某死亡，过火面积约 600 平方米、烧毁约 4 万余件羊毛衫，造成重大财产损失。

（2）陈某建消防责任事故案①

【裁判要旨】

关于辩护人提出火灾发生原因不清，不排除有人纵火的辩护意见，法院经审理认为，根据在案证据可以证实因 A 公司占用、封闭疏散通道、安全出口，导致被害人许某 1 无法顺利逃生，故火灾发生的原因不影响本罪的构成。对该辩护意见法院不予采纳；关于辩护人提出在案证据无法证实 A 公司存在拒绝整改的辩护意见，法院经审理认为，公安派出所日常消防监督检查记录及责令改正通知书明确要求 A 公司对占用疏散通道、安全出口、消防车通道等问题予以改正；现场勘查笔录证实 A 公司起火仓库东侧、西侧消防车道均被搭建的钢棚占用；在案多名证人的证言证实起火楼四楼的楼梯门长期封闭，无法通行。以上证据足以证实 A 公司经消防监督机构通知采取改正措施而拒绝执行。故对该辩护意见法院亦不予采纳。法院认为，被告人陈某建作为 A 公司的消防直接责任人员，违反消防管理法规，经消防监督机构通知采取改正措施而未予执行，发生火灾造成严重后果，其行为已构成消防责任事故罪。公诉机关指控罪名成立。被告人陈某建在案发后自动投案，并如实供述自己的罪行，系自首，可以从轻处罚。

---

① 浙江省杭州市萧山区人民法院刑事判决书（2019）浙 0109 刑初 1304 号。

【主要案情】

自2013年起，被告人陈某建作为A公司的生产科科长、消防安全管理人，负责公司的消防安全管理等工作。2014年4月28日、2016年11月26日A公司因占用、封闭疏散通道、安全出口等违反消防管理法规的行为，先后被杭州市公安局萧山区分局党湾派出所两次下发责令整改通知书要求整改。被告人陈某建身为A公司的消防安全管理人，未对责令文书上的上述问题落实整改，导致被害人许某1在A公司厂房于2017年6月23日2时左右发生的火灾中死亡、A公司在火灾中经济损失达2053726元的严重后果。

4. 合规要点

工程项目施工涉及面广，工作面分散、工种多样、人员众多，特别是大型项目更为复杂。建筑施工企业生产、作业过程中违反有关消防管理的规定，因而发生严重后果的风险因素非常多。建筑施工企业及人员为避免被追究消防责任事故罪，应当注意的是：建筑施工企业人员应学习《消防法》等消防管理法规，了解不能违反的内容有哪些；建筑施工企业应建立完善的消防安全管理制度体系，形成有效的联动机制，这是法律法规所要求的，也确实是必要的；建筑施工企业应配备必要的消防设备、器材，建立必要的消防设施，并定期检查、更新，使消防设备、器材、设施保持良好状态；建筑施工企业应按照国家有关规定，保持消防通道、安全出口畅通；建筑施工企业不能在设有车间或者仓库的建筑物内设置员工集体宿舍；不能违反《消防法》的相关规定，擅自降低消防技术标准施工，不能使用防火性能不符合国家标准或者行业标准的建筑构件和建筑材料或者不合格的装修、装饰材料施工；在危险品的生产、作业、储存、运输任一环节中，应依据规定、规程进行，特别注意容易引起火灾的环节；关注危险品生产、储存、运输、使用的每个环节，做到各个环节配备有相应防火安全设备和管理人员，时刻预防火灾的发生；对于容易引起火灾的施工工艺、环节，应格外注意预防火灾，并有相应的消防预案；炸药等危险物品来源必须合法，质量应有保障，并严格按照规定使用；对于存放有易燃物品的施工现场及生活区，应禁止吸烟、禁止明火及明火作业；重视消防安全宣传工作，增强施工人员消防安全意识。①

---

① 中华人民共和国国务院令第344号《危险化学品安全管理条例》。

（八）不报、谎报安全事故罪

表 5-4　不报、谎报安全事故罪数据

时间	2001—2017 年	2018 年	2019 年	2020 年	2021 年
刑事案件数量/件	24	3	10	7	4

（参考“威科先行·法律信息库”，通过检索“不报、谎报安全事故罪”得出）

1. 不报、谎报安全事故罪概述

（1）罪名简述

在安全事故发生后，负有报告职责的人员不报或者谎报事故情况，贻误事故抢救，情节严重的行为。

（2）历史演变

我国自 20 世纪 80 年代以来，先后制定、颁行了一系列关于惩处不报、谎报安全事故行为的规定，法律的演变发展二十余年从未间断。1989 年 3 月 29 日，国务院颁布了《特别重大事故调查程序暂行规定》（已失效）；1991 年 2 月 22 日，国务院颁布的《企业职工伤亡事故报告和处理规定》（已失效）也有相关条款；2002 年 11 月 1 日，《安全生产法》出台，其中也规定，在发生重大安全事故时，生产经营单位主要负责人如果不立即组织抢救或者在事故调查处理期间擅离职守或者逃匿的，主管机关可以给予相应的负责人降职、撤职的行政处分。2006 年 1 月 8 日，国务院发布的《国家突发公共事件总体应急预案》也对瞒报、迟报等行为作出了相应规定。虽然我国相关的法律法规对于瞒报、谎报事故者的责任作了明确规定，但我国刑法却没有对瞒报、谎报事故作出相应的规定。依据罪刑法定原则法无明文规定不为罪，因此《安全生产法》等法律法规对不报、谎报安全事故情况的相关规定只有在刑法明文规定的情形下才能发挥作用，这就使其追究不报、谎报事故情况刑事责任的规定成为摆设，也造成了《安全生产法》等法律法规与刑法在内容上不能相互协调，作为所有法律法规的最后一道屏障，刑法在面对行为人瞒报、谎报事故情况行为时，处在了一个进退两难的尴尬境地，使刑法不能最大限度地打击威慑瞒报、谎报事故情况的危害行为。针对这种情况，《刑法修正案（六）》适时出台，将不按规定报告或谎报安全事故情况，贻误事故抢救情节严重的行为规定为犯罪。[①]

（3）所涉法律法规、司法解释规定

1）《刑法》

第一百三十九条之一　在安全事故发生后，负有报告职责的人员不报或者谎报事故情况，贻误事故抢救，情节严重的，处三年以下有期徒刑或者拘役；情节特别严重的，处三年以上七年以下有期徒刑。

2）立案标准

根据2017年4月27日《最高人民检察院、公安部关于公安机关管辖的刑事案件立案追诉标准的规定（一）的补充规定》（公通字〔2017〕12号）第一条的规定，在安全事故发生后，负有报告职责的人员不报或者谎报事故情况，贻误事故抢救，涉嫌下列情形之一的，应予立案追诉：

（一）导致事故后果扩大，增加死亡一人以上，或者增加重伤三人以上，或者增加直接经济损失一百万元以上的；

（二）实施下列行为之一，致使不能及时有效开展事故抢救的：

1. 决定不报、迟报、谎报事故情况或者指使、串通有关人员不报、迟报、谎报事故情况的；

2. 在事故抢救期间擅离职守或者逃匿的；

3. 伪造、破坏事故现场，或者转移、藏匿、毁灭遇难人员尸体，或者转移、藏匿受伤人员的；

4. 毁灭、伪造、隐匿与事故有关的图纸、记录、计算机数据等资料以及其他证据的；

（三）其他不报、谎报安全事故情节严重的情形。

本条规定的“负有报告职责的人员”，是指负有组织、指挥或者管理职责的负责人、管理人员、实际控制人、投资人，以及其他负有报告职责的人员。

3）司法解释

2015年12月14日，《最高人民法院、最高人民检察院关于办理危害生产安全刑事案件适用法律若干问题的解释》，就《刑法》第一百三十九条之一的适

① 薛丽：《论不报、谎报安全事故罪》，江西财经大学2009年硕士学位论文。

用，解释如下：

第四条　刑法第一百三十九条之一规定的“负有报告职责的人员”，是指负有组织、指挥或者管理职责的负责人、管理人员、实际控制人、投资人，以及其他负有报告职责的人员。

第八条　在安全事故发生后，负有报告职责的人员不报或者谎报事故情况，贻误事故抢救，具有下列情形之一的，应当认定为刑法第一百三十九条之一规定的“情节严重”：

（一）导致事故后果扩大，增加死亡一人以上，或者增加重伤三人以上，或者增加直接经济损失一百万元以上的；

（二）实施下列行为之一，致使不能及时有效开展事故抢救的：

1. 决定不报、迟报、谎报事故情况或者指使、串通有关人员不报、迟报、谎报事故情况的；

2. 在事故抢救期间擅离职守或者逃匿的；

3. 伪造、破坏事故现场，或者转移、藏匿、毁灭遇难人员尸体，或者转移、藏匿受伤人员的；

4. 毁灭、伪造、隐匿与事故有关的图纸、记录、计算机数据等资料以及其他证据的；

（三）其他情节严重的情形。

具有下列情形之一的，应当认定为刑法第一百三十九条之一规定的“情节特别严重”：

（一）导致事故后果扩大，增加死亡三人以上，或者增加重伤十人以上，或者增加直接经济损失五百万元以上的；

（二）采用暴力、胁迫、命令等方式阻止他人报告事故情况，导致事故后果扩大的；

（三）其他情节特别严重的情形。

第九条　在安全事故发生后，与负有报告职责的人员串通，不报或者谎报事故情况，贻误事故抢救，情节严重的，依照刑法第一百三十九条之一的规定，以共犯论处。

（4）保护法益

一方面，不报、谎报安全事故罪规定在刑法分则第二章危害公共安全罪中，危害公共安全罪这类犯罪的客体是社会公共安全，这是不报、谎报安全事故罪的同类客体。另一方面，不报、谎报安全事故罪的直接客体，笔者认为是公共安全事故监管报告制度。公共安全事故监管报告制度是国家安全管理体系的重要组成部分，也是维护安全管理秩序的重要保障。我国历年来不报、谎报安全事故局面严峻，其不仅使国家安全生产管理部门得不到准确的伤亡统计数据，影响中央和地方各级党委对全国安全生产形势的认识以及有关政策与注意事项的制定，而且妨碍安全监管部门正常准确地开展工作。更为重要的是，企业为了掩盖事故真相，往往不顾受害者处境艰难，懈怠甚至不组织救援，把精力放在隐瞒事故事实上面，也间接地造成相关部门没有及时开展救援活动。在上述情况之下，安全事故发生之后，企业也不可能认真调查事故原因，无法吸取教训，防范措施不到位，事故隐患不能及时排除，从而造成事故的反复发生。因此，本罪主要是针对负有报告职责的人在发生安全事故之后隐瞒不报、虚假谎报，侵犯公共安全事故监管报告制度，进一步造成人员伤亡和财产损失扩大的行为而设置的①。

（5）表现形式

不报、谎报安全事故罪有三个构成要件：

①不报或者谎报事故情况。所谓不报，是指在安全事故发生后，负有报告职责的人员，明知发生了安全事故，为了逃避责任或其他目的，故意不向有关机关报告，这是一种消极的不作为。前提条件是确实发生了安全事故，主观条件是“明知”。如果因不知道发生了安全事故而没有报告，不能按该罪论处。假如因没有履行监督、检查职责，应当知道而不知道发生了事故，造成贻误事故抢救的，对国家机关工作人员可按照玩忽职守罪论处，对其他人员可以按照上游的某种安全事故罪论处。② 所谓谎报，是指安全事故发生后，具有报告职责的人员故意向有关机关做虚假的报告。一般而言，这里的虚假包括：（A）发生了事故谎

① 黄雄鹏：《不报、谎报安全事故罪若干问题研究》，西南政法大学2012年硕士学位论文。

② 尤金亮：《不报、谎报安全事故罪争议问题探讨》，载《重庆科技学院学报（社会科学版）》2012年第11期。

称没有发生；（B）没有发生谎称发生；（C）造成重大损害谎称造成小的损害或者没有造成损害；（D）没有损害或损害较小谎称造成重大损害；（E）谎报事故发生的原因、时间、地点、处置方法、进展。从刑法的立法精神来看，主要是防止因谎报而贻误事故抢救，是针对（A）（C）（E）的，而不适用于（B）（D）两种情况。至于漏报，如果是因疏忽大意而漏报的，不应视为“谎报”。因为按照一般理解，“谎”的原意应当是故意虚构事实或隐瞒真相。

②贻误事故抢救。所谓贻误事故抢救，是指事故发生后，由于不报、谎报，耽误了最佳的抢救时机，因而导致危害结果扩大化的行为。主要包括以下三个内容：第一，不报、谎报是前提要件。生产安全事故、建设工程事故、大型群众性活动安全事故等，一旦出现，如果能在第一时间进行处理，抓住最佳的救助机会，就会尽可能地减少损失。但最佳的救助机会很难把握，往往会受到客观条件、人的判断能力等的限制，对这些原因人们往往是无能为力的。只有因不报、谎报而使事故得不到救助的，才是本罪中的“贻误事故抢救”。第二，导致危害扩大是结果要件。由于不报、谎报，使能够及时救助的而无法及时救助，使本来能全部得到救助的只得到了部分救助，或者使救助效果大打折扣，扩大了原事故的损失。笔者认为，这里所扩大的损失一定要达到犯罪所要求的社会危害性的严重程度，不能把那些轻微的扩大损失也视为本罪的构成要件予以认定。第三，不报、谎报行为与扩大结果之间存在因果关系是实质要件。安全事故发生后，可能有多种原因会导致损失的进一步扩大，有时即使依法进行了报告，也不会避免更大损害的出现。在这种情况下，负有报告职责的人员如果没有对安全事故进行报告的，也不构成本罪。因为本罪不是行为犯，而是结果犯，这种结果是因不报、瞒报行为产生的结果。

③行为是否“情节严重”，是区分罪与非罪的界限。讨论不报、谎报安全事故罪的情节，不能离开实际发生的事故后果空谈“情节严重”。如果发生了后果已然确定、不能抢救或者抢救已无意义的安全事故，因为缺乏结果回避的可能性，而不成立本罪。换言之，只有在结果可能加重的情况下，不报或者谎报事故情况的行为，才可能成立本罪。2015 年 12 月 14 日，《最高人民法院、最高人民检察院关于办理危害生产安全刑事案件适用法律若干问题的解释》有关于“情

节严重”的规定。

（6）行为主体

根据《安全生产法》的规定，安全事故发生后，相关责任主体负有如实报告的义务，如果行为人不如实履行这种义务就应当承担相应的法律责任。因此，本罪应是纯正的不作为犯。作为纯正的不作为犯罪，安全事故发生后，我们需要确定报告的主体，即作为的义务主体。《安全生产法》第八十四条规定：“负有安全生产监督管理职责的部门接到事故报告后，应当立即按照国家有关规定上报事故情况。负有安全生产监督管理职责的部门和有关地方人民政府对事故情况不得隐瞒不报、谎报或者迟报。”因此，事故现场有关人员、单位负责人、安全生产监督部门负责人和政府负责人均负有如实报告的义务。在法律对报告的义务主体已作明确规定的情况下，发生安全事故后，责任主体必须如实报告。如若不报告，就应承担相应的法律责任。

（7）罪责

关于本罪的罪过形式，现在学术界还没有达成共识，争论较多。有学者认为，本罪的主观方面是故意，即负有报告职责的人员在安全事故发生后，明知有重大伤亡人数、重大经济损失却不报或者谎报事故情况，以致贻误事故抢救；也有学者认为，本罪的罪过形式，既可以是过失，包括疏忽大意的过失和过于自信的过失，也可以是间接故意，即复合罪过；还有学者认为，本罪的罪过形式为过失。

本罪的罪过形式是过失。即行为人对危害结果既可能是疏忽大意的过失，也可能是过于自信的过失。之所以认为本罪的罪过为过失在于，首先，本罪的最高法定刑只有7年，根据罪刑相适应原则，从我国刑法体系出发，如果个罪的法定最高刑不超过7年，一般应视为过失犯罪。其次，本罪危害行为有以下两种表现形式，即①安全事故发生后，负有报告义务的主体没有及时报告或者谎报，但负有报告义务的主体已采取积极措施进行抢救，但最终未能阻止危害结果发生；②安全事故发生后，行为人误以为危害结果不会继续扩大，而没有采取进一步的措施，也没有如实报告，从而贻误事故抢救，最终导致了危害结果的发生。对于第一种情况，当安全事故发生后，行为人由于害怕处罚而不报或者谎报安全事故，但行为人已积极组织各种人力、物力进行抢救，相信通过自己的救助措施能够阻止危害结果的发生，但终因客观方面的原因而未能阻止。既然行为人已经积极采取措施阻止危害结果继续发生，就足以说明其并没有希望或放任危害公共安全结果发生的主观罪过。因此，行为人对危害结果所持的罪过形式应为过于自信的过失，即轻信自己的行为能够避免危害结果发生。对于第二种情况，安全事故发生后，行为人主观上认为危害结果不会继续扩大，因而不报或者谎报，但最终因贻误事故抢救而导致危害结果发生。在这种情况中，危害结果的出现完全是行为人疏忽大意所造成，行为人主观上对危害结果并没有希望或者放任的态度，因此，行为人对该危害结果所持的罪过形式为疏忽大意的过失。①

（8）量刑

依照《刑法》第一百三十九条之一的规定，犯本罪且情节严重的，处三年以下有期徒刑或者拘役；情节特别严重的，处三年以上七年以下有期徒刑。司法机关在使用本条规定处罚时，应当注意以下的问题：

①《最高人民法院、最高人民检察院关于办理危害生产安全刑事案件适用法律若干问题的解释》第八条规定："在安全事故发生后，负有报告职责的人员不报或者谎报事故情况，贻误事故抢救，具有下列情形之一的，应当认定为刑法第一百三十九条之一规定的'情节严重'：（一）导致事故后果扩大，增加死亡一人以上，或者增加重伤三人以上，或者增加直接经济损失一百万元以上的；（二）实施下列行为之一，致使不能及时有效开展事故抢救的：1. 决定不报、迟报、谎报事故情况或者指使、串通有关人员不报、迟报、谎报事故情况的；2. 在事故抢救期间擅离职守或者逃匿的；3. 伪造、破坏事故现场，或者转移、藏匿、毁灭遇难人员尸体，或者转移、藏匿受伤人员的；4. 毁灭、伪造、隐匿与事故有关的图纸、记录、计算机数据等资料以及其他证据的；（三）其他情节严重的情形。具有下列情形之一的，应当认定为刑法第一百三十九条之一规定的'情节特别严重'：（一）导致事故后果扩大，增加死亡三人以上，或者增加重伤十人以上，或者增加直接经济损失五百万元以上的；（二）采用暴力、胁迫、命令等方式阻止他人报告事故情况，导致事故后果扩大的；（三）其他情节特别严重的

---

① 李林：《不报、谎报安全事故罪若干问题研究》，载《中南大学学报》2009年第6期。

情形。”

②《最高人民法院、最高人民检察院关于办理危害矿山生产安全刑事案件具体应用法律若干问题的解释》（已失效）第十二条规定，危害矿山生产安全构成犯罪的人，在矿山生产安全事故发生后，积极组织、参与事故抢救的，可以酌情从轻处罚。

③《最高人民法院、最高人民检察院关于办理危害矿山生产安全刑事案件具体应用法律若干问题的解释》（已失效）第十一条规定，国家工作人员违反规定投资入股矿山生产经营，构成本解释涉及的有关犯罪的，作为从重情节依法处罚。

2. 主要争议问题

（1）对于尚未发生实际危害后果的危险状态是否属于应报告的内容？

笔者持否定态度。从“事故”一词的意思来看，是指“损失或灾祸”，把危险状态理解为“事故”，与基本词义不符，很难让人接受。从《刑法》的相关规定来看，如果行为人知道危险状态的存在，因不报、谎报而导致发生安全事故的，往往构成其他相关的安全事故罪，而不构成本罪。比如，具有检测职责的人员发现矿井中的瓦斯浓度超标，没有及时报告，结果发生重大事故，对此只能认定生产、作业重大安全事故罪，不能认定不报、谎报安全事故罪。如果危险状态已经达到了“危险犯”的危害程度，因不报、瞒报导致达到“实害犯”程度的，根据《刑法》的规定往往是按照原罪加重其法定刑，仍不以不报、谎报安全事故罪论处。

（2）安全事故是否包含自然事故？

《刑法》没有明确规定不报的事故是人为事故还是自然事故。规定中既然没有排除自然事故，就应当包括自然事故。现实生活中，非典、甲流等突发性卫生事件，地震、海啸、洪涝等自然灾害事故，在发生之后如果不及时汇报，导致贻误抢救，造成的损害可能是非常巨大的。为了及时进行抢救，防止次生事故的发生，需要相关人员及时进行汇报。当然，实践中，具有报告职责的人员大都是国家机关工作人员，因而不报、谎报自然事故，会使本罪与玩忽职守罪形成法条竞合关系。

3. 案例总结

（1）戴某权不报、谎报安全事故案[①]

【裁判要旨】

被告人戴某权作为负有报告职责的人员，隐瞒不报事故情况，贻误事故抢救，情节严重，其行为构成不报、谎报安全事故罪。公诉机关指控的罪名成立。被告人戴某权自愿认罪，可以从轻处罚。鉴于事故发生后，戴某权召集人员组织事故现场施救和家属协商赔偿等工作，且已赔偿被害人家属经济损失，取得谅解，酌情对其从轻处罚。

【主要案情】

2014 年 10 月 7 日 21 时许，由广东 A 建设股份有限公司（以下简称 A 公司）负责施工的南宁轨道交通 1 号线土建 7 标工地发生一起坍塌事故，当场导致三名工人被掩埋。2014 年 10 月 8 日 12 时许，工人韦某格被挖出并送往医院，当日医院确认其死亡。2014 年 12 月 31 日、2015 年 1 月 2 日工人陈某 3、黄某 1 分别被搜救出来，并确认已死亡。

事故发生后，被告人戴某权作为 A 公司 7 标项目部项目经理没有按照规定，将事故发生情况立即上报南宁市轨道公司、监理公司、南宁安全生产监督管理局等单位，直到 2014 年 10 月 11 日才让 A 公司 7 标项目部安全总监王某 1 上报上述单位。在此期间，A 公司先后与三名被害人家属达成赔偿协议，要求被害人家属不得对外透露事故信息，并在南宁市安全生产监督管理局等单位向项目部进行核实时均予以否认，私自进行坍塌地段土方回填，导致贻误事故上报抢救时机。

（2）常某超失火，常某甲不报、谎报安全事故案[②]

【裁判要旨】

上诉人常某超在工地铲草过程中，过失引起火灾，危害公共安全，造成过火面积高达 7000 余亩、直接经济损失 500 余万元的火灾事故，其行为已构成失火罪。上诉人常某甲作为钻井工队的实际负责人，在其工地发生火灾安全事故后，未及时向有关部门报告事故情况，贻误火灾救火时机，情节严重，其行为已构成

① 广西壮族自治区南宁市西乡塘区人民法院刑事判决书（2016）桂 0107 刑初 266 号。

② 山西省太原市中级人民法院刑事裁定书（2016）晋 01 刑终 5 号。

不报、谎报安全事故罪。公诉机关指控的罪名成立。关于上诉人常某甲所提“其不属于负有报告职责的人员，原审认定事实错误”的上诉意见，经查，2013 年 4 月上诉人常某甲与山西省煤炭地质某勘察院二处约定，由其承揽勘察院在古交市邢家沟某村钻井工地的打钻井业务。后其雇用同乡务工人员常某超等人搭棚铲草准备施工，其间常某超点草引发火情。上诉人常某甲作为工队负责人，负责对其承包打钻井期间的经营管理，在其工地发生安全事故后，依法负有向有关部门报告的职责，以防止财产损害进一步扩大和减少人员伤亡，其却没有履行报告职责，更没有组织工队人员有效扑灭大火，而是驾车离开现场，其行为符合不报、谎报安全事故罪的构成要件。故对其该上诉意见，法院不予采纳。

【主要案情】

2013 年 4 月 15 日 11 时许，被告人常某甲雇用常某超等人在古交市邢家沟某村山西省煤炭地质某勘察院 Y8-8 钻井工地准备搭建工棚。在进行地面平整铲除荒草、杂物的过程中，被告人常某超用打火机点燃荒草，引发山火。被告人常某超、常某甲同其他务工人员一同救火，由于火势过大未能扑灭。被告人常某甲带着常某超等人离开现场，到了古交，未及时向公安机关和林业部门报警、报案或者报告。当日，经公安人员联系后，被告人常某甲到古交市公安局邢家社派出所协助调查。经鉴定，该火灾造成过火面积达 7140.6 亩，直接经济损失及被烧毁灌木的清理费用为 5683700 元。

（3）陈某不报、谎报安全事故，刘某、李某甲等重大责任事故案①

【裁判要旨】

被告人刘某作为富某公司分管公司矿山安全生产的副总经理，安全生产意识不强，监管不到位，对三起事故的发生负主要责任，并在事故调查期间伪造虚假下井记录，其行为构成重大责任事故罪。被告人李某甲、朱某甲作为矿山承包人，在生产作业过程中“敲帮问顶”工作不仔细，对安全隐患排查不到位、不彻底，在作业过程中没有安排安全监护人员现场监护，因而发生重大伤亡事故，被告人李某甲、朱某甲的行为构成重大责任事故罪。富某公司在安全管理方面以

① 河北省怀安县人民法院刑事判决书（2014）安刑初字第 31 号。

包代管，作为公司法定代表人的被告人陈某在“4·19”“4·21”事故发生后，不报事故情况，其行为构成不报、谎报安全事故罪。

【主要案情】

2012年1月1日，被告人朱某甲、李某甲借用陕西某井巷施工队（该施工队未按规定在怀安县安监局备案，该施工队已于2013年5月注销）资质与富某公司分别签订了承包合同，李某甲承包了富某公司的生产六组，朱某甲承包了富某公司的生产九组。

2013年4月19日20时许，在生产九组矿洞内，矿工朱某丙开铲车，阮某和向某某站在铲车斗上进行巷道支护作业，正当王某甲从地面向铲车上递材料时，巷道顶板浮石冒落，砸中王某甲肩颈部，导致王某甲受伤倒地。随后阮某和向某某将王某甲抬上铲车，运出矿洞。朱某甲和朱某丙用面包车把王某甲送往某医院，王某甲经抢救无效后死亡。事故发生后，朱某甲向富某公司安环部经理黄某红汇报了事故情况，黄某红随后又向陈某进行了电话汇报。陈某未将事故情况上报有关部门。

2013年4月21日8时许，生产九组承包人朱某甲安排朱某丙、阮某、李某乙、向某某清理“4·19”事故现场。在清理现场过程中又发生巷顶顶板浮石冒落，将向某某和李某乙砸伤。朱某甲驾车将向某某送往张家口市第二医院，途中向某某死亡。李某乙被送往解放军第251医院抢救、治疗。富某公司安环部经理黄某红知道此事后，向陈某进行了电话汇报，陈某未将事故情况上报有关部门。

2013年4月26日10时许，矿工谢某和张某某在生产六组矿洞内凿岩作业时，发生冒顶事故，谢某和张某某被冒顶石块砸伤。正在矿洞内巡查的李某甲和梁某用铲车将受伤的谢某、张某某运出矿洞，李某甲驾车将谢某和张某某送到医院抢救。谢某和张某某经抢救无效后死亡。事故发生后，李某甲未向富某公司和有关部门报告。

“4·19”“4·21”“4·26”事故发生后，被告人朱某甲、李某甲对在事故中死亡的王某甲、向某某、谢某、张某某家属进行了经济赔偿，并与伤者李某乙达成赔偿协议。三起事故造成的直接经济损失约700万元。

4. 合规要点

(1) 学习安全生产知识，树立安全生产意识

相较于其他领域的安全生产事故而言，建设工程领域的安全事故具有多发性、复杂性、严重性等特点，因此，安全生产风险防范更是该类企业所应关注的重点，作为施工企业及施工人员应主动学习和了解安全事故范围与等级划分、安全生产的责任主体及责任事项的具体内容。同时，须明确自己的职责范围和内容，切实履行职责，特别是安全员、安全负责人、管理人更应该以身作则，积极普及安全生产知识，加强对作业人员施工情况的实时监督，帮助其提高安全意识，规范作业流程。

(2) 加强安全培训教育，提高安全生产技能

施工企业应进行安全教育培训和安全生产技能、安全生产风险防范等专题培训，帮助作业人员认识到安全生产的重要性，提高其安全生产技能，增强安全生产风险防范本领，提高自我保护能力。

(3) 积极采取有效措施，避免损失结果扩大

安全生产事故的入罪门槛相对较低，刑法的干预力度越来越大，刑法对于安全生产事故几乎是持“零容忍”的态度。安全事故发生后应及时采取有效的抢救措施，避免事故结果扩大，力争将损失降到最小。

(4) 完善安全监管流程，协作及时上报情况

施工企业应建立完善的沟通、传达机制并保证畅通，如设立沟通热线、安全联络员等，具备条件的企业可以设置安全事故自动报告系统，即在安全事故发生后，系统自动向监管部门发送指令，做到对安全事故早发现、早报告，从而避免贻误事故抢救。

(5) 全面上报安全事故，如实阐明实际情况

根据国务院发布并于2007年6月1日起施行的《生产安全事故报告和调查处理条例》第十二条规定，报告事故情况具体包括：事故发生单位概况，事故发生的时间、地点以及事故现场情况，事故的简要经过，事故已经造成的或者可能造成的伤亡人数（包括下落不明的人数）和初步估计的直接经济损失，已经采取的措施，其他应当报告的情况。在事故发生后，应按规定及时准确地上报安全

事故，不能故意隐瞒不报或者谎报安全事故的具体情况[①]。

（九）强迫劳动罪、雇用童工从事危重劳动罪

表 5-5 强迫劳动罪数据

时间	2001—2019 年	2020 年	2021 年	2022 年	2023 年
案件数量/件	240	37	9	3	1

（参考“威科先行 · 法律信息库”，通过检索“强迫劳动罪”得出）

1. 强迫劳动罪、雇用童工从事危重劳动罪概述

（1）罪名简述

强迫劳动罪：以暴力、胁迫或者限制人身自由的方法强迫他人劳动，或者明知他人以暴力、威胁或者限制人身自由的方法强迫他人劳动，而为其招募、运送人员或者以其他方式协助强迫他人劳动的行为。本罪分为两种类型：一是直接强迫劳动；二是协助强迫劳动。

雇用童工从事危重劳动罪：违反劳动管理法规，雇用未满 16 周岁的未成年人从事超强度体力劳动，或者从事高空、井下作业，或者在爆炸性、易燃性、放射性、毒害性等危险环境下从事劳动，情节严重的行为。

（2）历史演变

1990 年之前我国法律还没有关于强迫劳动的禁止性规定。1990 年以后快速走向市场经济的时代，开始大量出现个体、私营和三资企业等新型非公有制经济形式。新型私有制经济的出现导致诸如雇主限制雇员的人身自由、损害雇员的人格尊严甚至是强迫雇员劳动的事件不时发生。基于此，我国立法机关在 20 世纪 90 年代出台了《劳动法》《劳动合同法》《禁止使用童工规定》《治安管理处罚法》《妇女权益保障法》等。为使保护劳动者的合法权益落到实处，1997 年《刑法》将强迫职工劳动行为入罪，按照该条款规定，若用人单位违反劳动管理法规，通过限制人身自由方法强迫职工劳动，达到情节严重程度的，应予以处罚。可是，尽管 1997 年《刑法》的规定在打击强迫职工劳动行为方面曾发挥过重大作用，但实践中仍然暴露出不少的争议和问题，其中最主要的一点就是只将发生在用人单位和劳动者之间的强迫劳动行为入罪，此规定过于狭隘，导致广大劳动

---

① 中华人民共和国国务院令第 493 号《生产安全事故报告和调查处理条例》。

者的权益仍无法得到保障；另外，还存在其规定的刑罚偏轻，不能达到理想的惩治效果等其他问题。2011 年 5 月 1 日起施行的《刑法修正案（八）》对强迫职工劳动罪进行了修改，修改后的罪名为强迫劳动罪。从此，我国刑法开始以强迫劳动罪规制强迫劳动行为①。

（3）所涉法律法规、司法解释规定

1）《刑法》

第二百四十四条 以暴力、威胁或者限制人身自由的方法强迫他人劳动的，处三年以下有期徒刑或者拘役，并处罚金；情节严重的，处三年以上十年以下有期徒刑，并处罚金。

明知他人实施前款行为，为其招募、运送人员或者有其他协助强迫他人劳动行为的，依照前款的规定处罚。

单位犯前两款罪的，对单位判处罚金，并对其直接负责的主管人员和其他直接责任人员，依照第一款的规定处罚。

第二百四十四条之一 违反劳动管理法规，雇用未满十六周岁的未成年人从事超强度体力劳动的，或者从事高空、井下作业的，或者在爆炸性、易燃性、放射性、毒害性等危险环境下从事劳动，情节严重的，对直接责任人员，处三年以下有期徒刑或者拘役，并处罚金；情节特别严重的，处三年以上七年以下有期徒刑，并处罚金。

有前款行为，造成事故，又构成其他犯罪的，依照数罪并罚的规定处罚。

2）立案标准

根据 2017 年 4 月 27 日《最高人民检察院、公安部关于公安机关管辖的刑事案件立案追诉标准的规定（一）的补充规定》第六条的规定，以暴力、威胁或者限制人身自由的方法强迫他人劳动的，应予立案追诉。

明知他人以暴力、威胁或者限制人身自由的方法强迫他人劳动，为其招募、运送人员或者有其他协助强迫他人劳动行为的，应予立案追诉。

根据 2008 年 6 月 25 日《最高人民检察院、公安部关于公安机关管辖的刑事案件立案追诉标准的规定（一）》第三十二条的规定，违反劳动管理法规，雇

---

① 陈权：《强迫劳动罪研究》，暨南大学 2013 年硕士学位论文。

用未满十六周岁的未成年人从事国家规定的第四级体力劳动强度的劳动，或者从事高空、井下劳动，或者在爆炸性、易燃性、放射性、毒害性等危险环境下从事劳动，涉嫌下列情形之一的，应予立案追诉：

（一）造成未满十六周岁的未成年人伤亡或者对其身体健康造成严重危害的；

（二）雇用未满十六周岁的未成年人三人以上的；

（三）以强迫、欺骗等手段雇用未满十六周岁的未成年人从事危重劳动的；

（四）其他情节严重的情形。

3）相关法律

根据 2018 年修正后《劳动法》第九十六条的规定，用人单位有下列行为之一，由公安机关对责任人员处以十五日以下拘留、罚款或者警告；构成犯罪的，对责任人员依法追究刑事责任：

（一）以暴力、威胁或者非法限制人身自由的手段强制劳动的；

（二）侮辱、体罚、殴打、非法搜查和拘禁劳动者的。

（4）保护法益

对于强迫劳动罪侵犯的客体：第一种观点认为，侵犯的是劳动自由，即由意识决定的自由或意思行动所表现出的自由；第二种观点认为，侵犯的是劳动者的职业选择权和休息权；第三种观点认为，侵犯的是劳动者的休息权和人身自由权；第四种观点认为，侵犯的是劳动者的休息权、健康权和人身自由权；第五种观点认为，侵犯的客体是劳动者的人身自由权以及国家的劳动管理制度。笔者认为，该罪侵犯的客体为公民的休息权、健康权、人身自由权。从刑法体系观察，强迫劳动罪是隶属于《刑法》分则第四章“侵犯公民人身权利、民主权利罪”中的一个普通罪名，显而易见，本罪所要保护的客体正是人身权利，而人身自由权、健康权、休息权皆为人身权利，则更加明确了界定范围；从该条的立法目的来看，立法上旨在加大对强迫劳动犯罪行为的处罚力度，对此种违法犯罪行为，进行严厉打击，是保护劳动者基本权利的必然要求，也是严密法网的切实需要。这一条文结合了宪法、劳动法及相关法律法规，以保障劳动者最基本的合法权益为核心，进而为劳动者提供社会全方位的保障，使那些通过各种方式强迫劳动的违法行为得到应有的、严厉的惩罚①。

雇用童工从事危重劳动罪保护的法益为未成年人的身心健康。犯罪对象是童工。“童工”，是指未满16周岁，与单位或者个人发生劳动关系，从事有经济收入的劳动或者从事个体劳动的少年儿童。

（5）表现形式

在强迫劳动罪中，暴力是指行为人为达到迫使被害人劳动而对其实施的殴打、扼颈、拖曳等行为。就暴力而言，其针对的对象包括人或者物两种情况。例如，《刑法》第二百七十七条规定的妨害公务罪中，暴力就可以是针对人或物实施，因为该罪的暴力包括“砸毁警车、城管车辆，烧毁应当被没收的财物等对物施加暴力的手段”。但《刑法》中的暴力有时却仅指对人的暴力。例如，《刑法》第二十条第三款规定，特殊防卫时的“暴力”即仅指针对人身的暴力，因为该条的“暴力”前面加了“严重危及人身安全”。那么强迫劳动罪中的暴力是仅针对人身的暴力还是亦包括针对物的暴力？从中国裁判文书网公布的案例来看，尚未有针对物实施的暴力在强迫劳动罪中被认定。从现实情况看，单纯针对物的暴力难以实现强迫他人劳动的目的。因此，强迫劳动罪中的暴力实际上只可能是针对人的暴力。

强迫劳动罪中的威胁通常是指行为人为达到迫使被害人劳动的目的而对其实施的、以暴力为内容的语言、动作等逼迫恫吓。这也是司法实践中最常见的威胁方式。但强迫劳动罪中的威胁并非均以暴力为内容，以公开个人隐私为内容的威胁完全可以达到强迫他人劳动的目的。例如，在非法经营的娱乐场所中，如果有员工不愿意继续从事非法陪侍服务（非卖淫活动），经营者以公开掌握其个人隐私为威胁，迫使员工继续从事非法陪侍服务，就涉嫌构成强迫劳动罪。

强迫劳动罪中的限制人身自由是指行为人为达到迫使被害人劳动的目的而对其实施的关禁、看管、扣留身份证件等切断被害人与外界正常交流、联系的行为。这里的威胁包括以恶害相通告的一切行为。如前所述，限制人身自由的行为通常与暴力、威胁结合在一起，即通过暴力、威胁达到限制被害人人身自由的目的。例如，山东省日照市中级人民法院刑事附带民事裁定书（2014）日刑终字第

① 黄世增：《强迫劳动罪主要争议问题研究》，内蒙古大学2016年硕士学位论文。

28 号认定，被告人“禁止店内员工与外界联系、派人看管、扣留身份证、手机卡、工资及威胁等方式，违背被害人意愿”迫使被害人“在某 KTV 工作长达数月”。但并非所有限制人身自由的方式都必须有暴力、威胁。司法实践中，犯罪人强迫一些智力有缺陷的被害人劳动时完全可以不通过暴力、威胁的方式，单纯的关禁、看管行为就可以达到限制其人身自由的目的。①

构成雇用童工从事危重劳动罪的前提条件是违反劳动法规。首先，为了规范用工制度，维护童工的合法权益，国际社会与各国通过国际公约和国内立法来推进未成年人特殊劳动保护的准则，如《准予就业最低年龄公约》《禁止和立即行动消除最恶劣形式的童工劳动公约》等。随着我国法制建设的发展，劳动立法水平的逐步提高，国内立法进一步践行国际公约禁用童工的准则，而《刑法修正案（四）》的出台，将新的《禁止使用童工规定》的行政制裁与刑事制裁有机衔接起来，使童工保护的水平有了实质性飞越。其次，用人单位必须实施了雇用未满 16 周岁的未成年人从事危重劳动的行为，所谓“危重劳动”具体类型有三种：超强度体力劳动，或者从事高空、井下作业，或者在爆炸性、易燃性、放射性、毒害性等危险环境下从事劳动。这三种劳动或为危险程度比较高的，或为未成年人自身体能难以承受的，或为有毒有害的，仅要求从事其中的一种类型即可，不要求同时具备。雇用童工从事上述三类劳动以外的其他劳动的，由于社会危害性程度较小，《刑法修正案（四）》未将其列入刑法调整范围。最后，雇用童工从事危重劳动只有“情节严重”的，才构成犯罪，可见“情节严重”是区分本罪与雇用童工从事危重劳动违法行为的分水岭。

（6）行为主体

新法修订后，强迫劳动罪将犯罪主体进一步扩展，不仅是单位，也可以是自然人。凡是年满 16 周岁，具备刑事责任能力的自然人只要是强迫他人劳动，都视作本罪的犯罪主体；单位亦是强迫劳动罪的主体。《刑法修正案（八）》取消了强迫劳动罪中“用人单位”的规定，将其犯罪主体修改为一般主体即自然人和单位。虽然刑法对用人单位作出了修改，但没有对个体工商户作出界定，导致理论界关于单位的范围争议比较大，争议焦点围绕单位是否应包括非法单位和个

① 董丽君：《论强迫劳动罪中“强迫”的认定》，载《湖北社会科学》2022 年第 1 期。

体工商户这两个问题。笔者认为，强迫劳动罪中的用人单位包括合法单位、非法单位和个体工商户。合法单位是指依照法律程序设立的公司、企业、机关、团体、事业单位，本身是国家经济制度所规定的用人单位，用人单位因强迫职工劳动罪的设立是为了顺应经济的发展遏制企业强迫职工劳动，主要目的是规范劳动者与用人单位的劳动关系，因此用人单位毫无疑问应包括合法单位。但合法单位中不包括监狱之内执行刑罚的场所，因为“判决书下的服刑义务”是国家用于惩罚犯罪的手段，不是强迫劳动行为。用人单位包括非法单位，从以往的强迫职工劳动案件发生的情况来看，强迫职工劳动大多发生在无手续的地下黑工厂。有学者认为个体工商户不属于单位，因为单位是由多人组成，而个体工商户只是由个人组成。笔者认为，个体工商户虽然不属于单位、企业的行列，也不属于非法单位的行列，但个体工商户在经营时也会牵扯劳动者的劳动权益，如在日常生活中一个搬运工与老板之间的这种经济劳动关系是完全有可能发生强迫劳动的情形。而且随着经济的发展，个体工商户的影响力不容小觑，我们要最大限度地防止强迫劳动行为的发生，要用强迫劳动罪来规范此类行为，而不能因为主体差异就排除对其适用强迫劳动罪来定罪处罚。因此，笔者认为个体工商户应属于强迫劳动罪的犯罪主体，只是其属于自然人犯罪而不是单位犯罪①。雇用童工从事危重劳动罪的主体为一般主体，包括自然人和单位。

（7）罪责

强迫劳动罪在主观方面必须出于直接故意，即明知自己的行为违反劳动管理法规会产生限制他人人身自由的危害后果，但仍以暴力、威胁或者限制人身自由的方法强迫他人劳动。法律条文虽然没有对强迫劳动罪的主观方面作出具体明确的规定，但是从法律规定的行为方式上来看，可推断出本罪的主观方面为直接故意，并且只能是直接故意而非间接故意或者过失。直接故意包含认识因素和意志因素两个层面的内涵，缺一不可。认识因素的含义是犯罪主体明知自身的违法犯罪行为能够带来危害社会的严重结果，具体表现为：①犯罪行为人明确知道自己行为的全部意义。②犯罪行为人明确知晓自身的所作所为会产生某一危害社会或个人的后果。③部分犯罪还对犯罪行为人提出了更高要求，即对法律所要求的某

① 陈熙燕：《强迫劳动罪若干问题研究》，贵州民族大学2015年硕士学位论文。

一具体实施有所了解认识。意志因素，主要是指行为人积极追求某种危害后果发生的心理状态。因为强迫劳动罪中的行为人明知自身所做的强迫他人劳动行为会危害劳动者的人身自由权、休息权、健康权，从而进一步危害社会，却仍然主动地追求促使这种危害后果的发生，行为人不仅对这种危害结果持希望其发生的态度，而且往往以获得更多的巨额财富为目的。如若犯罪行为人怀有此种动机，却表现为大意疏忽、非常自信的认为必然发生，明显是有悖常理的。而间接故意的含义为行为人明知自己的行为会发生危害社会的结果却依然放任其发生，一方面在认识因素上表现为行为人认识到自己的行为“可能”会发生危害社会的结果的心理态度；另一方面从意志因素上来看，表现为行为人放任这种危害结果的发生，不闻不问，听之任之。在本罪中，强迫劳动的行为人认识到自己采取非法手段强迫他人劳动是法律所不允许的，但在意志因素方面并没有对“强迫劳动”与否采取不闻不问、极不关心的态度，而是积极主动地追求结果的发生。故不管是从认识因素上还是从意志因素上来看，强迫劳动罪的犯罪主观方面都是直接故意，而不能为间接故意。①

雇用童工从事危重劳动罪的主观方面为故意，包括直接故意和间接故意。

（8）量刑

根据《刑法》第二百四十四条的规定，犯强迫劳动罪的，处三年以下有期徒刑或者拘役，并处罚金；情节严重的，处三年以上十年以下有期徒刑，并处罚金。单位犯前两款罪的，对单位判处罚金，并对其直接负责的主管人员和其他直接责任人员，依照上述规定处罚。

《刑法》第二百四十四条之一规定，犯雇用童工从事危重劳动罪的，对直接责任人员，处三年以下有期徒刑或者拘役，并处罚金；情节特别严重的，处三年以上七年以下有期徒刑，并处罚金。犯本罪，造成事故，又构成其他犯罪的，依照数罪并罚的规定处罚。

2. 主要争议问题

（1）欺骗能否成为强迫劳动的方式？

这里的欺骗通常是指用工者隐瞒工作场所、工作内容、工作强度、工作待遇

---

① 黄世增：《强迫劳动罪主要争议问题研究》，内蒙古大学 2016 年硕士学位论文。

等情况，导致劳动者处于认识错误的状态，以致为用工者提供劳动。如果用工者如实陈述上述内容，劳动者可能不会为其提供劳动。因此，从实质效果来看，似乎劳动者提供劳动是被迫的。但笔者认为，这种情况下的欺骗不应视为强迫劳动罪中的强迫。因为用工者对工作场所、工作内容、工作强度的隐瞒都只是事前隐瞒，劳动者在开始劳动时即可发现真实情况，可以拒绝提供劳动。在其拒绝提供劳动的情况下，用工者使用暴力、威胁或限制人身自由的方法强迫其劳动，才属于强迫劳动罪中的强迫。当然，工资、福利待遇等通常是劳动者工作一段时间后才知道实际情况与用工者许诺的差异，这种情况下完全可以通过拒不支付劳动报酬罪加以解决。

（2）强迫劳动罪与强令、组织他人违章冒险作业罪的界限

强令、组织他人违章冒险作业罪的情况主要是发生在生产、作业的过程之中，为《刑法修正案（六）》新设立的犯罪。强迫劳动罪与强令、组织他人违章冒险作业罪在司法实践中容易混淆，二者在客观上都有犯罪人以暴力、胁迫手段强迫他人生产、作业（劳动）的行为，在主观上表现为行为人对采取的强迫行为都是出于故意。但两罪还存在很多不同之处。第一，以犯罪侵犯的客体作为切入点，强迫劳动罪规定在《刑法》分则第四章之中，损害的是他人的休息权、健康权、人身自由权；然而，强令、组织他人违章冒险作业罪所侵犯的客体为公共安全，即对大多数人的人身、健康和公共及个人财产安全造成侵害，其具有不特定性、范围大等特点。第二，在犯罪的客观方面上，强迫劳动罪主要采用限制人身自由或者暴力、威胁等方式强迫被害人进行劳动，而强令、组织他人违章冒险作业罪多是采用行政命令、强加指示等方法来迫使被害人在生产、作业中违章冒险，与前罪相比，大不相同。第三，就犯罪主体而言，强迫劳动罪的犯罪主体可以是自然人，也可以是单位；而强令、组织他人违章冒险作业罪的犯罪主体仅为符合法定年龄、具有刑事责任能力的自然人，即单位不能成为本罪的犯罪主体。第四，从犯罪主观方面来看，强迫劳动罪是故意犯罪，而且主观上只可以是直接故意，其要求犯罪行为人必须明确知道自己的行为会侵害他人的休息权、健康权、人身自由权，仍然希望并积极促成这种危害结果的产生，为了达到强迫劳动以获取财产性收益而不顾后果；然而，强令、组织他人违章冒险作业罪，在强令他人违章

冒险作业这一点上是故意的，但是就这种行为所产生的危害结果则是由于过失，即行为人对这一危害结果所持的是一种过失的态度，由此才引发了危害结果的产生，一言以蔽之，强迫劳动罪是故意犯罪，而强令、组织他人违章冒险作业罪则落在了过失犯罪之列。但值得注意的是，如果行为人先实施了强迫他人劳动的行为，在强迫劳动的过程中又强令该职工违章冒险作业，此时就应该按照数罪并罚来处理。

3. 合规要点

施工企业及人员因强迫劳动罪被处以刑罚的较少，避免涉嫌强迫劳动罪应注意：

（1）对相关部门管理人员进行《劳动法》《劳动合同法》《劳动合同法实施条例》等相关法律法规的培训，提高法律意识。

（2）完善企业用工制度。

（3）合理安排各项目的工期，避免因赶工期而敦促工人超时超负荷劳动。

（4）不能使用暴力、胁迫方法强迫工人劳动。

（5）不能采取监视、禁止出入等限制人身自由方式强迫工人劳动。

（6）不能以没收押金、集资款等方式强迫劳动，强迫工人超体力劳动，强迫工人长时间劳动。

（7）对于身体状况出现明显不适的工人，应及时安排休息。

避免建筑施工企业及相关责任人员触犯雇用童工从事危重劳动罪，应注意：

（1）企业应当建立严格的人员录用制度，严格把好“年龄关”。做好员工基本情况的登记和备案，不能仅凭长相、外貌、谈吐、他人介绍而估算年龄，也要防止童工为了获得工作而虚报年龄进入企业的情况。

（2）可以考虑采取施工场地“打卡入场”措施，一人一卡，做到对入场施工人员的严格把控，避免无卡、来历不明的人员进入施工场地。

二、建筑施工企业环境保护刑事风险

（一）破坏资源类

破坏资源类环保刑事风险，主要涉及对生态环境稀缺性及生物物种的破坏。例如，危害国家重点保护植物、破坏自然保护地、非法占用农用地、破坏性采矿、滥伐林木等都会涉及刑事犯罪。

1. 非法占用农用地罪

通过表 5-6 可以看出，非法占用农用地罪在建设工程领域属于高频犯罪。

表 5-6 建筑施工企业非法占用农用地罪数据

时间	2001—2019 年	2020 年	2021 年	2022 年	2023 年
案件数量/件	496	133	24	5	7

（参考“威科先行·法律信息库”，通过检索“非法占用农用地罪+建设工程”得出）

（1）非法占用农用地罪概述

1）罪名简述

非法占用农用地罪，是指自然人或者单位违反土地管理法规，非法占用耕地、林地等农用地，改变被占用土地用途，数量较大，造成耕地、林地等农用地大量毁坏的行为。

2）所涉法律法规、司法解释规定

《刑法》

第三百四十二条　违反土地管理法规，非法占用耕地、林地等农用地，改变被占用土地用途，数量较大，造成耕地、林地等农用地大量毁坏的，处五年以下有期徒刑或者拘役，并处或者单处罚金。

第三百四十六条　单位犯本节第三百三十八条至第三百四十五条规定之罪的，对单位判处罚金，并对其直接负责的主管人员和其他直接责任人员，依照本节各该条的规定处罚。

“土地管理法规”是按照《全国人民代表大会常务委员会关于〈中华人民共和国刑法〉第二百二十八条、第三百四十二条、第四百一十条的解释》划分的，并不仅指《土地管理法》，它还包括其他法律中有关土地管理的规定以及国务院有关土地管理的行政法规。《土地管理法》是土地管理的基本法律，根据该法第四条的规定，土地包括农用地、建设用地和未利用地，其中农用地又包括耕地、林地、草地、农田水利用地、养殖水面等。因此，林地属于土地的重要组成部分。森林法以及国务院发布的森林法实施条例等森林管理法律、法规中都有关于林地管理的规定，这些规定也都属于土地管理法规的组成部分。此外，草原法、矿产资源法等法律中关于土地管理的规定和国务院根据上述法律制定的实施细则等行政法规，以及其他行政法规中有关土地管理的规定，均属于本条中土地管理法规的范围。违反土地管理法规，就是指违反上述法律、法规关于土地管理的规定。

《最高人民法院关于审理破坏草原资源刑事案件应用法律若干问题的解释》

第一条　违反草原法等土地管理法规，非法占用草原，改变被占用草原用途，数量较大，造成草原大量毁坏的，依照刑法第三百四十二条的规定，以非法占用农用地罪定罪处罚。

第二条　非法占用草原，改变被占用草原用途，数量在二十亩以上的，或者曾因非法占用草原受过行政处罚，在三年内又非法占用草原，改变被占用草原用途，数量在十亩以上的，应当认定为刑法第三百四十二条规定的“数量较大”。

非法占用草原，改变被占用草原用途，数量较大，具有下列情形之一的，应当认定为刑法第三百四十二条规定的“造成耕地、林地等农用地大量毁坏”：

（一）开垦草原种植粮食作物、经济作物、林木的；

（二）在草原上建窑、建房、修路、挖砂、采石、采矿、取土、剥取草皮的；

（三）在草原上堆放或者排放废弃物，造成草原的原有植被严重毁坏或者严重污染的；

（四）违反草原保护、建设、利用规划种植牧草和饲料作物，造成草原沙化或者水土严重流失的；

（五）其他造成草原严重毁坏的情形。

第五条　单位实施刑法第三百四十二条规定的行为，对单位判处罚金，并对其直接负责的主管人员和其他直接责任人员，依照本解释规定的定罪量刑标准定罪处罚。

《最高人民法院关于审理破坏土地资源刑事案件具体应用法律若干问题的解释》

第三条　违反土地管理法规，非法占用耕地改作他用，数量较大，造成耕地大量毁坏的，依照刑法第三百四十二条的规定，以非法占用耕地罪定罪处罚：

（一）非法占用耕地“数量较大”，是指非法占用基本农田五亩以上或者非法占用基本农田以外的耕地十亩以上。

（二）非法占用耕地“造成耕地大量毁坏”，是指行为人非法占用耕地建窑、建坟、建房、挖沙、采石、采矿、取土、堆放固体废弃物或者进行其他非农业建设，造成基本农田五亩以上或者基本农田以外的耕地十亩以上种植条件严重毁坏或者严重污染。

3）保护法益

非法占用农用地罪归属于妨害社会管理秩序罪中的破坏环境资源保护的犯罪，非法占用农用地罪所保护的法益是国家对耕地、林地等农用地的管理制度。

4）表现形式

本罪的客观行为表现为违反土地管理法规非法占用农用地“数量较大”，且造成农用地“大量毁坏”的行为，其中农用地包括耕地、林地等，同时依据《最高人民法院关于审理破坏草原资源刑事案件应用法律若干问题的解释》，非法占用草地，数量较大且造成草地大量毁坏的，以非法占用农用地罪定罪处罚，因此非法占用耕地、林地、草地都属于非法占用农用地罪的客观行为。

本罪的客观行为可以从以下三个方面进行理解：

①违反土地管理法规是构成本罪的前提条件。包括违反土地管理法、森林法、草地法等法律以及行政法规中关于土地管理的规定。

②必须具有非法占用农用地，改变被占用土地用途的行为，即“占用+改变”。所谓占用是指未经法定程序审批、登记、核发证书、确认土地使用权而占用农用地的行为。具体而言可以包括未经批准占用、超过批准的数量占用以及采用欺骗手段骗取批转而占用等。而所谓改变是指改变农用地的用途而用作其他方面使用。

③占用农用地还应符合“数量较大”“造成耕地大量毁坏”两个要件。

5）行为主体

本罪的主体为一般主体，自然人和单位都可以构成。

6）罪责

本罪的主观方面是故意。在我国现行的土地管理制度之下，对土地实行严格的规划制度，任何使用土地的单位和个人必须严格按照土地利用总体规划确定的用途使用土地，任何单位或个人在对土地进行使用时均应当履行相应手续，因而主观上对自己非法占用农用地的行为应该是明知的，并将导致相应的构成要件结果，在此前提下，单位或个人不会因过失而造成对农用地的占用。

7）量刑

处五年以下有期徒刑或者拘役，并处或者单处罚金。

（2）主要争议问题

非法占用农用地罪之"农用地"的认定

《土地管理法》第四条规定，国家实行土地用途管制制度。国家编制土地利用总体规划，规定土地用途，将土地分为农用地、建设用地和未利用地。然而实践中在认定某一行为是否成立非法占用农用地罪时，不同的划分标准使对被占用土地性质的认定产生了较多争议。

2005 年至 2019 年，罗某在承租某农场期间，擅自改变土地用途，违规建设球馆、健身房等建筑物，后被查获。经鉴定，罗某的建造行为导致四十亩土地耕作层被破坏，种植条件难以恢复。同时根据涉案土地所在地城市规划和自然资源委员会出具的现状地图与土地利用总体规划图来看，涉案土地的现状土地类为农用地，规划地类为建设用地。在上述案例中，对土地地类的认定如果采用现状地类，罗某则涉嫌构成非法占用农用地罪，对土地地类的认定如果采用规划地类，罗某则不涉嫌构成非法占用农用地罪。

涉案土地的性质是依照规划地类还是依照现状地类产生了很大的争议。根据不同的划分标准，地类被划分为现状地类和规划地类。现状地类是指土地利用现状，判断的标准为土地调查结果。[①] 规划地类是土地的未来状态，依据是所在地区土地利用总体规划。对此类争议，有一种观点认为，实践中应当以规划地类为依据，以现状地类为参考，综合判定行为的性质和社会危害性，理由在于，根据我国《土地管理法》的规定，我国实行土地用途管制制度，对土地类型明确划分为农用地、建设用地和未利用地，因此在判断具体适用哪种土地类别时，应当依据土地主管部门所确定的规划图进行性质判断，在无明确的法律规定时，可以依据现状地类认定土地性质。

① 胡梦龄、王晓慧：《查处违法占地，怎样判定地类?》，载《中国国土资源报》，2015 年 8 月 15 日。

（3）案例总结

攀枝花市某西石墨股份有限公司、四川省某西南地质勘察工程公司、攀枝花某海建设工程有限公司、刘某甲、刘某丙、冯某某、杨某某、何某乙非法占用农用地案①

【裁判要旨】

原审被告单位攀枝花市某西石墨股份有限公司、四川省某西南地质勘察工程公司、攀枝花某海建设工程有限公司以及原审被告人刘某甲、刘某丙、冯某某、杨某某、何某乙主观行为上均表现为放任的故意，即明知或者应当知道自己的行为会发生对林地的非法占用，造成林地的大量毁坏，仍然放任这种危害结果的发生。依照林业法规的相关规定，占用林地，必须向相关行政审批部门进行申请，并经林业主管部门对其报送的拟使用的林地面积进行审核批准后，按照林业设计相关图纸及审批的可占用面积进行施工。原审被告单位攀枝花市某西石墨股份有限公司、四川省某西南地质勘察工程公司、攀枝花某海建设工程有限公司以及原审被告人刘某甲、刘某丙、冯某某、杨某某、何某乙均明知或者应当知道，必须按照审批的占用林地面积数量 13.074 亩进行施工，如果不按照拟使用设计报告的相关要求施工即会超占林地，其仍然放任超占林地危害结果的发生，未取得林地审批手续即先行施工，或不按审批施工，将林业设计报告及审批文件束之高阁，最终导致林地被多占 16.796 亩，构成犯罪。国家林业局林策发〔2007〕247 号规定“在林地上的道路所占用的土地，未经依法批准变更为公路用地等建设用地的，其地类性质仍然属于林地。因工程修建、改建该道路的，应当按照实际占用林地面积，依法办理征占用林地手续”。无论是临时占用林地还是永久占用林地都必须办理征占用林地手续，本案原有道路即便原来办理过临时占用手续，如过时效，现在再次占用仍需重新办理占用手续，更何况原有道路并没有办理过占用手续。因此，本案占用的原有道路应当办理审批手续，在计算非法占用面积时不应扣除原有道路面积。从罪责自负原则来讲，非法占用林地的罪责是“非法占用”，即使原有道路的形成是非法占用，是前时段的非法，本案三被告单位及五被告人实施了后时段的非法占用，其应当对后时段的非法占用行为承担罪责。根

① 四川省攀枝花市中级人民法院刑事判决书（2015）攀刑终字第 8 号。

据云南云林司法鉴定中心的鉴定，三原审被告单位及五原审被告人非法占用林地的面积为16.796亩（实际占用29.87亩-合法审批13.074亩），该鉴定程序合法，内容客观真实，应予采信，能够证实三原审被告单位及五原审被告人行为均已构成非法占用农用地罪。

【主要案情】

2007年6月18日，攀枝花市某西石墨股份有限公司（以下简称某西石墨公司）成立。2011年2月6日，某西石墨公司取得攀枝花市某和区中坝石墨勘探项目矿产资源勘查探矿权。2011年3月8日，四川省某西南地质勘察工程公司（以下简称四川某西南地勘公司）与某西石墨公司签订《勘探钻探工程施工合同》，甲方是某西石墨公司，乙方是四川某西南地勘公司，并加盖有某西石墨公司的行政公章及四川某西南地勘公司的合同专用章。合同约定由乙方完成甲方在某和区中坝石墨矿勘探钻探工程施工。

2011年6月，某西石墨公司聘请攀枝花市林业调查规划设计院对探矿修便道、机台场地占用林地面积及采伐林木等进行了设计，该林业设计院根据106地质队技术人员提供的图纸和钻点，进行了实地调查设计后，形成了《四川省攀枝花市某和区中坝石墨矿勘探项目拟使用林地现状调查报告》，共需占用林地面积0.8716公顷（13.074亩）。某西石墨公司按照相关规定，将调查报告及拟使用林地申请一起提交攀枝花市某和区林业局，进行临时占用林地的审批。

2012年7月，某西石墨公司在未取得攀枝花市某和区林业局批准临时占用林地文件的情况下，被告人刘某甲口头通知副总经理刘某丙可以进场施工。冯某某同时也将可以进场施工的事情通知杨某某、何某乙。2012年7月初，刘某丁租赁他人挖掘机在某和区中坝乡中坝村扎碧组、湾力组、干田组交界的牛坪子开始施工，被告人何某乙一直在现场指挥施工。被告人何某乙在接到杨某某和刘某丙的开工通知后，未向其索要设计图纸、资料和林业部门的批准文件，未按照设计的便道路线，凭自己平时工作中就近修道的做法，让刘某丁修建探矿公路和平机台场地。刘某丁在施工中，同样未向被告人何某乙索要相关设计资料和批准占用林地的文件，便开工修建岔路口平台（1号、2号、15号平台）。这3个平台及道路修好后，由于某西石墨公司工程款未到位，被告人何某乙通知刘某丁停工。

2012年9月17日，攀枝花市某和区林业局以攀仁林（2012）151号批复，同意某西石墨公司临时占用林地0.8716公顷（13.074亩），文件要求按照规定的地点、范围使用林地。但由于该公司未及时缴纳森林植被恢复费，攀枝花区林业局未将批复文件交给某西石墨公司。

2012年10月，被告人刘某甲通知刘某丙，可以动工。并通知冯某某可以继续施工。2012年10月下旬，被告人何某乙通知刘某丁继续施工，2012年10月31日，刘某某与冉某某签订《挖机租赁协议》，租用冉某某的神钢SK260型挖掘机一台继续施工。2012年12月6日，因某西石墨公司可能超占面积，再次停工。其间，被告人何某乙仍然要求刘某丁按就近原则修建公路，未向其提供任何林业设计图纸，未按照相关规划施工，共修建了12个探矿平机台（编号为3号到14号）和通向这12个探矿平机台的道路。

2012年12月5日，某西石墨公司副总经理刘某丙派公司员工苏某某，向区林业局缴纳39202元森林植被恢复费后，某和区林业局同意将临时占用林地批复文件［攀仁林（2012）151号］交给该公司。

2013年1月8日，某西石墨公司因在施工过程中，没有办理采伐许可手续，滥伐林木立木蓄积量6.2453立方米，被攀枝花市森林公安局某和区分局处以每立方米900元的5倍的罚款，责令补种树木270株。2013年1月29日，某西石墨公司将罚款28103.85元缴纳到攀枝花市森林公安局。

攀枝花市森林公安局聘请云南云林司法鉴定中心对某西石墨公司占用林地、损毁林木情况进行鉴定。在鉴定过程中，鉴定机构邀请被告人刘某丙、何某乙以及见证人李某乙、刘某丁、刘某戌、吴某某、黄某某、王某在场的情况下，现场采用手持GPS定位，连接坐标形成线性图（含主道一条和岔道7条）的方法进行测量。经计算，该公司在中坝乡中坝村探矿中修建道路和平机台，主道长2268米，岔道长2013.5米，宽度采用皮尺抽样测量取平均值的方法，经计算主道平均宽4.8米，面积为2268米×4.8米，折合16.32亩，岔道平均宽4米，面积为2013.5米×4米，折合12.07亩，另平台采用皮尺测量长宽，然后进行计算（7个平台面积为1.77亩）。鉴定意见为占用的土地面积为30.16亩。其中占用的林地面积为29.87亩，非林地面积为0.29亩；地类为乔木林和无立木林地。林木蓄积量是根据某和区中坝乡2012年林地保护规划小班因子一览表，经计算，占用林地范围内的总蓄积量为139.09立方米。

2013年3月1日，公安机关传唤被告人何某乙、杨某某接受询问，被告人何某乙到案后，如实供述其在未看到林地征占用手续和林木采伐手续，无任何施工图纸的情况下，按照自己平时在工作中就近修路的原则，于2012年7月至12月，在某和区中坝乡中坝村扎碧组、湾力组、干田组交界的牛坪子修建探矿公路和探矿平台并推倒树木。被告人杨某某如实供述了本案签订合同、修建公路、探矿平台的基本事实。2013年3月4日，公安机关传唤被告人刘某丙接受讯问，其到案后，如实供述其分管某西石墨公司的探矿工作，负责办理相关手续，某西石墨公司在未办理林地占用手续和林木采伐手续，于2012年7月至12月，在某和区中坝乡中坝村扎碧组、湾力组、干田组交界的牛坪子修建探矿公路和探矿平台并推倒树木。2013年3月11日，公安民警传唤被告人刘某甲接受询问，其供述在未办理林地征占用手续和林木采伐手续的情况下，与四川某西南地勘公司签订合同，其间未提供任何设计和图纸。2013年3月14日，公安机关决定对其刑事拘留，被告人刘某甲不知去向，多方查找未果，遂对其进行网上追逃。2013年7月10日，被告人刘某甲到公安机关投案。2013年3月21日，公安民警传唤被告人冯某某接受讯问，其供述负责某西石墨公司石墨探矿项目，该工程转包给攀枝花某海建设工程有限公司，其从未过问林地征占用手续和林木采伐手续的办理情况，也未给公司提供任何图纸和设计，攀枝花某海建设工程有限公司在某和区中坝乡中坝村扎碧组、湾力组、干田组交界的牛坪子修建探矿公路和探矿平台并推倒树木。

（4）合规要点

①建筑企业在项目建设中应当严格履行审批程序，严格按照土地管理有关法律规定，办理项目建设用地的法定手续，关注自然资源的司法现状，对于涉及占用大量林地、耕地的项目，应当尤为重视，不得心存侥幸。

②建筑企业应当严格按照用地审批要求用地，杜绝出现“少批多占”的情形。

③建筑企业要加强与当地政府和国土行政部门的交流，做好协调工作，当建

设用地项目中土地类型存在不确定情形时，应及时与有关部门协商，一旦涉案，就要及时了解事实真相，化解矛盾，避免出现刑事风险造成不必要的损失。

④建筑企业应当加强单位员工合规意识，企业出现非法占用土地的行为，诸多原因是管理方式存在制度漏洞和管理隐患，针对合法用地发布合规政策和员工专用手册，完善合规体系运行的基本标准，才能保障合规整改的有效性。

2. 滥伐林木罪

表 5-7 建筑施工企业滥伐林木罪数据

时间	2001—2019 年	2020 年	2021 年	2022 年	2023 年
案件数量/件	103	19	4	2	1

（参考“威科先行·法律信息库”，通过检索“滥伐林木罪+建设工程”得出）

（1）滥伐林木罪概述

1）罪名简述

滥伐林木罪是指违反森林法的规定，滥伐森林或其他林木，数量较大的行为。

2）所涉法律法规、司法解释规定

《刑法》

第三百四十五条　盗伐森林或者其他林木，数量较大的，处三年以下有期徒刑、拘役或者管制，并处或者单处罚金；数量巨大的，处三年以上七年以下有期徒刑，并处罚金；数量特别巨大的，处七年以上有期徒刑，并处罚金。

违反森林法的规定，滥伐森林或者其他林木，数量较大的，处三年以下有期徒刑、拘役或者管制，并处或者单处罚金；数量巨大的，处三年以上七年以下有期徒刑，并处罚金。

非法收购、运输明知是盗伐、滥伐的林木，情节严重的，处三年以下有期徒刑、拘役或者管制，并处或者单处罚金；情节特别严重的，处三年以上七年以下有期徒刑，并处罚金。

盗伐、滥伐国家级自然保护区内的森林或者其他林木的，从重处罚。

第三百四十六条　单位犯本节第三百三十八条至第三百四十五条规定之罪的，对单位判处罚金，并对其直接负责的主管人员和其他直接责任人员，依照本节各该条的规定处罚。

《最高人民检察院、公安部关于公安机关管辖的刑事案件立案追诉标准的规定（一）》

第七十三条　违反森林法的规定，滥伐森林或者其他林木，涉嫌下列情形之一的，应予立案追诉：

（一）滥伐十至二十立方米以上的；

（二）滥伐幼树五百至一千株以上的。

违反森林法的规定，具有下列情形之一的，属于本条规定的“滥伐森林或者其他林木”：

（一）未经林业行政主管部门及法律规定的其他主管部门批准并核发林木采伐许可证，或者虽持有林木采伐许可证，但违反林木采伐许可证规定的时间、数量、树种或者方式，任意采伐本单位所有或者本人所有的森林或者其他林木的；

（二）超过林木采伐许可证规定的数量采伐他人所有的森林或者其他林木的。

违反森林法的规定，在林木采伐许可证规定的地点以外，采伐本单位或者本人所有的森林或者其他林木的，除农村居民采伐自留地和房前屋后个人所有的零星林木以外，属于本条第二款第（一）项“未经林业行政主管部门及法律规定的其他主管部门批准并核发林木采伐许可证”规定的情形。

林木权属争议一方在林木权属确权之前，擅自砍伐森林或者其他林木的，属于本条规定的“滥伐森林或者其他林木”。

滥伐林木的数量，应在伐区调查设计允许的误差额以上计算。

3）保护法益

滥伐林木罪归属于妨害社会管理秩序罪中的破坏环境资源保护犯罪，滥伐林木罪所保护的法益是森林资源及其合理利用。

4）表现形式

①未经林业行政主管部门及法律规定的其他主管部门批准并核发林木采伐许可证。

②虽持有林木采伐许可证，但违反林木采伐许可证规定的时间、数量、树种或者方式，任意采伐本单位所有或者本人所有的森林或者其他林木的。

③超过林木采伐许可证规定的数量采伐他人所有的森林或者其他林木的。

④林木权属争议一方在林木权属确权之前，擅自砍伐森林或者其他林木，数量较大的，以滥伐林木罪论处。

5）行为主体

滥伐林木罪的行为主体为单位和个人。

6）罪责

本罪的责任形式为故意，不要求出于特定目的。

7）量刑

①违反森林法的规定，滥伐森林或者其他林木，数量较大的，处三年以下有期徒刑、拘役或者管制，并处或者单处罚金。

②数量巨大的，处三年以上七年以下有期徒刑，并处罚金。

③盗伐、滥伐国家级自然保护区内的森林或者其他林木的，从重处罚。

④单位犯本罪的，对单位判处罚金，并对其直接负责的主管人员和其他直接责任人员，依照本节各该条的规定处罚。

（2）主要争议问题

1）滥伐林木罪的保护法益

《刑法》中规定的滥伐林木罪在实践中的案发率较高，但也存在不少有争议的问题，如该罪的保护法益。对滥伐林木罪所保护法益的争论需要对比盗伐林木罪进行。

少数观点认为，盗伐林木罪和滥伐林木罪所保护的法益是相同的，两罪所侵犯的客体都是“国家对林业资源的管理制度”。两罪的区别在于主观上是否有非法占有目的，前者具有非法占有目的，后者不具有非法占有目的，因此就主观目的进行划分而言，盗伐林木罪被规定更重的法定刑。然而，主观上是否具有非法占有目的与“国家对林业资源的管理制度”是否被侵害并没有直接关系。

多数观点认为，盗伐林木罪保护的是双重法益，而滥伐林木罪保护的法益是单一法益，两者保护的法益都包含“国家对森林资源的管理制度或者管理秩序”，而盗伐林木罪所保护的另一法益是“国家、集体或公民个人对林木的所有权”。多数观点在理论上依然暴露出很多问题，首先，如果认为所保护的法益为

“国家对森林资源的管理制度或者管理秩序”，该概念过于抽象，难以解释刑法分则规定该罪的目的。[①] 如果某一行为的有害性在于侵犯了某一制度，那么废除此项制度即可。[②] 其次，我国对森林的管理制度有很多，除《森林法》《森林法实施条例》等法律、法规确定的森林保护和林木采伐制度外，还有部门规章也确定了相关管理制度。因此，凡是违反森林资源管理制度的均成立滥伐林木罪会导致此罪的处罚范围不明确。并且导致滥伐林木罪既遂的认定过于提前。

还有观点从宪法角度进行分析，认为我国《宪法》第九条第二款明确规定：“国家保障自然资源的合理利用，保护珍贵的动物和植物。禁止任何组织或者个人用任何手段侵占或者破坏自然资源。”显然，森林资源及其合理利用作为滥伐林木罪保护的法益更具有合理性和合法性。本书亦认为滥伐林木罪保护的法益为森林资源及其合理利用。

2）滥伐林木罪的违法所得

2016 年，徐某某等 11 人在未办理林木采伐许可证的情况下，砍伐了自家承包的林木进行买卖，案发后，一审法院判决认定徐某某等人构成滥伐林木罪，但没有判决追缴被告人因滥伐所获得的林木。[③] 一审宣判后，检察院就一审法院未判决追缴被告人因滥伐所获得的林木进行抗诉，江苏省盐城市中级人民法院二审裁定驳回抗诉，维持原判。关于抗诉，江苏省东台市人民检察院提出的原审判决未依法追缴徐某某、姜某某等人的违法所得，属于适用法律确有错误的抗诉理由。江苏省盐城市人民检察院出庭检察员支持抗诉，理由如下：

首先，应当明确《刑法》第六十四条规定中“违法所得”这一概念的内涵和外延。这里的违法所得，是指行为人因实施违反刑事法律的行为，而取得的全部财物及其孳息。其重要的特征是该财物的来源必须违反刑事法律。在确定违法所得的范围时，应严格区分违法所得和合法财产的界限，注意保护不法行为人的合法财产。一般来说，认定违法所得要以“不让任何人从犯罪中受益”为标准。

---

① ［德］克劳斯·罗克辛：《对批判立法之法益概念的检视》，陈璇译，载《法学评论》2015 年第 1 期。

② 张明楷：《盗伐、滥伐林木罪的重要问题》，载《上海政法学院学报（法治论丛）》2021 年第 5 期，第 1–17 页。

③ 参见江苏省东台市人民法院刑事判决书（2017）苏 0981 刑初 166 号。

其次，《刑法》第六十四条规定的追缴或者责令退赔，是程序性的强制措施，不是刑罚方法，不具有惩罚性。这就必然要求，对行为人通过实施违反刑事法律行为而非法取得的财物，应当界定为违法所得，予以追缴或者责令退赔；而对行为人尚未实施违反刑事法律行为即已依法取得的财物，不能界定为违法所得而进行追缴或者责令退赔。

最后，《刑法》第三百四十五条所规定的滥伐林木罪，是“违反森林法的规定”的犯罪。依照《森林法》第十四条、第十五条关于“森林资源属于国家所有，由法律规定属于集体所有的除外”“国家所有的和集体所有的森林、林木和林地，个人所有的林木和使用的林地，由县级以上地方人民政府登记造册，发放证书，确认所有权或者使用权”“森林、林木、林地的所有者和使用者的合法权益受法律保护，任何组织和个人不得侵犯”的规定，滥伐林木罪的犯罪对象，是行为人在违反《刑法》第三百四十五条规定之前即已享有所有权或使用权的林木，不是行为人实施违反该规定的行为后所取得的林木。它与盗伐林木罪中行为人非法占有国家、集体所有或者他人依法所有的林木有着明显的区别。将盗伐林木罪中的林木界定为违法所得，予以追缴或者责令退赔，不会导致行为人双重受罚，但将滥伐林木罪中的林木界定为违法所得，进行追缴或者责令退赔，则会导致行为人双重受罚。这也与《森林法》对盗伐林木案件规定“没收盗伐的林木或者变卖所得”，而没有作出没收滥伐林木或者变卖所得的规定，是相辅相成的。①

《民法典》第三百三十一条规定：“土地承包经营权人依法对其承包经营的耕地、林地、草地等享有占有、使用和收益的权利，有权从事种植业、林业、畜牧业等农业生产。”《森林法》第十七条也规定：“集体所有和国家所有依法由农民集体使用的林地（以下简称集体林地）实行承包经营的，承包方享有林地承包经营权和承包林地上的林木所有权，合同另有约定的从其约定。承包方可以依法采取出租（转包）、入股、转让等方式流转林地经营权、林木所有权和使用权。”承包经营林地的行为人在没有取得采伐许可证的情况下采伐自己的林木，仅仅侵害了森林资源，而并未违法侵犯他人财产，故也不能称之为违法所得。

---

① 参见江苏省盐城市中级人民法院刑事裁定书（2017）苏09刑终307号。

(3) 案例总结

1) 黄某明、翁某桥与三亚A建筑材料有限公司滥伐林木案①

【裁判主旨】

原审判决认为，被告单位三亚A建筑材料有限公司（以下简称三亚A公司）违反森林法的规定，未经林业主管部门批准并核发林木采伐许可证，擅自砍伐林木7302株，其中幼树6048株，被毁林木总蓄积量53.1552立方米，数量巨大，其行为已构成滥伐林木罪，应依法处罚。被告人黄某明作为被告单位三亚A公司负责人、被告人翁某桥作为三亚A公司立才采石场场长，均构成(单位)滥伐林木罪，应依法处罚。公诉机关指控被告单位三亚A公司及被告人黄某明、被告人翁某桥犯滥伐林木罪的犯罪事实清楚，证据确实、充分，依法予以确认。

二审法院认为，原审被告三亚A公司违反森林法的规定，滥伐林木，数量巨大。上诉人黄某明、上诉人翁某桥系原审被告三亚A公司直接负责的主管人员和其他直接责任人员，应依照《刑法》第三百四十五条第二款规定判处刑罚。原审判决认定上诉人黄某明、上诉人翁某桥犯（单位）滥伐林木罪，事实清楚，证据确实、充分，定罪准确，量刑适当，审判程序合法。二审法院依照《刑事诉讼法》第二百三十六条第一款第（一）项规定，裁定如下：驳回上诉，维持原判。

【主要案情】

被告单位三亚A公司成立于2011年8月3日。2011年12月27日，被告单位依法取得位于三亚市某农场十队建筑用花岗岩《采矿许可证》，矿区面积0.0566平方千米，矿区范围由5个坐标点围成不规则五边形，期限至2019年5月27日。被告人黄某明为被告单位三亚A公司总经理，全面负责公司日常管理工作；被告人翁某桥为被告单位三亚A公司立才采石场场长，负责采石场矿产开采施工事宜。2016年9月至10月，被告人黄某明、被告人翁某桥安排工人驾驶挖掘机在《采矿许可证》范围外占地修建施工便道到采矿口顶部，挖毁施工便道上原有天然林木。经海南省森林资源司法鉴定中心鉴定：超出采矿许可证外被

① 海南省高级人民法院刑事裁定书（2019）琼刑终113号。

毁林地面积37.2亩（含防护林，即公益林16.8亩，二级保护等级，非林地20.4亩）。其中，14.8亩为人工种植的果树林，被毁林木的总株数和总立木蓄积量无法鉴定；22.4亩为天然混交林，被毁林木总株数为7302株（胸径小于5厘米的幼树6048株），被毁林木总蓄积量53.1552立方米。该地块原有植被已遭到严重破坏，致使原有植被涵养水源、保持水土功能等生态效益严重丧失。案发后，三亚市林业局于2018年3月12日对被告单位三亚A公司罚款89300元，被告单位三亚A公司于2018年4月10日缴纳了全部罚款。被告人黄某明、被告人翁某桥分别于2018年8月2日、2019年1月21日到三亚市森林公安局主动投案，并积极主动补种林木，涉案林地生态已基本修复。

2）海南某石矿产开采有限公司、范某伟滥伐林木案①

【裁判主旨】

被告单位某石公司违反森林法的规定，在未经林业主管部门的批准并核发林木采伐许可证的情况下，擅自砍伐林木13340株，其中幼树9714株，被毁林木总蓄积量为255.9374立方米，数量巨大，被告单位某石公司行为已构成滥伐林木罪，应依法处罚。被告人范某伟作为该公司的法定代表人已构成（单位）滥伐林木罪，应依法处罚。公诉机关指控被告单位某石公司及被告人范某伟犯滥伐林木罪的犯罪事实清楚，证据确实、充分，依法予以确认。

【主要案情】

2010年6月8日，丁某1、陈某锦、徐某琨共同出资人民币200万元成立某石公司。2012年3月22日，被告单位某石公司通过竞买取得三亚市崖城镇某水村建筑用花岗岩采矿权，矿区面积12351平方米，合计18.53亩，由被告人范某伟负责矿区开采的手续审批及现场管理等工作。2014年8月，被告单位征收位于矿区内胡某所有的2851棵杧果树，共计补偿137万元。2016年4月1日，被告人范某伟出任该公司法定代表人。2017年3月6日，三亚市国土资源局通过置换为被告单位换发新的采矿许可证，新调整矿区面积105797平方米，合计158.7亩。2017年4月，被告单位征收位于新矿区内胡某所有的2044棵杧果树，共计

① 海南省三亚市中级人民法院刑事判决书（2018）琼02刑初102号。

补偿 102.2 万元。因矿区内的林木采伐许可证一直未获审批，2017 年 3 月至 4 月，被告人范某伟雇请挖掘机将矿区西南面林地内的林木砍伐，后在该区域内开采矿石。经鉴定，被毁林木总株数为 13340 株，其中幼树 9714 株，被毁林木总蓄积量为 255.9374 立方米，其中在新采矿证内被毁林木总株数为 8168 株，其中幼树 5948 株，被毁林木总蓄积量为 156.7121 立方米；在新采矿证外被毁林木总株数为 5172 株，其中幼树 3766 株，被毁林木总蓄积量为 99.2253 立方米。被毁林木地块原有植被主要为天然阔叶树，现该地块只有裸露的岩石层或土层，致使该地块上的原有植被遭到严重毁坏，原有植被起到的防风固土、涵养水源、调节气候、保护生物多样性等生态功能严重丧失。2018 年 7 月 26 日，被告人范某伟向三亚市森林公安局投案自首。

（4）合规要点

1）建立日常监管制度

一些企业及其企业员工缺少对森林资源保护的意识，对其日常生产经营中滥伐林木的行为缺乏足够的认识。应当定期开展相关法律法规及其规范性文件的宣传教育，提高合规意识，同时企业应当定期对各项业务进行合规检查，防范刑事法律风险。

2）企业开展各种涉及森林资源的项目时，要加强与林业部门的联动，及时办理各项有效审批手续，确保获得林业局的批准并取得林木采伐许可证后开展业务。加强与林业局的沟通，实现数据共享，预防刑事法律风险。

（二）污染环境类

对于污染类环保刑事风险，主要涉及排放、倾倒或者处置有放射性的废物、含传染病病原体的废物及其他有毒、有害物质。

污染环境罪

通过表 5-8 可以看出，污染环境罪在建设工程领域的污染环境类犯罪中占有一定比例。

表 5-8 建筑施工企业污染环境罪数据

时间	2001—2019 年	2020 年	2021 年	2022 年	2023 年
案件数量/件	59	10	7	—	—

（参考“威科先行·法律信息库”，通过检索“污染环境罪+建设工程”得出）

（1）污染环境罪概述

1）罪名简述

污染环境罪，是指自然人或者单位违反国家规定，排放、倾倒或者处置有放射性的废物、含传染病病原体的废物、有毒物质或者其他有害物质，严重污染环境的行为。

2）历史演变

污染环境罪的前身为重大环境污染事故罪，1997 年修订的《刑法》首次将污染环境的行为作为一项明确的罪名纳入刑法规制，其第三百三十八条规定：“违反国家规定，向土地、水体、大气排放、倾倒或者处置有放射性的废物、含传染病病原体的废物、有毒物质或者其他危险废物，造成重大环境污染事故，致使公私财产遭受重大损失或者人身伤亡的严重后果的，处三年以下有期徒刑或者拘役，并处或者单处罚金；后果特别严重的，处三年以上七年以下有期徒刑，并处罚金。”2011 年 2 月 25 日通过的《刑法修正案（八）》对此作出修改，2020 年 12 月 26 日，《刑法修正案（十一）》进一步对《刑法》第三百三十八条进行修改，主要是增加了污染环境罪中的“七年以上有期徒刑”这一量刑档次，并规定了具体适用情形。

3）所涉法律法规、司法解释规定

《刑法修正案（十一）》

第四十条　将刑法第三百三十八条修改为：“违反国家规定，排放、倾倒或者处置有放射性的废物、含传染病病原体的废物、有毒物质或者其他有害物质，严重污染环境的，处三年以下有期徒刑或者拘役，并处或者单处罚金；情节严重的，处三年以上七年以下有期徒刑，并处罚金；有下列情形之一的，处七年以上有期徒刑，并处罚金：

（一）在饮用水水源保护区、自然保护地核心保护区等依法确定的重点保护区域排放、倾倒、处置有放射性的废物、含传染病病原体的废物、有毒物质，情节特别严重的；

（二）向国家确定的重要江河、湖泊水域排放、倾倒、处置有放射性的废物、含传染病病原体的废物、有毒物质，情节特别严重的；

（三）致使大量永久基本农田基本功能丧失或者遭受永久性破坏的；

（四）致使多人重伤、严重疾病，或者致人严重残疾、死亡的。

有前款行为，同时构成其他犯罪的，依照处罚较重的规定定罪处罚。”

《刑法》

第三百四十六条 单位犯本节第三百三十八条至第三百四十五条规定之罪的，对单位判处罚金，并对其直接负责的主管人员和其他直接责任人员，依照本节各该条的规定处罚。

《最高人民法院、最高人民检察院关于办理环境污染刑事案件适用法律若干问题的解释》

第一条 实施刑法第三百三十八条规定的行为，具有下列情形之一的，应当认定为“严重污染环境”：

（一）在饮用水水源保护区、自然保护地核心保护区等依法确定的重点保护区域排放、倾倒、处置有放射性的废物、含传染病病原体的废物、有毒物质的；

（二）非法排放、倾倒、处置危险废物三吨以上的；

（三）排放、倾倒、处置含铅、汞、镉、铬、砷、铊、锑的污染物，超过国家或者地方污染物排放标准三倍以上的；

（四）排放、倾倒、处置含镍、铜、锌、银、钒、锰、钴的污染物，超过国家或者地方污染物排放标准十倍以上的；

（五）通过暗管、渗井、渗坑、裂隙、溶洞、灌注、非紧急情况下开启大气应急排放通道等逃避监管的方式排放、倾倒、处置有放射性的废物、含传染病病原体的废物、有毒物质的；

（六）二年内曾因在重污染天气预警期间，违反国家规定，超标排放二氧化硫、氮氧化物等实行排放总量控制的大气污染物受过二次以上行政处罚，又实施此类行为的；

（七）重点排污单位、实行排污许可重点管理的单位篡改、伪造自动监测数据或者干扰自动监测设施，排放化学需氧量、氨氮、二氧化硫、氮氧化物等污染物的；

（八）二年内曾因违反国家规定，排放、倾倒、处置有放射性的废物、含传染病病原体的废物、有毒物质受过二次以上行政处罚，又实施此类行为的；

（九）违法所得或者致使公私财产损失三十万元以上的；

（十）致使乡镇集中式饮用水水源取水中断十二小时以上的；

（十一）其他严重污染环境的情形。

第三条　实施刑法第三百三十八条规定的行为，具有下列情形之一的，应当处七年以上有期徒刑，并处罚金：

（一）在饮用水水源保护区、自然保护地核心保护区等依法确定的重点保护区域排放、倾倒、处置有放射性的废物、含传染病病原体的废物、有毒物质，具有下列情形之一的：

1. 致使设区的市级城区集中式饮用水水源取水中断十二小时以上的；

2. 造成自然保护地主要保护的生态系统严重退化，或者主要保护的自然景观损毁的；

3. 造成国家重点保护的野生动植物资源或者国家重点保护物种栖息地、生长环境严重破坏的；

4. 其他情节特别严重的情形。

（二）向国家确定的重要江河、湖泊水域排放、倾倒、处置有放射性的废物、含传染病病原体的废物、有毒物质，具有下列情形之一的：

1. 造成国家确定的重要江河、湖泊水域生态系统严重退化的；

2. 造成国家重点保护的野生动植物资源严重破坏的；

3. 其他情节特别严重的情形。

（三）致使永久基本农田五十亩以上基本功能丧失或者遭受永久性破坏的；

（四）致使三人以上重伤、严重疾病，或者一人以上严重残疾、死亡的。

第四条　实施刑法第三百三十九条第一款规定的行为，具有下列情形之一的，应当认定为“致使公私财产遭受重大损失或者严重危害人体健康”：

（一）致使公私财产损失一百万元以上的；

（二）具有本解释第二条第五项至第十项规定情形之一的；

（三）其他致使公私财产遭受重大损失或者严重危害人体健康的情形。

第五条　实施刑法第三百三十八条、第三百三十九条规定的犯罪行为，具有下列情形之一的，应当从重处罚：

（一）阻挠环境监督检查或者突发环境事件调查，尚不构成妨害公务等犯罪的；

（二）在医院、学校、居民区等人口集中地区及其附近，违反国家规定排放、倾倒、处置有放射性的废物、含传染病病原体的废物、有毒物质或者其他有害物质的；

（三）在突发环境事件处置期间或者被责令限期整改期间，违反国家规定排放、倾倒、处置有放射性的废物、含传染病病原体的废物、有毒物质或者其他有害物质的；

（四）具有危险废物经营许可证的企业违反国家规定排放、倾倒、处置有放射性的废物、含传染病病原体的废物、有毒物质或者其他有害物质的；

（五）实行排污许可重点管理的企业事业单位和其他生产经营者未依法取得排污许可证，排放、倾倒、处置有放射性的废物、含传染病病原体的废物、有毒物质或者其他有害物质的。

第七条　无危险废物经营许可证从事收集、贮存、利用、处置危险废物经营活动，严重污染环境的，按照污染环境罪定罪处罚；同时构成非法经营罪的，依照处罚较重的规定定罪处罚。

实施前款规定的行为，不具有超标排放污染物、非法倾倒污染物或者其他违法造成环境污染的情形的，可以认定为非法经营情节显著轻微危害不大，不认为是犯罪；构成生产、销售伪劣产品等其他犯罪的，以其他犯罪论处。

第八条　明知他人无危险废物经营许可证，向其提供或者委托其收集、贮存、利用、处置危险废物，严重污染环境的，以共同犯罪论处。

第九条　违反国家规定，排放、倾倒、处置含有毒害性、放射性、传染病病原体等物质的污染物，同时构成污染环境罪、非法处置进口的固体废物罪、投放危险物质罪等犯罪的，依照处罚较重的规定定罪处罚。

第十七条　下列物质应当认定为刑法第三百三十八条规定的“有毒物质”：

（一）危险废物，是指列入国家危险废物名录，或者根据国家规定的危险废物鉴别标准和鉴别方法认定的，具有危险特性的固体废物；

（二）《关于持久性有机污染物的斯德哥尔摩公约》附件所列物质；

（三）重金属含量超过国家或者地方污染物排放标准的污染物；

（四）其他具有毒性，可能污染环境的物质。

第十八条　无危险废物经营许可证，以营利为目的，从危险废物中提取物质作为原材料或者燃料，并具有超标排放污染物、非法倾倒污染物或者其他违法造成环境污染的情形的行为，应当认定为“非法处置危险废物”。

《最高人民检察院、公安部关于公安机关管辖的刑事案件立案追诉标准的规定（一）》

第六十条　违反国家规定，向土地、水体、大气排放、倾倒或者处置有放射性的废物、含传染病病原体的废物、有毒物质或者其他危险废物，造成重大环境污染事故，涉嫌下列情形之一，应予立案追诉：

（一）致使公私财产损失三十万元以上的；

（二）致使基本农田、防护林地、特种用途林地五亩以上，其他农用地十亩以上，其他土地二十亩以上基本功能丧失或者遭受永久性破坏的；

（三）致使森林或者其他林木死亡五十立方米以上，或者幼树死亡二千五百株以上的；

（四）致使一人以上死亡、三人以上重伤、十人以上轻伤，或者一人以上重伤并且五人以上轻伤的；

（五）致使传染病发生、流行或者人员中毒达到《国家突发公共卫生事件应急预案》中突发公共卫生事件分级Ⅲ级以上情形，严重危害人体健康的；

（六）其他致使公私财产遭受重大损失或者人身伤亡的严重后果的情形。

本条和本规定第六十二条规定的“公私财产损失”，包括污染环境直接造成的财产损毁、减少的实际价值，为防止污染扩散以及消除污染而采取的必要的、合理的措施而发生的费用。

4）保护法益

污染环境罪所保护的法益与当前我国生态环境保护的政策要求趋于一致，既包括人身、财产利益，也包括环境本身及其他环境利益。

5）表现形式

污染环境罪的表现形式被划分为四大类，分别是：

①严重污染环境。

②情节严重。

③后果特别严重。

④从重情节。

上述四种表现形式分别参见于《刑法修正案（十一）》第四十条；《最高人民法院、最高人民检察院关于办理环境污染刑事案件适用法律若干问题的解释》第一条、第三条、第四条、第五条；《最高人民检察院、公安部关于公安机关管辖的刑事案件立案追诉标准的规定（一）》第六十条。

6）行为主体

污染环境罪的行为主体既可以是自然人，也可以是单位。对于明知他人无经营许可证或者超出经营许可范围，向其提供或者委托其收集、贮存、利用、处置危险废物，严重污染环境的，以污染环境罪的共同犯罪论处。

7）罪责

污染环境罪为故意犯罪，只要行为人明知自己的行为可能发生污染环境的结果，并且希望或者放任这种结果发生，即成立本罪的故意。

8）量刑

《刑法》第三百三十八条规定："违反国家规定，排放、倾倒或者处置有放射性的废物、含传染病病原体的废物、有毒物质或者其他有害物质，严重污染环境的，处三年以下有期徒刑或者拘役，并处或者单处罚金；情节严重的，处三年以上七年以下有期徒刑，并处罚金；有下列情形之一的，处七年以上有期徒刑，并处罚金：（一）在饮用水水源保护区、自然保护地核心保护区等依法确定的重点保护区域排放、倾倒、处置有放射性的废物、含传染病病原体的废物、有毒物质，情节特别严重的；（二）向国家确定的重要江河、湖泊水域排放、倾倒、处置有放射性的废物、含传染病病原体的废物、有毒物质，情节特别严重的；（三）致使大量永久基本农田基本功能丧失或者遭受永久性破坏的；（四）致使多人重伤、严重疾病，或者致人严重残疾、死亡的。有前款行为，同时构成其他犯罪的，依照处罚较重的规定定罪处罚。”

（2）主要争议问题

1）污染环境罪的保护法益

通说认为，污染环境罪的客体是国家环境保护制度，但是并非所有学者都赞成此观点。在学界和司法实践中，对于本罪的保护法益依然存在较大争议。

秩序法益观认为，污染环境罪的保护客体是秩序，而此种秩序具体外化为国家关于环境保护的法律制度。国家和政府为了在发展经济的同时，投入巨大精力建构关于环境保护的管理秩序，并依靠此管理秩序来形成稳定局面。因此，刑法要对严重破坏这种管理秩序的行为予以规制。[①] 持秩序法益观的学者认为，重大环境污染事故罪（现污染环境罪）被放在“妨害社会管理秩序罪”一章中，这表明立法者认为本罪所保护的法益为社会管理秩序，具体体现为国家关于环境保护管理秩序。同时，《刑法修正案（八）》和《刑法修正案（十一）》虽然都对本罪进行了修改，但其在《刑法》中的位置并没有改变，因此这些学者认为本罪的客体也没有改变。在司法审判中，部分法院以该法益观来认定被告成立污染环境罪。秩序法益观所暴露出来的缺陷在于模糊了行政法和刑法的界限，同时回避了人类法益和生态法益之间的矛盾，无法解释污染环境罪所保护的实质内容。

纯粹的人类中心法益观认为，环境只是因为给人类提供了基本的生活基础，才受到刑法保护，否则人类没有必要保护环境。[②] 根据此种观点，只有当污染环境的行为间接地侵害人的生命、身体、健康时，才能成立污染环境罪。例如，行为人击杀一头国家级保护动物或者砍伐一片树林时，若不会对人类生命及财产安全产生影响，按照人类中心法益观的观点，这一行为不被认定为环境犯罪。纯粹的人类中心法益观所暴露出的问题如下：首先，不符合当今各国刑法的规定，如

① 官明昌：《污染环境罪争议问题研究》，广西民族大学 2022 年硕士学位论文。
② 张明楷：《污染环境罪的争议问题》，载《法学评论》2018 年第 2 期，第 1-19 页。

我国《刑法》第三百三十八条规定，污染环境罪的成立应当以违反国家规定为前提。依照人类中心法益观，只要一个行为侵犯到了人的生命、身体、健康，无论是否违反了环境法有关规定，都可能构成污染环境罪，这显然与我国刑法规定相矛盾。其次，从解释论上来说，依照纯粹的人类中心法益论，环境犯罪不仅威胁了现存人的生命、身体、健康，而且对尚未出生的子孙后代都存在抽象的危险。[①] 就此而言，必然需要设定一定的标准对污染环境的行为进行界定，这种标准一方面很难提出；另一方面即使提出了也会导致很多问题。

纯粹的生态学法益论（也称为环境中心注意的法益论）认为，环境犯罪的保护法益就是生态学的环境本身以及其他环境利益。该法益观将环境本身和其他环境利益单独抽离出来而作为独立的法益，使得法益保护的重心转移到环境本身及环境利益上。[②] 我国持纯粹的生态学法益论的学者认为，我国刑法修正案对污染环境罪的修订表明立法者对环境犯罪立法理念的转变，即从过去的纯粹人类中心法益观到如今的环境本位价值观。诚然，纯粹的生态学法益论比纯粹的人类中心法益观更具有前瞻性，也更加注重环境的可持续性发展。但仅采取纯粹的生态学法益论也有缺陷。首先，最为典型的是，我国刑法中只把部分危害珍稀、国家保护动物的行为列为犯罪，并非把一切动物都视为环境犯罪的行为对象。之所以如此，是因为这些生物只会给人类造成危害，而不会带来利益，这表明我国刑法并没有采取纯粹的生态学法益论。其次，如果从纯粹的生态学法益论出发，会严重扭曲人与自然的关系，显而易见的是，当人类为生存而需要实施一定开发行为时，纯粹的生态学法益会对此认定为污染环境的行为，进而阻止经济的发展，这与我国刑法立法严重不相符。

正因为上述学说的缺陷，国内外刑法学界开始出现了生态学的人类中心的法益论。

生态学的人类中心的法益论认为，污染环境罪的保护法益应当是双重法益，既包括人身、财产利益，也包括环境本身及其他环境利益。水、空气、土壤、植物、动物作为独立的生态学的法益，应当得到认可，但是，只有当环境作为人的

---

① 张明楷：《污染环境罪的争议问题》，载《法学评论》2018 年第 2 期，第 1-19 页。

② 官明昌：《污染环境罪争议问题研究》，广西民族大学 2022 年硕士学位论文。

基本的生活基础而发挥机能时，才值得刑法保护。[①] 此种观点虽然将人身、财产利益和环境本身及其他环境利益相结合，但并不只是简单的相加和并列关系，而是呈现依次递进的关系，毕竟保护环境的最终目的仍然是保护人类利益。首先，将环境本身作为法益是值得肯定的，当环境日益被破坏，使人类意识到环境保护的重要性时，刑法就应当对此进行保护；其次，从我国《刑法》第三百三十八条的立法目的可以看出，即使环境污染行为没有造成严重的后果，但只要对环境本身造成了严重污染的，依然成立犯罪，这表明采取生态学的人类中心的法益论是与我国刑法立法相符的。

2）污染环境罪的行为构造

①行为犯与结果犯

在《刑法修正案（八）》出台之前，重大环境污染事故罪因要求发生实害结果因而被认为是结果犯。《刑法修正案（八）》出台后，将前文所述情形规定为污染环境罪，该罪规定有“违反国家规定，排放、倾倒或者处置有放射性的废物、含传染病病原体的废物、有毒物质或者其他有害物质”行为，同时造成“严重污染环境的”构成污染环境罪。一种观点认为，污染环境罪就是结果犯。此后，2016 年《最高人民法院、最高人民检察院关于办理环境污染刑事案件适用法律若干问题的解释》中将“在饮用水水源保护区、自然保护地核心保护区排放、倾倒、处置有放射性的废物、含传染病病原体的废物、有毒物质的”等行为认定为污染环境罪，似乎使“污染环境罪”变成了“行为犯”和“结果犯”并存的局面，因此，就本罪是行为犯还是结果犯产生了诸多争议。

学术界对行为犯和结果犯本身存在争议，一种观点认为，行为犯与结果犯不是前者只需行为无须结果发生、后者只需结果发生，而是均需要结果发生，结果犯中的行为与结果存在间隔，需要进行独立判断，行为犯的行为与结果是同时发生的，无须独立判断。[②] 另一种观点认为，行为犯以行为人实施一定的行为作为犯罪的构成要件，结果犯要求客观上实施法定的犯罪行为，并造成法定的危害结果才构成犯罪。笔者对第一种观点持赞成态度。

---

① 张明楷：《污染环境罪的争议问题》，载《法学评论》2018 年第 36 卷第 2 期，第 1-2 页。

② 张明楷：《污染环境罪的争议问题》，载《法学评论》2018 年第 2 期，第 1-19 页。

从生态学的人类中心的法益论出发，污染环境罪所保护的是双重法益，即既包括人身、财产利益，也包括环境本身及其他环境利益。就污染环境的行为而言，实施了非法排放、倾倒、处置危险废物的行为，相对于严重污染环境的结果来说，完全可以看作行为犯，但该行为会同时造成危害结果，也即侵害了环境法益，但其污染环境的行为是否对人类中心的法益造成结果，需要进一步判断因果关系，如采取生态学的人类中心的法益论，相对于两种不同的法益而言，一个行为可以既是行为犯也是结果犯。

②危险犯与实害犯

危险犯与实害犯的区别在于是否对法益造成现实的侵害。实害犯是以构成要件的实现对法益造成现实的侵害为必要，危险犯是以构成要件的实现对法益造成危险为必要。一个犯罪到底是危险犯还是实害犯取决于保护法益的内容①。当污染环境的行为对环境本身造成了严重污染，但对人身和财产利益没有造成实害时，如成立污染环境罪，就生态学的人类中心的法益论而言，前置法益，即生态学的环境这一法益，属于实害犯，但对后置法益，即人身、财产利益这一法益而言，属于危险犯。当污染环境的行为不仅对环境本身造成了严重污染，而且对人身和财产利益造成实害时，该行为对前置法益和后置法益而言都是实害犯。因此，就污染环境罪而言，危险犯与实害犯是可以并存的。

此外，笔者认为，当后置法益未遭受污染环境行为现实侵害而成立危险犯时，污染环境罪应当是单纯的抽象危险犯。其一，我国污染环境罪的条文并没有具体危险犯的标书，因而缺少具体危险犯的理论基础。其二，由于环境污染的后果长时间持续，对人类利益的威胁性高，抽象危险犯能更有力地保护后置法益，因此，该罪属于抽象危险犯的范畴。

（3）合规要点

1）开展企业环保合规的尽职调查，实现有效的环保风险识别，完善环境预警措施。建筑企业通过有效的尽职调查，摸清企业环保现状，厘清现存的或者潜在的企业环保因素，如是否具备有效的资质和处理能力、排污许可制度等，建立企业环保责任体系，保障每一项环保风险都能被识别，在面对突发的环境事故

① 张明楷：《污染环境罪的争议问题》，载《法学评论》2018 年第 2 期，第 1-19 页。

时，能够有预先制定好的应对措施，防止出现偷排、乱排、伪造数据的行为。

2）污染物管理、排放和处置。建筑企业在施工过程中，应当依照法律法规等规定，委托具有相应资质和能力的第三方对污染物以及废弃物进行处理，且垃圾的处理地点也应当符合要求。比如，建筑企业明知对方没有处理垃圾应当具备的资质和能力，明知对方将建筑垃圾以及有危险的废弃物非法处置在不符合垃圾处置地点要求的，都可能面临刑事风险。

3）建立健全日常环保监管体系。建筑企业应当在律师的帮助下建立健全日常环保监管体系，强化日常环保监督，对出现的问题进行记录并及时通报，落实严格责任制，对出现的问题要求相关人员及时整改，并做好环境管理台账，防止出现篡改、伪造有关数据的情况。保证企业在面临相关刑事风险时有证据对自身经营的合法性进行证明，同时还要定期对企业员工进行法律培训，培养企业员工的环境保护意识以及合规意识。

三、建筑施工企业合同签订刑事风险

（一）为亲友非法牟利罪

1. 为亲友非法牟利罪概述

（1）罪名简述

为亲友非法牟利罪是指国有公司、企业、事业单位的工作人员，利用职务便利，将本单位的盈利业务交由自己的亲友进行经营、以明显高于市场的价格向自己的亲友经营管理的单位采购商品或者以明显低于市场的价格向自己的亲友经营管理的单位销售商品、向自己的亲友经营管理的单位采购不合格商品，使国家利益遭受重大损失的行为。

（2）所涉法律法规、司法解释规定

《刑法》

第一百六十六条　国有公司、企业、事业单位的工作人员，利用职务便利，有下列情形之一，使国家利益遭受重大损失的，处三年以下有期徒刑或者拘役，并处或者单处罚金；致使国家利益遭受特别重大损失的，处三年以上七年以下有期徒刑，并处罚金：

（一）将本单位的盈利业务交由自己的亲友进行经营的；

（二）以明显高于市场的价格向自己的亲友经营管理的单位采购商品或者以明显低于市场的价格向自己的亲友经营管理的单位销售商品的；

（三）向自己的亲友经营管理的单位采购不合格商品的。

（3）保护法益

为亲友非法牟利罪属于妨碍对公司、企业的管理秩序章节中的罪名，为亲友非法牟利罪的保护法益是国有公司、企业、事业单位的正常管理活动和合法利益。

（4）表现形式

1）将本单位的盈利业务交由自己的亲友经营。所谓盈利业务，是指能够获得利润的业务。如果某种业务盈利与否取决于经营的好坏，则不能认为是盈利业务。

2）以明显高于市场的价格向自己的亲友经营管理的单位采购商品或者以明显低于市场的价格向自己亲友经营管理的单位销售商品。“明显高于”和“明显低于”，意味着不是略高一点或者略低一点，而是高出或者低于较多。

3）向自己的亲友经营管理的单位采购不合格的商品。

（5）行为主体

为亲友非法牟利罪为身份犯，行为主体必须是国有公司、企业、事业单位的工作人员。2005 年发布的《最高人民法院关于如何认定国有控股、参股股份有限公司中的国有公司、企业人员的解释》指出，国有公司、企业委派到国有控股、参股公司从事公务的人员，属于国有公司、企业人员。

（6）罪责

为亲友非法牟利罪的责任形式为故意。行为人明知自己利用职务便利为亲友牟利的行为会使国家利益遭受重大损失，仍然实施该行为并且放纵或希望危害结果的发生，行为人的动机如何不影响该罪的成立。

（7）量刑

犯为亲友非法牟利罪的，处 3 年以下有期徒刑或者拘役，并处或者单处罚金；致使国家利益遭受特别重大损失的，处 3 年以上 7 年以下有期徒刑，并处罚金。

2. 主要争议问题

(1)“利用职务便利”的认定

“利用职务便利”这一概念在《刑法》的许多条文中都出现过，但对其具体的含义的确定应当结合具体罪名的特殊性来进行界定。对于如何理解为亲友非法牟利罪中利用职务便利，理论上有两种不同的理解：一种观点认为，为亲友非法牟利罪中的“利用职务便利”是指行为人利用其在国有公司、企业、事业单位的职权和地位形成的经营或者管理上的便利条件，如利用自己决定、参与经营项目、购销往来掌握经济市场有关信息，进行决策，指挥公司、企业运行等条件。[①] 支持此类观点的学者通过分析《刑法》规定的为亲友非法牟利罪的具体行为得出结论，行为人为亲友牟利的行为，无论是将本单位的盈利业务交由自己的亲友经营，还是向自己亲友经营管理的单位采购或者销售商品，都反映出行为人对本单位的业务有一定的决定、处置权，若没有相应的决定和处置权，行为人就无法完成犯罪。因此，利用职务便利，应该仅指直接利用自己职务上对单位业务的一定决定和处置权的便利。行为人因工作关系获得某种业务信息，但对该业务信息没有处置权，即使将该信息提供给自己亲友，让亲友牟利的，也不能构成本罪。[②]

另一种观点则认为，利用职务便利，既包括直接利用，也包括间接利用，是指利用自己的职务地位和职权形成的便利条件，及其派生的影响或者地位。[③] 支持该观点的学者认为“利用职务便利”应作宽泛解释，只要是利用工作上的便利，就可认为是“利用职务便利”。行为人在实施为亲友非法牟利罪的法定三种客观行为时，只要利用了自己在国有公司、企业或事业单位工作上的便利，就可认定是“利用职务便利”。[④] 反对的观点则认为，如果“利用职务便利”的概念包含间接利用，将会极大地扩张了“利用职务便利”的范围，于法无据。甚至可能造成行为人在不同单位为亲友牟利情形，该行为并不符合为亲友牟利罪中对

① 谷福生、刘建国：《公安机关管辖 77 种经济犯罪案件立案标准》，群众出版社 2001 年版，第 45 页。

② 孙国祥：《为亲友非法牟利罪若干问题研究》，载《河南司法警官职业学院学报》2003 年第 4 期，第 3 页。

③ 张国轩：《商业犯罪的定罪与量刑》，人民法院出版社 1999 年版，第 198 页。

④ 余波、周文：《为亲友非法牟利罪的司法认定》，载《中国检察官》2006 年第 4 期，第 52 页。

“本单位”的要求。[①]

(2)“亲友”的认定

“亲友”，顾名思义，包含亲属和朋友。亲属主要包括血缘、婚姻和法律拟制出的社会关系，而关于朋友的定义过于宽泛没有准确的范围。对于亲友的定义，理论界主要包括“密切关系说”和“他人说”。

“密切关系说”认为，所谓亲友，是指与行为人有密切联系的人。[②] 理由是行为人甘愿冒着刑事处罚的风险为“亲友”牟取非法利益，对方自然应该是与行为人关系密切之人。因此有学者认为，对于“亲友”一词应尽量作限制解释，尤其是对于“友”一词，非与行为人具有明显密切关系的人，不应视为其友而论以本罪。[③] 反对者认为，从为亲友非法牟利罪保护法益的角度出发，本罪保护法益重点在于国有公司、企业、事业单位的管理制度。为关系密切或者不亲密的亲友非法牟利都会侵犯本单位的利益，都会侵犯本罪保护的法益，因此不应当对亲友进行过度限制。[④]

“他人说”认为，没必要对亲友的范围进行限定，因为不管行为人为何人牟利，都违背了自己的职责，损害了国家的利益，都应当受到刑法制裁。该观点认为接受利益的人是谁并不重要，重要的是侵犯了国家的利益。[⑤] 既然是将盈利业务交由他人经营，那么必定与他人有一定的关系或者由此建立一定的联系，从这个意义上讲，现实的司法实践用不着过分拘泥于亲友密切程度的判断。[⑥] 因此，认为完全可以用“他人”替代“亲友”的概念。

(3)“本单位盈利业务”的认定

为亲友非法牟利罪中关于“本单位的盈利业务”涉及两个方面的问题：一

① 孙国祥：《为亲友非法牟利罪若干问题研究》，载《河南司法警官职业学院学报》2003 年第 4 期，第 4 页。

② 黄京平：《破坏市场经济秩序罪研究》，中国人民大学出版社 1999 年版，第 284 页。

③ 朱友彬：《论为亲友非法牟利罪》，载《云南法学》1998 年第 3 期，第 67 页。

④ 张亚平：《为亲友非法牟利罪适用中的争议问题》，载《河南警察学院学报》2019 年第 2 期，第 78 页。

⑤ 吴平：《为亲友非法牟利罪中的“亲友”如何界定》，载《人民检察》2006 年第 5 期。

⑥ 孙国祥：《为亲友非法牟利罪若干问题研究》，载《河南司法警官职业学院学报》2003 年第 4 期，第 5 页。

是“本单位业务”的认定；二是“盈利业务”的认定。

关于“本单位业务”，有学者通过借助国外公司法中的公司机会理论进行解释，并且认为“本单位业务”是指本单位的工作人员在执行职务过程中所获得的，并有义务向公司披露的、与公司的经营活动密切相关的各种商业机会。[①] 有学者认为，判断一项业务是否属于“本单位业务”，可以借助以下具体标准：①业务的相关信息是否已经传达到单位。②行为人在履职或与职务行为相关的过程中获取该项业务信息。③本单位未向业务对方做过不接受的表示，或者规定有效期限。④无明显证据表明本单位将不接受该业务或不能接受该业务。[②] 但反对观点认为，法条的表述为“本单位盈利业务”，而“盈利”的意思是指扣除相应成本后的剩余利润，“扣除相应成本”则暗含经营、管理的行为。因此，本单位盈利业务应当是行为人单位实际经营的业务。[③]

关于“盈利业务”的认定，理论界有不同的观点，争议的焦点在于“盈利”是绝对盈利还是相对盈利。“绝对说”认为，盈利业务，是指确定无疑、必然会盈利的业务，而非可能盈利的业务，[④] 亲友接受经营该业务必然盈利而非可能盈利。反对者认为“绝对说”最终还得借助实际经营的结果来反推，认定某项业务是否必然盈利，本身就没有明确的标准。[⑤] “相对说”认为，应当根据该项业务的具体情况和该国有公司、企业、事业单位的经营条件、能力和客观条件的变化合理地综合判断是否为盈利业务。[⑥]

3. 案例总结

（1）被告人简某凤贪污、受贿案[⑦]

【裁判主旨】

《刑法》第一百六十六条所指的国有公司、企事业单位工作人员，利用职务

---

① 孙国祥：《为亲友非法牟利罪若干问题研究》，载《河南司法警官职业学院学报》2003年第4期，第4页。

② 孙力主编：《妨害对公司企业的管理秩序罪》，中国人民公安大学出版社2003年版，第244页。

③ 路云姗：《为亲友非法牟利罪疑难点探析》，载《普洱学院学报》2021年第5期，第50页。

④ 黄京平：《破坏市场经济秩序罪研究》，中国人民大学出版社1999年版，第284页。

⑤ 路云姗：《为亲友非法牟利罪疑难点探析》，载《普洱学院学报》2021年第5期，第49页。

⑥ 孙力主编：《妨害对公司企业的管理秩序罪》，中国人民公安大学出版社2003年版，第243页。

⑦ 湖北省通山县人民法院刑事判决书（2016）鄂1224刑初102号。

便利，损公肥私，将本单位的盈利业务交由自己的亲友经营，“本单位盈利业务”所指的是应该由本单位经营的业务，而本案中的工程改造项目，是不应由本单位实施，而应交由本单位以外的单位来承建的业务。因此，本案不应认定为为亲友非法牟利罪。

【主要案情】

2012年上半年，被告人简某凤胞弟简某涛得知湖北省某圻师范学校决定对学校男生公寓楼进行改造后，便给时任某圻师范校长的简某凤打电话，要求承建该工程，被告人简某凤表示同意将该工程交由简某涛承建。

为了让简某涛顺利承接该工程，简某凤安排他人出具不超过30万元的工程造价书，该报告仅包含主体工程，未对基础工程后期装修和附属工程做出预算，并且未对外公布招标信息，简某涛借用三家公司资质竞标，后顺利中标。工程完工后，简某涛在记录工程量清单时，虚增部分工程量，被告人简某凤又利用职权签字同意并且安排他人进行工程结算审计，某圻师范学校先后向简某涛挂靠的赤马港公司支付了1532462.64元工程款。

（2）陈甲为亲友非法牟利案①

【裁判主旨】

永济市人民法院认为，被告人陈甲利用职务便利，将本单位的盈利业务交由自己的亲友经营，使国家利益遭受重大损失，其行为已构成为亲友非法牟利罪。

【主要案情】

永济市人民法院经审理查明，2007年至2009年，被告人陈甲利用担任永济市某建筑工程公司经理职务的便利，为亲友非法牟取利益，将该公司的八个市政工程项目交由其兄陈乙承建。2007年4月18日至2015年10月23日，被告人陈甲先后分40笔从公司账上支付给陈乙工程款4882684元。2016年1月28日，陈甲仍以公司名义向永济市住房保障和城乡建设管理局催要部分项目建设工程尾款。经会计师事务所测算，陈乙通过八个工程项目可非法获利772020.52元（未支付利润287287元），这使该公司丧失了原本可能得到的利润，进而导致国家利益遭受重

---

① 山西省永济市人民法院刑事判决书（2019）晋0881刑初144号。

大损失。

(3) 陈某德、李某石为亲友非法牟利案[①]

【裁判主旨】

①公诉机关指控行为人的行为存在利用职务之便，但没有证据支持

某交集团某甸项目部的职责是完成修建某甸码头，某通皮带机项目是完成皮带机的采购，与某甸码头起步工程项目是相互独立、并行的项目，某甸项目部的经营职责不包括某通皮带机项目，行为人利用职务之便的指控没有证据。

②“法无明文规定不为罪”，为亲友非法牟利罪中的“亲友”不构成本罪

被告人李某石是某达公司的法定代表人，也是起诉书中指控的亲友，对于特殊主体犯罪的案件，按照共犯理论和《刑法》第三条的规定，不具有特殊主体身份的人，没有法律明文规定，不构成共犯，该罪法律条文中没有特殊主体之外的人构成共犯的明文规定，故被告人李某石不符合该罪的主体要件。

③某通皮带机项目不属于某甸项目部盈利业务范围

从该罪的主观方面、客体、客观方面来看，如果陈某德的行为构成该罪，必须是利用职务便利将本单位的盈利业务交由亲友经营，致使国家利益遭受重大损害。经查，陈某德当时是某达公司的法定代表人，也是某甸项目部的常务副总经理，某通皮带机项目并非在某甸项目部业务范围内，不存在该项目必须由某甸项目部经营的排他性。

某通皮带机项目是某达公司从日本某重工公司获得的，因某达公司没有出口权，由某交集团代理签约，项目实际由某达公司实施。且某达公司参与了谈判并承担了费用。因此，某通皮带机项目前期是某达公司从某重工揽下的业务，后是某重工、某达公司、某交集团合作的项目，而不是某交集团的盈利业务。

【主要案情】

2006 年 5 月 15 日被告人陈某德、李某石和卢某甲在天津开发区工商局注册成立了某航达港口设备工程管理有限公司（以下简称某达公司）。2008 年 4 月、5 月，某重工中标某通皮带机项目，某重工让其在中国的分公司负责人松

① 河北省唐山市曹妃甸区人民法院刑事判决书（2013）曹刑重字第 3 号。

某（日籍）负责该项目的设备采购，松某找到陈某德，并与陈某德及其所在的某达公司合作，但在签订合同前，因某达公司没有进出口权，无法办理出口退税，故陈某德提出，先由某重工与某交集团签订合同，再将该项目分包给某达公司，三方均同意。

某交集团授权陈某德在某通项目进行合同谈判，签署合同文件。陈某德代表某交集团与某重工签订了合同，合同总额为 14888262.63 美元。黄某与陈某德签订了项目管理目标责任书，代表某交集团委任陈某德为某通皮带机项目部经理，并授权陈某德签署分包协议。陈某德按授权范围代表某交集团与某达公司签订了某通三期扩建项目煤炭装卸系统钢结构采购合同，后将该项目整体分包给某达公司，分包合同总额为 54388762.98 元。中国某建设股份有限公司获利 5000 多万元。

4. 合规要点

（1）完善组织规划

必须权责分明、相互牵制，并通过切实可行的相互制衡措施来消除内部控制中的盲点，以达到防范风险控制的目的。

①建立行之有效并且长期稳定的人员、机构制度，改变企业可能存在的人事安排随意性大、制度朝令夕改的问题。落实好重要人事任免、解聘程序，在人员的选择、考察、各部门审议、上级报批、备案等方面严格要求；在人员管理上，实行报告回避制度。例如，在参与经贸项目、购销往来过程中，涉及容易产生合理怀疑的个人亲友相关业务时，应当及时报告，主动回避，规避人情往来而导致的法律风险。

②明确授权管理范围，严禁将经营管理、监督、决策的职权总揽于一人之手，杜绝权利集中，保障经理层的经营权、监事会的监督权、董事会的决策权有效运行，并对越权以及包揽行为及时按照公司的制度规定予以严惩，依法追究责任。①

（2）完善业务管理

①完善价格定制和管理制度。在建筑施工企业经营管理过程中经常涉及价值

① 路云珊：《为亲友非法牟利罪疑难点探析》，载《普洱学院学报》2021 年第 5 期。

较大的项目，可以设立价格管理部或价格管理委员会，咨询专家意见或委托专业团队，根据市场变化系统、科学地制定价格并根据情况变化调整监督。强化价格审核，开展市场调研以及成本分析，完善价格信息库，及时对比审查，对价格变化或差异较大的项目及时进行审查，规避刑事风险。

②限制关联交易。单位内部工作人员和与亲友的关联交易容易导致为亲友非法牟利罪。建设开展入职前关于亲属关系、关联关系等利益冲突事项的登记报备和审核商业行为准则、员工职务行为红线培训工作，公开接受监督，净化滋生腐败的土壤。公司高管与公司进行关联交易，应根据章程规定经过股东会同意。工作人员要坚持诚实信用原则，尽量回避本单位与亲友发生业务往来。

③落实相关项目依法公开招标的程序，防止串通投标的行为。首先，遵守招投标程序进行招投标，严格遵守《招标投标法》对建筑施工企业的行为规范。在项目招投标、议价过程中进行合规性的自查工作，防止出现以公谋私、牟取不正当利益的风险以及避免陷入形式主义，同时可以建立相应的举报查处制度。其次，对招标代理机构去函警示，督促招标代理公司加强评审把关。最后，对于已查实的串标行为，应对违规供应商实施禁入，企业内部及时追查相关责任。①

（3）完善财务制度和监督制度

建立适合企业自身特点的财务管理体制，处理好集权与分权的关系，既要确保企业各项目以及日常开支的资金能够流通，又要做到有效地集中财力，保证企业发展战略需要。实施好企业日常财务记录与审核、现金管理、报销、票据、存款、印章以及会记档案的管理等制度。

强化员工监督审核责任，在供应商入围、重要合作条款、成本价格信息等方面强化审核职能，避免出现责任前推或其他重形式而不重实质的审批审核；加大全员监督和纪检或审计调查处置力度，树立廉洁从业导向，形成全员监督合力，以强有力姿态处置违规违纪行为。

内部工作人员离职时，应当严格办理交接手续，对涉及的人、财、物建档建账进行审核，及时纠正问题。离任审核工作可以与企业开展的相关公开活动结合起来，采取向有关知情人咨询，召开职工代表大会、座谈会的形式认真调查了

① 路云珊：《为亲友非法牟利罪疑难点探析》，载《普洱学院学报》2021 年第 5 期。

解，对发现的刑事风险及时固定证据，交由司法机关依法追究刑事责任。

(二) 签订、履行合同失职被骗罪

1. 签订、履行合同失职被骗罪概述

(1) 罪名简述

签订、履行合同失职被骗罪是指国有公司、企业、事业单位直接负责的主管人员，在签订、履行合同过程中，因严重不负责任被诈骗，致使国家利益遭受重大损失的行为。

(2) 所涉法律法规、司法解释规定

《刑法》

第一百六十七条 国有公司、企业、事业单位直接负责的主管人员，在签订、履行合同过程中，因严重不负责任被诈骗，致使国家利益遭受重大损失的，处三年以下有期徒刑或者拘役；致使国家利益遭受特别重大损失的，处三年以上七年以下有期徒刑。

《全国人民代表大会常务委员会关于惩治骗购外汇、逃汇和非法买卖外汇犯罪的决定》

第七条 金融机构、从事对外贸易经营活动的公司、企业的工作人员严重不负责任，造成大量外汇被骗购或者逃汇，致使国家利益遭受重大损失的，依照刑法第一百六十七条的规定定罪处罚。

(3) 保护法益

签订、履行合同失职被骗罪作为妨碍对公司、企业的管理秩序罪的章节中的罪名之一，保护法益是国家对国有公司、企业、事业单位的管理秩序。

(4) 表现形式

1) 不问对方资信，盲目地将大量资金给付对方，或者擅自作经济担保，造成大量经济损失的；

2) 未向主管单位或有关单位了解情况，盲目同无资金或无货源的另一方进行购销等贸易活动而被骗的；

3) 对供应销售的不符合质量要求、质次价高的货物，应当检查而不检查，擅自同意发货，又不坚持按合同验收，造成重大经济损失的；

4）无视规章制度和工作纪律，擅自越权，签订或履行合同，造成重大经济损失的；

5）发现出口商品的质量、数量不符合规定要求而不及时采取措施，致使外方向我方索赔，造成重大经济损失的；

6）在经办人员提出违反法律规定的做法和主张时，对其默许或同意，或者当经办人员提出本单位合同签订、履行中可能被骗的事实根据时，未予重视，最终造成国家利益遭受重大损失的。①

（5）行为主体

签订、履行合同失职被骗罪行为主体为特殊主体，根据《刑法》限定为国有公司、企业、事业单位直接负责的主管人员，但行为主体是否包含其他责任人员，理论界存在争议。

（6）罪责

签订、履行合同失职被骗罪的主观方面表现为过失。即行为人按照自己的职责范围和特定义务，对于自己的行为可能造成国家利益遭受重大损失的结果应当预见，但由于马虎、疏忽大意而没有预见，或者虽然已经预见，却轻信能够避免，造成国家利益遭受重大损失的结果。

（7）量刑

犯签订、履行合同失职被骗罪的，处3年以下有期徒刑或者拘役；致使国家利益遭受特别重大损失的，处3年以上7年以下有期徒刑。

2. 主要争议问题

（1）注意义务的判断基准

“严重不负责任”作为签订、履行合同失职被骗罪描述性的构成要件，其具体的内涵因现实中签订、履行合同中的失职行为呈现出的多样性和复杂性而难以获得准确的解释。在法律法规没有作出具体规定之前，司法实践中只能对此粗略地作一个判断，理论界也没有定论。

签订、履行合同失职被骗罪作为过失犯罪，“严重不负责任”是要求行为人

---

① 王玉珏、杨坚研：《透视签订、履行合同失职被骗罪（二）》，载《上海商业》2002年第10期，第65页。

未尽其注意义务，注意义务基于注意能力，因此在判断行为人是否“严重不负责任”未尽注意义务时，需要明确注意能力的标准从而确定其相应的注意义务。注意义务的内容主要包括法律的要求、社会生活习惯、先行行为产生的义务、职业要求等方面的内容。有学者提出在签订、履行合同失职被骗罪中判断行为人是否严重不负责任的标准应包含是否审查对方合同主体资格、资信情况及履约能力，是否依据合同行使权利履行义务，以及在发现受骗后是否积极追货追款五个方面。[①]

针对注意能力的判断标准，当前学界存在不同说法，主要包括下述观点：第一，主观说，也称为个人标准说。主观说重视行为人的主观心理状态，以行为人的道义责任为基础，判断行为人是否违反注意义务应当以行为人的注意能力为准。第二，客观说，也即一般人标准说。该观点基于社会责任，将通常人的谨慎注意力作为判断标准，如行为人没有达到通常人的谨慎注意，则违反注意义务。在特定领域中，一般人指的是该行业中的一般人而非日常生活中的一般人。第三，折中说。折中说融合了上述两种观点的内容，认为应当坚持主客观统一原则，综合具体情况考虑分析，设置不同类型标准确定注意能力。[②]

（2）“国有公司、企业、事业单位直接负责的主管人员”是否包含其他直接责任人员

《刑法》有关过失犯罪的条文中有的只是规定“直接责任人员”，如第一百三十八条教育设施重大安全事故罪；还有的同时规定了“直接负责的主管人员”和“直接责任人员”，如第一百三十五条重大劳动安全事故罪和第一百五十三条走私普通货物、物品罪；有的只是规定“直接负责的主管人员”，如本罪。《刑法》将签订、履行合同失职被骗罪的主体限定为国有公司、企业、事业单位直接负责的主管人员。所谓主管人员，是指对签订、履行合同起领导、决策、指挥作用的单位负责人，如公司总经理、经理、业务部门主管人员等。对于“国有公司、企业、事业单位直接负责的主管人员”是否包含其他直接责任人员，学界有不同的观点。

---

① 李晓艳：《签订、履行合同失职被骗罪若干问题探讨》，载《襄樊学院学报》2009 年第 1 期，第 31 页。

② 崔星璐：《签订履行合同失职被骗罪之注意义务的判断基准》，载《河北企业》2019 年第 2 期，第 161 页。

赞同的观点认为，本罪的立法旨意在于追究领导者的责任，即按照“监督过失理论”对从业人员未能认真监督的直接上级可以因“懈怠监督责任”而适用监督过失追究过失责任。① 司法实践中也有这种情况，即主管人员履行了监督责任，但是具体业务人员自作主张或不执行主管领导的正确意见，因而造成重大损失。对此，应当追究这些直接责任人员的责任。② 反对的观点主要以张明楷教授为代表，张明楷教授在其书中指出“行为主体必须是国有公司、企业、事业单位的直接负责的主管人员”③。反对的观点主要认为，应当按照《刑法》规定的要件去认定签订、履行合同失职被骗罪的主体，扩张签订、履行合同失职被骗罪的主体范围没有依据，违背立法原意。④ 但也有学者指出，应当对签订、履行合同失职被骗罪的主体进行扩张解释，因为司法实践中，执法人员经常遇到国有公司、企业、事业单位非直接负责的主管人员，在签订、履行合同过程中，因失职被诈骗致使国家利益遭受重大损失的情况，但是执行人员却有法难依，陷入尴尬的境地。⑤

3. 案例总结

（1）苗某远签订、履行合同失职被骗案⑥

【裁判主旨】

被告人苗某远身为公司总经理、合规管理领导小组组长、风险防控领导小组组长、贸易部总经理，系公司的主要负责人和直接负责贸易业务的主管人员。其在公司与田某1、隆某公司签订、履行合同过程中，没有按照集团公司及本公司制定的关于合同签订、履行及贸易风险防控的规定认真履行职责并对具体业务人员有效实施监管，对具体业务人员的违规行为没有认真监督、没有认真审核相关审批文件，放任其业务人员的违规行为。在具体业务开展过程中，苗某远明知存在重大贸易风险，且在相关业务部门明确提出具体防范风险措施的情况下，不按

① 林亚刚：《犯罪过失的理论分类中若干问题的探讨》，载《法学评论》1999年第3期。

② 宫厚军：《论签订、履行合同失职被骗罪》，载《山西高等学校社会科学学报》2002年第1期，第67页。

③ 张明楷：《刑法学（下）》（第六版），法律出版社2021年版，第979页。

④ 王玉珏、杨坚研：《透视签订、履行合同失职被骗罪（二）》，载《上海商业》2002年第10期，第66页。

⑤ 张锦莉：《签订、履行合同失职被骗罪若干争议问题研究》，载《河南司法警官职业学院学报》2008年第3期，第61页。

⑥ 山东省邹城市人民法院刑事判决书（2018）鲁0883刑初398号。

照公司风险防控的规定严格执行，盲目自信，未认真审查相关材料，也未认真履行管理职责，导致公司被田某1、隆某公司诈骗3790万元，国家利益遭受特别重大损失，已构成签订、履行合同失职被骗罪。

【主要案情】

2014年1月6日，通过某矿集团有限公司煤化分公司公开竞聘和组织考察，聘任苗某远为某矿煤化供销公司总经理、党总支委员、书记、执行董事。

（1）某矿煤化供销公司与田某1开展业务的事实

2014年年初，田某1想采取虚假贸易的方式骗取某矿煤化供销公司的购煤款，便找到某矿煤化供销公司贸易部的业务员赵某，向其提出先由某矿煤化供销公司以优惠价购买阳城煤矿的煤炭，再加价卖给由田某1实际控制的某铭公司，从中赚取差价、提高业务量。赵某向被告人苗某远进行了汇报，苗某远提出召开评审会讨论并安排该笔业务。2014年11月，被告人苗某远与张某1、赵某发现被骗后，田某1承认了诈骗的事实，田某1书写承诺书和担保书将其个人的两个公司资产抵押给某矿煤化供销公司。被告人苗某远未安排相关人员对田某1提供的资产状况进行核实，未办理资产抵押登记，也未及时报案。截止到案发，某矿煤化供销公司共计被田某1诈骗1750万元。

（2）某矿煤化供销公司与隆某公司、某高公司开展甲醇贸易业务的事实

崔某1系某高公司、隆某公司的实际控制人。崔某1找到某矿煤化供销公司想与该公司继续开展下一笔业务。因双方上一笔业务没有及时回款，根据某矿煤化供销公司规定不能继续开展业务。苗某远得知情况后告知隆某公司，若其能够提供银行担保或者第三方担保，便召开评审会研究是否可以继续开展业务。之后崔某1伪造第三方担保承诺书，被告人苗某远没有审核出该承诺书的异常之处，后决定召开风险评估会，同意在隆某公司提供第三方担保的情况下，继续开展下一笔业务，与会人员均没有审查出承诺书的异常之处。合同签订后，支付货款前被告人苗某远没有安排业务经办人员去提供担保的单位核实崔某1提交担保承诺书的真实性，也没有安排专人办理担保手续，即在付款申请和付款凭单上签字同意付款。某矿煤化供销公司向隆某公司汇款共计2460万元。崔某1收到货款后并没用于购买甲醇，而是偿还了隆某公司所欠的借款及银行贷款。

（2）孙某飞签订、履行合同失职案[①]

【裁判主旨】

①该公司内规章制度的完备与否，与判断孙某飞是否具有“作为义务”并无因果关系

上诉人孙某飞身为国有公司直接负责的主管人员，具有保证国有资产不流失的职责。某洋五矿实业有限公司系国有公司，孙某飞系该公司的总经理，对国有资产的安全使用负有职责。该罪作为过失犯罪，就“作为义务”发生的形式前提而言，并非仅“违反规定”这一种情形，而职务上形成的对特定领域的管理义务，同样是形成“作为义务”的前提条件之一。孙某飞是国有公司的总经理，应当在经营过程中尽到勤勉审慎的义务，以保证国有资产不流失，该公司内规章制度的完备与否与判断孙某飞是否具有“作为义务”并无因果关系。

②上诉人孙某飞在签订、履行合同过程中因严重不负责任被骗

在涉案木材融资业务中，孙某飞没有对木材的市场价格做最基本的了解，在交易价格高出市场价格十余倍时也未能引起警觉，对木材市场价格的基本情况严重缺乏认知。孙某飞仅是对相关公司“地理位置”“人员多少”进行了最基本的了解，而对涉及木材融资业务的关键内容并未审查。在贸易过程中，孙某飞将由其他公司承担风险的“背对背”交易模式改为由其公司承担风险的“前对背”模式，在明知存在大量单证不符的情况下，仍然将风险敞口不断扩大，并按照他人指示控制交单节奏，导致大量单证不符信用证的积压，给公司带来巨大风险。

【主要案情】

2013年9月至2015年5月，谢某、胡某1、薛某等三人以上海某源实业有限公司的名义委托某洋五矿实业有限公司向三合公司等境外木材供应商采购木材，再销售给上海某联发进出口有限公司等境内外贸代理公司。在该项业务中，被告人孙某飞作为某洋五矿实业有限公司的直接负责人，在签订、履行业务合同过程中未认真审核上海某源实业有限公司的资产状况及履约能力，也未调研木材市场价格，未参与合同谈判等重要环节，未及时有效地处理单证不符等问题。此外，在上海某源实业有限公司未提供任何担保的情况下，采用“前对背”高风

---

① 北京市第一中级人民法院刑事裁定书（2019）京01刑终353号。

险的贸易模式并拖延提交信用证的时间。致使谢某、胡某1、薛某三人通过虚高采购价格、私刻公司印章、伪造合同及信用证副本等手段，欺骗某洋五矿实业有限公司向境外供应商支付大量货款，并将差额货款转至谢某、胡某1实际控制的账户。后胡某1等人以单证不符等为由通知外贸代理公司拒绝承兑信用证，造成某洋五矿实业有限公司共计损失人民币4.55亿余元。

4. 合规要点

（1）完善企业的管理监督预防制度，防止权力集中

完善建筑施工企业的内部管理制度，首先应明确股东大会的权利与责任，实现管理结构的优化，完善董事会与监事会职责，明确章程的相关内容，明确有序的管理机制，确保权力的平衡，避免权力过于集中，真正实现合同决策和执行的公开性和透明度。为了保证企业内部决策的科学性，降低决策风险，对于建筑施工企业的重大决定，应当严格按照法律法规和公司章程规定，由董事会、股东会等机构集体研究决定的，须由相关人员签字盖章并记录保存，避免企业工作人员承担刑事风险，给企业造成重大损失。①

建筑施工企业应当重视合同管理制度的完善，建立严谨多级的合同签订审批制度，以规范合同签订的各项工作。首先，应建立严格记载实际履行情况的合同台账制度，以规范履约中的合同管理，具体包括在合同签订、履行过程中，正确履行合同签订前尽职调查的职责，全面了解供应商的经营状况，合理评估合同标的价值，以及查看相应合同、发票原件及其他单据原件等。此外，做好合同签订与履行的过程记录，进行合同的归档整理。其次，应切实管理资金项目，推进管理机制的建设，实行现代化的企业管理条例，明确国有企业产权与管理责任，据此制定完善的管理体系，并且针对货款的支付项目，企业应建立完善的支付体系，确保购销活动的规范化，充分降低失职被骗罪的发生概率。最后，应针对合同合作方式、供应商以及销售商等采用多元化的竞争机制，建立公开的对外合作制度，避免单一的合作方，将刑事风险分散处理。

为了更好地杜绝签订、履行合同失职被骗罪，规避刑事风险，建筑施工企业

① 武文卓：《国有企业合同风险与签订、履行合同失职的研究》，载《中国商论》2019年第19期，第236页。

应采用集体负责机制，确保负责合同签订的主管人员不能出现权力集中问题。部分企业在运营期间并未结合自身现状制定监督体系，以致频繁出现玩忽职守以及怠于审查的现象。因此在签订重大合同时，企业应采用多人负责机制，征集多方意见，由领导人员与一般的主管人员共同负责，做到相互制衡，确保多个层面理解合同项目，减少合同签订与履行期间的玩忽职守以及腐败问题，避免出现失职被骗罪，避免资产的流失。[①]

（2）建立法律顾问制度和审核监督制度

首先，建筑施工企业应做好专业法律与业务精通人才的培训工作，建立法律顾问部门，以此预防在合同签订期间存在的刑事风险，在刑事风险发生后，及时收集证据减少企业的损失，同时充分发挥其在合同谈判期间的作用。因此，在履行与签订合同时，相关人员应在确保合同科学性的基础上，严格开展法律审查工作，保证合同的科学性与合理性。其次，建筑施工企业可以外聘专门的律师担任法律顾问，严格审查合同的合法性，通过律师的参与，可以有效制约可能存在的欺诈或者越权行为。建筑施工企业在签订合同之前，应当认真了解和掌握市场变化的情况，对市场进行深入调查，做好可行性分析；在选择交易对象时，对合同对方当事人的资格、信用进行深入调查。资格审查包括对对方当事人资格的审查和订立合同的法定代表人、委托代理人和担保人的资格审查。信用审查是对对方当事人履约能力和以往履约信用的审查。审查对方当事人是否具备订立合同的主体资格，如审查经营范围和有关经济活动项目、支付能力和生产能力以及技术水平等情况，仔细研究合同条款的内容，不盲目轻信对方当事人的意思表示，注意完成合同本身所应该具备的形式要件。在合同履行过程中，发现对方当事人有欺诈行为时应立即终止合同履行，并采取有效的保全手段，避免企业资产进一步流失；对对方当事人不按合同约定履行义务的行为应及时追究。[②]

法律部门还可以在经营管理过程中，对公司各层领导、各部门人员进行法律监督，监督的内容包括合同管理、反不正当竞争和反垄断监督，环境保护监督、

---

① 武文卓：《国有企业合同风险与签订、履行合同失职的研究》，载《中国商论》2019年第19期，第236页。

② 王蜜：《对签订、履行合同失职被骗罪犯罪原因及防范措施的探讨》，载《理论学习与探索》1999年第6期，第73页。

诉讼过程监督等，从而促进公司遵守法律，规范经营，尽量防止雇员、单位卷入诉讼，规避风险。[①]

（三）国有公司、企业、事业单位人员失职罪/滥用职权罪

表 5-9　建筑施工企业国有公司、企业、事业单位人员失职罪数据

时间	2001—2019 年	2020 年	2021 年	2022 年	2023 年
案件数量/件	22	2	3	—	—

（参考“威科先行·法律信息库”，通过检索“国有公司、企业、事业单位人员失职罪+建设工程”得出）

表 5-10　建筑施工企业国有公司、企业、事业单位人员滥用职权罪数据

时间	2001—2019 年	2020 年	2021 年	2022 年	2023 年
案件数量/件	14	5	3	2	—

（参考“威科先行·法律信息库”，通过检索“国有公司、企业、事业单位人员滥用职权罪+建设工程”得出）

通过表 5-9 与表 5-10 可以看出，国有公司、企业、事业单位人员失职罪/滥用职权罪在建设施工领域犯罪数量中仍然占据一定比例，其中国有公司、企业、事业单位人员失职罪的数量高于国有公司、企业、事业单位人员滥用职权罪。可以看出，建筑施工企业即使在主观上不存在犯罪故意，但不积极履行注意义务的情形下也有面对刑事风险的可能，因此建筑施工企业更应该搭建体系化的合规制度。

1. 国有公司、企业、事业单位人员失职罪/滥用职权罪概述

（1）罪名简述

国有公司、企业、事业单位人员失职罪/滥用职权罪是国有公司、企业、事业单位的工作人员，由于严重不负责任或者滥用职权，造成国有公司、企业破产或者严重损失，致使国家利益遭受重大损失的行为。

（2）历史演变

1997 年《刑法》增设了“徇私舞弊造成破产、亏损罪”，原条文为：“国有公司、企业直接负责的主管人员，徇私舞弊，造成国有公司、企业破产或者严重

① 王蜜：《对签订、履行合同失职被骗罪犯罪原因及防范措施的探讨》，载《理论学习与探索》1999 年第 6 期，第 73 页。

亏损，致使国家利益遭受重大损失的，处三年以下有期徒刑或者拘役。”该条款在1999年被《刑法修正案）》第二条修订，将本罪的行为主体扩张为“国有公司、企业、事业单位的工作人员”，客观方面，从1997年的“造成国有公司、企业破产或者严重亏损”修正为“造成国有公司、企业破产或者严重损失”，对于事业单位增加了“致使国家利益遭受重大损失”的内容，增加了“严重不负责任或者滥用职权”作为犯罪构成要件，客观要件扩大了，将“徇私舞弊”作为从重情节规定，加重了惩处力度。在之后虽经历多次修改，但基本框架沿用至今。

（3）所涉法律法规、司法解释规定

《刑法》

第一百六十八条 国有公司、企业的工作人员，由于严重不负责任或者滥用职权，造成国有公司、企业破产或者严重损失，致使国家利益遭受重大损失的，处三年以下有期徒刑或者拘役；致使国家利益遭受特别重大损失的，处三年以上七年以下有期徒刑。

国有事业单位的工作人员有前款行为，致使国家利益遭受重大损失的，依照前款的规定处罚。

国有公司、企业、事业单位的工作人员，徇私舞弊，犯前两款罪的，依照第一款的规定从重处罚。

《最高人民法院刑事审判第二庭关于国有公司人员滥用职权犯罪追溯期限等问题的答复》

……

二、国有公司人员滥用职权或失职罪的追诉期限应从损失结果发生之日起计算。就本案而言，追诉期限应以法律意义上的损失发生为标准，即以人民法院民事终审判决之日起计算。

《最高人民法院、最高人民检察院关于办理国家出资企业中职务犯罪案件具体应用法律若干问题的意见》

四、……

国家出资企业中的国家工作人员在公司、企业改制或者国有资产处置过程中严重不负责任或者滥用职权，致使国家利益遭受重大损失的，依照刑法第一百六十八条的规定，以国有公司、企业人员失职罪或者国有公司、企业人员滥用职权罪定罪处罚。

……

（4）保护法益

国有公司、企业、事业单位人员失职罪和国有公司、企业、事业单位人员滥用职权罪作为妨碍对公司、企业的管理秩序罪的章节中的罪名，保护法益是国家对国有公司、企业、事业单位的管理秩序。

（5）表现形式

1）国有医院工作人员在医院综合服务楼项目申报、实施过程中，身为具体负责人，私下参股其中，未按照法定程序申请报批，也未依照规定实行公开议标和进行国有资产评估，私下草率确定起拍价、保留价等，并帮助合伙人在合同条款中更改中标款项、支付时间等内容；在履行合同过程中，擅自同意其不按合同履行中标款项的支付义务，帮助其将公寓对外出售，造成国家利益遭受特别重大损失。

2）农业发展银行营业部主要负责人为避免因他人贷款形成不良贷款被追责，超越规定权限为他人的融资提供担保，最终导致市农业发展银行因承担该担保责任，给国家财产造成巨额经济损失。

3）国家工作人员或者受国家机关，国有公司、企业、事业单位，人民团体委托管理、经营国有财产的人员在企业改制过程中，采取低估资产、隐瞒债权、虚设债务、虚构产权交易等方式故意隐匿公司、企业财产，造成国家资产遭受重大损失。

4）国有单位电力燃料公司主要负责人，违反国有企业“三重一大”决策制度，擅自采取无真实交易依据付款、隐瞒欠款等方式，向他人控制的公司支付巨额款项、赊销煤炭等，后因被担保人下落不明，电力燃料公司巨额货款无法回收，造成巨大经济损失。而后行为人与他人采取开立虚假用途信用证、骗取银行贷款、循环倒账的手段来掩盖巨额债务的存在，导致电力燃料公司支出巨额的银行利息。

5）国有企业负责人滥用职权，在明知没有用工需求的情况下，违规招录人员并直接安排待岗，造成国有企业公共财产遭受重大损失。

6）国有单位工作人员接受他人请托，多次指令国投公司总经理、下属国有公司以单位名义借给他人款项用于经营，导致巨额债务无法归还。

（6）行为主体

根据《刑法》本罪的行为主体是国有公司、企业、事业单位的工作人员。《最高人民法院、最高人民检察院关于办理国家出资企业中职务犯罪案件具体应用法律若干问题的意见》指出，国家出资企业中的国家工作人员在公司、企业改制或者国有资产处置过程中严重不负责任或者滥用职权，致使国家利益遭受重大损失的，以国有公司、企业人员失职罪或者国有公司、企业人员滥用职权罪定罪处罚，将本罪的主体扩张到国家出资企业的范畴。

（7）罪责

1）国有公司、企业、事业单位人员失职罪

本罪属于过失犯罪。国有公司、企业、事业单位人员按照自己的职责范围和特定义务，对于自己的行为可能造成国家利益遭受重大损失的结果应当预见，但由于马虎、疏忽大意而没有预见，或者虽然已经预见，却轻信能够避免，以致国家利益遭受重大损失。

2）国有公司、企业、事业单位人员滥用职权罪

本罪属于故意犯罪。国有公司、企业、事业单位人员明知自己滥用职权、徇私舞弊的行为会损害国有公司、企业、事业单位的利益，并且致使国家利益遭受重大损失，但仍采取该行为，并希望或放任这种危害后果的发生，不论其动机如何都不影响本罪的成立。

（8）量刑

犯国有公司、企业、事业单位人员失职罪/滥用职权罪的，处 3 年以下有期徒刑或者拘役；致使国家利益遭受特别重大损失的，处 3 年以上 7 年以下有期徒刑。徇私舞弊犯上述罪的，从重处罚。

2. 主要争议问题

（1）“国有公司、企业”的范围

2010 年 11 月 26 日“两高”发布的《关于办理国家出资企业中职务犯罪案

件具体应用法律若干问题的意见》第四条规定，“国家出资企业中的国家工作人员在公司、企业改制或者国有资产处置过程中严重不负责任或者滥用职权，致使国家利益遭受重大损失的，依照刑法第一百六十八条的规定，以国有公司、企业人员失职罪或者国有公司、企业人员滥用职权罪定罪处罚……”该意见将国有资本参股、国有资本控股和国有独资企业都纳入了“国有公司、企业、事业单位”的范畴。有学者反对该做法，认为“国家出资企业”不一定是“国有公司、企业”，“国家出资企业中的国家工作人员”并不一定属于“国有公司、企业的工作人员”，因为该意见第七条规定：本意见所称“国家出资企业”，包括国家出资的国有独资公司，以及国有资本控股公司和国有资本参股公司。所以，该意见实际上偷换了概念，有违反罪刑法定原则之嫌。[①]

关于“国有公司、企业”范围的争论主要分为两种学说。第一种学说是“独资说”，即认为只有国家直接出资设立的，以及国有独资公司或企业出资再设立的才能被认定为国有公司、企业，对于国有控股或参股的公司则不应当被认定属于“国有公司、企业”的范畴。[②] 这种观点参考了最高人民法院2005年发布的关于国家工作人员的解释，被委派到国资控股和参股公司去从事公务的人员，才能被视为国有公司或国有企业人员，未被委派的则不能认定为国有公司、企业人员。[③] 因此，这些国资控股或参股的公司也不能当然被认定为国有公司或国有企业，并且认为盲目扩大国有公司、企业的范围会对“企业”的定义造成混乱，扩大了刑法对此类犯罪的打击面。第二种学说是“控股说”，即认为国家出资设立或控股的公司都属于“国有公司、企业”的范畴，但是在该观点内部，对于“控股”如何定义也存在分歧。有观点认为，国有资本股权占比50%以上的，属于国有资产绝对控股，就应当被确定为国有企业，[④] 但也有观点主张，从公司法的角度出发，控股存在相对控股与绝对控股的区分，即使是1%的控股也

---

① 张明楷：《刑法学（下）》（第六版），法律出版社2021年版，第981页。

② 朱建华：《刑法中的国有公司、企业辨析》，载《现代法学》2004年第4期，第93页。

③ 陈兴良：《国家出资企业国家工作人员的范围及其认定》，载《法学评论》2015年第4期，第10-18页。

④ 阮方民：《“国家工作人员”概念若干问题辨析》，载《浙江大学学报（人文社会科学版）》2000年第2期，第95页；孙国祥：《论刑法中的国家工作人员》，载《人民检察》2013年第11期，第8页。

有可能成为第一大股东,[①] 所以没有必要以50%为界分。

(2)"徇私舞弊"的认定

"徇私舞弊"作为国有公司、企业、事业单位人员失职罪/滥用职权罪从重处罚的情节,对于其具体内涵,理论界和司法界都存在巨大的争议。"徇私舞弊"主要包括主观上徇私和客观上舞弊两个方面。

从主观上徇私来看,对于"徇私"能否包含非个人利益,存在肯定说和否定说两种观点。否定说认为,徇私只能是为了个人的私情私利,如为了单位利益这种非为个人的徇私,则不能视作刑法上的"徇私"。肯定说认为,无论行为人是为了单位利益还是为了个人利益,这种行为都侵害了国家对国有公司、企业、事业单位的管理秩序,如果将徇单位之私的不法行为予以排除,则客观上与立法目的相悖且不利于法益保护。[②] 支持肯定说的观点认为,刑法语言中的"公私"与日常一般语言不能等同,从立法目的来看,徇私的范围应当包括个人、集体或单位的利益。[③]

关于"舞弊"的理解,主要存在两类观点:一类观点是将舞弊作为滥用职权行为的同位语,认为舞弊并不具备超过刑法条文所规定的滥用职权行为以外的特别含义。只要行为人实施了滥用职权中所囊括的具体行为,就应当认定符合条文中关于"舞弊"所应当认定的构成要件。支持此类观点的学者认为,如果将舞弊行为与本罪的实行行为相区分,则会造成"滥用职权"行为的变动,不利于刑法的稳定性和可预见性。另一类观点则认为将舞弊认定为具体的实行行为,需要根据行为主体所在职责岗位的职责内容和行为规则,认定其行为是否属于以欺骗的方式实施了违法乱纪的行为。[④]

---

① 梅卓然:《刑法第168条与第397条比较研究》,南京师范大学2018年硕士学位论文。

② 张穹主编:《贪污贿赂渎职"侵权"犯罪案件立案标准精释》,中国检察出版社2000年版,第131页。

③ 魏宇翔:《国有公司、企业、事业滥用职权罪若干问题研究》,郑州大学2021年硕士学位论文。

④ 张明楷:《渎职罪中"徇私"、"舞弊"的性质与认定》,载《人民检察》2005年第23期,第7页。

3. 案例总结

（1）于某宽国有企业人员失职案①

【裁判主旨】

关于国有公司、企业、事业单位人员失职罪，涉及刑档的适用以及对变更起诉正当性的评判，考虑本案国家利益损失为2397.39万元，达到了入罪标准的40余倍，可认定为“特别重大损失”。损失状况为事实判断问题，“重大损失”与“特别重大损失”之认定为法律适用问题，虽然后者依托于前者，但后者是对前者的价值判断，同一损失金额并不指向唯一的价值判断。公诉机关基于同一犯罪事实调整关于法律适用问题的意见并无不妥。被告人于某宽身为国有企业工作人员，严重不负责任，致使国家利益遭受特别重大损失，其行为触犯了刑法，构成国有企业人员失职罪。

【主要案情】

被告人于某宽任北京市某联合公司（以下简称某公司）副场长。该公司为了开发某坛医院旧址地块，决定扩股融资，并委托北京某联合资产评估公司对某坛医院旧址地块进行资产评估，于某宽为负责人。某公司投资发展部部长宛某出具了地坛医院旧址地块《房屋建筑物情况说明》，载明“截止评估基准日除《国有建设用地使用权出让合同》及附件外，我公司未取得关于该宗土地的其他规划文件”，该表述与事实明显不符。但被告人于某宽作为评估工作负责人，未查阅移交档案，未核查地上建筑物的国土、规划手续等情况，严重不负责任，便签批同意向北京某联合资产评估公司出具该说明，造成该地块上9214.59平方米应纳入评估范围的面积未被纳入，进而在融资过程中致使国有资产贬值人民币2000余万元。

（2）柯某恩国有公司、企业、事业单位人员失职案②

【裁判主旨】

鉴于我国法律法规及司法解释目前未对《刑法》第一百六十八条中“特别重大损失”作出具体数额规定，参照《刑法》第三百九十七条滥用职权罪、玩忽职

① 北京市朝阳区人民法院刑事判决书（2020）京0105刑初962号。

② 广东省茂名市电白区人民法院刑事判决书（2018）粤0904刑初272号。

守罪的规定，“国家机关工作人员滥用职权或者玩忽职守，致使公共财产、国家和人民利益遭受重大损失的，处三年以下有期徒刑或者拘役；情节特别严重的，处三年以上七年以下有期徒刑”，以及2012年12月7日《最高人民法院、最高人民检察院关于办理渎职刑事案件适用法律若干问题的解释（一）》第一条第二款第（二）项的规定，造成经济损失150万元以上的，应当认定为《刑法》第三百九十七条规定的“情节特别严重”。柯某恩在国有公司任职期间，严重不负责，致使国有公司经济损失超过470万元，其行为已构成国有公司、企业、事业单位人员失职罪，应认定为属于《刑法》第一百六十八条规定的“特别重大损失”，依法应处三年以上七年以下有期徒刑。

【主要案情】

被告人柯某恩担任A市建筑集团第四有限公司（以下简称四建公司）法人代表、总经理，默认该市某建筑集团第四有限公司广州分公司（以下简称广州分公司）承包人何某1私刻“某建筑集团第四有限公司”公章，并同意用该公章在广州银行开设“某市建筑集团第四有限公司”一般存款账户。随后广州分公司使用其私刻的公章及开设的银行账户以四建公司的名义与中山市某房地产开发有限公司签订《标准施工合同》，承包“凤凰某花园”建设工程项目，柯某恩没有经过集体研究，私自认可该项目及合同有效并同意任命张某为该项目负责人，并同意中山市某房地产开发有限公司将“凤凰某花园”项目工程款1583.566743万元汇入广州分公司在广州银行开设的四建公司银行存款账户，再划转到张某及张某授意的收款人账户名下，导致张某携带“凤凰某花园”项目工程款900多万元潜逃，四建公司及广东B市建设工程有限公司遭受经济损失470万元以上。

（3）辛某平等三人玩忽职守，国有公司、企业、事业单位人员失职案①

【裁判主旨】

被告人辛某平身为国家机关工作人员，严重不负责任，不履行监管职责，致使公共财产、国家和人民利益遭受重大损失，其行为已构成《刑法》第三百九十七条第一款规定的玩忽职守罪；被告人张某伟、张某平身为国有公司工作人

① 陕西省西安市临潼区人民法院刑事判决书（2018）陕0115刑初16号。

员，严重不负责任，造成国有公司严重损失，进而致使国家利益遭受重大损失，其行为均已构成《刑法》第一百六十八条第一款规定的国有公司、企业、事业单位人员失职罪。

【主要案情】

被告人张某伟、张某平在分别担任西安市地铁三号线一期工程车站设备安装及装修施工项目 D3AZZZSG-1 标段施工单位中铁一局集团电务工程有限公司项目经理部工程部部长、总工程师期间，二人严重不负责任，未严格对购进的奥凯电缆履行实验、检验工作职责，致使西安地铁三号线 D3AZZZSG-1 标段项目施工中大量采用陕西奥凯电缆公司的不合格电缆，这些不合格电缆需要重新更换，总价值为 1313765.13 元，给国有公司造成严重损失，进而致使国家利益遭受重大损失。

（4）赵某合国有公司、企业、事业单位人员滥用职权案①

【裁判主旨】

被告人赵某合身为国有公司、企业、事业单位人员，在履职过程中滥用职权，以个人名义对外借款 1520 万元，并以 A 总公司重庆分公司、B 集团重庆分公司名义为该借款提供担保，债务到期后其无力还款，导致 A 总公司和 B 集团承担连带赔偿责任，两国有企业损失 1578.17362 万元，进而致使国家利益遭受特别重大损失，其行为已构成国有公司、企业、事业单位人员滥用职权罪。

法院认为，被告人赵某合对外借款 3665 万元的借款合同盖有 A 总公司重庆分公司的公章，并由财务出具了收条，这让出借人认为该款系出借给 A 总公司重庆分公司，并按照合同的约定汇入其指定的账户，且 A 总公司业已实际偿还了该借款。故，法院不支持辩护人主张的因借款没有汇入公司对公账户就不应当认定为公款，而应当认定为滥用职权罪的辩护意见。

【主要案情】

A 总公司为四川某田地质局 A 队下属国有企业，B 集团公司为四川省某田地质局下属国有公司，两国有公司在重庆分别成立了分公司，公司经营范围中没有

① 四川省达州市达川区人民法院刑事判决书（2019）川 1703 刑初 366 号。

对外融资借款的权利。被告人赵某合为四川省某田地质局A队工作人员，还被任命为A重庆分公司经理和B集团重庆分公司副经理。

被告人赵某合以A总公司重庆分公司名义向他人借款共计3665万元的实际借款行为，赵某合没有向A总公司汇报，A总公司对此并不知情。赵某合将其中的1676.401274万元用于个人项目投资。随后赵某合以个人名义对外借款1520万元，并以A总公司重庆分公司、B集团重庆分公司名义为该借款提供担保，债务到期后其无力还款，导致A总公司和B集团承担连带赔偿责任，进而致使两国有企业损失1578.17362万元。

（5）崔某1国有公司、企业、事业单位人员滥用职权案①

【裁判主旨】

某投集团是下述项目的实施或决策单位，明知下述项目建设未办理相关前期手续，违反相关法律法规，仍继续实施，崔某1作为某投集团的董事长，应对此负法律责任。虽然某大世界项目、某山庄提升改造项目是由崆峒山示范区管委会会议研究决定的，某投集团只是项目具体实施单位，但现有证据证实，崔某1作为崆峒山示范区管委会副主任、某投集团董事长，在会议研究相关项目建设中，未明确提出相关项目无法办理或办理前期手续困难而对项目建设持反对意见。崔某1为按期完成示范区管委会对项目进度的要求，积极推动项目建设，明知该项目未办理或无法办理相关前期手续的情况下，不正确履行职责，造成国家利益遭受特别重大损失，不能以执行上级部门的决定为由推脱自己应负的法律责任，应以国有公司、企业、事业单位人员滥用职权罪追究其刑事责任。

【主要案情】

某大世界项目违规建设中，崔某1不认真履行岗位职责，在明知该项目未办理前期手续的情况下，在崆峒山示范区管委会集体讨论时未提出反对意见，并代表某投集团在合同上签字。

某山庄的提升改造项目包括儿童乐园等新建项目，新建项目需要占用林场林地，需要办理相关前期手续。崔某1在明知该项目没有办理相关前期手续的情况

① 甘肃省泾川县人民法院刑事判决书（2021）甘0821刑初105号。

下，仍然推动项目实施，在相关部门下发《责令停工通知书》后，仍未及时停止项目建设。

滑雪场项目设计中，崔某1在立项备案后即将初步设计、施工图设计与方案设计一并招投标，未按照项目流程顺序设计，在未办理前期手续的情况下，委托某尔明公司进行初步设计和施工图设计并支付设计费用。后因无法办理用地手续致使项目无法实施，向某尔明公司支付的初步设计和施工图设计费无法收回。

水上游乐泳池娱乐休闲平台项目违规建设中，崔某1明知该项目未办理立项备案等手续，仍决定实施该项目并投入运营，后因无法办理相关审批手续又决定拆除。

4. 合规要点

（1）营造合规文化氛围

企业文化是在企业中形成的由企业管理层倡导并为全体员工所认同且遵守的企业的宗旨，相较于其他管理手段，有合规文化的企业更具有持续成长能力和广泛影响力。建筑施工企业应当定期开展教育学习活动，加强思想教育，建立廉政预防机制。组织领导人员学习廉洁从业规范，提高廉洁从业认识，做到防患未然。

国有企业领导人员应当将贯彻落实本规定的情况作为民主生活会对照检查、年度述职述廉和职工代表大会民主评议的重要内容，接受监督和民主评议。国有企业领导人员应当勤俭节约，依据有关规定进行职务消费，不得超出向履行国有资产出资人职责的机构所备案的预算进行职务消费。同时国有企业领导人员应当加强作风建设，注重自身修养，增强社会责任意识，树立良好的公众形象。不得弄虚作假，骗取待遇或者其他利益，不得默许、纵容配偶、子女和身边工作人员利用本人的职权和地位从事可能造成不良影响的活动。

国有建筑施工企业工作人员及非国有建筑施工企业中代表国有出资企业的工作人员，应当明确本职务的权利范围，对于无权独立处理的重大事务，应当依据有关程序规定进行，包括集体研究、请示、报告上级处理等。对于不确定是否有权独自处理的重大事务，应以书面方式征询上级领导的意见，尽量避免自己超越职权处理事务。对于有权决策处理的重大事务，应尊重客观经济规律，对市场与行情进行足够的分析和论证，了解和防范法律风险，避免因独断专行导致决策发生重大失误。

（2）完善企业内部制度设计

将《国有企业领导人员廉洁从业若干规定》《关于国有企业领导人员违反廉洁自律“七项要求”政纪处分规定》等法规内容落实到建筑施工企业规章制度中，建立完整的规则体系，完善细化领导从业行为准则，做到有章可循、有规可依。国有建筑施工企业应当明确决策原则和程序，在规定期限内将生产经营的重大决策、重要人事任免、重大项目安排及大额度资金运作事项的决策情况报告履行国有资产出资人职责的机构，将涉及职工切身利益的事项向职工代表大会报告。需经职工代表大会讨论通过的事项，应当经职工代表大会讨论通过后实施。

根据中共中央办公厅、国务院办公厅2009年7月1日发布的《国有企业领导人员廉洁从业若干规定》落实内部制度的具体细节：

1）国有企业领导人员应当切实维护国家和出资人利益，不得有滥用职权、损害国有资产权益的行为，不得违反决策原则和程序决定企业生产经营重大事项。例如，违规改制、兼并、重组、破产、资产评估、产权交易；违规投资、融资、担保、拆借资金、委托理财、为他人代开信用证；未经批准及手续用企业资产在国（境）外注册公司、投资入股、购买金融产品、购置不动产；未经批准决定本级薪酬和住房补贴等福利待遇；未经集体研究和负责机构批准决定大额捐赠、赞助事项等行为。

2）国有企业领导人员应当忠实履行职责，不得有利用职权谋取私利以及损害本企业利益的行为。个人不得从事营利性经营活动和有偿中介活动、投资入股有关企业；利用内幕消息、商业秘密以及企业的知识产权、业务渠道等无形资产或者资源，为本人或其他特定关系人谋取利益；未经批准兼职领导职务，或者经批准兼职的，擅自领取薪酬及其他收入；将企业经济往来中的财物、所受奖励据为己有或者私分等行为。

3）在行使经营管理权方面，本人的配偶、子女及其他特定关系人，不得在本企业的关联企业、与本企业有业务关系的企业投资入股；不得将国有资产委托、租赁、承包给配偶、子女及其他特定关系人经营；不得利用职权为配偶、子女及其他特定关系人从事营利性经营活动提供便利条件；不得有按照规定应当实行任职回避和公务回避而没有回避等行为。

同时要建立内部监督制度，通过专业稽查、审计调查、行风巡查、依法治企检查等手段加强日常监督，定期对违规行为进行排查，发挥协同监督作用，用好监督执纪。细化责任考核，严格责任追究。排查潜在廉洁风险问题，将问题遏制在初期，在企业内部解决问题。

（四）合同诈骗罪

通过表 5-11 可以看出，合同诈骗罪在建设工程领域刑事犯罪中高频次发生，而签订合同是建筑施工企业必须面临的环节，因此建筑施工企业务必审慎签订、履行合同，厘清风险点，及时规避刑事风险。

表 5-11 建筑施工企业合同诈骗罪数据

时间	2001—2019 年	2020 年	2021 年	2022 年	2023 年
案件数量/件	4286	687	233	36	34

（参考“威科先行 · 法律信息库”，通过检索“合同诈骗罪+建设工程”得出）

1. 合同诈骗罪概述

（1）罪名简述

合同诈骗罪是指以非法占有为目的，在签订、履行合同过程中，骗取对方当事人财物，数额较大的行为。

（2）历史演变

最早关于合同诈骗罪的规定是 1950 年印发的《刑法大纲（草案）》（已失效）第七十九条规定的不忠实履行合同罪，[①] 该条规定的是与国家机关、国营或公营企业订立合同而不忠实履行的行为，其中包含了合同诈骗的方式。最高人民法院、最高人民检察院 1985 年颁布的《关于当前办理经济犯罪案件中具体应用

① 1950 年《刑法大纲（草案）》第七十九条第一款规定：与国家机关、国营或公营企业订立合同，有下列情形之一，致使国有或公有财产受重大损害者，处 3 年以下监禁，并可酌处罚金：（1）盗卖、侵占或掉换国有或公有财产；（2）以掺杂或偷工减料之方法损害财物品质；（3）故意拖延交货或不按时完成任务；（4）其他不忠实履行合同之行为。

法律的若干问题的解答》（已失效）[①] 明确规定，利用合同进行诈骗的犯罪行为应以诈骗罪论处。随后最高人民法院于 1996 年颁布的《关于审理诈骗案件具体应用法律的若干问题的解释》（已失效）第二条[②]将利用合同进行诈骗的行为与诈骗罪进行区分，在 1997 年颁布的《刑法》第二百二十四条[③]正式将合同诈骗罪从诈骗罪中区分出来，并沿用至今。

（3）所涉法律法规、司法解释规定

《刑法》

第二百二十四条　有下列情形之一，以非法占有为目的，在签订、履行合同过程中，骗取对方当事人财物，数额较大的，处三年以下有期徒刑或者拘役，并处或者单处罚金；数额巨大或者有其他严重情节的，处三年以上十年以下有期徒刑，并处罚金；数额特别巨大或者有其他特别严重情节的，处十年以上有期徒刑或者无期徒刑，并处罚金或者没收财产：

（一）以虚构的单位或者冒用他人名义签订合同的；

（二）以伪造、变造、作废的票据或者其他虚假的产权证明作担保的；

（三）没有实际履行能力，以先履行小额合同或者部分履行合同的方法，诱骗对方当事人继续签订和履行合同的；

（四）收受对方当事人给付的货物、货款、预付款或者担保财产后逃匿的；

（五）以其他方法骗取对方当事人财物的。

---

① 1985 年《最高人民法院、最高人民检察院关于当前办理经济犯罪案件中具体应用法律的若干问题的解答（试行）》第四条第二款第（一）项规定：个人明知自己并无履行合同的实际能力或担保，以骗取财物为目的，采取欺诈手段与其他单位、经济组织或个人签订合同，骗取财物数额较大的，应以诈骗罪追究刑事责任。

② 1996 年《最高人民法院关于审理诈骗案件具体应用法律的若干问题的解释》第二条第一款规定：根据刑法（1979 年刑法）第一百五十一条和第一百五十二条的规定，利用经济合同诈骗他人财物数额较大的，构成诈骗罪。

③ 1997 年《刑法》第二百二十四条规定：有下列情形之一，以非法占有为目的，在签订、履行合同过程中，骗取对方当事人财物，数额较大的，处三年以下有期徒刑或者拘役，并处或者单处罚金；数额巨大或者有其他严重情节的，处三年以上十年以下有期徒刑，并处罚金；数额特别巨大或者有其他特别严重情节的，处十年以上有期徒刑或者无期徒刑，并处罚金或者没收财产：（一）以虚构的单位或者冒用他人名义签订合同的；（二）以伪造、变造、作废的票据或者其他虚假的产权证明作担保的；（三）没有实际履行能力，以先履行小额合同或者部分履行合同的方法，诱骗对方当事人继续签订和履行合同的；（四）收受对方当事人给付的货物、货款、预付款或者担保财产后逃匿的；（五）以其他方法骗取对方当事人财物的。

（4）保护法益

合同诈骗罪保护的法益是复杂客体，合同诈骗罪是诈骗罪的一种特殊形式，任何诈骗罪都可以看作合同诈骗罪，诈骗罪的保护法益是对方当事人的财产。因此《刑法》在扰乱市场秩序罪章节中规定本罪，是为了保护市场合同管理秩序与对方当事人的财产。经济合同是市场经济活动的重要方式，利用经济合同骗取对方当事人财物的行为，使人们对合同这种交易方式丧失信心，从而侵犯了市场秩序，与此同时，利用合同诈骗他人财物的行为，也侵犯了对方当事人的财产。[①]

（5）表现形式

①行为人以虚构的单位或者冒用他人名义签订合同，骗取对方财物的；

②行为人以伪造、变造、作废的票据或者其他虚假的产权证明作担保的；

③行为人没有实际履行能力，以先履行小额合同或者部分履行合同的方法，诱骗对方当事人继续签订和履行合同的；

④行为人收受对方当事人给付的货物、货款、预付款或者担保财产后逃匿的。

（6）行为对象

合同诈骗罪的行为对象是公私财物，即国家、集体的公共财产以及公民的个人财产。

（7）行为主体

合同诈骗罪的主体为一般主体，任何已满 16 周岁，具有刑事责任能力的自然人和单位都可以成为本罪的行为主体。

（8）罪责

合同诈骗罪的责任要素包括故意和非法占有目的。非法占有目的既可以存在于签订合同时，也可以存在于履行合同的过程中，但非法占有目的必须存在于诈骗行为时；产生非法占有目的后并未实施诈骗行为的，不能成立合同诈骗罪。

（9）量刑

犯合同诈骗罪的，处 3 年以下有期徒刑或者拘役，并处或者单处罚金；数额巨大或者有其他严重情节的，处 3 年以上 10 年以下有期徒刑，并处罚金；数额

① 张明楷：《刑法学（下）》（第六版），法律出版社 2021 年版，第 1083 页。

特别巨大或者有其他特别严重情节的，处10年以上有期徒刑或者无期徒刑，并处罚金或者没收财产。

单位犯本罪的，对单位判处罚金，并对其直接负责的主管人员和其他直接责任人员，依照上述规定处罚。

2. 主要争议问题

（1）合同诈骗罪中合同的含义

合同诈骗罪是利用合同进行了欺骗行为，因此对合同的认定是认定合同诈骗罪的关键。关于合同诈骗罪中合同含义的认定，学理上存在对合同性质和合同形式两个方面的争议。

首先从合同性质来看，大部分学者对是否以“经济合同”来涵盖合同诈骗罪中合同的含义持赞成的态度。张明楷教授认为，合同诈骗罪的合同，应当是平等市场主体之间签订的、反映市场经济（交易）关系、具有财产交付内容的合同，普通公民之间的借款合同不属于合同诈骗罪的合同。[①] 因为合同的认定标准应当立足于合同诈骗罪侵害法益的性质。合同诈骗罪保护的法益包括他人财产所有权和社会主义市场经济秩序，因而合同诈骗罪中的“合同”，必须存在于合同诈骗罪所保护的法益范围内，首先必须能够体现一定的市场秩序。[②] 也有学者基于此提出了认定“合同”的标准：一是合同是否发生在平等主体之间；二是合同是否规定财产流转的内容，反映市场交易关系；三是合同内容是否具有双务、有偿性。[③] 反对的观点也不在少数，有学者认为只要行为人以签订、履行合同的形式骗取对方当事人的财物，达到数额较大的标准，就构成本罪。[④] 但“经济合同”概念的边界模糊，在司法实践中不具有可操作性，因此也有部分学者持折中的态度，经济合同是合同诈骗罪中合同的主要类型，但还存在其他合同可以被犯罪分子利用进行诈骗、扰乱市场秩序而成为合同诈骗罪中之“合同”[⑤]，如部分行政合同、委托合同等。也有学者提出虽不具有合同形式，但是扰乱了市场秩序

---

① 张明楷：《刑法学（下）》（第六版），法律出版社2021年版，第1083页。
② 舒洪水：《合同诈骗罪疑难问题研究》，载《政治与法律》2012年第1期，第51页。
③ 孙国祥、魏昌东：《经济刑法研究》，法律出版社2005年版，第561页。
④ 莫洪宪、曹坚：《论合同诈骗罪的几个问题》，载《中国刑事法杂志》2000年第5期，第36页。
⑤ 肖中华：《论合同诈骗罪认定中的若干问题》，载《政法论丛》2002年第2期，第8页。

的协议，也应纳入合同诈骗罪的“合同”范畴。①

其次，关于合同形式的争议主要在于合同是否包含口头形式。肯定说的观点认为，不管是书面合同还是口头合同，抑或是其他形式的合同，都属于合同法所确认的合同，没有理由将口头合同排除在合同诈骗罪的合同之外。② 口头合同更加方便快捷，在经济活动中占据了相当一部分的比例，如果将口头合同排除，则不利于对法益的保护。否定说的观点认为，如果将口头合同纳入合同诈骗罪的范畴，则会导致诈骗罪与合同诈骗罪之间的混乱。在普通诈骗罪中，行为人也会以口头承诺的方式来欺骗被害人使其陷入错误认识，包含口头合同则可能会架空对诈骗罪法条的适用。③ 但也有观点反驳，合同诈骗罪属于诈骗罪的一种特殊类型，在二者发生竞合时，可以按照特殊法优于一般法、重法优于轻法的方式适用，就不存在架空的问题。

（2）“非法占有目的”的含义

合同诈骗罪的主观方面必须具有非法占有目的，“非法占有目的”是区分合同诈骗罪与其他罪名、民事欺诈和刑事诈骗的关键内容，对于“非法占有目的”的理解具有重要意义，我国刑法学界对于“非法占有目的”的理解存在几种不同的观点。

“意图占有说”认为非法占有目的的意图是占有。“非法所有说”认为非法占有目的是形成非法所有的事实状态。“不法所有说”认为非法占有目的既有非法暂时占有、使用为目的，也有以不法所有为目的。“非法获利说”认为非法占有目的不以非法所有或者非法占用为目的，而是以非法获利为目的。“侵犯占有权说”认为非法占有的犯罪目的表现为对他人财物占有权的侵犯而不包括对所有权的侵犯。④ 除了上述学说外，还有许多学者从具体的角度分析了判断“非法占有目的”的方式，包括行为人的履行能力、欺诈手段及违约后的表现等。⑤ 也有

① 舒洪水：《合同诈骗罪疑难问题研究》，载《政治与法律》2012 年第 1 期，第 52 页。

② 高铭暄、马克昌：《刑法学》（第十版），北京大学出版社 2022 年版，第 450 页；张明楷：《刑法学（下）》（第六版），法律出版社 2021 年版，第 1084 页。

③ 郭庆茂：《略论合同诈骗罪的形式要件对口头合同可以构成合同诈骗罪的质疑》，载《法律适用》2003 年第 4 期，第 67 页。

④ 沙俊君：《合同诈骗罪研究》，人民法院出版社 2004 年版，第 193 页。

⑤ 殷玉谈、丁晶：《合同诈骗罪的司法认定》，载《中国刑事法杂志》2009 年第 1 期，第 47 页。

学者支持刑法上的“非法占有目的”，是指通过非法占有，取得被占有财物的使用权、收益权和处分权，从而改变财产的所有权，使财产的所有人在事实上永久、完全地丧失财产的所有权。① 此类观点认为刑法上的“非法占有目的”不是侵犯权利人的占有权能，而是对权利人财产所有权的全面剥夺。这些观点的差异在于如何看待民法与刑法上的“占有”之概念。在民法上，占有是指对物的支配和控制，是一种状态，侧重于意思上的控制。而在刑法上，占有应和所有是同一权属，是事实上的控制，不仅包含占有状态还包含使用、收益、处分的权能。因此，非法占有目的应是行为人以自己永久所有之意思而控制该物，从而排除他人之合法所有，即“控制意思+排除意思”。②

3. 案例总结

（1）潘某海合同诈骗案③

【裁判主旨】

①本案证据不能认定潘某海主观上具有非法占有的目的

《最高人民法院关于审理建设工程施工合同纠纷案件适用法律问题的解释（一）》第一条规定：“建设工程施工合同具有下列情形之一的，应当依据民法典第一百五十三条第一款的规定，认定无效：（一）承包人未取得建筑业企业资质或者超越资质等级的；（二）没有资质的实际施工人借用有资质的建筑施工企业名义的；（三）建设工程必须进行招标而未招标或者中标无效的。承包人因转包、违法分包建设工程与他人签订的建设工程施工合同，应当依据民法典第一百五十三条第一款及第七百九十一条第二款、第三款的规定，认定无效。”因此，即使认定潘某海不具备建筑资质，与“某恒公司”“某开学校”签订的建筑施工合同无效，只要其对建设工程进行施工，工程经验收合格，依法也有权获取相应的工程价款。涉案工程经侦查机关委托的鉴定机构鉴定，确认“东某御城”“某开学校”高中部工程已经完成了12334701.51元的施工建设。“某恒公司”和“某开学校”对潘某海主张的工程款数额如有异议，可以协商或通过民事诉讼渠

① 徐静：《合同诈骗罪司法认定研究——罪与非罪视角下的考察》，吉林大学2011年博士学位论文。
② 舒洪水：《合同诈骗罪疑难问题研究》，载《政治与法律》2012年第1期，第46页。
③ 广东省高级人民法院刑事判决书（2016）粤刑再10号。

道解决。

综上，潘某海具有一定的建设施工的经历和能力，其已按承建合同完成了部分工程，向“某恒公司”和“某开学校”主张工程款，具有事实和法律依据。即使潘某海不具备建筑资质而签订建设工程合同，结算过程中有占据工地、煽动工人上访等不当行为，但也不能据此认定潘某海主观上具有非法占有工程价款的目的。

②本案证据不能证实潘某海非法占有他人财物，潘某海的行为在客观方面不符合合同诈骗罪的构成要件

潘某海与“某恒公司”签订的是承包人垫资承包合同，发包方“某恒公司”“某开学校”并没有预付工程价款，截至案发时潘某海已完成经鉴定价值为12334701.51元的工程项目，分包人也实际对“东某御城”工地进行了施工，而潘某海未收到“某恒公司”和“某开学校”的工程款。潘某海具有履行“东某御城”和“某开学校”建设施工合同的行为，而潘某海向曹某提交《工程造价结算书》的行为只是单方主张工程款的协商行为，其行为不具备合同诈骗“某恒公司”和“某开学校”的客观要件。

潘某海后将“东某御城”部分工程实际分包给陈某仁、张某彬等人施工建设，潘某海并没有虚构建设施工项目骗取保证金、借款，而是建立在有实际建设施工项目的基础上，没有证据证实潘某海将押金、保证金、借款予以转移、挥霍或隐匿。潘某海向供货单位和个人赊购了建筑材料，但这些材料确实与正在施工的建设工程有关，没有证据证实潘某海将上述建筑材料另行转移、隐匿或倒卖。故本案证据不能证实潘某海实施了非法占有分包人或材料供应商财物的行为，潘某海的行为不符合合同诈骗分包人、材料供应商的客观要件。

【主要案情】

原审被告人潘某海没有建筑资质，以不具有建筑资质、虚构注册资金1.5亿元的“环某公司”的委托代理人及代表的名义，与“某恒公司”签订了承建“东某御城”的《建设工程施工合同》。以“环某公司”法定代表人的名义，与“某开学校”签订《河源市建设工程施工（单价）合同》，承包“某开学校”高中部大楼主体工程。

由于没有施工单位资质证明，未能办理工程质量、安全监督、建设工程施工许可证等手续，“东某御城”工程被责令停工，但潘某海仍然继续施工。潘某海称，在“东某御城”工程和“某开学校”工程已投入1600万元人民币，要求“某恒公司”“某开学校”结算工程款20333744.24元。遭到拒绝后，潘某海采取雇请保安员霸占“东某御城”工地、唆使工人上访、给政府施压等要挟手段，要求给付工程款。

潘某海以“环某公司”“环某建设工程集团有限公司深圳第三分公司”（负责人为潘某海，无经营场所）和虚构的“深圳市环某建筑集团”“环某建设集团有限公司”“环某公司东某御城项目部”以及其本人的名义，将“东某御城”高层建筑工程非法分包给没有资质的人施工，共获取分包人押金263万元、保证金15万元、“借款”40.5万元、建筑材料款2638407.95元和施工价款2489626.75元。

(2) 韩某妮合同诈骗案①

【裁判主旨】

合同诈骗罪是指以非法占有为目的，虚构事实，隐瞒真相，在签订、履行合同过程中，骗取对方当事人财物，数额较大的行为。韩某妮履行合同的过程分为两个阶段：第一个阶段是其按照合同约定，包工包料对水堪院宿舍供电线路进行施工改造，韩某妮并未将电业局提供的材料编入与水堪院签订的合同预算内，也未无偿使用电业局免费提供的电力材料，因此不存在隐瞒真相、骗取、占有电业局电力材料款的情形；第二个阶段是韩某妮施工完毕后，因未使用电业局提供的电力材料，不符合电业局要求被拒绝验收，遂向电业局交纳84500元安装费，拆掉韩某妮自行购置的材料，改用电业局提供的材料重新安装后通过电业局验收，且也未再向水堪院另行收取施工费用。从上述施工过程来看，韩某妮所收取的水堪院施工款，系其依照合同约定应当收得的合同对价，其不存在故意隐瞒“一户一表”电网改造工程中原材料由电业局无偿提供这一情况，并非法占有265438元免费电料款的情形，故韩某妮不构成合同诈骗罪。

① 河北省高级人民法院刑事判决书（2019）冀刑再4号。

【主要案情】

2004 年 4 月，某院宿舍进行城网改造工程，该工程分高、低压两部分。2004 年 4 月 22 日，韩某妮以石家庄某通电力工程队的名义与某院签订电网改造施工合同，约定：石家庄某通电力工程队为某院安装 1000 瓦变压器一台，主线采用地埋电缆接供电局高压架空线并对院内 338 户，户线使用 6 平方单股铜线接到用户闸箱，进行一户一表改造。该施工项目基本完工时，韩某妮通知电业局相关人员到现场查验，被告知必须使用电业局提供的材料才能验收合格。韩某妮通过杨某协调，于 2004 年 7 月 7 日向电业局交纳 84500 元安装费，拆掉韩某妮自行购置的材料改用电业局提供的材料重新安装后通过电业局验收。

（3）王某军诈骗案（刑事审判参考案例第 403 号）①

【裁判主旨】

行为人的行为构成诈骗罪，而不构成合同诈骗罪。行为人通过假冒国家工作人员，伪造工程批文，并假借承揽项目需要活动经费的名义骗取他人财物的行为，都是在签订合同之前实施的。即在与被害人签订所谓施工承包合同之前，其诈骗行为已经实施完毕，被害人的财物已经被被告人非法占有，其虚构事实骗取钱财的犯罪目的已经实现。此外，行为人骗取钱财的行为并没有伴随合同的签订而履行，其非法侵占的财物不是合同的标的物，也不是其他与合同相关的财物。虽然行为人事后也与他人签订了一份虚假的工程施工承包合同，但这仅仅是掩盖其诈骗行为的手段，而不是签订、履行合同的附随结果，是否签订合同并不能影响其骗取财物行为的完成。可以看出，行为人通过虚构身份，以许诺给他人介绍承包虚假的工程项目为诱饵，借承揽工程需要各种费用为名目，利用他人想承揽有关工程项目的心理，骗取各被害人钱财的行为，完全符合诈骗罪的特征，应当以诈骗罪定罪处罚。

【主要案情】

2013 年年初，被告人王某军谎称能承包“中国石油总公司某分公司”在沁水县某镇的气站工程，可以将工程转包给被害人申某，以此骗取申某的信任。

① 山西省晋城市城区人民法院刑事判决书（2017）晋 0502 刑初 245 号。

2013年9月16日，在晋城市城区凤某小区，王某军以包工程需要给领导送礼为由，向申某索要钱财，申某给予王某军70000元用于承包沁水县某镇的气站工程。2014年1月，为继续瞒骗申某，王某军向申某提供了一份伪造的《工程合同书》，并与申某签订了《转让协议书》。

4. 合规要点

（1）签订合同前加强对签约公司及人员的调查工作

对于重大合同，企业在签订合同之前，应派遣相关人员去对方所在地进行考察，考察团的人员应包括企业高级管理人员、主管负责人、专业技术人员、法律人士、财务人员等人员。对法人的资格调查，首先要审核其企业法人营业执照，并且要注意是否正常进行年检，通过调查工商档案可了解对方签约时真实有效的企业名称、住所地、注册资本、法定代表人身份以及预留公章、财务专用章等印鉴的样式。对个人独资、个人合伙企业、个体工商户，主要调查其是否经工商部门依法登记并领取营业执照以及负责人的具体身份情况，除此，个体工商户还需调查业主和实际经营人是否一致。核实了解对方当事人的主体资格、诚信情况、经营状况、资产实力、履约能力等，避免与失信企业、经营不善的企业进行交易，防止对方虚构事实、隐瞒真相对己方进行欺诈。

建筑施工企业的房地产项目合作开发，应该对房地产项目的土地权属、规划、施工手续等是否齐全和是否设立过抵押担保，是否被法院执行查封、扣押、冻结等的调查要尽可能详细。调查签约公司的商业信誉和履约能力，仔细核实合同标的的真伪，避免签约后对方履约不能。

（2）签订合同时加强对合同的管理

签订合同时，建筑施工企业应当明确责任人员，加强对印章的管理，防止盗用或伪造印章的行为。建筑施工企业不能以虚构单位或者冒用他人名义签订合同；在没有实际履行能力的情况下，不能骗取对方当事人签订和履行合同；不能以伪造、变造、作废的票据或者其他虚假的产权证明作担保；收到对方当事人的货物、货款、预付款或担保财产后不能藏匿或恶意转移。不能故意虚假陈述或者隐瞒事实真相，诱骗对方陷入错误认识签订合同，避免在己方出现履行不能的情况下，被认为具有非法占有目的。

同时，为避免建筑施工企业成为合同诈骗罪的受害方，企业应当建立健全合同风控、管理制度，加强合同风险培训，提高合同风险意识，降低企业签订、履行合同的风险。企业签订合同时，应当对合同内容进行风险评估，充分预测合同履行过程中可能出现的问题，并在合同中约定解决方案，注意合同的完整性和规范性，防止对方履约不能、逃避责任使己方受到损失。

（3）合同履行中要加强对资金、履行行为的监管

明确约定资金结算人员、方式、流程。避免建筑施工企业因对双方结算人员未明确约定，造成对账方式混乱，举证困难，从而给己方造成经济损失。时刻关注对方当事人签订合同后的非经营性活动。

在合同履行过程中，除了保留往来中形成的原始物证、书证外，还需对履行通知义务、协助义务等事实或行为保留证据。这些事实或行为往往难以证明，需要考虑用书面的通知方式以便保留送达证据。合同终止、变更、解除等也要以书面方式进行，如签订补充协议、终止协议、变更协议。

企业在履行合同过程中，应当根据合同约定履行合同义务，当实际经营过程中出现暂时的资金短缺、无法如期付款或交货等暂时履行不能的情况时，要及时与合同相对方进行沟通，共同协商解决办法、积极创造条件继续履行，不得藏匿躲避、携款潜逃、挥霍货款。当对方出现无法正常履行的相关情形时，企业应及时作出判断，涉嫌合同诈骗犯罪的，应及时向公安机关报案，有效防控合同诈骗事态的发生与发展，最大限度地减少企业损失。另外，企业在合同履行过程中，对合同履行产生争议或者由于客观原因需要改变合同内容时，应主动积极协商，避免出现无正当理由故意不履行合同义务的行为。

（五）贪污罪

表 5-12　建筑施工企业贪污罪数据

时间	2001—2019 年	2020 年	2021 年	2022 年	2023 年
案件数量/件	4153	392	114	18	11

（参考“威科先行·法律信息库”，通过检索“贪污罪+建设工程”得出）

在建设工程领域贪污罪发生的概率不容小觑，国家工作人员难以通过自身职业道德抵挡利益的诱惑，因此建筑施工企业有必要建立合规制度，以制度化阻却

犯罪发生的可能。

1. 贪污罪概述

（1）罪名简述

贪污罪是指国家工作人员利用职务上的便利，侵吞、窃取、骗取或者以其他手段非法占有公共财物，或受国家机关、国有公司、企业、事业单位、人民团体委托管理、经营国有财产的人员，利用职务上的便利，侵吞、窃取、骗取或者以其他手段非法占有国有财物的行为。

（2）历史演变

1979年《刑法》第一百五十五条第一款对贪污罪的规定是："国家工作人员利用职务上的便利，贪污公共财物的，处五年以下有期徒刑或者拘役；数额巨大、情节严重的，处五年以上有期徒刑；情节特别严重的，处无期徒刑或者死刑。"至此之后贪污单独成罪。1997年修订《刑法》专门设置了"贪污贿赂罪"章节，对贪污罪的定罪处罚作了明确而具体的规定。

2015年《刑法修正案（九）》第四十四条修订，取消了按照具体贪污数额设置法定刑的原有规定，按贪污数额或者贪污情节的严重程度，重新设置了贪污罪的法定刑，并增设了《刑法》第三百八十三条第三款从宽处罚规定和第四款死缓犯的终身监禁规定。①

（3）所涉法律法规、司法解释规定

《刑法》

第三百八十二条　国家工作人员利用职务上的便利，侵吞、窃取、骗取或者以其他手段非法占有公共财物的，是贪污罪。

受国家机关、国有公司、企业、事业单位、人民团体委托管理、经营国有财

---

① 《刑法》第三百八十三条规定：对犯贪污罪的，根据情节轻重，分别依照下列规定处罚：（一）贪污数额较大或者有其他较重情节的，处三年以下有期徒刑或者拘役，并处罚金。（二）贪污数额巨大或者有其他严重情节的，处三年以上十年以下有期徒刑，并处罚金或者没收财产。（三）贪污数额特别巨大或者有其他特别严重情节的，处十年以上有期徒刑或者无期徒刑，并处罚金或者没收财产；数额特别巨大，并使国家和人民利益遭受特别重大损失的，处无期徒刑或者死刑，并处没收财产。对多次贪污未经处理的，按照累计贪污数额处罚。犯第一款罪，在提起公诉前如实供述自己罪行、真诚悔罪、积极退赃，避免、减少损害结果的发生，有第一项规定情形的，可以从轻、减轻或者免除处罚；有第二项、第三项规定情形的，可以从轻处罚。犯第一款罪，有第三项规定情形被判处死刑缓期执行的，人民法院根据犯罪情节等情况可以同时决定在其死刑缓期执行二年期满依法减为有期徒刑后，终身监禁，不得减刑、假释。

产的人员，利用职务上的便利，侵吞、窃取、骗取或者以其他手段非法占有国有财物的，以贪污论。

与前两款所列人员勾结，伙同贪污的，以共犯论处。

第三百九十四条 国家工作人员在国内公务活动或者对外交往中接受礼物，依照国家规定应当交公而不交公，数额较大的，依照本法第三百八十二条、第三百八十三条的规定定罪处罚。

《最高人民法院、最高人民检察院关于办理国家出资企业中职务犯罪案件具体应用法律若干问题的意见》

六、关于国家出资企业中国家工作人员的认定

经国家机关、国有公司、企业、事业单位提名、推荐、任命、批准等，在国有控股、参股公司及其分支机构中从事公务的人员，应当认定为国家工作人员。具体的任命机构和程序，不影响国家工作人员的认定。

经国家出资企业中负有管理、监督国有资产职责的组织批准或者研究决定，代表其在国有控股、参股公司及其分支机构中从事组织、领导、监督、经营、管理工作的人员，应当认定为国家工作人员。

国家出资企业中的国家工作人员，在国家出资企业中持有个人股份或者同时接受非国有股东委托的，不影响其国家工作人员身份的认定。

七、关于国家出资企业的界定

本意见所称“国家出资企业”，包括国家出资的国有独资公司、国有独资企业，以及国有资本控股公司、国有资本参股公司。

是否属于国家出资企业不清楚的，应遵循“谁投资、谁拥有产权”的原则进行界定。企业注册登记中的资金来源与实际出资不符的，应根据实际出资情况确定企业的性质。企业实际出资情况不清楚的，可以综合工商注册、分配形式、经营管理等因素确定企业的性质。

《最高人民法院、最高人民检察院关于办理贪污贿赂刑事案件适用法律若干问题的解释》

第一条第一款 贪污或者受贿数额在三万元以上不满二十万元的，应当认定为刑法第三百八十三条第一款规定的“数额较大”，依法判处三年以下有期徒刑

或者拘役，并处罚金。

第二款　贪污数额在一万元以上不满三万元，具有下列情形之一的，应当认定为刑法第三百八十三条第一款规定的“其他较重情节”，依法判处三年以下有期徒刑或者拘役，并处罚金：

（一）贪污救灾、抢险、防汛、优抚、扶贫、移民、救济、防疫、社会捐助等特定款物的；

（二）曾因贪污、受贿、挪用公款受过党纪、行政处分的；

（三）曾因故意犯罪受过刑事追究的；

（四）赃款赃物用于非法活动的；

（五）拒不交待赃款赃物去向或者拒不配合追缴工作，致使无法追缴的；

（六）造成恶劣影响或者其他严重后果的。

第二条　贪污或者受贿数额在二十万元以上不满三百万元的，应当认定为刑法第三百八十三条第一款规定的“数额巨大”，依法判处三年以上十年以下有期徒刑，并处罚金或者没收财产。

贪污数额在十万元以上不满二十万元，具有本解释第一条第二款规定的情形之一的，应当认定为刑法第三百八十三条第一款规定的“其他严重情节”，依法判处三年以上十年以下有期徒刑，并处罚金或者没收财产。

受贿数额在十万元以上不满二十万元，具有本解释第一条第三款规定的情形之一的，应当认定为刑法第三百八十三条第一款规定的“其他严重情节”，依法判处三年以上十年以下有期徒刑，并处罚金或者没收财产。

第三条　贪污或者受贿数额在三百万元以上的，应当认定为刑法第三百八十三条第一款规定的“数额特别巨大”，依法判处十年以上有期徒刑、无期徒刑或者死刑，并处罚金或者没收财产。

贪污数额在一百五十万元以上不满三百万元，具有本解释第一条第二款规定的情形之一的，应当认定为刑法第三百八十三条第一款规定的“其他特别严重情节”，依法判处十年以上有期徒刑、无期徒刑或者死刑，并处罚金或者没收财产。

受贿数额在一百五十万元以上不满三百万元，具有本解释第一条第三款规定的情形之一的，应当认定为刑法第三百八十三条第一款规定的“其他特别严重情节”，依法判处十年以上有期徒刑、无期徒刑或者死刑，并处罚金或者没收财产。

第十九条 对贪污罪、受贿罪判处三年以下有期徒刑或者拘役的，应当并处十万元以上五十万元以下的罚金；判处三年以上十年以下有期徒刑的，应当并处二十万元以上犯罪数额二倍以下的罚金或者没收财产；判处十年以上有期徒刑或者无期徒刑的，应当并处五十万元以上犯罪数额二倍以下的罚金或者没收财产。

对刑法规定并处罚金的其他贪污贿赂犯罪，应当在十万元以上犯罪数额二倍以下判处罚金。

（4）保护法益

贪污罪的保护法益是复杂法益，既包含国家工作人员职务的廉洁性，也包含公共财产的所有权。

（5）表现形式

①国家工作人员或者受国家机关、国有公司、企业、事业单位、人民团体委托管理、经营国有财产的人员利用职务上的便利，在国家出资企业改制过程中故意通过低估资产、隐瞒债权、虚设债务、虚构产权交易等方式隐匿公司、企业财产，转为本人持有股份的改制后公司、企业所有的。

②行为人“携带挪用的公款潜逃的”。

③行为人挪用公款后采取虚假发票平账、销毁有关账目等手段，使所挪用的公款已难以在单位财务账目上反映出来，且没有归还行为的，应当以贪污罪定罪处罚。行为人截取单位收入不入账，非法占有，使所占有的公款难以在单位财务账目上反映出来，且没有归还行为的。

④国家出资企业中的国家工作人员在公司、企业改制或者国有资产处置过程中徇私舞弊，将国有资产低价折股或者低价出售给特定关系人持有股份或者本人实际控制的公司、企业，致使国家利益遭受重大损失的。

⑤国家工作人员利用职务上的便利，在国家出资企业改制过程中隐匿公司、企业财产，在其不再具有国家工作人员身份后将所隐匿财产据为己有的。

⑥行为人与国家工作人员勾结，利用国家工作人员的职务便利，共同侵吞、窃取、骗取或者以其他手段非法占有公共财物的。

⑦行为人通过伪造国家机关公文、证件担任国家工作人员职务以后，又利用

职务上的便利实施侵占本单位财物、收受贿赂、挪用本单位资金的。

（6）行为对象

贪污罪的行为对象是公共财物。根据《刑法》第九十一条的规定，公共财产是指下列财产：国有财产；劳动群众集体所有的财产；用于扶贫和其他公益事业的社会捐助或者专项基金的财产。在国家机关、国有公司、企业、集体企业和人民团体管理、使用或者运输中的私人财产，以公共财产论。但是，根据《刑法》第三百八十二条第二款的规定，受国家机关、国有公司、企业、事业单位、人民团体委托管理、经营国有资产的人员成立贪污罪，必须是非法占有国有财物。

（7）行为主体

行为主体应是国家工作人员。根据《刑法》第九十三条的规定，国家工作人员是指在国家机关中从事公务的人员；国有公司、企业、事业单位、人民团体中从事公务的人员和国家机关、国有公司、企业、事业单位委派到非国有公司、企业、事业单位、社会团体从事公务的人员，以及其他依照法律从事公务的人员，以国家工作人员论。

根据《最高人民法院研究室关于对行为人通过伪造国家机关公文、证件担任国家工作人员职务并利用职务上的便利侵占本单位财物、收受贿赂、挪用本单位资金等行为如何适用法律问题的答复》的规定，通过伪造国家机关公文、证件担任国家工作人员的，也能成为贪污罪的主体。受国家机关、国有公司、企业、事业单位、人民团体委托管理、经营国有财产的人员，亦可以成为本罪的主体。

（8）罪责

贪污罪的责任形式为故意，即明知自己的行为侵犯了职务行为的廉洁性，会发生侵害公共财产的结果，并且希望或者放任这种结果的发生。

行为人主观上还要具有非法占有目的，当贪污对象是行为人没有占有的公共财物时，非法占有目的与盗窃罪、诈骗罪中的非法占有目的相同；当贪污对象是行为人已经占有的公共财物时，非法占有目的与侵占罪的不法所有目的相同。①

---

① 张明楷：《刑法学（下）》（第六版），法律出版社2021年版，第1560页。

(9) 量刑

对犯贪污罪的，根据情节轻重，分别依照下列规定处罚：

（一）贪污数额较大或者有其他较重情节的，处3年以下有期徒刑或者拘役，并处罚金。

（二）贪污数额巨大或者有其他严重情节的，处3年以上10年以下有期徒刑，并处罚金或者没收财产。

（三）贪污数额特别巨大或者有其他特别严重情节的，处10年以上有期徒刑或者无期徒刑，并处罚金或者没收财产；数额特别巨大，并使国家和人民利益遭受特别重大损失的，处无期徒刑或者死刑，并处没收财产。

对多次贪污未经处理的，按照累计贪污数额处罚。

犯第一款罪，在提起公诉前如实供述自己罪行、真诚悔罪、积极退赃，避免、减少损害结果的发生，有第（一）项规定情形的，可以从轻、减轻或者免除处罚；有第（二）项、第（三）项规定情形的，可以从轻处罚。

犯第一款罪，有第（三）项规定情形被判处死刑缓期执行的，人民法院根据犯罪情节等情况可以同时决定在其死刑缓期执行二年期满依法减为有期徒刑后，终身监禁，不得减刑、假释。

2. 主要争议问题

(1) 贪污罪国家工作人员身份的认定

贪污罪的行为主体是国家工作人员。对于国家工作人员的认定，我国司法实践从早期的“身份论”，即注重行为人本身是否具备干部身份资格的判断逐渐转向“公务论”，即不关注行为人的身份如何，而是判断行为人是否从事公务活动。

对于“从事公务”的认定，理论界争议很大，主要有以下四种观点：①依法履行职责的职务行为以及其他办理国家事务的行为；②依法进行的管理国家、社会或集体事务的职能活动；③在各级机关、国有公司、企业、事业单位、人民团体等单位中履行组织、领导、监督、管理等职责；[①] ④认为将现行刑法中的公务活

---

① 陈洪兵：《“国家工作人员”司法认定的困境与出路》，载《东方法学》2015年第2期，第112页。

动本质特征界定为管理性是正确的，但对公务活动的把握不能过于拘泥于形式。[①]

根据《刑法》第三百八十二条第二款的规定，国家工作人员的主体还包括受国家机关、国有公司、企业、事业单位、人民团体委托管理、经营国有财产的人员。关于该条款的争议焦点在于，受委托管理、经营国有财产的人员此时作为国家工作人员成为贪污罪的主体是法律拟制还是注意规定。拟制说认为，受委托管理、经营国有财产的人员只能成为贪污罪的主体而不能成为其他国家工作人员犯罪的主体，[②] 从刑法体系性解释的角度[③]和《刑法》修订的草案来看，立法者为了加强对国有财产的保护，将上述人员拟制为国家工作人员。[④] 而注意规定说认为，国家工作人员的本质在于从事公务，受委托管理、经营国有财产的活动是典型的公务活动，因此受委托管理、经营国有财产的人员事实上属于国家工作人员。[⑤]

2010 年最高人民法院、最高人民检察院发布的《关于办理国家出资企业中职务犯罪案件具体应用法律若干问题的意见》第六条第二款规定："经国家出资企业中负有管理、监督国有资产职责的组织批准或者研究决定，代表其在国有控股、参股公司及其分支机构中从事组织、领导、监督、经营、管理工作的人员，应当认定为国家工作人员。"

（2）贪污罪对象的认定——公共财物

贪污罪的对象是公共财物。根据《刑法》第九十一条的规定，公共财产是指下列财产：国有财产；劳动群众集体所有的财产；用于扶贫和其他公益事业的社会捐助或者专项基金的财产。在国家机关、国有公司、企业、集体企业和人民团体管理、使用或者运输中的私人财产，以公共财产论。

但是，理论上关于贪污罪的对象仍然有许多争议。有观点认为，贪污罪的对象可能既非国有财物，亦非纯粹公共财物，而是由国有财物、集体所有财物和私人所有财物共同组成的混合所有制的财物，如中外合资企业的财物。[⑥] 因为根据

---

① 孙国祥：《贿赂犯罪的学说与案解》，法律出版社 2012 年版，第 278-279 页。

② 苏惠渔：《刑法学》，中国政法大学出版社 2012 年版，第 438 页。

③ 赵震：《职务犯罪重点疑难精解》，法律出版社 2013 年版，第 128 页。

④ 李文峰：《贪污贿赂犯罪认定实务与案例解析》，中国检察出版社 2011 年版，第 74 页。

⑤ 陈洪兵：《"国家工作人员"司法认定的困境与出路》，载《东方法学》2015 年第 2 期，第 116 页。

⑥ 王作富、黄京平主编：《刑法》（第七版），中国人民大学出版社 2021 年版，第 575 页。

《刑法》第二百七十一条第二款规定，国有公司、企业或者其他国有单位中从事公务的人员和国有公司、企业或者其他国有单位委派到非国有公司、企业以及其他单位从事公务的人员有前款行为的，依照贪污罪的规定定罪处罚。还有观点认为，贪污罪的对象在特定情况下也可以是非公共财物。[①] 但也有反对意见认为，贪污罪对象只能限定于公共财物。因为从刑法理论上看，刑法的强制力最强，其适用涉及人的自由、财产以及生命等重大问题，所以刑法解释必须符合谦抑性原则，[②] 不能随意扩大构成要件的范围。

另外，《刑法》第三百九十四条规定，国家工作人员在国内公务活动或者对外交往中接受礼物的按照贪污罪处理，并将“礼物”纳入贪污罪的对象中。对可以纳入贪污罪对象的礼物自身的范围，在理论界依旧存在争议。主要观点有两种：一种观点认为，只有礼品或者礼金能成为“礼物”，其他类型的财物均不被认可；另一种观点认为，礼物当然应该包括礼品、礼金，但这种定义并不完整，不能适应当前经济发展状态，礼物还应该包括其他消费性的财物。[③] 在《国家行政机关及其工作人员在国内公务活动中不得赠送和接受礼品的规定》和《国务院关于在对外公务活动中赠送和接受礼品的规定》中都对“礼品”含义进行了界定，公共财物、私人财物等都可以成为“礼品”，但“礼品”和“礼物”二者的涵摄范围是否一致仍然存在争议。

（3）贪污罪中“利用职务上便利”的认定

对于贪污罪中“利用职务上便利”的认定，学界上存在不同的理解。第一种观点认为，利用职务上的便利是指利用其职权范围内的合法条件，而不是利用与其职权或职责无关的条件。[④] 第二种观点认为，利用职务上的便利是指直接利用本人职务上的权力，包括两种情况：一种是利用本人主管、经营财物的便利条件；另一种是担任其他职务的国家工作人员，因执行其公务而临时经手、管理公共财物。[⑤] 第三种观点支持《最高人民检察院关于人民检察院直接受理立案侦查

① 《刑法学》编写组编：《刑法学》（下册·各论），高等教育出版社2019年版，第257页。

② 王武：《贪污罪若干问题研究》，华东政法学院2004年硕士学位论文。

③ 周中川：《浅论刑法谦抑性与我国贪污罪对象的关系》，华中师范大学2020年硕士学位论文。

④ 孙谦主编：《国家工作人员职务犯罪研究》，法律出版社1998年版，第61页。

⑤ 王作富：《刑法分则实务研究（下）》，中国方正出版社2001年版，第1702页。

案件立案标准的规定（试行）》的内容，该规定指出，在贪污罪中，“利用职务上的便利”是指利用职务上主管、管理、经手公共财物的权力及方便条件。并且在2012年最高人民法院发布的《关于发布第三批指导性案例的通知》（部分失效）（指导案例11号杨延虎等贪污案）中指出的内容与此类似，既包括利用本人职务上主管、管理公共财物的职务便利，也包括利用职务上有隶属关系的其他国家工作人员的职务便利。但是对于第三种观点，有学者指出“经手”“方便条件”表述不明确，“经手”可能是占有辅助行为，“方便条件”可能只是权力之外的工作便利而不是职务便利，容易不当扩大贪污罪的处罚范围。①

除此之外，职务便利是否包含过去、现在和将来的职务便利仍然存在争议。争议焦点在于职务便利是否要包含过去和将来的职务便利。如果行为人岗位变化但国家工作人员的身份不变，职务便利一直存在但内容发生变化，则不影响行为人贪污罪的认定。但行为人从非国家工作人员转化为国家工作人员之间或者从国家工作人员转化为非国家工作人员时，其利用过去或将来的职务便利是否构成贪污罪仍然存在争议。

3. 案例总结

（1）王某林贪污罪、受贿罪刑事案②

【裁判主旨】

被告人王某林身为国家机关工作人员，利用职务上的便利，采取骗取、侵吞手段非法套取扶贫资金人民币173900元，数额较大，其行为已触犯刑律，构成贪污罪。被告人王某林贪污数额为173900元（实际个人所得146000元），属于数额较大，且贪污款项系扶贫资金，属于《最高人民法院、最高人民检察院关于办理贪污贿赂刑事案件适用法律若干问题的解释》第二条第二款之规定，应当认定为《刑法》第三百八十三条第一款规定的“其他严重情节”。

【主要案情】

被告人王某林利用其担任永胜县某镇党委副书记、镇长的职务便利，以政府需要用钱为由，安排工程老板应某编造虚假工程项目资料，签订虚假合同，并安

① 张明楷：《刑法学（下）》（第六版），法律出版社2021年版，第1557页。
② 云南省永胜县人民法院刑事判决书（2022）云0722刑初38号。

排政府相关工作人员在相关材料上签字。经王某林签批后，永胜县某镇财政所将2018年度农村道路保通扶贫资金173900元拨到丽江永胜某建设工程有限公司，该公司扣除管理费3478元、税费6670元后，将剩余款项163752元拨到应某的个人账户。之后，王某林多次从应某处取走146000元归个人使用，剩余款项17752元由应某保管。

（2）董某某被控贪污宣告无罪案①

【裁判主旨】

被告人在承包经营货栈期间，违反财务制度，弄虚作假，设立小钱柜，是一种违纪违规行为。对于小钱柜的资金，被告人在客观上没有将其据为己有，主观上也没有据为己有的直接故意，而是由集体管理和使用，从犯罪构成上论证了当事人的行为缺乏构成犯罪的必要条件，不构成贪污罪。

【主要案情】

被告人董某某时任某垱供销社第一货栈经理。就第一货栈的经营问题，董某某与该社签订了承包合同，合同约定一年上交10000元，超利润部分按比例分成。董某某在负责经营和承包货栈期间，隐瞒收入3061.06元、虚列支出440元、多报购货进价2754.84元。此三笔款额已记入单位小钱柜。董某某经与原货栈会计盛某华、出纳李某兰商定后，从上列款额中支付了业务信息费3100元，偿还个人借款利息400元，余款仍存于小钱柜。

（3）深圳海外装饰工程有限公司与马某单位行贿、受贿、贪污案②

【裁判主旨】

马某身为国有控股公司高级管理人员，利用职务便利伙同他人侵吞公共财产100万元，数额巨大，其行为已构成贪污罪。

【主要案情】

2009年某公司合肥分公司（以下简称分公司）承建某机场项目，马某担任项目经理，王某某调至该项目部任项目部副经理。在采购机场所需低压配电箱和

---

① 湖南省常德市中级人民法院刑事裁定书（2012）常刑再字第01号。

② 安徽省淮南市中级人民法院刑事裁定书（2019）皖04刑终275号。

低压配电柜过程中，因供应商报价过高，超出预算，项目部扩大了供应商范围。扬州某公司业务经理黄某与马某和王某某，商议配电箱和配电柜的供应事宜，马某将此事交给王某某包办。王某某将报价压到1150万元，其中100万元由黄某取出后交给王某某作为二人的好处费。该公司在二轮竞标后中标。2011年1月9日，该公司与分公司签订合同，合同价款1043.8万元。同年1月25日，该公司收到分公司的208万元预付款，将其中100万元打到黄某卡中，黄某将这笔钱取出，交给王某某，王某某与马某平分，每人私分50万元。

4. 合规要点

（1）完善建筑施工企业制度，规范经营行为

建筑施工企业管控和降低职工贪污企业财物的风险，可从以下几个方面入手。

在财务制度上，企业与客户之间的交易方式最好是银行转账，这样使业务流、资金流较明晰且有据可查，关键是减少了员工掌握现金的机会；对管控内容设定账目、台账，账目清晰，数据合理，为后续监督提供依据。并且通过定期的会计预算，把风险控制在预算范围内，即使发生违法事件，也不至于造成重大损失。

在人事制度上，把员工侵占企业财务行为纳入劳动合同或规章制度中，一旦出现贪污腐败行为，企业可单方面辞退员工且不承担任何法律责任。[①]

在项目管理制度和权力分配上，有明确的业务标准、业务流程、审批权限，如供应商评估流程、标准，采购量分配标准，等等。针对重大问题、项目实行集体讨论、集体决策，避免一言堂，权力专断，并且使用联合评审、交叉验证、按流程、段位分别授权的方式制衡权力，避免一人独断。明确建筑施工企业的授权范围，按业务重要程度、金额大小、职责范围等进行有限授权，避免权力过大，滥用权力。细化管理主体的决定事项与管理权限，确保决策合规。另外，在财务管理及生产经营方面认真执行合规管理制度，强化监管检查，确保过程合规。

在监督制度上，监督措施是确保公司政策和制度有效落实的重要保障，监督的手段和途径是可以多种多样的。

---

① 尚飞：《中国国有企业领导人贪腐现象分析与防治措施研究》，北京林业大学2016年硕士学位论文。

首先为内部员工及外部相关方（如供应商、客户、代理商等）提供投诉举报渠道，制定规范的投诉举报处理制度。同时制定防止打击报复的相关制度及措施。对存在的利益冲突进行声明和申报，采取利益冲突回避措施。合法合规的业务审批流程被无理驳回时，提供申辩和仲裁的渠道，避免滥用权力。对管控的账目、现金、实物进行定期盘点和实施监督。对采购物资的议价、定价实施监督。对重要、关键的岗位进行离岗审计。对某些管控内容进行公示，接受全体员工的监督。

另外，公司对各类违法违规行为制定相应的处罚条例，并且通过集体协商流程确保这些处罚条例的有效性。主要包括制定内部处罚条例，明文规定公司内部的处罚条例，依条例处罚，绝不姑息。对构成犯罪的人员提交公安机关处理，使之接受法律的制裁。企业内部设立监管部门和奖惩机制，既能严查企业人员中饱私囊、转移资金、利用关联交易非法牟利等问题，也能充分发挥职工群众的监督作用，确保交易活动有序进行，保护资产的安全、完整。

（2）加大贪污犯罪的宣传，增强法律意识

制定完善的制度和内部控制制度可以有效防范贪污风险，但并不能防范所有的风险。只有提高人的道德和法律意识，才能使制度顺利实施。

建筑施工企业要有明确的禁止贪污腐败的政策或方针，让公司全员及利益相关方理解并遵行，包括对内声明和对外声明，即向内部员工进行廉政相关政策声明以及向外部相关方声明（如供应商、客户、代理商等）。

建筑施工企业可以聘请专业人士，对企业的潜在法律风险进行定性评估，也可以经常邀请法律人士，通过会议、海报、公告栏、网站等渠道对员工进行反商业贿赂方面的宣传与培训；与关键岗位人员签订相关协议或承诺书，增加法律约束和道德约束。使内部工作人员知晓商业贿赂领域，提高自身的法律意识和社会责任感，正确行使权利和自觉履行义务，从意识上杜绝贪污腐败的念头，让全员自觉遵守法律法规和公司制度。定期自查自纠，提高工作人员在履职行为中的廉洁自觉性，从源头上减少刑事合规风险。国有企业还可以通过开展刑事合规专题会议、专项培训等多种渠道和方式进行刑事合规的宣传，树立全员合规的理念。另外，对涉案人员进行辞退或移交司法机关严肃处理；对违法违规企业，采取终止合作等措施。

（六）受贿罪/非国家工作人员受贿罪/利用影响力受贿罪/单位受贿罪

通过表 5-13、表 5-14、表 5-15 和表 5-16 可以看出，受贿类犯罪在建设工程领域发生频率相当高，不容忽视。虽然在不同罪名之间数据有所差异，但是建筑施工企业依旧需要警惕受贿类犯罪的刑事风险。

表 5-13 建筑施工企业受贿罪数据

时间	2001—2019 年	2020 年	2021 年	2022 年	2023 年
案件数量/件	12463	1169	389	68	63

（参考“威科先行·法律信息库”，通过检索“受贿罪+建设工程”得出）

表 5-14 建筑施工企业非国家工作人员受贿罪数据

时间	2001—2019 年	2020 年	2021 年	2022 年	2023 年
案件数量/件	1301	160	45	10	10

（参考“威科先行·法律信息库”，通过检索“非国家工作人员受贿罪+建设工程”得出）

表 5-15 建筑施工企业利用影响力受贿罪数据

时间	2001—2019 年	2020 年	2021 年	2022 年	2023 年
案件数量/件	85	24	17	11	9

（参考“威科先行·法律信息库”，通过检索“利用影响力受贿罪+建设工程”得出）

表 5-16 建筑施工企业单位受贿罪数据

时间	2001—2019 年	2020 年	2021 年	2022 年	2023 年
案件数量/件	104	34	28	9	6

（参考“威科先行·法律信息库”，通过检索“单位受贿罪+建设工程”得出）

1. 罪名概述

（1）罪名简述

1）受贿罪是指国家工作人员利用职务上的便利，索取他人财物，或者非法收受他人财物，为他人谋取利益的行为。国家工作人员在经济往来中，违反国家规定，收受各种名义的回扣、手续费，归个人所有的，以受贿罪论处。

2）非国家工作人员受贿罪是指公司、企业或者其他单位的工作人员，利用职务上的便利，索取他人财物或者非法收受他人财物，为他人谋取利益，数额较大的行为，或者公司、企业或者其他单位的工作人员在经济往来中，利用职务上的便利，违反国家规定，收受各种名义的回扣、手续费，归个人所有的行为。

3）利用影响力受贿罪是指国家工作人员的近亲属或者其他与该国家工作人

员关系密切的人，通过该国家工作人员职务上的行为，或者利用该国家工作人员职权或者地位形成的便利条件，通过其他国家工作人员职务上的行为，为请托人谋取不正当利益，索取请托人财物或者收受请托人财物，数额较大的行为。

4）单位受贿罪是指国家机关、国有公司、企业、事业单位、人民团体，索取、非法收受他人财物，为他人谋取利益，情节严重的行为。

（2）历史演变

1979年《刑法》第一百八十五条正式规定了受贿罪，但此时受贿罪并不要求行为人具有为他人谋取利益的要求。1988年全国人民代表大会常务委员会颁布的《关于惩治贪污罪贿赂罪的补充规定》第四条承认了受贿罪需要“为他人谋取利益”的要求。[①] 1997年修订的现行《刑法》第三百八十五条吸收了上述《关于惩治贪污罪贿赂罪的补充规定》第四条的内容，增加了“为他人谋取利益”的要件。2015年《刑法修正案（九）》在受贿罪定罪标准中加入情节因素。

非国家工作人员受贿罪被修订两次。2006年《刑法修正案（六）》第七条，在原“公司、企业的工作人员”之外增加了“其他单位的工作人员”。2020年《刑法修正案（十一）》第十条，再次修订了本条第一款，降低了第一档法定刑，增设了第三档法定刑。

利用影响力受贿罪为2009年《刑法修正案（七）》第十三条增设，并沿用至今。

1979年《刑法》和1982年全国人大常委会《关于严惩严重破坏经济的犯罪的决定》均未规定单位受贿罪。在1988年全国人大常委会颁布的《关于惩治贪污罪贿赂罪的补充规定》[②] 中，从立法层面肯定了单位可以成为受贿罪的主体。1997年《刑法》对1988年的《关于惩治贪污罪贿赂罪的补充规定》予以吸收，

---

① 1988年《全国人民代表大会常务委员会关于惩治贪污罪贿赂罪的补充规定》（已失效）：四、国家工作人员、集体经济组织工作人员或者其他从事公务的人员，利用职务上的便利，索取他人财物的，或者非法收受他人财物为他人谋取利益的，是受贿罪。

② 1988年《全国人民代表大会常务委员会关于惩治贪污罪贿赂罪的补充规定》（已失效）：九、企业事业单位、机关、团体为谋取不正当利益而行贿，或者违反国家规定，给予国家工作人员、集体经济组织工作人员或者其他从事公务的人员以回扣、手续费，情节严重的，判处罚金，并对其直接负责的主管人员和其他直接责任人员，处5年以下有期徒刑或者拘役。因行贿取得的违法所得归私人所有的，依照本规定第八条的规定处罚。

在第三百八十七条正式确立了单位受贿罪。

（3）所涉法律法规、司法解释规定

1）受贿罪

《刑法》

第三百八十五条　国家工作人员利用职务上的便利，索取他人财物的，或者非法收受他人财物，为他人谋取利益的，是受贿罪。

国家工作人员在经济往来中，违反国家规定，收受各种名义的回扣、手续费，归个人所有的，以受贿论处。

第三百八十六条　对犯受贿罪的，根据受贿所得数额及情节，依照本法第三百八十三条的规定处罚。索贿的从重处罚。

《最高人民法院、最高人民检察院关于办理贪污贿赂刑事案件适用法律若干问题的解释》

第十三条　具有下列情形之一的，应当认定为"为他人谋取利益"，构成犯罪的，应当依照刑法关于受贿犯罪的规定定罪处罚：

（一）实际或者承诺为他人谋取利益的；

（二）明知他人有具体请托事项的；

（三）履职时未被请托，但事后基于该履职事由收受他人财物的。

国家工作人员索取、收受具有上下级关系的下属或者具有行政管理关系的被管理人员的财物价值三万元以上，可能影响职权行使的，视为承诺为他人谋取利益。

第十五条　对多次受贿未经处理的，累计计算受贿数额。

国家工作人员利用职务上的便利为请托人谋取利益前后多次收受请托人财物，受请托之前收受的财物数额在1万元以上的，应当一并计入受贿数额。

2）非国家工作人员受贿罪

《刑法》

第一百六十三条　公司、企业或者其他单位的工作人员，利用职务上的便利，索取他人财物或者非法收受他人财物，为他人谋取利益，数额较大的，处三年以下有期徒刑或者拘役，并处罚金；数额巨大或者有其他严重情节的，处三年以上十年以下有期徒刑，并处罚金；数额特别巨大或者有其他特别严重情节的，处十年以上有期徒刑或者无期徒刑，并处罚金。

公司、企业或者其他单位的工作人员在经济往来中，利用职务上的便利，违反国家规定，收受各种名义的回扣、手续费，归个人所有的，依照前款的规定处罚。

国有公司、企业或者其他国有单位中从事公务的人员和国有公司、企业或者其他国有单位委派到非国有公司、企业以及其他单位从事公务的人员有前两款行为的，依照本法第三百八十五条、第三百八十六条的规定定罪处罚。

《最高人民法院、最高人民检察院关于办理商业贿赂刑事案件适用法律若干问题的意见》

二、刑法第一百六十三条、第一百六十四条规定的"其他单位"，既包括事业单位、社会团体、村民委员会、居民委员会、村民小组等常设性的组织，也包括为组织体育赛事、文艺演出或者其他正当活动而成立的组委会、筹委会、工程承包队等非常设性的组织。

三、刑法第一百六十三条、第一百六十四条规定的"公司、企业或者其他单位的工作人员"，包括国有公司、企业以及其他国有单位中的非国家工作人员。

七、商业贿赂中的财物，既包括金钱和实物，也包括可以用金钱计算数额的财产性利益，如提供房屋装修、含有金额的会员卡、代币卡（券）、旅游费用等。具体数额以实际支付的资费为准。

八、收受银行卡的，不论受贿人是否实际取出或者消费，卡内的存款数额一般应全额认定为受贿数额。使用银行卡透支的，如果由给予银行卡的一方承担还款责任，透支数额也应当认定为受贿数额。

九、在行贿犯罪中，"谋取不正当利益"，是指行贿人谋取违反法律、法规、规章或者政策规定的利益，或者要求对方违反法律、法规、规章、政策、行业规范的规定提供帮助或者方便条件。

在招标投标、政府采购等商业活动中，违背公平原则，给予相关人员财物以谋取竞争优势的，属于"谋取不正当利益"。

《最高人民法院、最高人民检察院关于办理贪污贿赂刑事案件适用法律若干问题的解释》

第十一条第一款　刑法第一百六十三条规定的非国家工作人员受贿罪、第二百七十一条规定的职务侵占罪中的“数额较大”“数额巨大”的数额起点，按照本解释关于受贿罪、贪污罪相对应的数额标准规定的二倍、五倍执行。

3）利用影响力受贿罪

《刑法》

第三百八十八条之一　国家工作人员的近亲属或者其他与该国家工作人员关系密切的人，通过该国家工作人员职务上的行为，或者利用该国家工作人员职权或者地位形成的便利条件，通过其他国家工作人员职务上的行为，为请托人谋取不正当利益，索取请托人财物或者收受请托人财物，数额较大或者有其他较重情节的，处三年以下有期徒刑或者拘役，并处罚金；数额巨大或者有其他严重情节的，处三年以上七年以下有期徒刑，并处罚金；数额特别巨大或者有其他特别严重情节的，处七年以上有期徒刑，并处罚金或者没收财产。

离职的国家工作人员或者其近亲属以及其他与其关系密切的人，利用该离职的国家工作人员原职权或者地位形成的便利条件实施前款行为的，依照前款的规定定罪处罚。

《最高人民法院、最高人民检察院关于办理贪污贿赂刑事案件适用法律若干问题的解释》

第十条第一款　刑法第三百八十八条之一规定的利用影响力受贿罪的定罪量刑适用标准，参照本解释关于受贿罪的规定执行。

4）单位受贿罪

《刑法》

第三百八十七条　国家机关、国有公司、企业、事业单位、人民团体，索取、非法收受他人财物，为他人谋取利益，情节严重的，对单位判处罚金，并对其直接负责的主管人员和其他直接责任人员，处五年以下有期徒刑或者拘役。

前款所列单位，在经济往来中，在帐外暗中收受各种名义的回扣、手续费的，以受贿论，依照前款的规定处罚。

《最高人民检察院关于人民检察院直接受理立案侦查案件立案标准的规定（试行）》

第一条第四款　索取他人财物或者非法收受他人财物，必须同时具备为他人谋取利益的条件，且是情节严重的行为，才能构成单位受贿罪。

国家机关、国有公司、企业、事业单位、人民团体，在经济往来中，在账外暗中收受各种名义的回扣、手续费的，以单位受贿罪追究刑事责任。

涉嫌下列情形之一的，应予立案：

1. 单位受贿数额在 10 万元以上的；

2. 单位受贿数额不满 10 万元，但具有下列情形之一的：

（1）故意刁难、要挟有关单位、个人，造成恶劣影响的；

（2）强行索取财物的；

（3）致使国家或者社会利益遭受重大损失的。

（4）保护法益

1）受贿罪

本罪的保护法益历来都是国内外讨论的课题，国内对受贿罪的保护法益也有许多争论。[①] 受贿罪的保护法益是国家机关的正常管理活动的观点，在过去很长一段时间内成为通说。目前，廉洁性说成为受贿罪的保护法益的通说，即受贿罪的保护法益是国家工作人员职务行为的廉洁性，但是在具体表述上不同学者也有不同意见。

2）非国家工作人员受贿罪

本罪保护的法益包括公司、企业或其他单位的正常管理秩序以及其工作人员职务的廉洁性。

3）利用影响力受贿罪

利用影响力受贿罪保护的法益包括国家工作人员的职务行为的公正性，以及国民对国家工作人员职务行为不可收买性的信赖。[②] 在国家工作人员不知道关系密切的人索取、收受财物，行贿一方也只是间接利用国家工作人员的不正当职务行为的情况下，直接认定利用影响力受贿罪侵犯了国家工作人员的廉洁性或者职务行为的不可收买性，是缺乏根据的。不过，正是由于利用影响力受贿罪的主体与国家工作人员具有密切关系，行贿方以及一般人会认为国家工作人员的职务行

---

① 张明楷：《刑法学（下）》（第六版），法律出版社 2021 年版，第 1582 页。

② 张明楷：《刑法学（下）》（第六版），法律出版社 2021 年版，第 1613 页。

为与贿赂之间建立了对价关系，所以，利用影响力受贿罪侵犯了国民对国家工作人员职务行为不可收买性的信赖。

4）单位受贿罪

单位受贿罪作为贪污贿赂章节中的罪名，保护的法益是国有单位的廉政制度。

（5）表现形式

1）受贿罪

①国家工作人员利用职务上的便利为请托人谋取利益，通过赌博方式收受请托人财物的行为。

②国家工作人员利用职务上的便利为请托人谋取利益，并与请托人事先约定，在其离退休后收受请托人财物。

③经过乡镇政府或者主管行政机关任命的乡镇卫生院院长，在依法从事本区域卫生工作的管理与业务技术指导、承担医疗预防保健服务工作等公务活动时，对其利用职务上的便利，索取他人财物，或者非法收受他人财物，为他人谋取利益的。

④国家工作人员利用职务上的便利，以借为名向他人索取财物，或者非法收受财物为他人谋取利益的。

⑤国家工作人员利用职务上的便利为请托人谋取利益，以明显低于或高于市场价格的交易形式收受请托人财物的。

⑥国家工作人员利用职务上的便利为请托人谋取利益，由请托人出资“合作”开办公司或者进行其他“合作”投资的。

⑦国家工作人员利用职务上的便利为请托人谋取利益，以委托请托人投资证券、期货或者其他委托理财的名义，未实际出资而获取“收益”，或者虽然实际出资，但获取“收益”明显高于出资应得收益的。

2）非国家工作人员受贿罪

①医疗机构中的医务人员，利用开处方的职务便利，以各种名义非法收受药品、医疗器械、医用卫生材料等医药产品销售方财物，为医药产品销售方谋取利益，数额较大的。

②学校及其他教育机构中的教师，利用教学活动的职务便利，以各种名义非法收受教材、教具、校服或者其他物品销售方财物，为教材、教具、校服或者其

他物品销售方谋取利益，数额较大的。

③依法组建的评标委员会、竞争性谈判采购中谈判小组、询价采购中询价小组的组成人员，在招标、政府采购等事项的评标或者采购活动中，索取他人财物或者非法收受他人财物，为他人谋取利益，数额较大的。

④非国家工作人员与国家工作人员通谋，共同收受他人财物构成共同犯罪，利用非国家工作人员的职务便利为他人谋取利益的。

⑤根据目前我国足球行业管理体制现状和体育法等有关规定，足球裁判受贿的行为。

3）利用影响力受贿罪

①国家工作人员的近亲属或者其他与该国家工作人员关系密切的人，通过该国家工作人员职务上的行为，或者利用该国家工作人员职权或者地位形成的便利条件，通过其他国家工作人员职务上的行为，为请托人谋取不正当利益，索取请托人财物或者收受请托人财物的。

②离职的国家工作人员或者其近亲属以及其他与其关系密切的人，利用该离职的国家工作人员原职权或者地位形成的便利条件，为请托人谋取不正当利益，索取请托人财物或者收受请托人财物的。

③通过国家工作人员对其他国家工作人员的斡旋行为，为请托人谋取不正当利益，索取、收受贿赂的。

④国家工作人员的近亲属直接通过国家工作人员的下属为他人谋取不正当利益，进而索取或者收受他人财物的。

4）单位受贿罪

①国家机关、国有公司、企业、事业单位、人民团体以及国有单位的内设机构，在经济往来中，在账外暗中收受各种名义的回扣、手续费的。

②国有单位的内设机构利用其行使职权的便利，索取、非法收受他人财物并归该内设机构所有或者支配，为他人谋取利益，情节严重的。

（6）行为对象

1）受贿罪

本罪的行为对象是贿赂，《刑法》将贿赂的范围限定为财物。《最高人民法院、最高人民检察院关于办理贪污贿赂刑事案件适用法律若干问题的解释》第十二条规定贿赂犯罪中的“财物”，包括货币、物品和财产性利益。财产性利益包括可以折算为货币的物质利益，如房屋装修、债务免除等，以及需要支付货币的其他利益，如会员服务、旅游等。后者的犯罪数额，以实际支付或者应当支付的数额计算。

2）非国家工作人员受贿罪/利用影响力受贿罪/单位受贿罪

本罪的行为对象是财物，这里的财物不仅包括金钱和实物，而且包括可以用金钱计算数额的财产性利益，如提供房屋装修、含有金额的会员卡、代币卡(券)、旅游费用等。

（7）行为主体

1）受贿罪

本罪是身份犯，行为主体是国家工作人员。国家工作人员是指国家机关中从事公务的人员，“从事公务的人员”的具体范围根据《刑法》第九十三条及相关司法解释确定。

2）非国家工作人员受贿罪

本罪为身份犯，行为主体必须是公司、企业或者其他单位的工作人员。“其他单位”包括事业单位、社会团体、村民委员会、居民委员会、村民小组等常设性的组织，以及为组织体育赛事、文艺演出或者其他正当活动而成立的组委会、筹委会、工程承包队等非常设性的组织。公司、企业或者其他单位包括国有和非国有公司、企业或者其他单位，但只有其中的非国家工作人员能构成本罪。

3）利用影响力受贿罪

本罪的主体是特殊主体，即与国家工作人员（以及离职的国家工作人员）关系密切的非国家工作人员，包括国家工作人员的近亲属或者其他关系密切的人，以及离职的国家工作人员及其近亲属或者其他关系密切的人。近亲属主要是指夫、妻、父、母、子、女、同胞兄弟姊妹、祖父母、外祖父母、孙子女、外孙子女。其他与其关系密切的人，是指除近亲属外的其他关系亲近、可以间接或无形的方式对国家工作人员的行为、决定施加影响的人。

4）单位受贿罪

本罪的行为主体为国家机关、国有公司、企业、事业单位与人民团体。

（8）罪责

1）受贿罪

本罪的责任形式为故意，其主观故意要满足以下三个方面的内容。第一，行为人主观上具有索取或者接受贿赂的意思。如果行为人没有索取或者接受贿赂的意思，事实上也没有接受的，不成立受贿罪。第二，行为人认识到自己索取、收取贿赂的行为会侵害国家工作人员职务行为的不可收买性。第三，行为人对受贿行为的危害结果持希望或者放任发生的态度。

2）非国家工作人员受贿罪

本罪的责任形式为故意，即行为人明知自己索取、收受贿赂的行为会发生侵犯职务行为不可收买性的结果，并且希望或者放任这种结果发生。

3）利用影响力受贿罪

本罪的责任形式是故意，即行为人明知自己索取、收受贿赂的行为会侵犯职务行为的公正性和公众对职务行为的信赖，并且希望或者放任这种结果发生。

4）单位受贿罪

本罪的责任形式是故意，即单位明知自己索取、收受贿赂的行为会侵犯国有单位的廉政制度，并且希望或者放任这种结果发生，并具有为他人谋取利益的目的。

（9）量刑

1）受贿罪

根据《刑法》第三百八十六条规定，对犯受贿罪的，根据受贿所得数额及情节，依照本法第三百八十三条的规定处罚。索贿的从重处罚。

《刑法》第三百八十三条规定："对犯贪污罪的，根据情节轻重，分别依照下列规定处罚：（一）贪污数额较大或者有其他较重情节的，处三年以下有期徒刑或者拘役，并处罚金。（二）贪污数额巨大或者有其他严重情节的，处三年以上十年以下有期徒刑，并处罚金或者没收财产。（三）贪污数额特别巨大或者有其他特别严重情节的，处十年以上有期徒刑或者无期徒刑，并处罚金或者没收财产；数额特别巨大，并使国家和人民利益遭受特别重大损失的，处无期徒刑或者死刑，并处没收财产。对多次贪污未经处理的，按照累计贪污数额处罚。犯第一款罪，在提起公诉前如实供述自己罪行、真诚悔罪、积极退赃，避免、减少损害结果的发生，有第一项规定情形的，可以从轻、减轻或者免除处罚；有第二项、第三项规定情形的，可以从轻处罚。犯第一款罪，有第三项规定情形被判处死刑缓期执行的，人民法院根据犯罪情节等情况可以同时决定在其死刑缓期执行二年期满依法减为有期徒刑后，终身监禁，不得减刑、假释。”

2）非国家工作人员受贿罪

犯本罪的，数额较大的，处三年以下有期徒刑或者拘役，并处罚金；数额巨大或者有其他严重情节的，处三年以上十年以下有期徒刑，并处罚金；数额特别巨大或者有其他特别严重情节的，处十年以上有期徒刑或者无期徒刑，并处罚金。

3）利用影响力受贿罪

犯本罪的，数额较大或者有其他较重情节的，处三年以下有期徒刑或者拘役，并处罚金；数额巨大或者有其他严重情节的，处三年以上七年以下有期徒刑，并处罚金；数额特别巨大或者有其他特别严重情节的，处七年以上有期徒刑，并处罚金或者没收财产。

4）单位受贿罪

犯本罪的，对单位判处罚金，并对其直接负责的主管人员和其他直接责任人员，处五年以下有期徒刑或者拘役。

2. 主要争议问题

（1）受贿罪中“财物”的认定

受贿罪的行为对象是贿赂，但我国《刑法》将受贿罪中的贿赂限定为财物，这里的财物主要指财产性利益，而不包括非财产性利益，有学者认为这是对难以量化的贿赂的容忍。[①] 对于财物的定义学界尚没有统一的观点，其中主要包括以下三种观点学说。

第一种观点财物说简单地将受贿罪的对象限于财物，学界批判其虽然在司法实务领域易于操作，但仅将受贿罪的客体限定为“财物”已经不足以适应目前

① 徐众：《受贿罪客观方面探讨》，中国政法大学 2017 年硕士学位论文。

经济社会发展变化，存在对贿赂犯罪行为的放纵之嫌。[①] 第二种观点财产利益说将受贿罪的对象从财物发展到财产性利益，不局限于有形物。财产利益说的代表学者有高铭暄、马克昌教授。财产利益并不应局限于“财物”，对于以财产利益进行行贿，国家工作人员接受后，以公职行为进行交易，作为对价，也是受贿犯罪。对于金额的计算方式，应以财产性利益的市场价格为准。[②] 张明楷教授也认为财产性利益可以通过金钱计算其价值，而且许多财产性利益的价值超出了一般物品的经济价值，不能将财产性利益排除在财物之外。[③] 第三种观点利益说认为受贿罪对象不仅仅包括财物或者财产性利益，也包含非财产性利益，只要是不正当的利益都可以成为受贿罪的犯罪对象。该利益并不要求必须是财产性的，只要该利益能够对公职人员产生影响，与公职人员进行交易，无论其进行贿赂的手段如何，究其本质而言也可以将这种贿赂看作一种“权钱交易”。[④]

（2）非国家工作人员受贿罪既遂的认定标准

对于非国家工作人员受贿罪既遂的认定标准，《刑法》中规定非国家工作人员受贿罪的既遂是相关工作人员实施的犯罪行为已经构成该罪所规定的全部构成要件。司法实务中，对非国家工作人员受贿罪未遂的认定有两种情况。第一种情况，非国家工作人员确实利用了自己所具有的职务便利帮助别人获取了相关的利益，但是基于自己意志以外的原因实际上并没有得到数额较大的财物，都是按照未遂进行认定。第二种情况，非国家工作人员虽然收取了行贿人的财物，且数额较大，但是并未用自己手中所掌握的职权为行贿人谋取利益，那么这种情况下就可以认定为未遂。[⑤]

理论界对非国家工作人员受贿罪既遂标准有以下四种不同观点。

第一种观点，“承诺即既遂说”，即行为人承诺为相对人做相关事情，就是该罪的既遂标准。不管这种承诺行为是否取得实际效果，也不管行为人是否得到贿赂，只要有这种承诺的意识表示即可。非国家工作人员受贿罪既遂时间点把作

---

① 张玉明：《受贿罪疑难问题研究》，黑龙江大学 2021 年硕士学位论文。
② 高铭暄、马克昌：《刑法学》（第十版），北京大学出版社 2022 年版。
③ 张明楷：《刑法学（下）》（第六版），法律出版社 2021 年版。
④ 张明玉：《受贿罪疑难问题研究》，黑龙江大学 2021 年硕士学位论文。
⑤ 孙陶轶：《非国家工作人员受贿罪的司法认定》，吉林大学 2017 年硕士学位论文。

出承诺之日作为犯罪既遂之日。[①] 该观点认为国家机关中的正常管理秩序或者在机关中工作的公职人员其职务上的廉洁性是非国家工作人员受贿罪侵犯的客体，行为人只要向行贿人作出为其谋取相关利益的承诺，就构成该罪的既遂，这意味着国家机关正常的管理秩序被破坏了。

第二种观点，“谋取利益说”，该学说认为行为人要向行贿人实际地牟取到了不当利益，才会构成该罪的既遂，不管行为人是否获取利益。假如行为人没有为行贿人谋取不当利益，则构成该罪的未遂。[②] 该罪所侵害的客体是国家机关正常的管理秩序，所以当行为人谋取到对方的不法利益时，国家机关正常的管理秩序就已经受到侵害。

第三种观点，“收受与谋取双重标准”，该学说的既遂标准是行为人既要收受数额较大的财物，又要有为他人谋取利益的承诺行为。假若行为人只满足其中一个条件，则构成该罪的未遂。持此观点的学者认为，构成犯罪既遂，行为必须完全具备刑法分则所规定的全部构成要件。结合非国家工作人员受贿罪的规定来看，要构成本罪的既遂，无论是财物数额较大的要素，还是为他人谋取利益的要素，都是必须具备的。而且受贿罪具有权钱交易的本质特点，具体表现为行为人以利用职务上的便利为他人谋取利益作为与行贿人的财物交换的条件。如果没有为他人谋取利益这一行为要素，就谈不到受贿行为的存在，当然也不可能成立本罪的既遂，而且无法将本罪与敲诈勒索罪、诈骗罪等犯罪区别开来。因此，只有为他人谋取利益与收受他人财物两个要素同时具备，才能成立本罪的既遂。[③]

第四种观点，“阶段行为说”，该学说认为先区分受贿的类型，有关受贿罪的既遂分为两种，即收受型贿赂和索取型贿赂，需要针对个案分析，如果行为人取得贿赂则属于收受型贿赂，即可认为该罪既遂。[④]

(3）利用影响力受贿罪“密切关系”的界定

对于利用影响力受贿罪“密切关系”的理解，因其概念的不清晰，学界对此存在较多争议。部分学者认为亲属、同事、同学、朋友等具有情感、经济利益

---

① 战丽阳：《受贿罪既遂标准研究》，吉林大学 2016 年硕士学位论文。
② 徐留成：《受贿罪既遂与未遂疑难问题研究》，载《河南社会科学》2008 年第 5 期，第 44 页。
③ 高铭暄、马克昌：《刑法学》（第十版），北京大学出版社 2022 年版，第 394 页。
④ 邹慧森：《非国家工作人员受贿罪的认定及量刑》，西南科技大学 2014 年硕士学位论文。

联系上的人都可以归入其内，可以通过交往时间、次数等进行判断衡量。[①] 但是反对者认为这种方式较为片面、单一，概念的界定含糊，可操作性不强。[②]

还有部分学者认为“关系密切的人”应该采用概括加列举的方式来进行明确，从司法层面的角度来讲，在考量“密切关系”时，要结合多个方面的因素，从综合角度来进行衡量和判断，重点考察以下几个因素：双方认识的目的、动机、时间的长久、主观的知识水平、双方对彼此身份的认识等。[③]

也有学者认为在界定“关系密切的人”时不仅仅是从形式上来进行判断，同时还要深入其实质来进行衡量，从其概念的本身和犯罪规制的社会关系的性质以及关系的程度上来进行把握。[④] 对于“关系密切”应当从广义范围理解，双方是否存在日常生活中理解的“关系密切”不重要，双方在犯罪行为产生前必然存在一定的联结，并依据该关系产生的便利而实施犯罪行为，即可认定为“关系密切”，不能轻易否认“关系密切”，否则不利于打击犯罪。

3. 案例总结

（1）四川 A 建设工程有限公司单位行贿、戴某坤受贿案[⑤]

【裁判要旨】

被告单位 A 公司为谋取不正当利益，向国家工作人员行贿，被告人戴某坤系直接负责的主管人员，被告人夏某兵、阮某舫系直接责任人员，其行为已触犯刑律，构成单位行贿罪。戴某坤身为国家工作人员，利用职务之便，非法收受他人财物 55 万元，为他人谋取利益，数额巨大，其行为已触犯刑律，构成受贿罪。

【主要案情】

被告人戴某坤为四川 A 建设工程有限公司经理，其利用职务之便，非法收受 A 公司项目部经理夏某兵、阮某舫等人以拜节的名义所送好处费共计 55 万元，在分配工程项目、资金拨付等方面为各项目部谋取利益。戴某坤和项目部经理夏

① 孙建民：《如何理解刑法修正案（七）中“关系密切的人”》，载《检察日报》2009 年第 3 期。

② 刘明哲：《利用影响力受贿罪疑难问题研究》，黑龙江大学 2022 年硕士学位论文。

③ 王玉杰：《利用影响力受贿罪若干问题探究》，载《河南省政法管理干部学院学报》2010 年第 1 期，第 44 页。

④ 高铭暄、陈冉：《论利用影响力受贿罪司法认定中的几个问题》，载《法学杂志》2012 年第 3 期，第 3 页。

⑤ 四川省乐至县人民法院刑事判决书（2018）川 2022 刑初 48 号。

某兵请求成都某电厂厂长兼金某电厂筹建处主任刘某将金某电厂的基建工程协调给A公司，刘某同意。总计给予刘某274万元的好处费。

（2）周某非国家工作人员受贿、侵犯商业秘密案①

【裁判主旨】

某达公司系工程建设项目招标代理机构，是涉案工程招标代理委托合同的一方当事人，被告人周某系该公司员工。被告人周某受某达公司指派代表公司经办杭州某区网络与通信设备基地项目建设工程招标代理事务，享有某达公司赋予其履行上述招标代理委托合同的相应职权，属履行职务行为，而非不具备职权内容的单纯提供劳务行为。

某达公司员工薪酬发放制度系该公司内部管理事务，并不能否定被告人周某上述行为系履职行为。被告人周某利用经办相关工程招标代理事务的职务便利非法收受他人贿赂，将其所掌握的相关工程招投标信息违规告知相关人员，为他人谋取利益，不仅侵害了公司的正常管理活动，也妨害了涉案工程招投标的公平竞争，其行为侵犯了刑法所保护的相应法益，构成非国家工作人员受贿罪。因此不采纳辩护人提出的被告人周某在涉案项目招标代理中从事的系劳务行为，而非职务行为，不构成非国家工作人员受贿罪的意见。

【主要案情】

2009年12月，杭州某区资产经营有限公司（以下简称有限公司）与杭州某达投资咨询估价监理有限公司（以下简称某达公司）签订杭州某区网络与通信设备基地项目建设工程招标代理委托合同，由有限公司委托某达公司办理该项目建安工程施工的招标代理业务。被告人周某系某达公司员工。2010年，被告人周某利用经办上述招标代理业务的职务便利，违规告知何某甲资格预审入围名单等相关招标信息，非法收受何某甲贿送的现金人民币113万元。

---

① 浙江省杭州市滨江区人民法院刑事判决书（2015）杭滨刑初字第411号。

(3) 王某、葛某强、刘某魁等非国家工作人员受贿、侵犯商业秘密案[①]

【裁判主旨】

①被告人王某、葛某强具有非国家工作人员受贿罪主体资格

力某公司上海代表处、罗某公司上海代表处均系依法申请注册，属于外国公司常驻代表机构；被告人王某、葛某强作为上述代表处的工作人员，属于外国公司工作人员的范畴。根据我国《刑法》第六条关于地域效力的规定，外国公司及其工作人员在我国领域内实施犯罪的，应当依照我国《刑法》的相关规定定罪处罚。因此，被告人王某、葛某强具有非国家工作人员受贿罪的主体身份。

②被告人王某收受天津某程公司给予的300万元构成受贿

天津某程公司的张某青给予了王某人民币300万元，王某对收受上述钱款也一直不持异议。王某称其为天津某程公司谋取的利益是帮助该公司成为长协客户及调换铁矿石品种等，张某青陈述王某为天津某程公司谋取的利益是多装运了铁矿石。上述二人在收受钱款上意见一致，只是在谋取的利益上认识不一，这一差异不影响本节事实中为他人谋取利益这一构成要件的认定，故王某收受上述钱款的行为应依法认定为受贿行为。

③被告人王某收取日某钢铁公司给予的300万元构成受贿

从王某的个人资产状况和从其家中起获大量现金的情况看，王某并不存在因经济拮据而需要借钱的正当事由。就客观行为而言，王某辩称人民币300万元系其向日某钢铁公司的借款，但其通过秘密渠道刻意以现金方式收取该钱款，且没有出具借条，双方也没有约定还款的时间，事后也不曾向日某钢铁公司表达过还款的意图。因此，其从日某钢铁公司收取人民币300万元的行为不符合借款的一般特征，应当认定为受贿。

④被告人葛某强利用职务便利收受中某国际公司等四家单位钱款

葛某强具体负责力某公司对中某国际公司铁矿石业务，其有权决定是否给予现货，没有其推荐，河北某业公司难以成为力某公司长协客户，并且其有将哪些企业发展成为力某公司长协客户的建议权及铁矿石经办权。上述证据充分证明了被告人葛某强具有推荐长协客户、销售铁矿石等职务便利，中某国际公司等四家

---

① 上海市第一中级人民法院刑事判决书（2010）沪一中刑初字第34号。

单位正是基于葛某强具有的上述职务便利而给予其巨额钱款，葛某强及其辩护人关于其不具有起诉指控的职务便利的观点不予采纳。

【主要案情】

被告人胡某泰担任力某公司上海代表处首席代表。力某公司上海代表处于2008年2月成立，被告人胡某泰、葛某强、刘某魁分别担任代表处首席代表、销售经理、销售主管。此外，葛某强、刘某魁还曾分别担任力某公司北京代表处销售经理、力某公司上海代表处销售主管。被告人王某担任罗某公司上海代表处销售主管、销售经理。

①被告人胡某泰利用担任力某公司上海代表处首席代表并负责在中国地区销售铁矿石及推荐长协客户的职务便利，为河北某业公司等两家单位谋取利益，非法收受钱款共计折合人民币646.24万余元。

②被告人王某利用担任罗某公司上海代表处销售主管、销售经理并经办在中国地区销售铁矿石、推荐长协客户等职务便利，为天津某程公司等五家单位谋取利益，索取或非法收受钱款共计折合人民币7514.43万余元。

③被告人葛某强利用担任力某公司北京代表处、力某公司上海代表处销售经理并经办在中国地区销售铁矿石、推荐长协客户等职务便利，为中某国际公司等四家单位谋取利益，伙同他人非法收受钱款共计折合人民币694.53万余元，个人实际分得钱款折合人民币245.74万余元。

④被告人刘某魁利用担任力某公司北京代表处、力某公司上海代表处销售主管并经办在中国地区销售铁矿石的职务便利，为安阳某盈公司等十家单位谋取利益，非法收受财物共计折合人民币378.62万余元。

（4）葛某俊利用影响力受贿案①

【裁判主旨】

①葛某俊属于与国家工作人员关系密切的人，符合利用影响力受贿罪的主体要件。葛某俊是时任润州区某委员会主任于某的姐夫，平时于某对其比较尊重。葛某俊供述，其是于某的姐夫，因之前对于某一家比较照顾，于某对其很感激，

① 江苏省镇江市中级人民法院刑事裁定书（2016）苏11刑终160号。

当上局长后，对其也比较照顾。于某通过其职务行为为葛某俊介绍的潘某谋取利益，并从该职务行为中获益。可见，葛某俊属于与国家工作人员关系密切的人，符合利用影响力受贿罪的主体要件。故对辩护人提出的辩护意见不予采纳。

②葛某俊与潘某系行受贿关系，并非合伙关系。在工程项目中，葛某俊未实际出资、不负责工程施工，也不承担亏损，仅通过于某的职权和地位，帮助潘某承接工程、催收工程款。综合葛某俊在工程项目中的行为及其与潘某之间权利、义务、责任的分配情况，其与潘某之间不是合伙关系，而是通过国家工作人员的职务行为，为潘某谋取不正当利益，并从中收取潘某给予的好处费的行受贿关系。

③江苏恒某公司中标镇江市润州区某社区卫生服务中心的幕墙工程项目与于某的职权行为存在联系。于某利用其担任润州区某委员会主任的职务便利，帮助潘某联系相关人员、提供相关信息，对潘某挂靠的江苏恒某公司中标起到了积极的推动作用。辩护人认为该幕墙工程项目的承接与于某的职权行为没有联系的上诉理由及辩护意见不能成立。

【主要案情】

被告人葛某俊系镇江市润州区某委员会原主任于某的姐夫，二者关系密切。葛某俊联系在连云港市灌南县认识的潘某，与潘某商定“合伙”在镇江承揽工程，由葛某俊通过于某介绍镇江市润州区卫生系统的工程给潘某承揽，并帮助潘某催收工程款及协调施工中的矛盾，但不出资，也不承担亏损，由潘某负责具体的工程施工事宜，工程利润双方五五分成。此后，被告人葛某俊利用于某的职务便利，或者利用于某的职位形成的便利条件，通过于某下属的职务行为，多次为潘某谋取工程承揽机会及工程款支付优势，收受潘某钱款，2009 年下半年至 2015 年 8 月共计收受 160.5 万元。

4. 合规要点

在常规建筑施工企业的合规管理中，为了对受贿罪、单位受贿罪、利用影响力受贿罪、非国家工作人员受贿罪风险的防范、控制、监督形成完整闭环，建筑施工企业需要重点关注以下两个方面的问题。

（1）事前防范

建筑施工企业应制定企业内部反舞弊和防止商业贿赂指引等一系列规章制

度，健全企业钱款领取、使用规范，防范企业及其工作人员在经营过程中收受、索取“回扣”“服务费”等涉及商业贿赂的行为。

1）规范采购流程

建筑施工企业在开展采购业务时，应统筹考虑采购资金和购入存货两部分的内部受贿风险控制管理，重点注意以下五个方面：①保障企业采购资金的安全；②规范申购和审批流程手续；③采购环节的控制；④验收环节的控制；⑤登记备案环节的控制。

针对这些重点问题，建筑施工企业应当做到以下五点：①团队帮助企业严格控制预算比例，待采购货物验收入库后进行尾款支付；②为企业建立采购申请制度，依据采购物品的用途性质确定归口管理部门，并授予相应的申购权，需要时由该部门按流程办理采购；③建立供应商评价机制和采购招标机制，对采购方式确定、供应商选择、验收程序和计量方式选用等内容作出明确规定；④结合企业业务实际，制定完备有效的验收制度，对采购活动流程和采购原材料质量、价格进行把关；⑤加强与实物管理相关的采购登记制度，做好采购合同管理、入库验收登记等工作。

2）构建有效的合规组织体系

建筑施工企业应设立合规部门，积极推行企业领导负责制，增加企业合规的专门人员，负责合规体系的建设及实施工作。一方面，合规部门应定期评估商业贿赂风险，对企业各部门或者分公司、子公司进行不同风险级别的分类，同时及时报告企业商业活动中存在的合规风险；另一方面，合规部门应设计合规风险调查方案，在与商业伙伴合作前，应进行合规尽职调查。企业应组织全体员工学习反商业贿赂相关制度，安排特定岗位的员工定期接受合规培训，组织员工签署反商业贿赂承诺书。

针对建筑施工企业内部不同的人员，应当有不同的应对措施，具体如下。

①作为建设单位负责人，其收到建设工程竣工验收报告后，组织勘察、设计、施工、监理等有关单位进行竣工验收时，对建设工程实体交付、完整的工程竣工图纸等工程技术经济资料、质量保修书等的移交，以及竣工验收合格后支付工程款均存在一定的风险。在工程验收交付阶段，建设单位负责人主要职责如

下：其一，建设工程竣工后，应当根据施工图纸及说明书、国家颁发的施工验收规范和质量检验标准及时进行验收；其二，验收合格的，应当按照约定支付价款，并接收该建设工程；其三，在审核交付竣工验收的建筑工程时，必须要求符合规定的建筑工程质量标准，有完整的工程技术经济资料和质量保修书，并具备国家规定的其他竣工条件。

②作为工程的施工总负责人，在准备竣工验收时，其负责与各分包单位进行交接，在编制分包范围内的竣工图等工程技术经济资料、分包工程的实体验收和分包工程款的支付方面存在一定的风险。在工程验收交付阶段，施工责任人主要职责如下：其一，对自行施工的工程质量负责，同时对其合法分包出去的工程质量负连带责任；其二，建设项目的总包单位除应编制自行施工的竣工图等工程技术经济资料外，还负责汇总整理各分包单位编制的竣工图等工程技术经济资料；其三，支付分包项目的工程款。

③作为设计责任人，在收到建设单位负责人组织竣工验收的通知后，其需要对工程施工中出现的设计变更进行确认，因此在竣工验收阶段对竣工图的确认和变更说明存在一定的风险。在工程交付验收阶段，设计责任人主要存在以下职责：其一，对工程竣工图的确认；其二，对工程的确认。

④作为监理责任人，在收到建设单位组织竣工验收的通知后，在工程竣工交付的见证、工程验收以及工程款支付方面存在一定的风险。在工程验收交付阶段，监理责任人主要职责如下：其一，见证施工单位向建设单位移交工程实体、竣工图、工程技术经济资料和保修书等竣工交付资料；其二，严格按照竣工图、技术规范、法律规定等对工程进行监督检查；其三，对施工人提交的竣工结算申请以及结算资料进行审查；其四，向建设单位提交审查后的竣工结算单及结算资料；其五，签发竣工付款证书。①

（2）事后应对

鉴于贿赂犯罪行为具有隐蔽性和复杂性，取证难度较大的情况，事发后律师

---

① 常设中国建设工程法律论坛第十一组工作组：《建设工程领域非国家工作人员受贿罪的常见形式及合规建议》，载常设中国建设工程法律论坛官网，https：//pfccl. org/home/works/index/id/29. html，最后访问时间：2024 年 11 月 18 日。

团队应第一时间进驻发案单位，并启动内部调查程序。由团队中富有侦查经验的律师带队，与发案单位的法务部、审计部组成联合调查组，梳理受贿人业务范围及密切关系人，并进行外围排查。根据案件进展情况，对涉案人员进行谈话，制作谈话笔录，调取涉案人员的主体身份材料等，积极收集并固定证据。在初步固定证据的基础上，汇总已收集到的证据材料，由律师团队进行梳理分析，撰写案件初查报告并向决策层汇报。若需追究涉案人的刑事责任，则由律师团队与具有管辖权的公安机关对接，提交报案材料并跟踪案件流程。① 如涉案单位为上市公司，根据《上市公司信息披露管理办法》的相关规定，公司应主动进行信息披露。

（七）对非国家工作人员行贿罪/对有影响力的人行贿罪/对单位行贿罪

通过表 5-17、表 5-18 和表 5-19 可以看出，对非国家工作人员行贿罪/对有影响力的人行贿罪/对单位行贿罪在建设施工领域发生的频次相对于其他类型的行贿罪较少，但也不能忽视，因此建筑施工企业也需要防范此类行贿行为的风险。

表 5-17 建筑施工企业对非国家工作人员行贿罪数据

时间	2001—2019 年	2020 年	2021 年	2022 年	2023 年
案件数量/件	281	44	10	0	2

（参考“威科先行 · 法律信息库”，通过检索“对非国家工作人员行贿罪+建设工程”得出）

表 5-18 建筑施工企业对有影响力的人行贿罪数据

时间	2001—2019 年	2020 年	2021 年	2022 年	2023 年
案件数量/件	44	8	2	0	2

（参考“威科先行 · 法律信息库”，通过检索“对有影响力的人行贿罪+建设工程”得出）

表 5-19 建筑施工企业对单位行贿罪数据

时间	2001—2019 年	2020 年	2021 年	2022 年	2023 年
案件数量/件	97	6	1	0	1

（参考“威科先行 · 法律信息库”，通过检索“对单位行贿罪+建设工程”得出）

① 中华人民共和国公安部：《公安机关办理刑事案件程序规定》（公安部令第 127 号）。

1. 罪名概述

（1）罪名简述

对非国家工作人员行贿罪是指为谋取不正当利益，给予公司、企业或者其他单位的工作人员以财物，数额较大的行为。

对有影响力的人行贿罪是指为谋取不正当利益，向国家工作人员的近亲属或者其他与该国家工作人员关系密切的人，或者向离职的国家工作人员或者其近亲属以及其他与其关系密切的人行贿的行为。

对单位行贿罪是指为谋取不正当利益，给予国家机关、国有公司、企业、事业单位、人民团体以财物，或者在经济往来中，违反国家规定，给予上述单位各种名义的回扣、手续费的行为。

（2）历史演变

对非国家工作人员行贿罪被修订三次。我国1997年《刑法》在总结以往立法经验的基础上，以第一百四十六条专门规定了对公司、企业人员行贿罪，但由于这一罪名无法规制向公司、企业以外的其他单位工作人员行贿的行为，2006年《刑法修正案（六）》第八条将本罪主体扩大到“其他单位的工作人员”，2015年《刑法修正案（九）》第十条对数额较大的情形增设了并处罚金的规定。随后2011年《刑法修正案（八）》第二十九条增设了第二款，将原第二款、第三款修改为第三款、第四款。

对有影响力的人行贿罪为2015年《刑法修正案（九）》第四十六条增设，其弥补了《刑法》在此方面的空白。2015年《刑法修正案（九）》第四十七条修订“对单位行贿罪第一款”，增设了“并处罚金”的规定，并且沿用至今。

（3）所涉法律法规、司法解释规定

1）对非国家工作人员行贿罪

《刑法》

第一百六十四条　为谋取不正当利益，给予公司、企业或者其他单位的工作人员以财物，数额较大的，处三年以下有期徒刑或者拘役，并处罚金；数额巨大的，处三年以上十年以下有期徒刑，并处罚金。

为谋取不正当商业利益，给予外国公职人员或者国际公共组织官员以财物的，依照前款的规定处罚。

单位犯前两款罪的，对单位判处罚金，并对其直接负责的主管人员和其他直接责任人员，依照第一款的规定处罚。

行贿人在被追诉前主动交待行贿行为的，可以减轻处罚或者免除处罚。

《最高人民检察院、公安部关于公安机关管辖的刑事案件立案追诉标准的规定（二）》

第十一条　为谋取不正当利益，给予公司、企业或者其他单位的工作人员以财物……单位行贿数额在二十万元以上的，应予立案追诉。

《最高人民法院、最高人民检察院关于办理贪污贿赂刑事案件适用法律若干问题的解释》

第十一条第三款　刑法第一百六十四条第一款规定的对非国家工作人员行贿罪中的“数额较大”“数额巨大”的数额起点，按照本解释第七条、第八条第一款关于行贿罪的数额标准规定的二倍执行。

2）对有影响力的人行贿罪

《刑法》

第三百九十条之一　为谋取不正当利益，向国家工作人员的近亲属或者其他与该国家工作人员关系密切的人，或者向离职的国家工作人员或者其近亲属以及其他与其关系密切的人行贿的，处三年以下有期徒刑或者拘役，并处罚金；情节严重的，或者使国家利益遭受重大损失的，处三年以上七年以下有期徒刑，并处罚金；情节特别严重的，或者使国家利益遭受特别重大损失的，处七年以上十年以下有期徒刑，并处罚金。

单位犯前款罪的，对单位判处罚金，并对其直接负责的主管人员和其他直接责任人员，处三年以下有期徒刑或者拘役，并处罚金。

《最高人民法院、最高人民检察院关于办理贪污贿赂刑事案件适用法律若干问题的解释》

第十条第二款　刑法第三百九十条之一规定的对有影响力的人行贿罪的定罪量刑适用标准，参照本解释关于行贿罪的规定执行。

第三款　单位对有影响力的人行贿数额在二十万元以上的，应当依照刑法第三百九十条之一的规定以对有影响力的人行贿罪追究刑事责任。

3）对单位行贿罪

《刑法》

第三百九十一条　为谋取不正当利益，给予国家机关、国有公司、企业、事业单位、人民团体以财物的，或者在经济往来中，违反国家规定，给予各种名义的回扣、手续费的，处三年以下有期徒刑或者拘役，并处罚金。

单位犯前款罪的，对单位判处罚金，并对其直接负责的主管人员和其他直接责任人员，依照前款的规定处罚。

（4）保护法益

对非国家工作人员行贿罪保护的法益是公司、企业、其他单位的正常管理秩序和公司、企业、其他单位工作人员职务的廉洁性。

对有影响力的人行贿罪保护的法益是国家工作人员的职务廉洁性。

对单位行贿罪保护的法益是国家机关、国有公司、企业、事业单位、人民团体的正常管理活动。

（5）表现形式

1）对非国家工作人员行贿罪

行为人实施了给予公司、企业或者其他单位的工作人员以财物的行为。给予通常是主动给予，但也包括在公司、企业或者其他单位的工作人员明示或暗示后送予财物的情况。

2）对有影响力的人行贿罪

为谋取不正当利益，行为人向国家工作人员的近亲属或者其他与该国家工作人员关系密切的人，或向离职的国家工作人员或者其近亲属以及其他与其关系密切的人行贿的行为。

3）对单位行贿罪

①行为人为谋取不正当利益，给予国家机关、国有公司、企业、事业单位、人民团体以财物。

②行为人为谋取不正当利益，在经济往来中，违反国家规定，给予国家机关、国有公司、企业、事业单位、人民团体各种名义的回扣、手续费。

（6）行为对象

1）对非国家工作人员行贿罪

本罪的行为对象是国家工作人员之外的公司、企业或者其他单位的工作人员。这里的公司、企业或者其他单位的工作人员与非国家工作人员受贿罪中的公司、企业或者其他单位的工作人员的范围相同。“其他单位”，既包括事业单位、社会团体、村民委员会、居民委员会、村民小组等常设性的组织，也包括为组织体育赛事、文艺演出或者其他正当活动而成立的组委会、筹委会、工程承包队等非常设性的组织。公司、企业或者其他单位包括国有和非国有公司、企业或者其他单位，但只有其中的非国家工作人员才能成为本罪的行为对象。

2）对有影响力的人行贿罪

对有影响力的人行贿罪与利用影响力受贿罪是对向关系，本罪的行为对象与利用影响力受贿罪的行为主体一致。即与国家工作人员（以及离职的国家工作人员）关系密切的非国家工作人员，包括国家工作人员的近亲属或者其他与该国家工作人员关系密切的人，以及离职的国家工作人员或者其近亲属及其他与其关系密切的人。近亲属主要是指夫、妻、父、母、子、女、同胞兄弟姐妹、祖父母、外祖父母、孙子女、外孙子女。其他与其关系密切的人，是指除近亲属外的其他关系亲近、可以间接或无形的方式对国家工作人员的行为、决定施加影响的人。

3）对单位行贿罪

我国《刑法》第三百九十一条规定，对单位行贿罪行为的对象必须是国家机关、国有公司、企业、事业单位、人民团体。

（7）行为主体

对非国家工作人员行贿罪/对有影响力的人行贿罪/对单位行贿罪行为主体为一般主体，包括任何已满16周岁、具有刑事责任能力的自然人和单位。

（8）罪责

对非国家工作人员行贿罪/对有影响力的人行贿罪/对单位行贿罪的责任要素除故意外，即除行为人明知行为的后果，希望或放任该后果的发生外，还要求为了谋取不正当利益。谋取不正当利益，是指行贿人谋取的利益违反法律、法规、规章、政策规定，或者要求公司、企业或者其他单位的人员违反法律、法规、规章、政策、行业规范的规定，为自己提供帮助或者方便条件，违背公平、公正原则。至于实际上是否谋取到了不正当利益，不影响本罪的成立。

（9）量刑

1）对非国家工作人员行贿罪

犯本罪的，处3年以下有期徒刑或者拘役，并处罚金；数额巨大的，处3年以上10年以下有期徒刑，并处罚金。单位犯本罪的，对单位判处罚金，并对其直接负责的主管人员和其他直接责任人员，依照上述规定处罚。行贿人在被追诉前主动交代行贿行为的，可以减轻或者免除处罚。

2）对有影响力的人行贿罪

犯本罪的，处3年以下有期徒刑或者拘役，并处罚金；情节严重的，或者使国家利益遭受重大损失的，处3年以上7年以下有期徒刑，并处罚金；情节特别严重的，或者使国家利益遭受特别重大损失的，处7年以上10年以下有期徒刑，并处罚金。单位犯本罪的，对单位判处罚金，并对其直接负责的主管人员和其他直接责任人员，处3年以下有期徒刑或者拘役，并处罚金，对本罪适用并处罚金的，应当在10万元以上犯罪数额2倍以下判处。

3）对单位行贿罪

自然人犯本罪的，处3年以下有期徒刑或者拘役，并处罚金。单位犯本罪的，对单位判处罚金，并对其直接负责的主管人员和其他直接责任人员依照上述自然人犯本罪的规定处罚，对本罪适用并处罚金的，应当在10万元以上犯罪数额2倍以下判处。

2. 主要争议问题

（1）对有影响力的人行贿罪中“影响力”的判断标准

“影响力”是判断对有影响力的人行贿罪的关键词，只有准确理解其内涵和外延，才能准确判断该罪与非罪的界限。《辞海》解释“影响”为：“指言语、行为、事情对他人或周围的事物所起的作用。”①“影响力”是指一个人利用其自身优越地位或有利条件对他人产生无形作用力，促使他人按其意思行事。因此从

① 李冠煜：《论利用影响力受贿罪的客观方面》，载《福建警察学院学报》2010年第1期，第89页。

本质上来看，影响力是一种控制力。[①] 在对有影响力的人行贿罪中，“影响力”是指与国家工作人员（或离职的国家工作人员）具备一定关系，并能凭借这种关系施加作用力，进而达到干扰该国家工作人员（或离职的国家工作人员）的思想或职务行为的目的，以此来谋取私利。

从性质的区分角度出发，“影响力”可以划分为职权性影响力和非职权性影响力。职权性影响力，即行为人通过职务施加影响力，此类行贿行为直接构成行贿罪，而不构成对有影响力的人行贿罪。对有影响力的人行贿罪中的影响力特指非职权性影响力，包括地缘、血缘、感情等因素。对非职权性“影响力”的认定，理论界有诸多学说，“形式说”认为应以客观外部表现形式为标准判断影响力的有无，认为影响力应当注重行为主体之间的关系形式。[②] 但是如果国家工作人员（在职或离职）与其近亲属关系已经破裂，近亲属不能对国家工作人员产生影响力，那么此时“形式说”就失去了说服力。主张“实质说”的学者认为，根据《刑法》对有影响力的人行贿罪的规定，本罪的主体是“国家工作人员（离职）的近亲属或者其他与该国家工作人员（离职）关系密切的人”。这种影响力是由行为人与国家工作人员或者离职国家工作人员的亲情或者密切关系决定的。因此，支持该观点的学者认为，行为人具有实质的影响力是构成影响力受贿罪的前提条件。[③] 主观说认为，应当从行贿人的认知角度出发，按照行贿人的认知程度和辨别能力来判断“影响力”的有无。但反驳观点认为，该观点过度关注请托人的主观辨别能力，缺乏相应的社会客观评判，不宜作为司法实务中认定“影响力”存在的标准。[④]

（2）对单位行贿罪中“单位”的范围

根据《刑法》第三十条对“单位”的规定，可以推导出对单位行贿罪的行为对象包括公司、企业、事业单位、机关和团体。然而在司法实务中，除上述刑

① 龙腾云、贾晓蕾：《论利用影响力受贿罪中的“影响力”——以〈联合国反腐败公约〉相关规定为视角》，载《人民检察》2010年第15期，第27页。

② 赵俊：《贪污贿赂罪各论》，法律出版社2017年版。

③ 龙腾云、贾晓蕾：《论利用影响力受贿罪中的“影响力”——以〈联合国反腐败公约〉相关规定为视角》，载《人民检察》2010年第15期，第28页。

④ 王超超：《对有影响力的人行贿罪研究》，南昌大学2020年硕士学位论文。

法规定的五类单位外，随着我国改革开放的不断深化和社会经济的持续活跃，如今涌现了各种形式的集体组织。例如，不具备法人资格的私营企业、单位内部机构及分支机构等。再如，村民委员会、居民委员会等群众性自治组织，以及在公司破产程序中为临时活动而成立的债权人会议、清算组等。当前，我国的集体性组织无法做出穷尽式列举。

对于不属于《刑法》第三十条所列举的“单位”范畴的集体组织能否成为单位行贿罪的主体，持赞成意见的学者认为，单位行贿罪中的犯罪主体单位除《刑法》第三十条所规定的五类主体外，还包括其他依法成立的组织，如村居委会等。[①] 2008 年《最高人民法院、最高人民检察院关于办理商业贿赂刑事案件适用法律若干问题的意见》将村委会、居委会、村民小组等非法人组织纳入单位犯罪的主体范围，[②] 似乎印证了支持者的观点。

持反对意见的学者认为，以不具有法人资格的私营企业为例，非法人的私营企业不具有独立意志和独立财产，无法独立承担刑事责任，同时，也有反驳的意见认为刑事责任区别于民事责任，非法人的私营企业虽然不具有法人资格，但在日常活动中皆以整个企业的名义开展活动，所作决议为共同决议，不能代表单个个人的意志，实际上具备了单位犯罪的外化特征，可以纳入《刑法》中“单位”涵盖的范围。[③] 对于《刑法》中单位主体资格的认定标准并不统一，有学者将其归纳为三个标准：民事上具备独立的能力与权利、具备法人资格、以所在组织的名义行贿且违法所得归组织本身。[④] 也有学者不认同法人资格这一点，但理论界尚无定论。

---

① 李少平：《行贿犯罪执法困局及其对策》，载《中国法学》2015 年第 1 期，第 24 页。

② 2008 年《最高人民法院、最高人民检察院关于办理商业贿赂刑事案件适用法律若干问题的意见》：二、《刑法》第一百六十三条、第一百六十四条规定的“其他单位”，既包括事业单位、社会团体、村民委员会、居民委员会、村民小组等常设性的组织，也包括为组织体育赛事、文艺演出或者其他正当活动而成立的组委会、筹委会、工程承包队等非常设性的组织。

③ 江晓妍：《单位行贿罪问题研究》，华东政法大学 2020 年硕士学位论文。

④ 陈兴良：《刑法总论精释》，人民法院出版社 2016 年版。

3. 案例总结

张某5等单位行贿案①

【裁判主旨】

被告单位大某公司为谋取不正当利益，给予国家机关及国家工作人员以财物，其行为分别构成对单位行贿罪、单位行贿罪；苏某作为大某公司直接负责的主管人员，其行为亦已分别构成对单位行贿罪、单位行贿罪，均应依法惩处。上诉人苏某因伪造公文、印章而被调查期间，主动交代了行贿犯罪事实，依法应以自首论，可对上诉人苏某及原审被告单位大某公司从轻处罚。苏某在缓刑考验期内，发现在判决宣告以前还有其他罪没有判决，应撤销缓刑，对新发现的罪作出判决，把前后两个判决所判处的刑罚实行并罚。

【主要案情】

2009年4月，被告单位大某公司与辽宁省军区某干休所合作，以部队的名义取得土地使用权，共同开发建设位于大连市沙河口区某楼盘。因该合作建房项目未经审批，干休所终止与大某公司合作。之后，大某公司法定代表人即被告人苏某为使楼盘能销售获利，经吉林省某局原副局长张某5介绍、通过某房地产管理局原局长张某1、原某服务管理局副局长邱某联系到保定某休养所所长徐某、政治协理员孙某1。6月18日，邱某、徐某、孙某1、苏某、张某5、张某1等人在保定见面时，徐某、孙某1以保定某休养所的名义与大某公司签订《合作建房销售协议书》，并在该公司提供的690套售房手续上盖上保定某休养所公章、财务专用章及徐某人名章，在房屋销售合同甲方经办人处签名。2010年6月、7月，被告人苏某以汇款的方式给予保定某休养所好处费人民币400万元、给予徐某好处费人民币60万元、给予孙某1好处费人民币100万元。

4. 合规要点

（1）合规制度建设和执行

首先建筑施工企业应当设立合规部门，配备足够的合规人员，执行具体合规管理工作。合规部门应具有一定的独立性，即合规部门及其人员不应承担市场营销、物资与设备采购、业务审批、工程管理等可能与其反商业贿赂职责发生利益

① 北京市第二中级人民法院刑事判决书（2014）二中刑终字第191号。

冲突的职责，确保处理问题时的公允性和客观性。同时，应赋予其一定权限和充足资源，保持与各业务部门形成良好合作、互动，建立顺畅的咨询和沟通机制，使其能够对企业目前的一线工作有所了解、掌握，业务部门在履职过程中发现商业贿赂风险，应第一时间向合规部门寻求咨询或支持。

合规部门的职责应当包括：①提出反商业贿赂的具体开展方向。②建立和完善企业反商业贿赂管理制度。管理制度体系应涵盖企业政策声明、反商业贿赂承诺、组织架构、员工手册、刑事合规内控措施、刑事合规实施细则等。当法律法规、企业结构、公司生产经营应改变，导致高频风险环节、岗位及合规义务发生变化时，应及时修改刑事合规实施细则，确保企业持续性合规。③定期或不定期收集整理法律法规和刑事风险案例，开展刑事合规的合规管理信息化建设和合规培训业务。④负责刑事合规内控措施、实施细则的执行落实，建立违规举报机制，对违规事件进行调查和限期整改，并负责合规考核评价、责任追究、奖惩制度的制定和执行。例如，建立发现贿赂行为的处罚处置程序和股东退出、董事罢免、高级管理人员的处置制度等。⑤负责企业规范性文件的合规审查，保障企业各项制度、流程符合合规要求。[①]

在企业组织架构建设方面，应充分重视监事和监事会的监督作用，在企业内部形成有效监督机制。有条件的企业可以设立独立的督查或内审部门，负责审查业务中的贿赂犯罪风险，并直接向企业最高权力机构汇报。工程项目部须定期将规定时期内的重要节点事件、财务情况，以及合规问题向相关合规部门人员汇报，合规部门人员根据报告内容识别项目部违规行为，针对项目部合规管理问题，可提供参考意见或派出专业人员指导。

在财务制度建设方面，应建立有效的财务审批管理体系。在实施相应管理制度时，相关责任人员应当审慎审查。建立审批责任制度，对于故意或过失导致问题出现的相关责任人员，应予以相应处罚，并可规定在整改期间取消其审批权限。建筑施工企业可以探索建立项目资金统一管理机制，可参考房地产市场的商品房预售资金账户监管机制，由专门的商业银行负责项目资金的收取、支出和结算，每笔资金支出须手续完备，若企业对于资金支出使用有疑问，可随时查询。

---

① 李本灿：《企业视角下的合规计划建构方法》，载《法学杂志》2020 年第 7 期，第 76-80 页。

工程验收及付款程序应及时向上级或合规部门人员汇报，并登记备案，以便上级能及时监督。

在审查业务模式方面，企业应重点关注是否存在可能被认定为“回扣”“手续费”，以及是否给予国家或非国家工作人员金钱利益或债务免除的情况。对于存在涉外业务的企业，有必要进行域外法律刑事合规专题论证。

在员工管理制度方面，应明确各个岗位的职责和权限，明确员工可以代表企业进行何种活动，明确禁止员工以企业名义进行违法犯罪活动，并规定相关罚则。特别是从事风险高发业务的员工应当签订廉洁承诺、反行贿承诺。建立企业内部违法犯罪报告制度和奖励制度，鼓励员工自查，在发现企业内部人员从事或将要从事违法犯罪活动时，员工应积极向企业报告，企业应协助举报或进行干预教育。因此，建筑施工企业及其工作人员与其他企业或相关人员交往时应谨慎克制，注意接触的时间、地点，并留存相应的证据，防止被认定为“事后酬谢型”的行贿。企业经营遇到困难和问题时，可以通过正常渠道反映和解决，或向有关部门举报，运用法律武器维护自身合法权益。此外，建筑施工企业在与国家或非国家工作人员接触过程中，应建立成熟的合规制度以区分单位行为与法定代表人及高管的个人行为。

（2）建立合规意识和合规文化

建筑施工企业管理者应当明确合规经营是企业稳定、健康、持续发展的必由之路。企业主要负责人、管理者和员工均应接受合规教育及培训，明确企业倡导依法合规经营，反对企业管理者违法决策、员工违法犯罪活动。

企业领导人应签署并对外发布反商业贿赂政策声明，将严格执行国家反商业贿赂政策法规作为发展经营战略的重要内容，确保企业内外知悉。该政策声明对内可作为反商业贿赂合规指导原则，对外可起宣传、警示作用。

合规部门作为企业刑事合规的最高组织机构，统筹管理企业内部合规宣传教育，通过真实案例、行业现状、国家政策动向等内容进行全员合规宣传教育，凸显合规的重要性和必要性，帮助员工了解法律法规和内部规章制度的最新变化，传达企业高层关于合规的最新政策和措施，以培养员工的合规意识。合规项目组除对全员进行合规教育宣传外，还需针对易引发商业贿赂风险的管理类员工进行有针对性的合规培训，通过签署反商业贿赂承诺书、学习员工手册、排查风险辨识点等方式，使员工有方向、有能力做到合规，切实做到廉洁经营，降低刑事犯罪风险。

合规部门针对全体员工的合规宣传教育及合规培训方式，可与企业现有的培训制度相结合，通过企业现有的日常培训渠道将合规培训融入员工的意识和具体工作过程中。合规部门负责合规宣传教育和培训，各部门具体实施。①

企业内部还应根据自身特点建立和完善合规信息反馈与举报机制，各层级员工、客户等均有权进行举报和投诉，并公示举报和投诉的具体方式，如设置举报信箱、举报电话、公共邮箱或接待来访等方式。在接收举报或投诉后，应以保密的方式向投诉人或举报人反馈处理意见和处置进程，同时保护其身份。当企业员工或代理人被指控或者被怀疑存在违规、违法或犯罪行为时，企业应及时开展彻底的内部调查，通过对关键业务的持续监控和对违规行为的及时响应，不断改进和完善风险防控管理。②

（八）行贿罪/单位行贿罪

通过表5-20和表5-21可以看出，行贿罪和单位行贿罪在建设施工领域属于高发罪名，建筑施工企业应当规范企业及其内部工作人员行为，防范行贿风险。

表5-20 建筑施工企业行贿罪数据

时间	2001—2019年	2020年	2021年	2022年	2023年
案件数量/件	12463	1169	389	68	63

（参考“威科先行·法律信息库”，通过检索“行贿罪+建设工程”得出）

表5-21 建筑施工企业单位行贿罪数据

时间	2001—2019年	2020年	2021年	2022年	2023年
案件数量/件	1301	160	45	10	10

（参考“威科先行·法律信息库”，通过检索“单位行贿罪+建设工程”得出）

① 江必新、袁浙皓：《企业合规管理基本问题研究》，载《法律适用》2023年第6期。
② 江必新、袁浙皓：《企业合规管理基本问题研究》，载《法律适用》2023年第6期。

1. 行贿罪/单位行贿罪概述

（1）罪名简述

行贿罪是指为谋取不正当利益，给予国家工作人员财物的行为。在经济往来中，违反国家规定，给予国家工作人员以财物，数额较大的，或者违反国家规定，给予国家工作人员以各种名义的回扣、手续费的，以行贿论处。因被勒索给予国家工作人员以财物，没有获得不正当利益的，不属于行贿。

单位行贿罪是指单位为谋取不正当利益而行贿，或者违反国家规定，给予国家工作人员回扣、手续费的行为。

（2）历史演变

1979 年《刑法》第一百八十五条首次规定了行贿罪。1988 年全国人大常委会制定的《关于惩治贪污罪贿赂罪的补充规定》（已失效）进一步明确了行贿罪的含义："为谋取不正当利益，给予国家工作人员、集体经济组织工作人员或者其他从事公务的人员以财物的，是行贿罪。"[①] 1997 年《刑法》关于行贿罪的规定基本沿用了《关于惩治贪污罪贿赂罪的补充规定》的规定。2014 年《刑法修正案（九）（草案）》不仅为行贿罪增设了财产刑，而且将 1997 年《刑法》规定的"行贿人在被追诉前主动交待行贿行为的，可以减轻处罚或者免除处罚"修改为"行贿人在被追诉前主动交待行贿行为的，可以从轻或者减轻处罚。其中，犯罪较轻的，对侦破重大案件起关键作用的，或者有重大立功表现的，可以减轻或者免除处罚"。

单位行贿罪是随着我国市场经济发展进程出现的一种新型贿赂犯罪，我国关于非自然人犯罪主体行贿的立法规定可追溯到 1988 年颁布的《全国人民代表大会常务委员会关于惩治贪污罪贿赂罪的补充规定》（已失效）[②]，该规定将犯罪主

① 1988 年《全国人民代表大会常务委员会关于惩治贪污罪贿赂罪的补充规定》（已失效）：七、为谋取不正当利益，给予国家工作人员、集体经济组织工作人员或者其他从事公务的人员以财物的，是行贿罪……

② 1988 年《全国人民代表大会常务委员会关于惩治贪污罪贿赂罪的补充规定》（已失效）：九、企业事业单位、机关、团体为谋取不正当利益而行贿，或者违反国家规定，给予国家工作人员、集体经济组织工作人员或者其他从事公务的人员以回扣、手续费，情节严重的，判处罚金，并对其直接负责的主管人员和其他直接责任人员，处 5 年以下有期徒刑或者拘役。因行贿取得的违法所得归私人所有的，依照本规定第八条的规定处罚。

体界定为“企业事业单位、机关、团体”。1997 年刑法将犯罪主体界定为“单位”，并将单位行贿罪以一个单独的条文规定在刑法分则第八章，现行刑法对此未作修改。2015 年《刑法修正案（九）》第四十九条修订增设了“并处罚金”的规定。

（3）所涉法律法规、司法解释规定

1）行贿罪

《刑法》

第三百八十九条　为谋取不正当利益，给予国家工作人员以财物的，是行贿罪。

在经济往来中，违反国家规定，给予国家工作人员以财物，数额较大的，或者违反国家规定，给予国家工作人员以各种名义的回扣、手续费的，以行贿论处。

因被勒索给予国家工作人员以财物，没有获得不正当利益的，不是行贿。

第三百九十条　对犯行贿罪的，处三年以下有期徒刑或者拘役，并处罚金；因行贿谋取不正当利益，情节严重的，或者使国家利益遭受重大损失的，处三年以上十年以下有期徒刑，并处罚金；情节特别严重的，或者使国家利益遭受特别重大损失的，处十年以上有期徒刑或者无期徒刑，并处罚金或者没收财产。

行贿人在被追诉前主动交待行贿行为的，可以从轻或者减轻处罚。其中，犯罪较轻的，对侦破重大案件起关键作用的，或者有重大立功表现的，可以减轻或者免除处罚。

《最高人民法院、最高人民检察院关于办理行贿刑事案件具体应用法律若干问题的解释》

第五条　多次行贿未经处理的，按照累计行贿数额处罚。

第十条　实施行贿犯罪，具有下列情形之一的，一般不适用缓刑和免予刑事处罚：

（一）向三人以上行贿的；

（二）因行贿受过行政处罚或者刑事处罚的；

（三）为实施违法犯罪活动而行贿的；

（四）造成严重危害后果的；

（五）其他不适用缓刑和免予刑事处罚的情形。

具有刑法第三百九十条第二款规定的情形的，不受前款规定的限制。

第十二条　行贿犯罪中的“谋取不正当利益”，是指行贿人谋取的利益违反法律、法规、规章、政策规定，或者要求国家工作人员违反法律、法规、规章、政策、行业规范的规定，为自己提供帮助或者方便条件。

违背公平、公正原则，在经济、组织人事管理等活动中，谋取竞争优势的，应当认定为“谋取不正当利益”。

《最高人民法院、最高人民检察院关于办理贪污贿赂刑事案件适用法律若干问题的解释》

第七条　为谋取不正当利益，向国家工作人员行贿，数额在三万元以上的，应当依照刑法第三百九十条的规定以行贿罪追究刑事责任。

行贿数额在一万元以上不满三万元，具有下列情形之一的，应当依照刑法第三百九十条的规定以行贿罪追究刑事责任：

（一）向三人以上行贿的；

（二）将违法所得用于行贿的；

（三）通过行贿谋取职务提拔、调整的；

（四）向负有食品、药品、安全生产、环境保护等监督管理职责的国家工作人员行贿，实施非法活动的；

（五）向司法工作人员行贿，影响司法公正的；

（六）造成经济损失数额在五十万元以上不满一百万元的。

第八条　犯行贿罪，具有下列情形之一的，应当认定为刑法第三百九十条第一款规定的“情节严重”：

（一）行贿数额在一百万元以上不满五百万元的；

（二）行贿数额在五十万元以上不满一百万元，并具有本解释第七条第二款第一项至第五项规定的情形之一的；

（三）其他严重的情节。

为谋取不正当利益，向国家工作人员行贿，造成经济损失数额在一百万元以上不满五百万元的，应当认定为刑法第三百九十条第一款规定的“使国家利益遭受重大损失”。

第九条 犯行贿罪，具有下列情形之一的，应当认定为刑法第三百九十条第一款规定的“情节特别严重”：

（一）行贿数额在五百万元以上的；

（二）行贿数额在二百五十万元以上不满五百万元，并具有本解释第七条第二款第一项至第五项规定的情形之一的；

（三）其他特别严重的情节。

为谋取不正当利益，向国家工作人员行贿，造成经济损失数额在五百万元以上的，应当认定为刑法第三百九十条第一款规定的“使国家利益遭受特别重大损失”。

第十四条 根据行贿犯罪的事实、情节，可能被判处三年有期徒刑以下刑罚的，可以认定为刑法第三百九十条第二款规定的“犯罪较轻”。

根据犯罪的事实、情节，已经或者可能被判处十年有期徒刑以上刑罚的，或者案件在本省、自治区、直辖市或者全国范围内有较大影响的，可以认定为刑法第三百九十条第二款规定的“重大案件”。

具有下列情形之一的，可以认定为刑法第三百九十条第二款规定的“对侦破重大案件起关键作用”：

（一）主动交待办案机关未掌握的重大案件线索的；

（二）主动交待的犯罪线索不属于重大案件的线索，但该线索对于重大案件侦破有重要作用的；

（三）主动交待行贿事实，对于重大案件的证据收集有重要作用的；

（四）主动交待行贿事实，对于重大案件的追逃、追赃有重要作用的。

2）单位行贿罪

《刑法》

第三百九十三条 单位为谋取不正当利益而行贿，或者违反国家规定，给予国家工作人员以回扣、手续费，情节严重的，对单位判处罚金，并对其直接负责的主管人员和其他直接责任人员，处三年以下有期徒刑或者拘役，并处罚金……

因行贿取得的违法所得归个人所有的，依照本法第三百八十九条、第三百九十条的规定定罪处罚。

《最高人民检察院关于人民检察院直接受理立案侦查案件立案标准的规定（试行）》

第一条第八款　涉嫌下列情形之一的，应予立案：

1. 单位行贿数额在20万元以上的；

2. 单位为谋取不正当利益而行贿，数额在10万元以上不满20万元，但具有下列情形之一的：

（1）为谋取非法利益而行贿的；

（2）向3人以上行贿的；

（3）向党政领导、司法工作人员、行政执法人员行贿的；

（4）致使国家或者社会利益遭受重大损失的。

因行贿取得的违法所得归个人所有的，依照本规定关于个人行贿的规定立案，追究其刑事责任。

（4）保护法益

行贿罪和单位行贿罪都属于《刑法》贪污贿赂罪章节中的罪名，保护的法益是国家工作人员职务行为的不可收买性和廉洁性。

（5）表现形式

1）行贿罪

行贿罪的表现形式主要有四种。一是为了利用国家工作人员的职务行为，主动给予国家工作人员财物。二是在有求于国家工作人员的职务行为时，因国家工作人员索取而给予其财物。三是与国家工作人员约定，以满足自己的要求为条件给予国家工作人员财物。四是事后报酬，在国家工作人员利用职务之便为自己谋取利益之后，给予国家工作人员财物作为报酬。

①为进行走私、逃税、骗税、骗汇、逃汇、非法买卖外汇等违法犯罪活动，向海关、工商、税务、外汇管理等行政执法机关工作人员行贿。

②为非法办理金融、证券业务，向银行等金融机构、证券管理机构的工作人员行贿。

③为非法获取工程、项目的开发权、承包权、经营权，向有关主管部门及其主管领导行贿。

④为制售假冒伪劣产品，向有关国家机关、国有单位的工作人员及国家工作人员行贿。

2）单位行贿罪

①单位为谋取不正当利益而向国家工作人员行贿的行为。

②单位违反国家规定，给予国家工作人员回扣、手续费，情节严重的行为。

（6）行为对象

行贿罪和单位行贿罪的行为对象仅限于国家工作人员。《刑法》第九十三条及其立法解释对国家工作人员的范围有详细规定，包括：国家机关中从事公务的人员；国有公司、企业、事业单位、人民团体中从事公务的人员；国家机关、国有公司、企业、事业单位委派到非国有公司、企业、事业单位、社会团体从事公务的人员；其他依照法律从事公务的人员。

（7）行为主体

行贿罪的主体是一般主体，凡年满 16 周岁且具有刑事责任能力的自然人都能成为本罪主体。

单位行贿罪的主体包括国家机关、国有公司、企业、事业单位、人民团体。《刑法》第三百九十一条与第三百九十三条规定了单位犯罪主体的五种类型，进一步界定了公司、企业、事业单位的范围。

（8）罪责

行贿罪和单位行贿罪的责任形式都为故意，行为人明知自己给予国家工作人员财物的行为侵害了国家工作人员职务行为的不可收买性，并且希望或者放任这种结果的发生，且具有谋取不正当利益的目的。行为人是否具有谋取不正当利益的目的，是区分本罪与非罪界限的重要标志。

（9）量刑

1）行贿罪

犯行贿罪的，处五年以下有期徒刑或者拘役，并处罚金；因行贿谋取不正当利益，情节严重或者使国家利益遭受重大损失的，处五年以上十年以下有期徒刑，并处罚金；情节特别严重或者使国家利益遭受特别重大损失的，处十年以上有期徒刑或者无期徒刑，并处罚金或者没收财产。

行贿人在被追诉前主动交代行贿行为的，可以从轻或者减轻处罚；犯罪较轻且检举揭发行为对侦破重大案件起关键作用或有重大立功表现的，可以减轻或者免除处罚。

2）单位行贿罪

单位犯行贿罪的，对单位判处罚金，对直接负责的主管人员和其他直接责任人员处五年以下有期徒刑或者拘役，并处罚金。适用并处罚金时，应当在十万元以上犯罪数额二倍以下判处。

2. 主要争议问题

（1）行贿罪“不正当利益”的认定

关于行贿罪中“不正当利益”的认定，司法实务和理论中主要采用法律标准说，即以法律规范为标准评价“不正当利益”，但法律标准说在实践中对“不正当利益”的认定有时会因选择的法律标准不同而不同。理论界对“不正当利益”的理解争议颇大，学者们提出了“非法利益说”“手段不正当说”“职务违反说”“不应当得到的利益说”等不同理论。

第一种观点是“非法利益说”，主张从利益本身的性质出发进行认定。反对者认为“非法利益说”缩小了不正当利益的范围，与立法精神不符。第二种观点是“手段不正当说”，该学说认为通过不正当手段获取的利益，无论其本身是否正当，均应判定为“不正当利益”。① 此观点强调了程序合法的重要性，脱离了对利益本身合法性的考虑。有观点指出，仅凭手段、方式正当与否来判断行贿人获取利益的性质，会产生主观臆断，不利于客观判定利益本身的归属。② 还有学者提出采用“职务违反说”认定“不正当利益”。第三种观点是“职务违反说”，其关注点主要是会在哪些方面影响行贿罪的构成。如果行贿行为人所谋取的利益是要求国家工作人员违反其职务要求，即违反国家工作人员的职务廉洁

① 彭东、陈连富、李文生：《刑事司法指南（2000-2010）分类集成：贪污贿赂渎职侵权罪》，法律出版社2011年版。

② 侯敏：《论行贿罪中“不正当利益”的司法认定》，河北经贸大学2021年硕士学位论文。

性，此时可认定行贿行为人的行为构成行贿罪，而不再关注行贿行为人一开始所谋取的利益本身的性质。[①] 1999 年，最高人民法院、最高人民检察院联合发布《关于在办理受贿犯罪大要案的同时要严肃查处严重行贿犯罪分子的通知》，该通知采用“受贿人违背职务说”解释“不正当利益”，使“职务违反说”在一定程度上得到了发展。

（2）单位行贿罪与行贿罪的区分

单位行贿罪兼具单位犯罪与行贿犯罪的特点，其与自然人行贿罪在司法实践中容易出现交叉重叠，这是司法认定中的难题。根据刑法规定，个人行贿的入罪数额基准远低于单位行贿的入罪数额标准，且个人行贿法定刑远高于单位行贿罪。行贿罪的法定最高刑为无期徒刑，可以并处没收财产；单位行贿罪中的单位成员法定最高刑为五年有期徒刑。因此有必要将二者区分开来，防止自然人假借企业的名义躲避刑事处罚。行贿罪与单位行贿罪的核心区别在于犯罪行为的主体，理论上存在通过行贿意志、行贿名义、贿赂来源和利益归属等方式区分单位与个人行贿行为。[②]

有学者支持将“以单位名义”作为区分行贿罪与单位行贿罪行为主体的必要元素，因为以自然人名义犯罪“不能体现单位的人格主体地位”，进而无法认定单位意志。[③] 否认将“以单位名义”作为必要元素的学者认为，单位名义不会有助于判定单位意志，单位名义与行贿行为同时出现并不意味着单位名义与单位意志之间一定存在联系，内部成员行为归属于单位的标准是代表单位意志。[④] 能否体现单位的人格主体地位，需考察行贿行为的具体实施者所代表的意志来源于单位还是个人。出于何种名义行贿这种表层意义要件与意志归属是形式与实质的关系，以名义逆推犯罪意志来源不符合逻辑。[⑤] 还有学者认为，在认定“以单位

① 肖扬：《贿赂犯罪研究》，法律出版社 1994 年版。

② 董桂文：《行贿罪与单位行贿罪界限之司法认定》，载《人民检察》2013 年第 12 期，第 30-31 页。

③ 余秋莉：《走向扩张的单位犯罪及其应对——基于〈刑法〉第 30 条立法解释的分析》，载《刑法论丛》2017 年第 4 期，第 212 页。

④ 石磊：《单位犯罪中“以单位名义”和“为了单位利益”探析》，载《人民检察》2005 年第 13 期，第 38 页。

⑤ 朱悦：《单位行贿罪的司法认定研究》，山东大学 2020 年硕士学位论文。

名义”时，应对其作实质意义上的理解，即单位成员依托职权实施的危害行为，若“‘为了本单位的利益’，则可认定为‘以单位名义’实施”。[①] 但将“以单位名义”实质等同于“为了单位利益”，这违背了刑法立法的明确性与概括性原则。

也有学者认为，区分行贿罪与单位行贿罪的关键因素在于单位主体、行贿意志与利益归属三个方面。单位认定不能局限于法定类型，还需考虑单位是否合法成立，是否具备有独立的人格、经费和刑事责任能力。[②] 还有学者认为，根据犯罪的实质内容，行贿犯罪的立法结构应取消自然人与单位的区分，主张取消单位作为主体的单位贿赂犯罪，保留行贿罪与受贿罪，扩大两罪主体即可。[③]

（3）一人公司能否构成单位行贿罪的主体

对于单一自然人主体的一人公司能否成为刑法上的单位犯罪主体，理论界颇具争议。

肯定一人公司单位犯罪主体资格的学者认为，一人公司是刑法学意义上的行为主体单位，可作为单位犯罪（包括单位行贿罪）的犯罪主体。一人公司在民法上根据其地位承担有限责任，“法人人格与自然人人格是分离的”，[④] 这与单位犯罪的主体相契合，符合《刑法》第三十条所规定的单位犯罪的主体条件。但是，此种观点将民商事对行为主体的认定嵌入刑事认定中，由于刑事判断标准与民商事判断标准基于的价值观和保护法益差异较大，所以这种认定方法仍然存在三者多争议。

否认一人公司可以构成单位受贿罪主体的观点认为，从刑事处罚后果来看，单位行贿罪的处罚标准低于自然人行贿罪；从入罪门槛来看，单位行贿罪也低于自然人行贿罪。如果将一人公司纳入单位犯罪主体范围，会导致个人利用这些差异逃避制裁。[⑤]

---

① 高蕴麟：《单位犯罪中“以单位名义”应作实质解释》，载《检察日报》2018年6月6日，第3版。

② 吴兆煜、刘震：《单位行贿罪与行贿罪的区分》，载《人民司法》2019年第29期，第32页。

③ 《中国刑法中贿赂犯罪罪名体系的调整——以〈刑法修正案（七）〉颁行为背景的思索》，载《西南民族大学学报（人文社会科学版）》2009年第7期，第108页。

④ 毛玲玲：《新公司法背景下一人公司的刑法地位探析》，载《法学》2006年第7期，第70页。

⑤ 刘伟：《一人公司单位犯罪主体资格的否认》，载《环球法律评论》2007年第5期，第75页。

还有学者从公司意志形成的角度展开论述，“承认公司意志独立于复数股东的个人是因为多数股东通过讨论”,[①] 并在此基础上形成了独立于股东的单位意志。然而，自然人作为股东的一人公司因缺乏上述意志形成途径而不能成为单位犯罪的主体。但反驳该观点的意见认为，单位整体意志的产生途径并非只有通过多人股东会讨论才能产生,[②] 行贿犯罪中直接负责人基于自身在单位中的实际地位作出的行贿行为也可归于单位。还有折中的观点认为，判断一人公司是否为单位受贿罪的主体，应根据实际情况判断个人与公司的混同程度，进而对是个人行贿还是单位行贿作出实质判断。

3. 案例总结

（1）卢某华行贿案[③]

【裁判主旨】

上诉人卢某华虽称其向相关工作人员行贿的事情是其个人决定，未与其他股东商议，但其身为公司的法定代表人或实际控制人，在经营管理公司的过程中，为了公司利益，决定向相关工作人员行贿，这被视为形成对外行贿的单位意志。其先后多次行贿的主要目的是让相关国家工作人员对公司在项目方面等事项给予关照，从而为公司谋取不正当利益。虽然违法所得的不正当利益最终归上诉人卢某华所有，但这是按照公司财务制度的相关规定提取和分配公司收益的。因此，其行为符合单位行贿罪的构成要件。原公诉机关委未指控单位行贿，但这并不影响对作为单位行贿罪直接责任人的上诉人卢某华定罪量刑。

【主要案情】

2002 年至 2014 年，被告人卢某华在开发、经营永定县某建筑工程有限公司及某大厦工程，承建永定县某安置房建设项目等工程中，为谋取不正当利益，向永定县城乡规划建设局规划股原股长肖某强、原局长林某河、原局长郑某森、原副局长吴某宏，永定县人民政府原副县长郑某文、范某荣，永定县人大常委会原主任吴某林行贿，行贿金额共计人民币 342.99 万元。某大厦工程建设中超容积

① 侯帅等:《当代中国公司犯罪争议问题研讨》，载《现代法学》2014 年第 4 期，第 12 页。
② 李辰:《单位行贿罪的几种特殊情形分析》，载《人民检察》2006 年第 22 期，第 59 页。
③ 福建省龙岩市中级人民法院刑事判决书（2017）闽 08 刑终 258 号。

率建设 8419.33 平方米，造成少缴国有土地出让金、违法建设罚款及基础设施配套费共计人民币 696.0428 万元。2009 年 12 月 11 日，永定县某房地产开发有限公司补缴土地出让金人民币 211.8558 万元。

（2）广东科某建设工程有限公司、蔡某茂单位行贿案①

【裁判主旨】

被告单位广东科某建设工程有限公司（以下简称科某公司）及其直接负责的主管人员被告人蔡某茂为谋取不正当利益，给予国家工作人员财物，情节严重，其行为均构成单位行贿罪。对被告单位科某公司的辩护人辩称的应免予对科某公司判处罚金不符合法律规定，不予采纳。

【主要案情】

2015 年至 2018 年，被告单位科某公司在公路工程项目招投标、工程验收、工程款拨付等方面，为得到时任茂名市交通运输局局长和茂名市公路局局长林某，以及时任茂名市交通建设投资集团有限公司董事长吴某的帮助，通过被告人蔡某茂给予上述 3 人共计人民币 133 万元。

（3）冯某山行贿案②

【裁判主旨】

①某集团山东晶科塑膜有限公司获得的“零地价”等优惠政策属于不正当利益

某集团山东晶科塑膜有限公司太阳能电池背板膜项目不符合《市中区招商引资优惠政策》相关条件，不应获得“零地价”及针对外来投资项目收费等优惠政策。冯某山谋取的相关利益既不符合上述政策，又违反了相关法规及规章，属于谋取不正当利益。冯某山为谋取不正当利益，向刘某贿送现金，其行为符合行贿罪的构成要件。

②冯某山涉嫌的罪名是行贿罪，而非单位行贿罪

冯某山行贿时并非以单位名义实施，且行贿资金来源于其个人，不符合单位

① 广东省信宜市人民法院刑事判决书（2021）粤 0983 刑初 198 号。

② 山东省枣庄市中级人民法院刑事判决书（2021）鲁 04 刑终 59 号。

犯罪的构成要件，一审判决认定冯某山构成行贿罪正确。

【主要案情】

被告人冯某山原任某集团有限公司董事长。2012年4月，枣庄市市中区人民政府出台《市中区招商引资优惠政策》。被告人冯某山找到枣庄市市中区区委时任副书记、枣庄经济开发区管委会时任主任刘某，意图在某集团有限公司并不符合《市中区招商引资优惠政策》相关条件的情况下，通过刘某使某集团有限公司拟投资的“年产8800万平方米太阳能电池背板膜项目”在枣庄经济开发区落地，并享受上述用地、收费等优惠政策，刘某应允。

被告人冯某山为感谢刘某帮助协调某集团山东晶科塑膜有限公司违规享受相关优惠政策，并意图尽快获得优惠政策返还资金，先后三次以个人名义向刘某贿送现金共计人民币21万元。

（4）西藏某泰建筑工程有限公司、侯某明等行贿案[①]

【裁判主旨】

被告单位西藏某泰建筑工程有限公司（以下简称某泰公司）为了谋取不正当利益，向国家机关工作人员行贿，情节严重，其行为已构成单位行贿罪。被告人侯某明、杨某作为直接负责的主管人员和直接责任人员，应以单位行贿罪追究其法律责任。在共同犯罪过程中，被告人侯某明作为某泰公司的法人代表，是该公司的实际掌控人和实际决策人，起主要作用，系主犯；被告人杨某是按照被告人侯某明的决定和授意办理具体行贿事宜，起次要作用，系从犯。被告人的供述能够证实，被告人杨某明知被告单位某泰公司要对于某1行贿，仍积极准备行贿钱款并参与行贿行为，因此，辩护人提出“杨某对第二次给于某1送钱的情况不知情”的辩护意见不予采纳。

【主要案情】

原拉萨市某区管委会规划建设局局长于某1按照原管委会书记黄某的指示，在B区拉青某四路、某二路的道路、B区路灯等工程招投标过程中及标的200万元以下零星工程承揽方面给予某泰公司帮助。被告人侯某明在担任某泰公司法定

① 西藏自治区拉萨市城关区人民法院刑事判决书（2016）藏0102刑初397号。

代表人期间，为感谢时任拉萨市某区建设局局长于某1此前在承揽工程中的帮助并期望日后能够继续得到其照顾，代表公司意志，自己或指使他人先后三次向于某1行贿，共计120万元。

(5) 王某奎行贿案①

【裁判主旨】

被告人王某奎为谋取不正当利益，给予人民法院司法工作人员财物，其行为已构成行贿罪。有证据证实王某奎为帮助张某谋取不正当利益，向宋某行贿，并通过宋某向杜某行贿的事实，因此对辩护人辩称被告人王某奎构成介绍贿赂犯罪的意见不予采纳。

【主要案情】

被告人王某奎受原兰州某物资贸易有限公司法定代表人张某请托，通过兰州市中级人民法院某庭审判员宋某的介绍，在兰州市七里河区西站某茶楼，向兰州市七里河区人民法院负责审理该公司实际负责人陆某涉嫌虚开增值税专用发票案的主审法官杜某行贿现金20万元，以求判处陆某缓刑。王某奎为了感谢宋某对陆某案提供的帮助，向宋某行贿现金8万元。

4. 合规要点

(1) 规范建筑施工企业内部治理结构

在企业规范方面，首先，应改进和完善民营企业的整体治理体制，建立科学的决策与实施程序。重大决策应由董事会作出，而非个人决定，强调公司股东、董事会和高级经理人员之间的相互制衡。企业应设立法务风险防控部，在重大问题决策时要听取法务部门的意见，确保企业决策的科学性、民主性，使法律风险防范成为企业管理的重要组成部分，从根本上维护企业各方面的利益。其次，应明确财产分配权限，严格财务管控，切断行贿的资金来源。各大股东和实际出资人应当以合法经营的需要为资金使用标准，遵循现代企业财务治理规范模式，规范财务管理，严抓财务管理，强化支付监督。加大对企业内部财务管理的约束，引导健全财务会计制度，公开支付行为，保障财务、账簿资料的真实性和完整

① 甘肃省兰州市七里河区人民法院刑事判决书（2021）甘0103刑初133号。

性，减少财务管理漏洞。[①] 这对企业的财务和会计制度提出了硬性要求，保证企业所有支付行为公开透明，可资参考，切断企业对公权力的依赖。最后，优化企业经营理念，不应将经济效益作为唯一追求目标，而应在提升经济效益的同时兼顾社会效益，从而有效避免在通过犯罪获取的利益大于犯罪可能受到的惩罚时，一部分人通过行贿围猎国家工作人员以获取企业在资源配置上的优势。[②]

在项目进行阶段，应加强过程公开，鼓励全程监督。在产业链条较长的领域，往往存在不规范操作高发的情况。以工程发包承揽环节的违法犯罪行为为例，此类犯罪往往表现为：发包单位利用项目发包的职务之便，索取和收受意欲承包的施工单位给予的回扣、贿赂；承包单位负责项目管理人员为承揽工程项目，以各种名义向发包单位管理人员提供各种好处。之后，承包单位将承包的工程项目再次转包给他人，或将工程项目肢解后分包，从中收受贿赂；发包方指定施工单位，承包方将工程再次转包给被指定方，并收受被指定方的贿赂；负责工程项目管理人员故意提高工程项目造价发包、分包，继而从承包方套取提价部分的差额等环节，由于行贿、受贿因素的存在，工程发包环节也为工程质量、施工安全等埋下隐患。实践中的很多业务流程都比较复杂，可投机空间较大，因此，有必要加强监督，推进过程公开。[③]

（2）在合理范围内控制礼品金额

在建设工程领域，内部工作人员根据法律法规规定或根据工作需要，掌握着巨大的权力，若缺乏有效监督，这种权力就可能被滥用。因此，发包人、甲方、国家机关需要做好预防和监督工作，相关工作人员自身也要保持警惕，拒绝被腐蚀，做到打铁必须自身硬。为谋取不正当利益，给予向发包方、业主、设计单位、监理、检测单位、鉴定机构、总承包方或者其他单位的工作人员财物，可能涉嫌行贿罪。根据现行法律，行贿受贿同罚。行贿的方式不仅包括给予金钱和实物，还包括给予可折算成金钱数额的财产性利益。例如，为获取建筑项目，向相关人员赠送购物卡、会员卡，提供汽车使用、房屋永久居住但并不办理过户，或

---

① 张纵华：《民营企业高管行贿犯罪风险防范对策研究》，载《人民法治》2018 年第 19 期，第 26 页。

② 肖爽：《民营企业管理人员行贿罪的法律风险防范》，载《辽宁公安司法管理干部学院学报》2020 年第 6 期，第 99 页。

③ 张纵华：《民营企业高管行贿犯罪风险防范对策研究》，载《人民法治》2018 年第 19 期，第 26 页。

通过打牌等方式故意输钱且数额较大，这些行为都有可能涉嫌行贿犯罪。

正常的礼尚往来大多是双方互相往来，收礼者和送礼者互有送礼与收礼行为。人情往来大多是公开或半公开的收礼与送礼，主要发生在家庭中或婚丧嫁娶等活动场合，无须隐瞒、遮掩。礼品金额应根据当地经济发展水平、习俗等在正常范围内确定。在正常的人情往来中，双方互赠的财物、金额应相等或基本相等，双方赠予财物的差距不应太大。逢年过节期间，与业主、设计单位及监理单位人员的礼尚往来应注意尺度，否则，即便不构成行贿罪，也可能构成对非国家工作人员行贿罪。

（九）伪造公司、企业、事业单位、人民团体印章罪

表 5-22 建筑施工企业伪造公司、企业、事业单位、人民团体印章罪数据

时间	2001—2019 年	2020 年	2021 年	2022 年	2023 年
案件数量/件	736	197	255	210	62

（参考“威科先行·法律信息库”，通过检索“伪造公司、企业、事业单位、人民团体印章罪+建设工程”得出）

伪造公司、企业、事业单位、人民团体印章罪在建设工程领域也是比较常见的罪名，建设工程的施工过程中涉及签订合同、提供证明的环节众多，印章使用极其频繁，一些施工单位为了合同和业务操作方便，擅自私刻项目部和公司印章的行为时有发生，因此建筑施工企业也需警惕伪造印章的风险。

1. 伪造公司、企业、事业单位、人民团体印章罪概述

（1）罪名简述

伪造公司、企业、事业单位、人民团体印章罪指没有制作权限的人，擅自伪造公司、企业、事业单位、人民团体的印章的行为。

（2）历史演变

1979 年《刑法》规定了伪造、变造公文、证件、印章罪,[①] 对国家机关、企业、事业单位、人民团体的印章进行统一规定和保护。为了对公司、企业、事业单位、人民团体与国家机关印章进行区分保护，维护印章本身的信用，1997 年

① 1979 年《刑法》第一百六十七条：伪造、变造或者盗窃、抢夺、毁灭国家机关、企业、事业单位、人民团体的公文、证件、印章的，处三年以下有期徒刑、拘役、管制或者剥夺政治权利；情节严重的，处三年以上十年以下有期徒刑。

《刑法》第二百八十条第二款[①]单独设立了伪造公司、企业、事业单位、人民团体印章罪，随后本条被2015年《刑法修正案（九）》第二十二条修订，在各款增设罚金刑。

（3）所涉法律法规、司法解释规定

《刑法》

第二百八十条第二款　伪造公司、企业、事业单位、人民团体的印章的，处三年以下有期徒刑、拘役、管制或者剥夺政治权利，并处罚金。

《最高人民法院、最高人民检察院关于办理妨害信用卡管理刑事案件具体应用法律若干问题的解释》

第四条第一款　为信用卡申请人制作、提供虚假的财产状况、收入、职务等资信证明材料，涉及伪造、变造、买卖国家机关公文、证件、印章，或者涉及伪造公司、企业、事业单位、人民团体印章，应当追究刑事责任的，依照刑法第二百八十条的规定，分别以伪造、变造、买卖国家机关公文、证件、印章和伪造公司、企业、事业单位、人民团体印章罪定罪处罚。

（4）保护法益

伪造公司、企业、事业单位、人民团体印章罪为妨碍社会管理秩序罪章中，扰乱公共秩序罪小节下的罪名，保护的法益是公司、企业、事业单位、人民团体的正常活动。

（5）表现形式

①伪造高等院校印章制作学历、学位证明的行为，应当依照《刑法》第二百八十条第二款的规定，以伪造事业单位印章罪定罪处罚。明知是伪造高等院校印章制作的学历、学位证明而贩卖的，以伪造事业单位印章罪的共犯论处。

②伪造高等院校印章制作学生证的行为，以及明知是伪造高等院校印章制作的学生证而贩卖的，应当以伪造事业单位印章罪的共犯立案侦查。

③为信用卡申请人制作、提供虚假的财产状况、收入、职务等资信证明材料，涉及伪造公司、企业、事业单位、人民团体印章的行为。

---

① 1997年《刑法》第二百八十条第二款：伪造公司、企业、事业单位、人民团体的印章的，处三年以下有期徒刑、拘役、管制或者剥夺政治权利。

④公司、企业的股东等人在发生纠纷等情况下，为了控制公司、企业而私刻公司、企业印章的行为。

（6）行为对象

伪造公司、企业、事业单位、人民团体印章罪的犯罪对象是公司、企业、事业单位、人民团体的印章，不包括公司、企业、事业单位、人民团体的文件与证件。这里的公司、企业，包括国有公司、企业、集体性质的公司、企业，以及私营和中外合资、中外合作的公司、企业。事业单位与人民团体，也没有所有制的限定。伪造印章，包括伪造印形与印影。

（7）行为主体

伪造公司、企业、事业单位、人民团体印章罪的行为主体是一般主体，包括已满 16 周岁且具有刑事责任能力的自然人和单位。

（8）罪责

伪造公司、企业、事业单位、人民团体印章罪的责任形式为故意，行为人必须明知行为将会侵犯公司、企业、事业单位、人民团体的正常活动，但仍采取该行为，并希望或放任这种危害后果的发生，不论其动机如何都不影响本罪成立。

（9）量刑

犯伪造公司、企业、事业单位、人民团体印章罪的，处 3 年以下有期徒刑、拘役、管制或者剥夺政治权利，并处罚金。

2. 主要争议问题

（1）“伪造”行为的界定

“伪造”一词，刑法中没有具体解释，但是依据制作主体是否有制作权，可以区分为有形伪造和无形伪造。有形伪造是指没有制作权的主体，冒用有制作权人的名义实施伪造。相对地，无形伪造是指有制作权的特殊主体，以自己的名义进行虚假行为，对不合格的行为实施伪造。

理论界关于“伪造”的界定主要分为以下四类观点：①最广义的伪造行为，在这一层意义上，将伪造、变造、擅自制造等和后续所有行使行为都包括在伪造行为之中，是所有与伪造行为有关的犯罪构成要件行为的总称；②广义的伪造行为，包括伪造、变造、擅自制造等构成要件行为，不包括后续的行使行为；③狭义的伪造行为，仅指伪造，又分为有形伪造和无形伪造，不包括变造、擅自制造等；④最狭义的伪造行为，仅指狭义伪造中的有形伪造，不包括无形伪造。[①]

将狭义的伪造纳入伪造行为的内涵之中，是没有太大争议的，狭义的“伪造”是伪造的典型方式。而变造能否纳入伪造的内涵之中，有学者指出，从历史解释的角度来看，在我国古代，一般是使用“伪造”来解释变造行为的，“变造”一词的含义往往包含在“伪造”之中，二者不作明确区分。只是随着文字含义的不断演进，立法者认为“变造”与“伪造”在性质和社会危害性上具有一定的差异，才开始将二者区别使用。[②] 后续的行使行为是否应纳入伪造行为内涵之中？司法实践对这个问题给出了回答，如在（2020）桂 02 刑终 337 号王某伪造公司印章案中，法院明确指出了对于单纯地使用伪造的印章行为，尚不能构成伪造印章方面的犯罪。赞成的观点认为，从词义上来讲，行使行为一般指的是交付、收集、出售等，其核心是“用”，而伪造行为的核心在于“造”，二者具有较明显的区别，并且二者的逻辑起点和发生时间不同。[③]

从伪造行为的概念可以看出，作为伪造型犯罪客观方面的伪造行为，所作用的对象是为刑法所保护的能够体现社会公共信用的特定物品。由此，理论界产生了伪造行为侵害对象的形式主义与实质主义的争论。形式主义认为，伪造行为的本质是有害于文书形式的真实性，其侧重于文书名义上的真实性。德日刑法学说多采取形式主义。比如，日本法院认为，“如果伪造文书有害于文书之形式真实性，则不论其内容是否与事实相符，均可构成犯罪”。而实质主义则侧重于内容的真实性，认为不论是否有权，即不管形式是否合乎规格、程序，只在做成违反真实内容的文书这一点上探讨伪造行为的本质。实质主义认为，伪造型犯罪的立法宗旨在于保护行为对象所表示的事实或意思的真实性。法国刑法采取的是实质主义，规定：“若要构成伪造文书罪，须以侵害他人之权利或有受侵害之危险为要件，因而以妨害文书内容的真实性为必要。”[④] 形式主义与实质主义之间的争论也极大地影响了伪造公司、企业、事业单位、人民团体印章罪与非罪的认定。

---

① 张琪：《我国刑法中的伪造行为研究》，西南政法大学 2014 年硕士学位论文。
② 黄明儒：《伪造、变造犯罪的定罪与量刑》，人民法院出版社 2002 年版，第 38 页。
③ 张琪：《我国刑法中的伪造行为研究》，西南政法大学 2014 年硕士学位论文。
④ 刘志明等译：《法国新刑法典》，法律出版社 1997 年版，第 133 页。

（2）“印章”的范围认定

关于“印章”的认定，我国《印章管理办法》第三条规定，印章是指公章和具有法律效力的个人名章。其中，企业事业单位的公章既包括法定名称章，也包括被冠以法定名称的合同、财务、税务、发票等业务专用章。企业事业单位中具有法律效力的个人名章既包括法定代表人的名章，也包括财务部门负责人的名章。但是刑法上关于印章涵盖的具体范围存在较多的争议。

首先，印章是否同时包括印形和印影？这个问题在日本也存在很大的争议，日本判例认为印章同时包括印形和印影，但是以日本学者大谷实为首的法学通说认为印章只包括印影，也就是印章印在书本、纸张等载体上所呈现出来的形象。[①] 但我国多数学者认为印章包括印影和印形，具体原因包括以下两个方面：一方面，司法实践降低指控难度，在我国，非法伪造印章行为无论是以小作坊方式还是以网络推广方式，均已经形成了一个由非法企业组成的产业链和集群，如果仅定伪造印影罪，公安机关不便收集售卖或者使用的证据。另一方面，如果仅仅以伪造印形定罪，就会出现伪造印有印章的非国家机关文书失去了法律保护的基础，如伪造学历、学位证明的行为，[②] 法律并没有规定伪造事业单位证件罪。[③]

其次，省略文书是否为印章？省略文书俗称简易文书，主要是指国家机关单位在处理日常事务时，为了处理一些需要反复书写的简单文字而制作的印章形式文书。常见的省略文书，如邮局在邮件上的日期印戳、法院判决书上的“与原件核对无误”章、国家机关使用的注册章、校对章等。我国多数学者也认为省略文书虽然是以印章形式呈现，但应属于文书。[④] 虽然省略文书与印章的外观接近，但仍属于国家机关的公文、证件范畴，因而应当视为公文。但是张明楷教授认为邮局的邮戳不仅显示了信件处理时间，而且表明了处理信件的主体（邮政局），

---

① 大谷实：《刑法各论》（新版第2版），黎宏译，中国人民大学出版社2008年版，第298页。

② 2001年《最高人民法院、最高人民检察院关于办理伪造、贩卖伪造的高等院校学历、学位证明刑事案件如何适用法律问题的解释》：对于伪造高等院校印章制作学历、学位证明的行为，应当依照刑法第二百八十条第二款的规定，以伪造事业单位印章罪定罪处罚。明知是伪造高等院校印章制作的学历、学位证明而贩卖的，以伪造事业单位印章罪的共犯论处。

③ 李明明：《伪造印章罪司法认定疑难问题研究》，内蒙古大学2015年硕士学位论文。

④ 陈洪兵：《文书伪造犯罪的解释论空间》，载《国家检察官学院学报》2011年第5期。

认定为印章比较合适。[①]

最后，伪造虚构的国家机关印章上所刻单位名称与真实印章不相符的行为是否构成伪造印章罪？一种观点认为，既然国家机关本身是虚构的，那么该种行为就不可能侵犯国家机关的信誉，[②] 不具有侵害法益的可能性。因此，处罚该种行为的必要性不充分。伪造公司、企业、事业单位、人民团体印章罪的前提是无权限伪造，即伪造的印章是真实存在的。另一种观点则认为，从犯罪客体方面来看，只要伪造了国家机关的印章，就侵犯了国家机关的信誉，应当以伪造公司、企业、事业单位、人民团体印章罪定罪。因为本罪对公司、企业的所有制属性没有要求，所以行为人伪造印章的行为符合本罪的构成要件。也有折中的观点认为，伪造虚构的国家机关公章行为应当认定为伪造印章罪，但对于伪造其他公司、企业等单位的印章，情况则不同。因为国家机关的印章有显著的标志，并且基于国家机关的公信力，公众对国家机关印章的信赖程度明显高于对公司、企业、事业单位的印章信赖，所以伪造国家机关的印章都应认定为伪造国家机关印章罪。[③]

3. 案例总结

（1）刘某宝伪造公司印章案[④]

【裁判主旨】

①伪造印章与真实印章不完全一致不影响伪造公司印章罪的成立

上诉人刘某宝明知自己无权制作单位印章，为获得供油方所需的购方资格以恢复生产，私刻了“湖南某工程有限公司某华一号矿三标”的印章，该印章虽与真实印章不完全一致，但其冠以“湖南某”，且其伪造的授权委托书，以及其作为湖南某内蒙古平西某华矿业工程项目部经理的身份，使哈某产生认识误解，误认为该印章是真实的。其行为损害了湖南某建设有限公司的正常管理活动和商业信誉，构成伪造公司印章罪。

---

① 张明楷：《刑法学》（第六版），法律出版社 2021 年版，第 1362 页。
② 王政勋、王良顺等：《刑法各论》，高等教育出版社 2012 年版，第 466 页。
③ 李明明：《伪造印章罪司法认定疑难问题研究》，内蒙古大学 2015 年硕士学位论文。
④ 内蒙古自治区锡林郭勒盟中级人民法院刑事裁定书（2015）锡刑一终字第 33 号。

②被告人不具有非法占有他人财物的目的，不构成合同诈骗罪

上诉人刘某宝以生产经营为目的，虽使用私刻印章，但目的是履行剥离工程合同，且无证据证实其有非法占有他人财物的目的。因此不予采纳抗诉机关关于刘某宝构成合同诈骗罪的意见。

【主要案情】

刘某宝（合同乙方）与湖南某建设有限公司内蒙古某华矿业工程项目部负责人吴某（合同甲方）签订了生产剥离工程第三标段合作协议书。随后，刘某宝到该标段进行施工作业。2012年9月初，刘某宝在锡林浩特市私自刻制了一枚“湖南某工程有限公司某华一号矿三标”的印章，并以“湖南某工程有限公司某华一号矿三标”的名义与某贸易有限公司负责人哈某签订了一份供油协议。在该协议中，刘某宝加盖了私刻的“湖南某工程有限公司某华一号矿三标”印章，并私自制作了一份授权委托书，使哈某误认为是湖南某建设有限公司与其签订供油协议。某贸易有限公司开始向刘某宝供应柴油，总计供应金额达人民币17704510.00元。

（2）唐某、欧阳某伪造、变造、买卖国家机关公文、证件、印章，伪造公司、企业、事业单位、人民团体印章案①

【裁判主旨】

在市场经济条件下，我国各类公司、企业、事业单位、人民团体数量繁多，一般社会公众难以分辨其印章的真伪。本案涉及私刻某安市水利电力建筑工程有限公司的印章，虽然该公司是虚构的，但被告人唐某、欧阳某伪造的印章从整体上符合印章的基本特征，足以误导公众，其社会危害性与伪造真实公司印章相当，构成伪造公司印章罪。

某新县水利局的前身是某新县水务局，被告人唐某、欧阳某共同实施伪造某新县水务局的印章，且被告人唐某又私刻了某新县水利局法定代表人的私章，并加盖在相关的公文等资料上，足以使一般社会公众认为某新县水务局就是某新县水利局，已侵犯了社会公众对国家机关权威的合理信赖，其行为已构成伪造国家

① 江西省永新县人民法院刑事判决书（2015）永刑初字第53号。

机关印章罪。

【主要案情】

唐某虚构自己承包工程假象，骗取他人工程转让费，伪造某新县水务局《关于某新县小（二）型水库附属工程实施方案的通知》《某新县小（二）型水库附属工程实施方案（只限某山水库、某荣水库工程）》《2014年某新县小（二）型水库除险加固附属建设工程施工合同》《合同协议》等项目施工资料，两次找到某安市吉州区某通信店，由欧阳某制作“某新县水务局”的公章和“某安市水利电力建筑工程有限公司”的印章，并在上述材料上盖章。唐某两次共支付欧阳某1100元报酬。同时，欧阳某在经营其某通信店期间，未经委托授权，私刻“某安市吉州区旅游局”“某安市人民中医院医务科”“某安市第一房管所”“某安市妇幼保健院疾病证明章”“某安市吉州区民政局婚姻登记专用章”“吉州区某街道书街社区居委会”“吉州某街道书街居委会”“某安市中心人民医院”“吉州区某街道办事处”“某安市邮政局”印章。

（3）王某挪用资金、伪造公司、企业、事业单位、人民团体印章案①

【裁判主旨】

①无证据证明王某伪造或者指使他人伪造“广西××建筑公司”印章

首先，王某从未供认过自己或者指使、默许他人伪造“广西××建筑公司”印章。

其次，证人证言不能直接证明王某伪造印章。证人证言要么自相矛盾，要么彼此矛盾，要么未得到其他证人证实，要么是听闻或猜测，彼此之间无法形成证据链，不能排除合理怀疑，均不能直接证明王某伪造印章。

再次，有关材料上加盖有伪造的“广西××建筑公司”印章且利益指向王某不能得出王某伪造印章的结论。本案有关合同、协议、鉴定意见等加盖有伪造的“广西××建筑公司”印章，广西××建筑公司第二十六分公司、某小区项目、某平安路工程等利益指向王某的事实客观存在，但上述材料仅能证明伪造的“广西××建筑公司”印章的存在及使用情况，不能证明系王某伪造。

---

① 广西壮族自治区柳州市中级人民法院刑事判决书（2020）桂02刑终337号。

最后，无物证或具体制作人直接认定王某伪造印章。虽然是否提取到伪造的印章以及是否查获伪造印章的具体制作人、经手人等，在一定程度上并不影响对有关案件事实和性质的认定，但在上述条件欠缺的情况下，物证及具体制作人、经手人的证言等证据显得尤为必要。但是，本案在此方面缺失。

②认定王某明知“广西××建筑公司”印章系伪造且本人或者指使他人使用该伪造印章的事实不清，证据不足。现有证据虽能相互证明在广西××建筑公司第二十六分公司成立、某小区项目承揽、某平安路工程承接中，相关材料上使用了伪造的“广西××建筑公司”印章，但王某从未承认知晓该印章系伪造的，也未承认自己或指使他人使用了该印章，且证人证据均无法证明王某使用或者指使他人使用了该印章。

③仅使用伪造的印章行为难以成立伪造印章犯罪。伪造公司印章罪是指伪造公司印章的行为，该罪侵犯的是公司的正常经营活动和声誉、社会公共秩序等复杂客体。其中，伪造是指无制作权的人，冒用名义非法制作印章的行为。在《公安部关于对伪造学生证及贩卖、使用伪造学生证的行为如何处理问题的批复》中有关于“使用伪造的印章”的规定，其规定对使用伪造的学生证购买半价火车票，数额较大的，应当以诈骗罪立案侦查。参照该批复，对于仅使用伪造印章的行为，尚不能构成伪造印章罪。

综上，现有证据无法证明王某犯伪造公司印章罪达到确实、充分的程度，无法排除合理怀疑，不能认定王某有罪。

【主要案情】

广西××建筑公司第二十六分公司登记成立，王某为分公司负责人。用于分公司登记成立的、分公司设立登记申请书等有关材料上加盖的“广西××建筑公司”印章系伪造。

被告人王某代表广西××建筑公司就承揽某小区项目与刘某君、陈某洋的嵩某公司签订《联合投资协议书》；广西××建筑公司授权刘某君洽谈签署某小区项目相关事宜，并向某街道办提交《投资函》且附有《投标保函》等。中标后，刘某君代表广西××建筑公司与东某街道办签订《投资建设管理合同》《某小区项目补充协议》。因承建某小区项目，广西××建筑公司委托某担保公司向银行申请开具了受益人为东某街道办且保证金额分别为 1960.49558 万元、117.63 万元、6535 万元的投标保函和履约保函等，王某及其名下公司为反担保人。前述用于投标某小区项目、签署有关合同、申请保函等事项中的广西××建筑公司介绍信、法定代表人授权委托书、公章确认证明、投资建设管理合同、审计报告等 10 余份材料上加盖的“广西××建筑公司”印章系伪造。

被告人王某以广西建工集团某公司四川代理公司名义与王某 2 就内江某路工程签订合作协议；广西××建筑公司与内江市某住建局签订招商合同。上述招商合同上加盖的“广西××建筑公司”印章系伪造。

（4）柯某强伪造公司、企业、事业单位、人民团体印章案①

【裁判主旨】

首先，柯某强未通过正规渠道申办房屋鉴定，而是意图通过张姓男子职务便利办理房屋鉴定，但不能据此推断其主观上必然具有伪造事业单位印章的故意。其次，《房屋安全鉴定报告》属于专业性较强的鉴定文书，伪造该类文书应当具有相应的专业知识并熟悉茂名市房屋安全鉴定所工作人员职责和审核流程，本案亦无证据证实柯某强伪造《房屋安全鉴定报告》、仿冒茂名市房屋安全鉴定所工作人员签名和伪造该专用印章。最后，办案部门未能提供具体伪造的印章等物证，没有搜缴到伪造印章的作案工具，亦没有证人直接指证柯某强实施了伪造事业单位印章的行为，故指控柯某强实施伪造事业单位印章行为的客观证据不足。本案在案证据指控柯某强具有伪造事业单位印章的主观故意和实施了伪造事业单位印章的客观行为的证据不足。

综上所述，在案证据仅能证实上诉人柯某强有使用伪造事业单位文件的行为，没有充分的证据证实其有伪造事业单位印章的主观故意，以及实施该行为的客观行为，故柯某强不构成伪造事业单位印章罪。

【主要案情】

被告人柯某强认为其位于茂名市的住宅属于危房，打算进行危房改造。柯某强在酒店饮茶时偶遇一名自称是茂名市房产局工作人员的张姓男子，并以人民币

① 广东省茂名市中级人民法院刑事判决书（2020）粤 09 刑终 82 号。

3150元委托该男子办理了一份茂房鉴字〔2015〕0643号《房屋安全鉴定报告》。柯某强持伪造的茂房鉴字〔2015〕0643号《房屋安全鉴定报告》以及其他相关资料向茂名市城乡规划局茂南分局申请办理危房改造行政许可，后获取该行政许可。经鉴定，被告人柯某强所持有的茂房鉴字〔2015〕0643号《房屋安全鉴定报告》上盖的“茂名市房屋安全鉴定专用章”印文与该提供的样本印文不符。

（5）胡某祯合同诈骗案①

【裁判主旨】

原审被告人胡某祯在将某北工程转让给某超公司的过程中，虽然客观上有指使他人伪造某亚房产公司收到某丰公司投资款收据等欺诈行为，但某北工程是经有关行政机关批准真实存在的，某丰公司已向该工程投入人民币100万元；某北工程最终停工主要是市房地局不允许拆迁等原因所致，胡某祯转让时并不知道该工程会停工；胡某祯派人私刻某亚房产公司财务专用章，并指使他人伪造某亚房产公司收到某丰公司投资款收据，借以表明其已将某华拍卖中心的借款投入某北工程的行为，主要目的是应付程某民等人催讨债务，没有证据证实胡某祯有将转让款个人占有或者挥霍等行为。

综上，认定被告人胡某祯在上述行为中具有非法占有他人财物目的的证据不足，其行为不构成诈骗罪。但其派人私刻某亚房产公司财务专用章，扰乱了公共秩序，其行为已构成伪造公司印章罪。且胡某祯利用私刻的财务专用章，指使他人伪造某亚房产公司收到某丰公司投资款收据，情节严重，应依法惩处。

【主要案情】

被告人胡某祯为某丰公司总经理、法定代表人。某亚集团公司为新建某北工程出具委托书，全权委托该公司所属的某亚房产公司对该工程项目进行规划、建造、开发和经营。胡某祯代表某丰公司与某亚集团公司签订某北工程联合开发协议书，由某丰公司承担项目建设所有的成本费用，约人民币1.8亿元。

胡某祯与婺城某行副行长兼某华拍卖中心经理程某民、某华拍卖中心副经理商某等人谈妥，由婺城某行出面，向温州支行拆借资金人民币5000万元后，将

---

① 最高人民法院刑事判决书（2003）刑提字第4号。

其中的2500万元借给胡某祯。某华拍卖中心依约并以与某丰公司签订商品房（某北工程）订购合同付款形式，借给某丰公司人民币2500万元。胡某祯又找到程某民，以签订购房（大某商厦）协议形式向某华拍卖中心借款人民币500万元。胡某祯将上述向某华拍卖中心的借款用于某丰公司归还借款和日常开支等。借款到期以后，程某民多次向原审被告人胡某祯催讨。胡某祯谎称某华拍卖中心的借款已经全部投入某北工程，暂时不能偿还。随后，胡某祯又指使公司会计卫某芳虚开某亚房产公司收到某丰公司投资某北工程款人民币3000万元的收据，并加盖私刻的"某亚房地产开发公司财务专用章"，而后将伪造的收据复印后让人带给程某民。

4. 合规要点

（1）完善内部印章保管和使用规范

在整个建设工程项目的实施过程中，涉及签订合同、提供证明的环节诸多，如建设工程的承揽、分包、转包、贷款等，可能需签署分包、劳务协议，租赁、借贷或者融资合同，甚至涉及招投标性质的合同。这些都需要用到大量的印章、公章。在现实中，建工领域的各个单位之间可能存在挂靠、内部承包协议等操作，其中的工作人员为了各种合同和业务之间操作灵活方便，往往会出现私自刻项目部印章的行为。

企业要制定印章管理规定，指定印章归属的管理部门，明确企业各部门印章管理职责，明晰印章刻制、使用的业务流程，做到有章可循。① 保管好本公司、企业的印章，是避免本单位的印章被不法伪造，防止因印章被伪造而遭受法益侵害的有效途径。公司、企业应完善内部印章保管和使用规范，单位内部需要专门设立管理印章的部门或者安排人员专管，确定责任人，必要时制定严格的使用、刻印审批程序。未经批准，不允许将印章携带外出，特殊情况下需携带外出时，必须进行书面登记。公司应建立统一的印章使用审批制度和使用登记表，在使用印章时，要确保由印章保管人员亲自用印，不能让印章离开其视线。②

新注册设立的单位在领取营业执照后，应直接到行政服务中心公安机关刻

① 徐澜涛：《企业公章使用的民事责任认定》，载《法人》2020年第9期，第72-73页。

② 徐澜涛：《企业公章使用的民事责任认定》，载《法人》2020年第9期，第72-73页。

制印章并备案。在确认能够正规使用印章后，应当向公安部门申请备案，确保本单位的正规印章刻制有防伪标识。如果单位需要销毁旧印章而启用新印章，应做好旧印章印鉴的存档和启用新印章的公示，防止伪造印章者以伪造印章来代替旧印章。丢失印章的公司或企业需到公安机关报案，同时在企业所在地或工程项目所在地的报纸、电视等新闻媒体上刊登遗失声明公告，并按照程序依法重新刻制。[①]

（2）减少一章多刻，提高用章的唯一性

许多公司、企业为了方便，普遍会备存多个印章。因此，与备案印章不完全一致并不必然被认定为伪造的印章。行为人在没有获得制作公司、企业印章权限时，冒用公司、企业名义，私自制作印章，构成伪造公司、企业印章罪。

建筑施工企业对外签订的重要合同和往来函件应尽量使用备案公章、法人章、合同专用章，确保印章使用的唯一性，降低鉴别伪造公章的难度。若公司、企业存在多章的情形，则应尽量对外公开使用多次的记录，避免在对外的文书上同时使用多个不同的印章，减少他人的可乘之机。建筑施工企业应对印章使用范围作出明确的规定，凡属以建筑企业名义对外发文、开具介绍信、报送报表等情形，一律加盖建筑企业公章，凡属合同类的使用合同专用章，凡属财务会计业务的使用财务专用章，职能部门印章仅限部门内部使用等；需刻制项目部技术章、资料章、试验章等科室章时，在印章上添加标注说明，如“此章仅限于工程技术联系或资料专用”“不得用于签订经济合同”“签订经济合同无效”等字样，无标注说明的，应在加盖印章处作出备注，说明盖章效力所及范围，建筑企业也可在公司网站等媒介公示印章格式及使用范围等内容。[②]

（3）规避表见代理或职务行为

应在内部承包协议的首页明确约定内部承包人无权对外以项目建设名义借款、担保、签订其他经济类合同，规避表见代理或职务行为。公司应严防在空白纸张上加盖公司印章，严禁在空白介绍信、空白便函、空白单据等格式化文件上用印。如遇特殊情况，必须经企业负责人同意，并在《公章使用登记表》上记

① 宋杰：《公司印章使用中的风险及防范》，载《法制与社会》2020 年第 26 期，第 48-49 页。
② 马建建：《伪造公司印章罪若干问题探讨》，载《中国检察官》2023 年第 2 期，第 64-66 页。

录该用章文件的份数和用途。加盖公章的介绍信、授权委托书应统一编号登记，无用的加盖印章空白文件应及时交回，由印章管理部门妥善处理，确保用章安全。① 根据最高人民法院 2019 年发布的《全国法院民商事审判工作会议纪要》（法〔2019〕254 号）的规定，法人以法定代表人事后已无代表权、加盖的是假章、所盖之章与备案公章不一致等为由否定合同效力的，人民法院不予支持。同样，代理人取得合法授权后，被代理人以代理人事后已无代理权、加盖的是假章、所盖之章与备案公章不一致等为由否定合同效力的，人民法院也不予支持。②

同时，应加强对法定代表人和委托代理人的用章监督。若其私刻公章、恶意加盖非备案的公章或者假公章，需依法承担民事、行政或者刑事责任。此外，企业还应加强对项目一线人员的普法培训，树立防范意识，并建立岗位法律风险防控体系，要求印章管理岗位人员签订法律风险岗位承诺书，明确其法律风险防控职责。③

（十）建筑施工企业合同签订合规要求

1. 完善建设工程合同文本内容

在确认好中标企业进行建设项目的合约签订时，必须认真核对其中的条款，保证与标书中的建设方案和实际报价一致。签立合规合法的合同，对于维护招投标双方的合法权益、厘清职责任务都有重要影响。在出现矛盾纠纷时，也可以合同作为主要的裁定标准进行维权。④ 因此，建筑施工企业需认真审核、完善合同条款内容，避免不必要的损失和风险。

---

① 宋杰：《公司印章使用中的风险及防范》，载《法制与社会》2020 年第 26 期，第 48-49 页。

② 《全国法院民商事审判工作会议纪要》：41. 司法实践中，有些公司有意刻制两套甚至多套公章，有的法定代表人或者代理人甚至私刻公章，订立合同时恶意加盖非备案的公章或者假公章，发生纠纷后法人以加盖的是假公章为由否定合同效力的情形并不鲜见。人民法院在审理案件时，应当主要审查签约人于盖章之时有无代表权或者代理权，从而根据代表或者代理的相关规则来确定合同的效力。法定代表人或者其授权之人在合同上加盖法人公章的行为，表明其是以法人名义签订合同，除《公司法》第 16 条等法律对其职权有特别规定的情形外，应当由法人承担相应的法律后果。法人以法定代表人事后已无代表权、加盖的是假章、所盖之章与备案公章不一致等为由否定合同效力的，人民法院也不予支持。代理人以被代理人名义签订合同，要取得合法授权。代理人取得合法授权后，以被代理人名义签订的合同，应当由被代理人承担责任。被代理人以代理人事后已无代理权、加盖的是假章、所盖之章与备案公章不一致等为由否定合同效力的，人民法院不予支持。

③ 宋杰：《公司印章使用中的风险及防范》，载《法制与社会》2020 年第 26 期，第 48-49 页。

④ 颜昆：《招投标过程中涉及法律问题的探讨》，载《中国招标》2020 年第 12 期，第 104 页。

首先，建设工程合同文本中应确立工程建设方的风险与责任条款。我国现行2013年示范文本并没有专门规定风险与责任的条款，只以分散的条款约定发包方需承担的风险：承包方因在施工中遇到意外情况采取合理措施而增加的费用和顺延工期；发包方提供的工程量清单存在瑕疵；基准日期后，法律变化导致工程价款增加；不可抗力导致承包方停工的费用损失如何合理分担；等等。① 建设工程合同具有履行期限较长、风险比较大、外部环境特别复杂等特点，合同条款中应包含可操作性比较强的风险分担条款。

在合同中应完善工程概况描述，增加项目内容、要求、危害及管控措施的基本描述等内容，保障项目施工作业安全。关注通用条款和专用条款，通用条款是指适用于所有招投标建设工程的条款，属于格式条款。专用条款是指仅适用于具体工程建设，由当事人双方约定的条款。因此，对于标准合同，有约定合同中重要保障条款在专用条款予以描述，如绩效考核、索赔管理、质保金等。②

其次，当建筑施工企业实施涉外工程并签署外币合同时，应优先采用跨境人民币结算；若采用美元结算，则需添加非美元结算条款。在进口相关物资时，需确认该物资是否受出口国出口管制。若受管制，则需取得出口许可并作出合规承诺，合同条款中应注明出口物资的原产国，附件物资明细中应注明物资对应的实际原产国，且贸易术语和质保条款等信息必须齐全、完整、准确。③ 另外，建设工程合同文本应确立FIDIC（Fédérati on Internationale Des Ingénieurs-Conseils，国际咨询工程师联合会）“三位一体”利益平衡规则条款。FIDIC合同条件（国际咨询工程师联合会编制的土木工程施工合同条件）的框架结构是发包方、咨询工程师与承包方之间“三位一体”的利益平衡，咨询工程师虽然不是施工合同的签订主体，但在项目实施中，其有权作为中间人根据合同条款作出判断，对发包方和承包方发出指令并约束双方。④ 咨询工程师不仅是发包方的代表，也是发包

---

① 孟勤国、余卫：《“一带一路”与建设工程合同国际化》，载《江西社会科学》2016年第2期，第148页。

② 杨素华：《招投标采办管理风险分析研究》，载《中国招标》2022年第5期，第195页。

③ 杨素华：《招投标采办管理风险分析研究》，载《中国招标》2022年第5期，第195页。

④ FIDIC合同条件第2.6款是有关咨询工程师作用和工作准则的核心条款，其中规定，“当采取可能影响业主或承包商权利和义务的行动时，他应在合同条款范围内，并兼顾所有条件的情况下，做到公正行事”。

方和承包方之间关于合同的准仲裁人，为双方提供便利和缓冲矛盾。[①]

2. 完善建设工程合同管理体系

（1）制定合同管理制度

建设工程合同主体方应结合本企业实际情况，制定合同管理制度。制定制度时，应明确企业内部各部门职责分工，既需要明确横向各部门的合同管理职责，也需要明确纵向不同级别领导的合同审核重点内容和审核权限，目的是确保各部门、各层级管理人员职责清晰，尽量避免存在交叉和遗漏等现象。

合同管理制度应明确法务部工作人员参与重大合同可行性研究、招投标全程参与商务谈判等，并建立和完善合同履行监控机制。[②] 责任人员需要随时掌握合同履行状态，针对可能出现的合同延期交货（完工）风险，主动联系供应商，紧盯进度，降低如疫情等带来的延期风险。采办人员要与需求单位及时沟通，协助解决工程项目和生产经营采办难点，确保合同顺利执行，保障生产经营正常运行。[③]

随着信息网络的发展，合同管理制度离不开信息化的支持。从合同起草到审核、签订再到履行的整个过程中，合同承办部门、法务部门及信息科技部门职责分工应一环扣一环，为提高全过程管理的高效性，从合同起草到最终履行的所有环节可在 OA 系统上完成，形成闭环管理。合同主体方还应根据实际情况搭建合同管理制度体系，这些制度包括但不限于合同的类型划分以及重大合同专项管理制度、授权管理制度等。推动建设工程合同全过程管理，做好建设工程合同风险的事前防范、事中控制、事后救济等工作。

（2）完善合同管理流程

一是建设工程合同起草阶段。要明确合同签订主体各方签订合同的目的、权利义务、费用支付、知识产权归属、违约责任、救济措施等。二是建设工程合同审核阶段。合同承办部门签订建设工程合同并审核其内容，审核对方单位或个人的签约主体资格、经营范围、履约能力、信誉状况、委托代理权限及是否有法律法规规定的前置审批手续。建设工程重大项目合同根据需要可以再经外聘法律顾

---

① 王卉、何佰洲：《FIDIC 合同条件中工程师的作用及其在中国的发挥》，载《大连海事大学学报（社会科学版）》2007 年第 3 期，第 77 页。

② 梁文国：《我国工程项目合同管理研究》，载《财经问题研究》2014 年第 51 期，第 195 页。

③ 杨素华：《招投标采办管理风险分析研究》，载《中国招标》2022 年第 5 期，第 195 页。

问进行审核，并出具书面法律意见书。三是建设工程合同修改意见阶段。合同承办部门根据审查意见对合同进行修改，结合合同管理制度规定，重大项目合同在签订前应由合同承办部门逐级上报法定代表人批准。四是建设工程合同签订阶段。合同经审批后，拟签署的合同，合同承办部门向法务部领取合同编号，上报合同签订主体的法定代表人或授权代理人签字并加盖公司公章或合同专用章。五是建设工程合同履行阶段。这个阶段合同约束着双方及多方主体，其管理人员复杂而分散、合同履行过程中所需的数据更不容易采集，且过程和预期会存在各种偏差等特点。信息网络化手段便有助于建设工程合同的顺利履行，它能客观、准确、全面地反映合同履行全过程，并通过数字对比实现必要的统计分析。除此之外，在执行合同中还应注意对分包行为的约束；严格按照分包比例签订合同；只能将非主体、非关键工作分包给有资质的单位；分包必须是合同约定或经招标人同意认可的；项目的主体、关键工作必须由中标人自行完成或者分包只能进行一次等约定，从而避免违法分包，接受分包的人就分包项目承担连带责任也应在合同中予以明确。①

（3）推进企业总法律顾问制度建设

在国有企业推进企业总法律顾问制度亦是建设工程合同法律风险防控工作的重要措施之一。企业总法律顾问制度应包括法律顾问制度、法律机构制度以及法律意见书制度。建立总法律顾问制度主要解决人的问题，应创造有利于优秀法律顾问脱颖而出和充分发挥总法律顾问作用的用人环境。法律机构制度在于解决工作的流程问题，应建立重要经济活动和参与经营决策的程序制度。法律意见书制度就在于解决工作方式问题，主要表现为法律事务机构出具法律意见书，为企业重大经营决策提供法律依据，为总法律顾问和法律事务机构履行职责提供重要保障。与总法律顾问制度同时配套的建设工程主体方还应建立法律人才激励机制及法律后备人才队伍制度，以便调动企业总法律顾问积极性，真正发挥总法律顾问制度在防范和控制企业法律风险中的重要作用。②

---

① 杨素华：《招投标采办管理风险分析研究》，载《中国招标》2022 年第 5 期，第 195 页。

② 马春雷：《合同管理中的法律风险防范》，载《中国科技纵横》2015 年第 7 期，第 219 页。

(4) 建立合同主体方法律风险预警机制

建筑施工企业应该重点从企业、职能部门、项目三个层面，全方位梳理各项工作中可能存在的合规风险，形成合规风险清单，重点梳理前述招投标、质量管理、违法分包、贪腐和商业贿赂、安全管理、环境保护和知识产权等方面存在的合规风险清单，并确定其重大程度，前瞻性地做好风险防控措施的研究。根据合规风险清单，做好风险产生可能性和风险影响力大小的预判，并制定切实可行的合规风险预防措施，编制合规风险预警方案。①

建筑施工企业同时要加强法治宣传力度。建设工程合同主体方要做好合同法律风险防控工作，注重企业法律风险意识的培养，从内容上关注建设工程合同法律风险的源头、结果及其控制等问题，促进企业领导层、普通员工、专门法律工作者形成明确的法律风险防范意识，保障法律风险防范措施尽快落地。②

为了更有效地贯彻依法治国、依法治企，增强关键人员学法懂法守法的意识，建设工程的建设方、施工方、设计方的高层领导人员应该学法懂法守法用法，并在实际工作中将工作重心向法律风险管理倾斜，通过企业运营管理和法治宣传工作提升建设工程合同法律风险管理的有效性。建设工程合同主体方不仅要加强员工的法治培训工作，提高全体员工的法律风险意识，法务部也要加大依法治企的宣传力度，争取将法律风险管理有效融入企业的日常管理中，为企业有序发展起到保驾护航的作用。企业全体员工在共享利益的同时也要有责任意识，合同主体方应增强不同层次的高级管理人员和普通员工的法律风险职责。为此可以邀请法律风险管理专业机构，为企业制订系统化的法律风险管理培训计划，通过多种途径、多种培训增强员工的法律风险管理理念和法治思维，使员工知法、学法、懂法、守法和用法。合同主体方在制定制度时，也应该对法律风险防范工作做得好的员工予以嘉奖；反之，如果合同主体方内部员工有违法违规行为，绝不姑息，应加大惩罚力度，从而形成良好的法律风险管理文化。③

---

① 陈孝凯：《面对更复杂的法律风险与更高的合规要求》，载《施工企业管理》2021 年第 11 期，第 85 页。

② 施超：《国有企业并购的价值重塑》，载《商场现代化》2019 年第 21 期，第 105 页。

③ 李红伟：《论国有集团公司法律风险的防范机制——以河北建投为例》，河北大学 2016 年硕士学位论文。

第六章　建设施工企业竣工结算阶段刑事风险及合规要求

建设施工企业竣工结算阶段刑事风险

（一）拒不支付劳动报酬罪

通过表 6-1 可以看出，拒不支付劳动报酬罪是建设施工企业在招投标环节中高频触犯的罪名。在工程建设领域，出资方拒不支付劳动报酬的违法犯罪成本较低、相关的法律救济不力以及劳资双方的力量悬殊等，使拒不支付劳动报酬行为屡禁不止。建设施工企业需要健全合规制度，树立法律意识，并及时足额地支付员工劳动报酬，以规避刑事风险。

表 6-1　建设施工企业拒不支付劳动报酬罪数据

时间	2001—2019 年	2020 年	2021 年	2022 年	2023 年
案件数量/件	3175	1410	1594	1019	510

（参考“威科先行 · 法律信息库”，通过检索“拒不支付劳动报酬罪+建设工程”得出）

1. 拒不支付劳动报酬罪概述

（1）罪名简述

拒不支付劳动报酬，是以转移财产、逃匿等方法逃避支付劳动者的劳动报酬或者有能力支付而不支付劳动者的劳动报酬，数额较大，经政府有关部门责令支付仍不支付的行为。

（2）历史演变

2011 年 2 月 25 日，十一届全国人大常委会第十九次会议表决通过的《刑法修正案（八）》中，出于加强民生保护目的，加大对严重损害劳动者利益的行为的惩处力度，将部分拒不支付劳动报酬的行为纳入了刑法调整范围。为统一司法适用，最高人民法院、最高人民检察院联合发布了《关于执行〈中华人民共和国刑法〉确定罪名的补充规定（五）》。该司法解释将恶意欠薪的罪名正式确定为“拒不支付劳动报酬罪”。

（3）所涉法律法规、司法解释规定

《刑法》

第二百七十六条之一 以转移财产、逃匿等方法逃避支付劳动者的劳动报酬或者有能力支付而不支付劳动者的劳动报酬，数额较大，经政府有关部门责令支付仍不支付的，处三年以下有期徒刑或者拘役，并处或者单处罚金；造成严重后果的，处三年以上七年以下有期徒刑，并处罚金。

单位犯前款罪的，对单位判处罚金，并对其直接负责的主管人员和其他直接责任人员，依照前款的规定处罚。

有前两款行为，尚未造成严重后果，在提起公诉前支付劳动者的劳动报酬，并依法承担相应赔偿责任的，可以减轻或者免除处罚。

《最高人民检察院、公安部关于公安机关管辖的刑事案件立案追诉标准的规定（一）的补充规定》

七、在《立案追诉标准（一）》第三十四条后增加一条，作为第三十四条之一：［拒不支付劳动报酬案（刑法第二百七十六条之一）］以转移财产、逃匿等方法逃避支付劳动者的劳动报酬或者有能力支付而不支付劳动者的劳动报酬，经政府有关部门责令支付仍不支付，涉嫌下列情形之一的，应予立案追诉：

（一）拒不支付一名劳动者三个月以上的劳动报酬且数额在五千元至二万元以上的；

（二）拒不支付十名以上劳动者的劳动报酬且数额累计在三万元至十万元以上的。

不支付劳动者的劳动报酬，尚未造成严重后果，在刑事立案前支付劳动者的劳动报酬，并依法承担相应赔偿责任的，可以不予立案追诉。

（4）保护法益

该罪保护的是劳动者的合法权益。

（5）表现形式

《最高人民法院关于审理拒不支付劳动报酬刑事案件适用法律若干问题的解释》（法释〔2013〕3号）（以下简称《办理拒付案件解释》）

既可能表现为不支付劳动者的全部报酬，也可能表现为不支付劳动者的部分报酬。

第一条　劳动者依照《中华人民共和国劳动法》和《中华人民共和国劳动合同法》等法律的规定应得的劳动报酬，包括工资、奖金、津贴、补贴、延长工作时间的工资报酬及特殊情况下支付的工资等，应当认定为刑法第二百七十六条之一第一款规定的“劳动者的劳动报酬”。

第二条　以逃避支付劳动者的劳动报酬为目的，具有下列情形之一的，应当认定为刑法第二百七十六条之一第一款规定的“以转移财产、逃匿等方法逃避支付劳动者的劳动报酬”：

（一）隐匿财产、恶意清偿、虚构债务、虚假破产、虚假倒闭或者以其他方法转移、处分财产的；

（二）逃跑、藏匿的；

（三）隐匿、销毁或者篡改账目、职工名册、工资支付记录、考勤记录等与劳动报酬相关的材料的；

（四）以其他方法逃避支付劳动报酬的。

第三条　具有下列情形之一的，应当认定为刑法第二百七十六条之一第一款规定的“数额较大”：

（一）拒不支付一名劳动者三个月以上的劳动报酬且数额在五千元至二万元以上的；

（二）拒不支付十名以上劳动者的劳动报酬且数额累计在三万元至十万元以上的。

各省、自治区、直辖市高级人民法院可以根据本地区经济社会发展状况，在前款规定的数额幅度内，研究确定本地区执行的具体数额标准，报最高人民法院备案。

只有经政府有关部门责令支付仍不支付的行为才构成本罪。换言之，即使行为人转移财产、逃匿或声称拒不支付劳动报酬，但在经政府有关部门责令支付后即支付劳动报酬的，不构成本罪。

第四条　经人力资源社会保障部门或者政府其他有关部门依法以限期整改指令书、行政处理决定书等文书责令支付劳动者的劳动报酬后，在指定的期限内仍不支付的，应当认定为刑法第二百七十六条之一第一款规定的“经政府有关部门责令支付仍不支付”，但有证据证明行为人有正当理由未知悉责令支付或者未及时支付劳动报酬的除外。

行为人逃匿，无法将责令支付文书送交其本人、同住成年家属或者所在单位负责收件的人的，如果有关部门已通过在行为人的住所地、生产经营场所等地张贴责令支付文书等方式责令支付，并采用拍照、录像等方式记录的，应当视为“经政府有关部门责令支付”。

第五条　拒不支付劳动者的劳动报酬，符合本解释第三条的规定，并具有下列情形之一的，应当认定为刑法第二百七十六条之一第一款规定的“造成严重后果”：

（一）造成劳动者或者其被赡养人、被扶养人、被抚养人的基本生活受到严重影响、重大疾病无法及时医治或者失学的；

（二）对要求支付劳动报酬的劳动者使用暴力或者进行暴力威胁的；

（三）造成其他严重后果的。

2014 年 12 月 23 日，最高人民法院、最高人民检察院、人力资源和社会保障部、公安部发布的《关于加强涉嫌拒不支付劳动报酬犯罪案件查处衔接工作的通知》（人社部发〔2014〕100 号）第一条第（二）项规定，行为人拖欠劳动者劳动报酬后，人力资源社会保障部门通过书面、电话、短信等能够确认其收悉的方式，通知其在指定的时间内到指定的地点配合解决问题，但其在指定的时间内未到指定的地点配合解决问题或明确表示拒不支付劳动报酬的，视为刑法第二百七十六条之一第一款规定的“以逃匿方法逃避支付劳动者的劳动报酬”。但是，行为人有证据证明因自然灾害、突发重大疾病等非人力所能抗拒的原因造成其无法在指定的时间内到指定的地点配合解决问题的除外。

（6）行为主体

本罪的行为主体是有义务向他人支付劳动报酬的自然人与单位，既包括用人单位的实际控制人，也包括不具备用工主体资格的个人与单位。

（7）罪责

单位或者自然人主观上必须具有逃避支付劳动者报酬或者有能力支付而不支付劳动者的报酬，且经政府有关部门责令支付仍不支付的直接故意。间接故意和过失不构成本罪。本罪中的拒不支付行为有两种表现形式：一种是“以转移财产、逃匿等方法逃避支付”，显而易见，即便没有政府部门的责令支付行为，这种行为本身也已经诠释了希望不支付劳动者报酬的直接故意；另一种是虽然没有积极的“转移财产、逃匿”行为，但其存在“有能力支付而不支付”的消极行为。在这种情况下，行为人的主观故意亦不属于间接故意范畴，因为认定以该方法拒不支付报酬的行为能否构成犯罪时，还须满足“经政府有关部门责令支付仍不支付”这一客观构罪要件。对经政府部门责令通知支付劳动报酬的行为人而言，此时其已经明知自己再不支付劳动报酬将面临刑罚的制裁。面对这一客观现实，仍作出了不予支付的思想抉择，这种抉择正是行为人主观上所希望的，故此时行为人的主观故意很显然是直接故意。

（8）量刑

根据《刑法》第二百七十六条之一第一款的规定，拒不支付劳动报酬，数额较大，经政府有关部门责令支付仍不支付的，处三年以下有期徒刑或者拘役，并处或者单处罚金；造成严重后果的，处三年以上七年以下有期徒刑，并处罚金。

《刑法》第二百七十六条之一第三款规定，拒不支付劳动者的劳动报酬，尚未造成严重后果，在提起公诉前支付劳动者的劳动报酬，并依法承担相应赔偿责任的，可以减轻或者免除处罚。根据这一规定的精神，为了节约司法资源，最大限度地发挥刑法的威慑和教育功能，充分维护劳动者权益，根据宽严相济刑事政策的要求，《办理拒付案件解释》第六条第一款、第三款专门规定拒不支付劳动报酬适用的从宽处罚情形。具体而言，拒不支付劳动者的劳动报酬，尚未造成严重后果，在刑事立案前支付劳动者的劳动报酬，并依法承担相应赔偿责任的，可以认定为情节显著轻微危害不大，不认为是犯罪；在提起公诉前支付劳动者的劳动报酬，并依法承担相应赔偿责任的，可以减轻或者免除刑事处罚；在一审宣判前支付劳动者的劳动报酬，并依法承担相应赔偿责任的，可以从轻处罚。拒不支付劳动者的劳动报酬，造成严重后果，但在宣判前支付劳动者的劳动报酬，并依法承担相应赔偿责任的，可以酌情从宽处罚。

根据《刑法》第三十七条的规定，《办理拒付案件解释》第六条第二款专门规定，对于免除刑事处罚的，可以根据案件的不同情况，予以训诫、责令具结悔过或者赔礼道歉。

2. 主要争议问题

(1) 劳动者的范围应如何认定?

在劳务关系、雇佣关系、承揽关系中，劳动者均以劳动取得报酬，如家庭雇工、兼职人员、返聘的离退休人员等，甚至建设工程合同中的承包方、委托合同中的受委托方等也都是以劳动取酬的。那么，应如何认定拒不支付劳动报酬罪中的“劳动者”呢?笔者认为，应对此处的劳动者进行严格解释，即劳动法律关系中的劳动者。根据《劳动合同法》和相关司法解释规定，劳动关系是指用人者与劳动者属于招聘、使用、管理关系，劳动者服从用人者管理、按要求完成工作、领取报酬，这一特征使劳动关系与民事关系的主体平等、行政关系的主体隶属特征相区别。若将劳务、雇佣、承揽关系中的相对人一概纳入本罪，则可能会使公权力不恰当地渗入意思自治的民事法律领域，造成刑罚权的泛滥。在劳务、雇佣、承揽关系中，若行为人故意不履行合同，且拒不支付相应报酬，则可通过民事诉讼解决。

据此，本罪的劳动者是指受劳动法调整的与用人单位具有劳动关系的劳动者。根据原劳动和社会保障部2005年《关于确立劳动关系有关事项的通知》的规定，尽管用人单位没有与劳动者签订劳动合同，但只要双方实际履行了特定权利义务，即形成事实上的劳动关系，不影响劳动者的认定。

此外，实践中还存在非法用工的现象，如用人单位没有营业执照、违反规定雇用童工、外国人等。笔者认为，在非法用工的情况下，只要劳动者从事的劳动内容合法，又为用人者实际提供了劳动，就应对其合法权益进行刑法保护。但是，对于从事非法活动，如调查个人隐私、传销、卖淫等活动的人员，由于其从事的活动内容违反法律、行政法规的强制性规定，直接损害国家与社会的利益，在此种情形下，不可能出现政府有关部门责令支付，所以不应纳入劳动者的范围。

（2）加班费是否属于劳动报酬？

我国《劳动合同法》第八十五条第（一）项、第（三）项将“劳动报酬”与“加班费”分开表述，两者似乎在形式上属于不同概念。但是，为了加大对劳动者权益的保护力度，宜对“劳动报酬”作出宽泛解释。根据劳动部1995年印发的《关于贯彻执行〈中华人民共和国劳动法〉若干问题的意见》第五十三条规定，劳动法中的“工资”是指用人单位依据国家有关规定或劳动合同的约定，以货币形式直接支付给本单位劳动者的劳动报酬，一般包括计时工资、计件工资、奖金、津贴和补贴、延长工作时间的工资报酬以及特殊情况下支付的工资等。由此可见，加班费体现了劳动者的劳动力价值，是劳动报酬的重要组成部分，行为人拒不支付加班费数额较大的，应当以本罪论处。

（3）社会保险是否属于劳动报酬？

社会保险是国家通过立法建立的，以社会集资和保险形式保障劳动者基本生活的社会保障制度。它以强制纳保为手段，以社会互助和社会连带为依托，体现了社会保障和社会福利性质，与劳动报酬有差别。根据《社会保险费征缴暂行条例》等规定，社会保险费的缴纳属依法强制征收的范围，用人单位逾期拒不缴纳社会保险费、滞纳金的，由劳动保障行政部门或者税务机关申请人民法院依法强制征缴。由此可见，社会保险不属于劳动报酬，其征缴属于行政机关的行政职责，不宜以拒不支付劳动报酬罪论处。

（4）经济补偿金是否属于劳动报酬？

经济补偿金是指劳动合同解除或终止后，用人单位依法一次性付给劳动者的经济上的补助。经济补偿金的给付并不是依据劳动关系双方当事人的约定，而是根据法律、法规及其他相关规范性文件的规定直接适用的，与严格意义上的劳动报酬存在一定差别，《劳动合同法》第八十五条也将经济补偿金与劳动报酬、赔偿金分列表述。但笔者认为，为了发挥经济补偿金对劳动者接续生计的作用，应将该笔款项包含在刑法意义上的“劳动报酬”中。一方面，对经济补偿金不宜解释为“相应赔偿责任”。经济补偿金与赔偿金存在本质差别，前者不要求行为人主观上有过错，是对用人单位行使预告解除权时附加设定的一种法律义务，不存在承担法律责任的问题；后者需要以违法行为的存在为前提，是一种法律责任。另一方面，可以对本罪的“劳动报酬”做出扩大解释。经济补偿金是在劳动关系的基础上设立的，是用人单位基于劳动者先前劳动而给予的一种补偿，且以劳动时间、劳动工资为计算基准，属于劳动者的间接劳动收入，可以包含在刑法意义上的“劳动报酬”中。此外，《劳动合同法》第八十五条第（一）项规定，用人单位未按照劳动合同的约定或者国家规定及时足额支付劳动者劳动报酬的，由劳动行政部门责令限期支付劳动报酬、加班费或者经济补偿。将经济补偿金认定为刑法意义上的劳动报酬之后，行为人拒不支付经济补偿金数额较大的，可以本罪论处。

（5）双倍工资差额是否属于劳动报酬？

对于《劳动合同法》中规定的因用人单位未与劳动者签订相应劳动合同而应向其支付的双倍工资差额，是否属于劳动报酬？有观点认为，尽管该款项是国家劳动法律为了建立良好的劳动管理秩序，而附加给用人者的一项惩罚性措施，但其并非劳动者付出劳动的对价体现，不应计算到劳动报酬的范围之内。笔者赞同该种观点，《劳动合同法》将双倍工资差额规定在法律责任中，这说明该规定的本质是对用人单位的惩罚，以此维护国家的劳动管理秩序。但是为了保护劳动者应得的该笔款项，应将该款项纳入本罪中的“其他赔偿责任”。行为人未按法律规定与劳动者订立书面劳动合同或无固定期限劳动合同，进而构成本罪的，在提起公诉前除了支付劳动报酬并加付赔偿金之外，还需补足双倍工资差额，才可以减轻或者免除处罚。

（6）从事非法活动的报酬是否属于刑法保护的劳动报酬？

合法的劳动关系受法律保护，对于从事非法活动，如调查个人隐私、传销、卖淫等活动的人员，由于其从事的活动内容违反法律、行政法规的强制性规定，直接损害国家与社会的利益，因此取得的收入不属于《劳动法》第一条规定的合法权益范畴。且在此种情形下，不可能出现政府有关部门责令支付的情况，即不会出现构罪必备的前置程序。因此，从事非法活动的收入不应被纳入刑法保护的劳动报酬范围。

（7）奖金、津贴、补贴是否属于刑法保护的劳动报酬？

行为人向劳动者支付了基本工资，因合同内容不明确，在奖金、津贴、补贴的支付方面产生纠纷，行为人不支付奖金、津贴、补贴的，不宜以本罪论处。法院判决或者裁定应当支付，行为人仍不支付的，宜认定为拒不执行判决、裁定罪。行为人不支付劳动报酬，由政府有关部门责令后仍不支付，后经法院判决支付劳动报酬，行为人仍不执行判决、裁定的，是本罪与拒不执行判决、裁定罪的想象竞合，从一重罪处罚。①

3. 案例总结

（1）胡某金拒不支付劳动报酬案（最高人民法院指导案例 28 号）②

【裁判要旨】

法院生效裁判认为：被告人胡某金拒不支付 20 余名民工的劳动报酬达 12 万余元，数额较大，且在政府有关部门责令其支付后逃匿，其行为构成拒不支付劳动报酬罪。被告人胡某金无合法用工资格，且无建筑工程施工资质却承包建筑工程施工项目，还违法招用民工进行施工，上述情况不影响对其以拒不支付劳动报酬罪追究刑事责任。本案中，胡某金逃匿后，工程总承包企业按照有关规定清偿了其拖欠的民工工资，该行为属于垫付。这一行为虽然降低了拖欠行为的社会危害性，但并不能免除胡某金支付劳动报酬的责任，因此，仍应以拒不支付劳动报酬罪追究其刑事责任。鉴于胡某金系初犯、认罪态度好，依法作出如上判决。

【主要案情】

被告人胡某金于 2010 年 12 月分包了四川省双流县黄水镇的某景观部分施工工程，之后聘用多名民工入场施工。施工期间，胡某金累计收到发包人支付的工程款 51 万余元，已超过结算时确认的实际工程款。2011 年 6 月 5 日工程完工后，胡某金以工程亏损为由拖欠李某文等 20 余名民工工资 12 万余元。6 月 9 日，双流县人力资源和社会保障局责令胡某金支付拖欠的民工工资，胡某金却于当晚订

① 张明楷：《刑法学（下）》（第六版），法律出版社 2021 年版，第 1348 页。
② 四川省双流县人民法院刑事判决书（2011）双流刑初字第 544 号。

购机票并在次日早上乘飞机逃匿。6 月 30 日，四川某园林工程有限公司作为工程总承包商代胡某金垫付民工工资 12 万余元。7 月 4 日，公安机关对胡某金拒不支付劳动报酬案立案侦查。7 月 12 日，胡某金在浙江省慈溪市被抓获。

（2）许某拒不支付劳动报酬案①

【裁判要旨】

法院裁判认为，根据《刑法》第二百七十六条之一的规定，拒不支付劳动报酬罪的构成要件，包括以转移财产、逃匿等方法逃避支付劳动者的劳动报酬和数额较大。被告人许某作为有法定义务支付工人工资的包工头，明知未支付完毕工人工资而离开河源，且将手机关机无法联系，属逃匿行为。其行为直接导致 49 名工人春节期间被拖欠工资 33 万余元，属数额较大，经责令支付仍不支付，明知故犯，主观恶性大，且没有法定从轻、减轻情节，依法从严惩处。

（3）梁某拒不支付劳动报酬案②

【裁判要旨】

对恶意欠薪数额特别巨大、欠薪对象人数众多、逃匿失联、隐瞒涉案资金去向，且具有误导被害人群体上访，造成恶劣社会影响的，属于拒不支付劳动报酬罪中的“造成严重后果”，应依法适用升格法定刑，从重打击、从严惩处。

（4）董某某拒不支付劳动报酬案③

【裁判要旨】

法院裁判认为，“经政府有关部门责令支付仍不支付的”是构成拒不支付劳动报酬罪的一个必要条件。这里的政府有关部门责令支付，既包括劳动监察部门的处理决定、劳动仲裁部门的裁决，也包括政府其他相关职能部门在接到信访投诉、举报后经过调查，对有关雇主作出的要求其支付劳动报酬的行政命令。《刑法》第二百七十六条之一规定，对“经政府有关部门责令支付仍不支付的”，才追究刑事责任，有助于敦促行为人尽快履行支付义务；同时，也为劳动监察等部门责令行为人支付劳动报酬提供了法律支持。

---

① 广东省河源市源城区人民法院刑事判决书（2015）河城法刑初字第 427 号。

② 广东省佛山市三水区人民法院刑事判决书（2015）佛三法刑初字第 767 号。

③ 福建省邵武市人民法院刑事判决书（2018）闽 0781 刑初 41 号。

4. 合规要点

(1) 工程款的足额支付及垫付

建设工程企业在支付劳动者工资时，如果有资金（包括现金、账户存款、到期债权等）而不支付，或者低于相应报酬支付都会被认定为“有能力支付而不支付”。即便出现资金周转困难，用人单位也应确保劳动者的工资得到优先支付。对于用工方确实需要资金周转的情况，也要警示，只要有现金流就应优先发放工资，如果有能力但是没有及时发工资，都有可能被认定为本罪中的逃避履行发放薪酬。此时，企业应当积极与劳动者沟通，寻求谅解，在涉嫌该罪时应当积极举证，证明确有交易存在并有资金短期流动之必要和迅速回笼资金之可能。在无力支付劳动报酬时，应及时与被拖欠工资人员或劳动监察部门等联系。若经人力资源和社会保障局等政府有关部门责令支付后仍不支付，且在有能力支付拖欠工人工资的情况下却优先支付了其他债务或有藏匿行为，这会影响对其主观恶性程度的认定。

建设单位与承包人在订立承包协议时，应当约定明确，防止出现未按规定订立或协议不明的情况，严格杜绝口头约定、未签订分包合同等情况。承包人在施工过程中组织工人于施工现场从事各项建设施工工作时，不得自行决定款项用途，不能否认其在工程施工期间作为工程负责人所应承担的责任。在满足合同约定的工程款支付条件的情况下，施工单位应及时按照合同约定向建设单位索要工程款，尽量避免因工程进度款收取延迟而导致无法按时支付工人劳动报酬的情况出现。

(2) 积极配合政府部门处置

本罪设立之最终目的，在于解决工资欠付问题。出于此种考虑，法律为行为人设置了诸多弥补机会，能够免予刑事处罚或减轻处罚。《最高人民法院关于审理拒不支付劳动报酬刑事案件适用法律若干问题的解释》第六条规定：“拒不支付劳动者的劳动报酬，尚未造成严重后果，在刑事立案前支付劳动者的劳动报酬，并依法承担相应赔偿责任的，可以认定为情节显著轻微危害不大，不认为是犯罪；在提起公诉前支付劳动者的劳动报酬，并依法承担相应赔偿责任的，可以减轻或者免除刑事处罚；在一审宣判前支付劳动者的劳动报酬，并依法承担相应赔偿责任的，可以从轻处罚。对于免除刑事处罚的，可以根据案件的不同情况，予以训诫、责令具结悔过或者赔礼道歉。拒不支付劳动者的劳动报酬，造成严重后果，但在宣判前支付劳动者的劳动报酬，并依法承担相应赔偿责任的，可以酌情从宽处罚。”因此，当政府相关部门介入处理时，责任人就应给予足够重视，配合消除欠付工资之影响，即便确实缺乏给付能力，也应如实陈述原因，而非置之不理或设法逃避。

（3）避免恶意清偿，并以有效举证为辩护依据

实践中，对于用工人主观恶意通常较难直接证明，因而通过其外部行为对其内在意思表示进行推定。行为人有能力支付而不支付自不必言，而无能力支付也并非能够脱罪的必要条件。行为人通过优先清偿其他普通债务或者清偿未到期债务，导致其无能力支付工人工资的，即使前行为并不能独立评价为违法，但一贯而看，劳动报酬无论在何种情况下皆处于债务清偿顺序的首要地位，且正是行为人先清偿其他债务，才导致了无能力支付工资之结果，这就能够推定具备犯罪之故意。因此，首先履行劳动报酬的支付义务，这是每一个用工者都必须遵守的准则。倘若行为人确有证据证明其并不存在逃避或者不予支付劳动报酬的主观恶意，譬如其确因自然灾害、突发重大疾病等非人力所能抗拒的原因以致无法在指定的时间内到指定的地点配合解决问题，或是其确因正常经营业务外出而无法取得联系，或是其外出原因系为劳动者筹集劳动报酬资金而非逃避支付，再或是其确因破产、生活困难而不具备支付能力等。对于可能存在的情况，行为人应向司法机关举证，并待法庭查明后争取无罪或者罪轻处理。值得注意的是，实际用人企业或者用工人若以发包人、总承包人尚未结算或者自身与其他工程主体就相关账目尚有争议为由拒付劳动者的工资，都无法成为拒不支付劳动报酬罪成立的有效抗辩理由。

（二）聚众扰乱社会秩序罪

通过表6-2可以看出，在建设工程领域中，聚众扰乱社会秩序罪也是较为常见的罪名，该罪名常出现在工程结算或者追讨工程款的纠纷中，因此建设施工企业应采用合法方式索要工程款，避免因不当索要工程款而引发聚众扰乱社会秩序的刑事风险。

表 6-2 建设施工企业聚众扰乱社会秩序罪数据

时间	2001—2019 年	2020 年	2021 年	2022 年	2023 年
案件数量/件	1358	431	907	813	79

（参考“威科先行·法律信息库”，通过检索“聚众扰乱社会秩序罪+建设工程”得出）

1. 聚众扰乱社会秩序罪概述

（1）罪名简述

本罪是指聚众扰乱社会秩序，情节严重，致使工作、生产、营业和教学、科研、医疗无法进行，造成严重损失的行为。

（2）历史演变

我国 1979 年《刑法》第一百五十八条规定了扰乱社会秩序罪，1997 年《刑法》对之进行了修订，形成了本罪。两者相比，修改处主要有以下四点：一是从原来的扰乱社会秩序罪中分立出一个新罪，即聚众冲击国家机关罪。因此，本罪中的“扰乱”一词不再包括冲击国家机关的行为。二是行为方式增加了“聚众”的限制。三是对法定刑作了修改。四是增加了追究“其他积极参加的”刑事责任的规定，犯罪主体不再限于首要分子。《最高人民法院关于执行〈中华人民共和国刑法〉确定罪名的规定》（1997 年 12 月 11 日　法释〔1997〕9 号）根据 1997 年《刑法》第二百九十条第一款规定了“聚众扰乱社会秩序罪”的罪名。后本条被 2015 年《刑法修正案（九）》第三十一条修订，在第一款增加“医疗”二字，并增设了第三款、第四款。

（3）所涉法律法规规定

《刑法》

第二百九十条第一款　聚众扰乱社会秩序，情节严重，致使工作、生产、营业和教学、科研、医疗无法进行，造成严重损失的，对首要分子，处三年以上七年以下有期徒刑；对其他积极参加的，处三年以下有期徒刑、拘役、管制或者剥夺政治权利。

（4）保护法益

本罪保护的法益是社会秩序。这里所说的社会秩序不是广义的一般的社会秩序，而是指特定范围内的社会秩序，具体是指国家机关与人民团体的工作秩序，企业单位的生产与营业秩序，事业单位的教学、科研、医疗秩序。

（5）表现形式

客观行为表现为聚众扰乱社会秩序。

①聚众，既包括首要分子纠集多人于一定地点，而成为可以从事共同扰乱行为的一群人的情形，也包括首要分子利用已经聚集的多人从事共同扰乱行为的情形。聚众的情况下，参与者往往处于随时增多与减少的状态。

②扰乱，是指造成社会秩序的混乱，具体表现为使社会秩序的有序性变为无序性，使社会秩序的稳定性变为动乱性，使社会秩序的连续性变为间断性。虽然法条没有限定扰乱的方式，但笔者认为，应当限定为暴力、胁迫方式的扰乱，其中的暴力既可以是对人暴力（如围攻、殴打有关人员），也可以是对物暴力（如砸毁财物，强占机关、单位的办公室、营业场所、生产车间等）。

③扰乱社会秩序情节严重，致使工作、生产、营业和教学、科研、医疗无法进行，造成严重损失的，才成立本罪。换言之，除了扰乱社会秩序的行为之外，还必须同时具备“情节严重”“致使工作、生产等无法进行”“造成严重损失”三个要件。其中的严重损失是指因工作、生产、营业和教学、科研、医疗无法进行而导致的严重损失，而不是泛指任何损失。例如，暴力行为致人伤害的，不属于本罪的损失（是否触犯故意伤害罪则另当别论）。

（6）行为主体

本罪的主体是必要共犯。凡年满 16 周岁且具备刑事责任能力的自然人均能构成本罪。但并非所有参加聚众扰乱社会秩序者均构成本罪。只有聚众扰乱社会秩序的首要分子和其他积极参加者，才能构成本罪主体。所谓首要分子，是指在聚众扰乱社会秩序中起组织、策划、指挥作用的犯罪分子；所谓其他积极参加者，是指除首要分子外的在聚众扰乱社会秩序中起重要作用的犯罪分子。对于一般参加者，只能依治安管理处罚条例追究行政责任，不能构成本罪主体。但应注意的是，教唆犯不一定是首要分子，可能属于积极参加者。

（7）罪责（主观）

本罪的责任形式为故意，但由于是聚众犯罪，故意的内容比较复杂。首先，要求首要分子与积极参与者具有超越个人意思的集体意思即多众的共同意思。其次，要求具有形成聚众或者利用多人的意思（首要分子）与作为聚众成员从事活动的意思（积极参加者）。形成聚众的意思，是指使多人纠集在一起的意思；利用多人的意思，是指利用已经聚集的多人的意思；作为聚众成员从事活动的意思，是指作为聚众扰乱社会秩序的一员而从事扰乱社会秩序活动的意思。但是，不要求参加扰乱活动的全体成员之间具有意思联络。

（8）量刑

根据《刑法》第二百九十条第一款的规定，犯聚众扰乱社会秩序罪的，对首要分子，处三年以上七年以下有期徒刑；对其他积极参加的，处三年以下有期徒刑、拘役、管制或者剥夺政治权利。

2. 主要争议问题

罪与非罪的界限。

法条虽然规定了聚众扰乱社会秩序罪的行为方式（聚众）与结果，但对行为本身的内容却没有具体规定。这虽然是因为扰乱社会秩序的行为多种多样，难以具体描述，但给认定本罪带来了困难。在认定本罪时，应严格、慎重区分罪与非罪的界限。对于情节并不严重，后果比较轻微的群体行为，不能认定为本罪；对于群众因合理要求没有得到满足所采取的过激行为，不能认定为本罪。

此外，在认定过程中，要区分参与者与一般围观者，不能将围观者认定为参与者，也不能将参与者均视为犯罪人。根据刑法规定，一般参与者的行为不成立本罪，只有首要分子与积极参加者的行为才成立本罪。此外，聚众犯罪往往造成致人伤亡、毁坏公共财物、破坏生产经营等结果，触犯其他罪名，对此一般应以想象竞合处理。

法条设置如此严格的构成要件，旨在防止将群众表达诉求的行为认定为犯罪。司法机关不应当事先就以扰乱社会秩序、破坏安定团结、抗拒法律政策实施之类的偏见来界定这类行为或事件，进而将这类行为作为犯罪处理。例如，因工厂严重污染环境，行为人聚集多人要求工厂停产的，阻却违法性，不成立本罪。①

3. 案例总结

（1）杜某某、李某某聚众扰乱社会秩序案②

【裁判要旨】

被告人杜某某、李某某因集体劳资争议，就年度奖金发放事宜与公司方协商未果，出于此正当的目的参加集体罢工表达诉求，但在罢工过程中参与使用了堵塞通道阻止车辆出入货场的不当方式，有纠缠、哄闹的行为，扰乱了企业的生产运营秩序，致使企业生产、营业不能正常进行，其行为均属扰乱社会秩序行为，但情节显著轻微危害不大，根据《刑法》第十三条的规定，不认为是犯罪。公诉机关关于被告人杜某某、李某某在参加罢工的过程中有煽动行为，其中被告人杜某某以散播传单等方式鼓动工人罢工，被告人李某某谎称被警察推倒引起人群混乱，二被告人的行为致使罢工员工集体堵塞通道阻碍车辆进出，从而给企业造成严重损失的指控，没有确实、充分的证据予以支持。被告人杜某某、李某某参与罢工，被告人杜某某制作书面材料要求罢免工会主席，均是员工表达诉求的合法方式，本案中亦没有证据证实二被告人的上述行为与罢工员工集体堵塞通道及由此造成的危害后果之间存在必然的因果关系。基于以上所述，公诉机关指控被告人杜某某、李某某犯聚众扰乱社会秩序罪的罪名不能成立。

（2）张某某、李某清聚众扰乱社会秩序案③

【裁判要旨】

①关于涉案工程情况。原公诉机关指控张某某等人阻工地点是“凤凰某城”项目工地，本案无“凤凰某城”项目土地征收、项目规划、建设施工等相关证据；证人董某等人证实阻工地点是某某社区安置还房小区到“凤凰某城”项目的道路土石方平整工地，但案涉道路地块仅有某区人民政府与中城建

---

① 张明楷：《刑法学（下）》（第六版），法律出版社 2021 年版，第 1387-1388 页。

② 广东省广州市黄埔区人民法院（原广东省广州市萝岗区人民法院）刑事判决书（2014）穗萝法刑初字第 28 号。

③ 四川省巴中市中级人民法院刑事判决书（2017）川 19 刑终 177 号。

某有限公司、北京某有限公司就某区陇桥片区道路及棚户区改造安置住房项目BT（Build-Transfer，建设—转让）建设合作协议，约定的内容仅包括3千米城市道路和25万平方米的安置住房，但涉案道路的土地是否征收，以及其规划用途、道路工程规划、设计、施工手续均无证据证实。该案的涉案工程具体地点及该工程用地审批、征用手续不明。不能证实被阻止的施工活动系正常的生产、经营活动范围。

②关于张某某等人的阻工行为。据在案某某社区村社干部证言、农户领取青苗费表、土地租金分配表等证据可证实某某社区某组（包括农户承包地）土地被租用的事实，但该土地被租用的用途不明。原公诉机关指控该土地系用于“凤凰某城”建设项目，但在案的BT合同及证人董某证实发生阻工地点系道路建设工地，无论是原公诉机关指控的“凤凰某城”工地还是道路建设工地，都系在被租用的土地上实施，施工行为实质上已改变土地的性质和用途。张某某等人阻止施工的行为确实存在，亦有证据显示张某某、李某清、张某、张某1、张某2、张某梅、杨某蓉实施阻工行为有向施工方施压获取更多补偿等意图，但综合全案现有证据，不能证实张某某等人阻止施工的行为与土地未经依法征收无关，不能排除其有合理诉求的情况存在。同时，在案无证据证实彭某华、张某生、彭某荣参与阻工具有不法目的。

③关于张某某等人阻工行为给施工方造成的损失。经查，某区价格认证中心出具的鉴定意见中计算损失采信的阻工天数与施工日志记载不一致，且施工日志中记载的被阻工部分工作日内亦有施工事实，不是全天未施工。该鉴定意见缺乏客观性，不能作为定案依据。

综上所述，法院认为，原判决认定张某某、李某清、张某、张某1、彭某华、张某2、张某梅、杨某蓉、张某生、彭某荣构成聚众扰乱社会秩序罪的证据不足，原公诉机关指控上诉人（原审被告人）张某某、李某清、张某、张某1、彭某华、张某2、张某梅、杨某蓉、张某生、彭某荣所犯罪名不能成立。

(3) 周某某、张某聚众扰乱社会秩序、寻衅滋事、强迫交易案[①]

【裁判要旨】

法院认为，周某某等人在承建某妮现代仓储基地建设一期工程项目的过程中，在自身不能支付民工工资、材料货款的情形下，煽动、纠集、安排他人以聚众扰乱社会秩序的方式向发包方强行索要工程款，上诉人周某某等人的行为致使某妮公司及某妮仓储商户的正常工作、生产、营业无法进行，造成严重损失，周某某的上述行为应认定为聚众扰乱社会秩序罪。周某某系首要分子，张某、李某、何某某系积极参加者。被告人周某某犯聚众扰乱社会秩序罪，判处有期徒刑三年；被告人张某犯聚众扰乱社会秩序罪，判处有期徒刑一年十个月；被告人李某犯聚众扰乱社会秩序罪，判处有期徒刑一年六个月；被告人何某某犯聚众扰乱社会秩序罪，判处有期徒刑一年四个月。

【主要案情】

2015 年 11 月 11 日，被告人周某某、张某合伙挂靠长沙某峰建设工程有限公司（以下简称某峰公司）作为施工方（乙方）与某妮公司作为建设方（甲方）签订建设工程施工合同，工程项目名称为某妮现代仓储基地建设一期工程，工程内容为某妮现代仓储基地第一期 1 栋、4 栋、5 栋、6 栋、7 栋约 4.3 万平方米。合同约定开工时间为 2016 年 2 月 26 日，合同总工期为 150 天（日历天）。工程不支付预付款，双方商定在甲方项目单体预售许可证办理完毕后，采取按进度付款的方式支付工程款。在施工过程中，周某某、张某等人在自有资金不足，管理比较混乱，不能支付民工工资、材料货款的情形下，煽动、纠集、安排李某、何某某及其他材料供应商、民工等众多人员到某妮公司营销中心聚集，采取静坐、拉横幅、挂白绫、倾倒垃圾，多次卸土封堵某妮公司大门、道路的方式索要工程款。被告人周某某等人的上述行为已严重扰乱某妮公司正常工作、生产秩序及某妮仓储商户正常经营活动，并导致了该项目的工期严重延误。

---

① 湖南省长沙市中级人民法院刑事裁定书（2020）湘 01 刑终 983 号。

4. 合规要点

（1）做好农民工合同备案和工资支付，不得以存在工程争议为由不支付农民工工资；记录上工情况及具体工人的工作量；进行穿透式管理，了解班组工资收入和支付情况；开设农民工工资专用账户；在施工项目部配置劳资专管员，专门应对施工现场用工、考勤、工资支付，并审核分包单位编制的农民工工资支付表等工作。

（2）加强法治培训，采用案例警示教育、法律法规学习等多种形式，增加企业员工对于违法犯罪行为的认识，提高企业员工守法意识，建立培育企业合规文化。

（3）领导者带头合规，强化各阶层管理者的职责和权限，明确管理责任。

（4）加强内部监督，设立举报调查和奖惩制度，建立绩效考评和合规报告制度。

（5）在工程结算或者追讨工程款时要恪守实事求是的原则。

（三）聚众扰乱公共场所秩序、交通秩序罪

通过表 6-3 可以看出，近年来建设工程领域聚众扰乱公共场所秩序、交通秩序罪的案件数量相对较少。但本罪同聚众扰乱社会秩序罪一样，其存在的刑事风险不容忽视。

表 6-3 建设施工企业聚众扰乱公共场所秩序、交通秩序罪数据

时间	2001—2019 年	2020 年	2021 年	2022 年	2023 年
案件数量/件	70	15	31	32	2

（参考“威科先行 · 法律信息库”，通过检索“聚众扰乱公共场所秩序、交通秩序罪+建设工程”得出）

1. 聚众扰乱公共场所秩序、交通秩序罪概述

（1）罪名简述

本罪是指聚众扰乱车站、码头、民用航空站、商场、公园、影剧院、展览会、运动场或者其他公共场所秩序，聚众堵塞交通或者破坏交通秩序，抗拒、阻碍国家治安管理人员依法执行职务，情节严重的行为。

（2）历史演变

我国 1979 年《刑法》第一百五十九条规定了本罪的相关条款，1997 年《刑

法》正式形成了聚众扰乱公共场所秩序、交通秩序罪。

（3）所涉法律法规规定

《刑法》

第二百九十一条　聚众扰乱车站、码头、民用航空站、商场、公园、影剧院、展览会、运动场或者其他公共场所秩序，聚众堵塞交通或者破坏交通秩序，抗拒、阻碍国家治安管理工作人员依法执行职务，情节严重的，对首要分子，处五年以下有期徒刑、拘役或者管制。

《集会游行示威法》

第二十九条第五款　占领公共场所、拦截车辆行人或者聚众堵塞交通，严重破坏公共场所秩序、交通秩序的，对集会、游行、示威的负责人和直接责任人员依照刑法有关规定追究刑事责任。

（4）保护法益

本罪保护的法益是公共场所秩序或者交通秩序。“公共场所秩序”，是指保证公众安全顺利地出入、使用公共场所规定的公共行为规则。“公共场所”，是指具有公共性的特点，对外开放，能为不特定的多数人随意出入、停留、使用的场所，主要有车站、码头、民用航空站、商场、公园、影剧院、展览会、运动场等。本罪中的“其他公共场所”，主要是指礼堂、公共食堂、游泳池、浴池、农村集市等。“交通秩序”，是指交通工具与行人在交通线路上安全顺利通行的规则。

（5）表现形式

1）行为人客观上须同时具备下列两种行为：①聚众扰乱公共场所秩序、交通秩序，即纠集多人扰乱车站、码头、民用航空站、商场、公园、影剧院、展览馆、运动场或者其他公共场所的秩序，或者纠集多人堵塞交通或者破坏交通秩序；②抗拒、阻碍国家治安管理工作人员依法执行职务，即抗拒、阻碍治安民警、交通民警以及其他治安管理工作人员依法维护公共场所秩序或交通秩序。

2）须达到情节严重的程度，才能构成本罪。情节严重，实践中主要是指聚众扰乱公共场所秩序、交通秩序人数众多或时间较长的；造成人身伤亡或公私财物重大损失的；社会影响或者行为手段恶劣的；等等。

（6）行为主体

本罪的主体是一般主体，但只有聚众扰乱公共场所秩序或交通秩序的首要分子，即扰乱活动的组织者、策划者、指挥者才构成本罪。当首要分子只有一人时，本罪并不属于共同犯罪。当首要分子为二人以上时，则首要分子之间形成共同犯罪。但应注意的是，单纯的教唆犯不是首要分子。另，积极参与者和一般参与者，不构成犯罪。

（7）罪责

本罪主观方面是故意，而且行为人通常通过聚众扰乱的方式对有关方面特别对是政府施加压力，迫使其解决有关问题，以实现个人目的。行为人的要求是否正当，一般不影响本罪的成立，但可以作为量刑时的参考。

（8）量刑

构成本罪的，对首要分子，处五年以下有期徒刑、拘役或者管制。

2. 主要争议问题[①]

（1）“抗拒、阻碍国家治安管理人员依法执行职务”是独立的第三种类型，还是对前两种“聚众”行为构成犯罪的进一步要求？

笔者持前一种观点。因为如果持后一种观点，就意味着在行为人已经聚众扰乱公共场所秩序、交通秩序的情况下，进一步“抗拒、阻碍国家治安管理人员依法执行职务”，且情节严重，才构成犯罪。但这样解释不但缩小了处罚范围，而且不符合客观事实（维护交通秩序的并不一定是治安管理人员）。因此，应将“抗拒、阻碍国家治安管理人员依法执行职务”解释为独立的第三种行为类型。但笔者认为，这种行为类型，是指在公共场所秩序、交通秩序发生一定混乱时，聚众抗拒、阻碍国家治安管理人员依法维护公共场所秩序或交通秩序，不以暴力、胁迫手段为要件。实施该行为同时触犯妨害公务罪的，属于想象竞合，从一重罪处罚。

（2）“情节严重”是仅对第三种行为类型的要求，还是对所有行为类型的要求？

笔者持后一种观点。因为上述三种行为的范围都比较宽泛，而且法条缺乏对行为类型的具体描述，如果不以“情节严重”加以限制，可能会不当扩大处罚范围。

---

① 张明楷：《刑法学（下）》（第六版），法律出版社 2021 年版，第 1389-1390 页。

第七章　建筑施工企业资金管理刑事风险及合规要求

一、建筑施工企业资金管理刑事风险

（一）职务侵占罪

通过表 7-1 可以看出，建设工程领域职务侵占罪也时有发生，因产业链长、参与主体复杂，企业高管及各个环节的管理人员，侵吞、挪用企业的财产和利益的机会大大增加，给企业带来严重的经营、信用和财产损失风险，故不能忽视建设工程领域中的职务侵占罪。

表 7-1　建筑施工企业职务侵占罪数据

时间	2001—2019 年	2020 年	2021 年	2022 年	2023 年
案件数量/件	626	167	214	181	61

（参考“威科先行・法律信息库”，通过检索“职务侵占罪+建设工程”得出）

1. 职务侵占罪概述

（1）罪名简述

职务侵占罪是指公司、企业或者其他单位的工作人员，利用职务上的便利，将本单位财物非法占为己有，数额较大的行为。

（2）历史演变

我国 1979 年《刑法》并未对职务侵占罪作规定，在 1988 年由全国人大常委会制定的《关于惩治贪污罪贿赂罪的补充规定》（已失效）中扩大了贪污罪的范围，[①] 虽然依然未涉及职务侵占罪，但扩大了贪污罪的范围，将贪污罪的主体在

---

① 1988 年《全国人民代表大会常务委员会关于惩治贪污罪贿赂罪的补充规定》（已失效）：一、国家工作人员、集体经济组织工作人员或者其他经手、管理公共财物的人员，利用职务上的便利，侵吞、盗窃、骗取或者以其他手段非法占有公共财物的，是贪污罪。与国家工作人员、集体经济组织工作人员或者其他经手、管理公共财物的人员勾结，伙同贪污的，以共犯论处。

之前的国家机关工作人员基础上增加了集体经济组织工作人员和管理公共财物的人员，对当时社会中发生的一些侵占类的犯罪起到一定积极作用。1997 年，我国刑法正式将职务侵占罪纳入“侵犯财产罪”一章，并在《刑法》第二百七十一条正式规定了职务侵占罪这一罪名。[①] 随后 2020 年《刑法修正案（十一）》第二十九条的修订，将原两档法定刑改为三档法定刑，并增设了罚金刑。

法条链接

《中华人民共和国刑法》

第二百七十一条第一款 公司、企业或者其他单位的工作人员，利用职务上的便利，将本单位财物非法占为己有，数额较大的，处三年以下有期徒刑或者拘役，并处罚金；数额巨大的，处三年以上十年以下有期徒刑，并处罚金；数额特别巨大的，处十年以上有期徒刑或者无期徒刑，并处罚金。

《最高人民法院、最高人民检察院关于办理贪污贿赂刑事案件适用法律若干问题的解释》

第十一条第一款 刑法第一百六十三条规定的非国家工作人员受贿罪、第二百七十一条规定的职务侵占罪中的“数额较大”“数额巨大”的数额起点，按照本解释关于受贿罪、贪污罪相对应的数额标准规定的二倍、五倍执行。

（3）保护法益

职务侵占罪在《刑法》中属于侵犯财产罪章节中的罪名，保护的法益是公司、企业或其他单位的财物所有权。

（4）表现形式

①村民小组组长利用职务上的便利，将村民小组集体财产非法占为己有，数额较大的行为。

②行为人与公司、企业或者其他单位的人员勾结，利用公司、企业或者其他单位人员的职务便利，共同将该单位财物非法占为己有，数额较大的行为。

---

① 1997 年《刑法》第二百七十一条第一款：公司、企业或者其他单位的人员，利用职务上的便利，将本单位财物非法占为己有，数额较大的，处五年以下有期徒刑或者拘役；数额巨大的，处五年以上有期徒刑，可以并处没收财产。

③在国有资本控股、参股的股份有限公司中从事管理工作的人员，除受国家机关、国有公司、企业、事业单位委派从事公务的以外，不属于国家工作人员。其利用职务上的便利，将本单位财物非法占为己有，数额较大的行为。

（5）行为对象

职务侵占罪的行为对象“本单位财物”，是指单位所有的各种财物，包括单位现存的财物和确定的收益。不仅包括狭义的财物，而且包括财产性利益，以及有体物与无体物、已在单位控制之中的财物与应归单位收入的财物。在本单位管理、使用或者运输中的私人财产，应以本单位财产论，也属于本罪的对象。

（6）行为主体

职务侵占罪的主体是特殊主体，即限于公司、企业或者其他单位的人员。公司是指依照公司法，经过国家主管机关批准设立的各种有限责任公司和股份有限公司。企业是指依照我国企业登记法规，经过国家主管机关批准设立的，以营利为目的的各种经济组织。其他单位是指公司、企业以外的其他组织。例如，医院、学校、文艺单位等。但是不包括国有公司、企业或者其他国有单位中从事公务的人员和国有公司、企业或者其他国有单位委派到非国有公司、企业或者其他单位从事公务的人员。

村民小组组长、小区业主委员会的负责人，通常可以成为本罪的主体。对于在国有资本控股、参股的股份有限公司中从事管理工作的人员，要根据其是否受委派从事公务等具体情况判断能否成为本罪主体。对本罪行为主体的认定，不能采取身份说，只要行为人事实上在从事公司、企业或者其他单位的员工所从事的事务，原则上就应认定为本罪的行为主体。[①]

（7）罪责

职务侵占罪的主观方面为直接故意，即明知是本单位所有的财物，而希望利用职务之便非法占为己有的心理态度。并且，按照通说观点，职务侵占罪需要具有非法占有目的。

（8）量刑

犯职务侵占罪的，处三年以下有期徒刑或者拘役，并处罚金；数额巨大的，

① 张明楷：《刑法学（下）》（第六版），法律出版社 2021 年版，第 1336 页。

处三年以上十年以下有期徒刑，并处罚金；数额特别巨大的，处十年以上有期徒刑或者无期徒刑，并处罚金。

2. 主要争议问题

（1）职务侵占罪中“本单位财物”的认定

“本单位财物”作为一个概念词，其内涵和外延受到各种不同的解读，并且随着社会主义市场经济的发展，其外延变得更加宽泛，这也使职务侵占罪的犯罪范围得到扩张。理论界对“本单位财物”的解读争议不断，大致可分为两个方向：一是从职务侵占罪犯罪对象的外延出发，讨论其是财物本身还是包含财产性利益；二是从犯罪对象的所有权归属出发，讨论本单位持有的但非属于本单位的财物，能否成为职务侵占罪的犯罪对象。

针对第一个讨论方向，一部分学者认为，职务侵占罪的对象仅仅是本单位财产而非财产性利益。他们强调，既然我国刑法将职务侵占罪设立在刑法分则的第五章即侵犯财产罪一章，就彰显了立法者对职务侵占罪犯罪对象的严格限定。因为财产性价值的利益不胜枚举，如果职务侵占罪的对象包含财产性利益，会增加司法实践判定的难度。[①] 而持相反观点的学者则认为，职务侵占罪的对象既包括财物也包括财产性利益。[②] 有学者主张财物的所有权、借贷等关系形成的本权和不经过合法手续不能没收的财产利益，都是刑法所保护的财产法益；[③] 也有学者主张占有作为财产犯罪的保护法益是合理的。[④] 反对该观点的学者认为，在刑法条文中并没有将财物与财产性利益做谨慎区分的依据，刑法第五章的章名为侵犯财产罪而非财物性犯罪，而盗窃罪、诈骗罪等财产犯罪的对象也不仅仅局限于财物本身，由此便可将债权、股权等财产权益认定为职务侵占罪的对象，这样不仅可以达到对财物本身的保护，也能够加强对财产秩序的保护。

而针对第二个方向的讨论，持反对观点的学者认为，“本单位财物”应限定在所有权归属于单位的财物内，那些由单位保管、使用或运输中的财物，是单位

---

① 陈瑞娟：《职务侵占罪疑难问题司法认定研究》，吉首大学 2021 年硕士学位论文。
② 张明楷：《刑法学（下）》（第六版），法律出版社 2021 年版，第 1339 页。
③ 黎宏：《论财产犯罪的保护法益》，载《人民检察》2008 年第 23 期，第 25 页。
④ 周光权：《刑法各论》（第二版），中国人民大学出版社 2011 年版，第 76 页。

基于合同暂时持有的他人财物，对该财物的侵害应看作盗窃罪等转移型犯罪。[①] 但持肯定观点的学者强调，无论行为人侵犯的是否为所有权归属于单位的财物，其利用职务之便非法占有财产的犯罪特征与所带来的社会危害性并无二致，同样侵害了财产法益和单位秩序法益，因此对其进行差别评价甚至会造成司法保护的不公，更何况最高人民检察院在2004年颁布的典型案例中已经指出，单位财物包括其在管理、使用、运输中的财物，将这些财物认定为职务侵占罪的对象已无可厚非。[②] 因此有学者主张由本单位管理、使用或者运输中的私人财产，应以本单位财物论，也属于本罪的对象。[③]

另外，关于虚拟财产这一特殊的形式是否属于"本单位财物"。支持的学者认为，虚拟财产具有财产价值，而且刑法中的"财物"是一个广义的概念，不仅包括有体物，也包括无体物、财产性利益等存在形态的财产。因此，将虚拟财产作为"财物"予以保护，没有理论上的障碍。[④] 并且，将虚拟财产理解为刑法上的"财物"，符合一般民众的常识和认知，不会损害刑法的预测可能性。[⑤] 反对的学者认为，虚拟财产是一种十分特殊的财产类型，形式上显著区别于刑法意义的财物，因此，无论是出于现实考量还是规范考量，将虚拟财产作为传统财产犯罪的对象都是不恰当的做法。[⑥] 也有学者主张，应将虚拟财产限定在虚拟世界之中，比如可通过刑事立法设立禁止虚拟财产和现实中的物质财产进行交易的相关罪名。[⑦]

(2) 职务侵占罪中"非法占为己有"的行为方式

职务侵占罪中的"非法占为己有"究竟包含哪些行为方式，理论界存在较大的争议。由于我国立法未能将职务侵占罪的客观行为方式具体化，通常都表述为"非法占为己有"，但是该"非法占为己有"究竟以何种方式实施，刑法并未

---

① 陈瑞娟：《职务侵占罪疑难问题司法认定研究》，吉首大学2021年硕士学位论文。

② 陈瑞娟：《职务侵占罪疑难问题司法认定研究》，吉首大学2021年硕士学位论文。

③ 高铭暄、马克昌：《刑法学》（第十版），北京大学出版社2022年版，第517页。

④ 陈兴良：《虚拟财产的刑法属性及其保护路径》，载《中国法学》2017年第2期，第146页。

⑤ 张明楷：《非法获取虚拟财产的行为性质》，载《法学》2015年第3期，第12页。

⑥ 陈烨：《虚拟财产的刑法保护路径研究》，载《天津法学》2015年第3期，第35页。

⑦ 侯国云、么惠君：《虚拟财产的性质与法律规制》，载《中国刑事法杂志》2012年第4期，第63页。

明确规定。

理论上的争议大致可以分为两种学说，一种学说为“综合手段说”，即该罪的行为方式包含侵吞、窃取、骗取等其他手段，这也是目前被认可的较为广泛的通说。[①]“综合手段说”认为职务侵占罪中“侵占”一词与《刑法》第二百七十条侵占罪中的“侵占”一词，具有不完全相同的含义。后者是狭义的，即仅指非法占有他人业已合法持有的财物；而前者是广义的，即非法占有的意思，并不以合法持有为前提。支持“综合手段说”的观点认为设立职务侵占罪的初衷是惩戒侵占企业私有财产的行为。当时的刑法条文还没有一个具体的罪名专门来规制这些行为，只是在贪污罪中有所涉及。直到职务侵占罪的出现，才将这些行为从贪污罪中抽离，从而更好地保护非公有制经济组织的财产。因而贪污罪的手段也必然适用于职务侵占罪。另外，同样是利用职务便利，如果贪污罪的行为方式外延大于职务侵占罪的，就会出现同一个公司或企业中，属于国家工作人员的行为人，即便以不一样的手段，最终都被认定为贪污罪；而其中的非国家工作人员，却会因为采用盗窃、骗取等其他手段，被判处不同的罪名。这显然会使刑法定罪原则的一致性大打折扣。因此，“综合手段说”认为“非法占为已有”的行为方式应包含多种手段。[②]

另一种学说是“单一手段说”，即认为“侵吞”是本罪的唯一行为方式。只有狭义的侵占行为才能构成职务侵占罪，亦即，只有将基于职务或者业务所占有的本单位财物非法据为己有的，才成立职务侵占罪。[③] 从解释论上来说，完全可以将利用职务便利实施的盗窃、诈骗行为排除在职务侵占罪之外，直接以盗窃、诈骗罪论处，从而使职务侵占罪与盗窃、诈骗罪之间保持协调。[④] 刑法条文中对本罪的罪状表述仅仅为“非法占为己有”，并未对其他手段加以限制，从立法体例和文理上看，《刑法》第二百七十一条第一款规定的职务侵占罪也应限于狭义的侵占，即限于将自己基于职务或业务所占有的财物非法占为己有的行为，因此将盗窃、骗取等行为方式强加到职务侵占罪的行为方式中，显然过于揣测立法者

① 高铭暄、马克昌等：《刑法学》（第十版），北京大学出版社 2022 年版，第 517 页。
② 陈瑞娟：《职务侵占罪疑难问题司法认定研究》，吉首大学 2021 年硕士学位论文。
③ 张明楷：《刑法学（下）》（第六版），法律出版社 2021 年版，第 1337 页。
④ 张明楷：《贪污贿赂罪的司法与立法发展方向》，载《政法论坛》2017 年第 1 期。

的意图，反而有违立法本意。此外，职务侵占罪与盗窃罪、诈骗罪的入罪标准和量刑档次均不相同，将利用职务便利实施的盗窃、诈骗行为包含在职务侵占罪中，必然导致定罪量刑的不协调。[①]

3. 案例总结

（1）陈某永职务侵占案[②]

【裁判要旨】

陈某永利用担任临沂某集团建筑公司项目部经理的职务之便，将本单位财物非法占为己有，数额巨大，构成职务侵占罪。陈某永作案后不知道公司已报案，后公安机关依法将其抓获归案，陈某永的行为依法不构成自首。

【主要案情】

被告人陈某永利用担任临沂某集团建筑公司项目部经理的职务之便，在临沂某钢铁有限公司二期工程、某庄村委工地、某高架路工程施工期间，虚增施工人员，冒用王某华名义领取工资 76369.08 元；冒用亓某行名义领取工资 47377.88 元；冒用亓某生名义领取工资 47860.33 元；冒用白某民名义领取工资 41611.07 元。被告人陈某永从临沂某集团冒领工资共计 213218.36 元。

（2）马某功职务侵占案[③]

【裁判要旨】

①本案涉及合同关系系当事人双方的真实意思表示，未违反法律、行政法规的强制性规定，应属合法有效。

其中，某捷公司建设涉案工程，向某小区用户提供天然气及相关设施，天然气用户向某捷公司缴纳天然气初装费和报警器费，双方建立了供用气合同法律关系。某捷公司与某邦公司签订了建设工程施工合同，某邦公司承建涉案工程，双方建立了建设工程施工合同法律关系。某邦公司项目经理丁某伟雇用被告人马某功负责入户燃气表的安装工作，被告人与某邦公司建立了劳务合同法律关系。

---

① 张明楷：《刑法学（下）》（第六版），法律出版社 2021 年版，第 1337 页。
② 山东省临沂市中级人民法院刑事裁定书（2014）临刑二终字第 122 号。
③ 新疆生产建设兵团喀什垦区人民法院刑事判决书（2017）兵 0301 刑初 21 号。

②本案被害人是某邦公司。

被告人马某功履行劳务合同给天然气用户安装燃气表系职务代理行为，其利用职务便利谎称系某捷公司员工，向安装天然气用户收取天然气初装费和报警器费的行为，系无权代理。但因其极具迷惑性，用户出于善意确信其系职务行为，向其支付了合同对价，故被告人此行为相对于用户构成表见代理，行为后果由某捷公司承担。这意味着用户向被告人的缴费行为构成向某捷公司履行了合同缴费义务，某捷公司不得拒绝向用户履行供气义务或重复收费，由此可知权益受损的不是天然气用户。某捷公司履行供气义务后，有权向建设工程施工合同相对方某邦公司主张赔偿权。由于某邦公司作为被告人的雇主，其应当对被告人在履行职务过程中的不法行为向某捷公司承担民事责任。综上，因被告人的不法行为受损的实际是某邦公司的合法权益，故被害人为某邦公司。

③被告人马某功构成职务侵占罪而不构成诈骗罪。

因本案被告人马某功是公司工作人员，其利用职务便利实施相关行为。本案被害人系雇用被告人的某邦公司，而非天然气用户，其侵犯了本公司的合法财产权益，且职务侵占行为也包含欺骗手段。而诈骗罪的主体为一般主体，行为不限于利用职务便利，被告人不构成诈骗罪。被告人利用职务便利，采用欺骗手段，非法占有财产，侵犯本单位合法财产权益，且数额较大，符合职务侵占罪的构成要件，其行为已构成职务侵占罪，依法应予惩处，故应当以职务侵占罪追究被告人的刑事责任。

【主要案情】

某团天然气入户、中压城市管网工程的建设方为新疆喀什某捷能源有限公司（以下简称某捷公司）。某捷公司与某邦公司签订建设工程施工合同，承建方为某邦公司，工程内容为小区庭院入户安装、中压城市管网工程，某捷公司在合同中未授权某邦公司向天然气用户收取任何费用。某邦公司负责该工程的项目经理为丁某伟，丁某伟雇佣了其同乡被告人马某功负责某小区 A 区、B 区入户燃气表的安装工作。马某功利用其安装燃气表的身份便利，自行购买了多本《收据》，谎称其是某捷公司非法人分支机构某捷公司某团加气站（涉案小区天然气初装费和报警器费的收费机构）的工作人员，以每户 2350 元的标准，私自向某小区 A 区、B 区的 61 户用户收取天然气初装费和报警器费共计 143350 元，所得赃款全部挥霍。

（3）吴某、程某金职务侵占案[①]

【裁判要旨】

①关于辩护人辩称被告人程某金、吴某与某河建设集团有限公司、安某工程公司之间属于民事挂靠关系，并不构成刑事犯罪的辩护意见。

首先，从《工程目标管理责任书》的内容及履行来看，某河建设集团有限公司对程某金、吴某进行了制约和管理，对工程项目的财务管理、人员配备、施工进度、质量管理、安全文明施工、材料采购、大型设备使用要求进行了各方面的管理，体现了内部经营责任制的主要特征，双方并不是平等主体之间的合同关系；其次，在建设工程施工合同中，程某金、吴某作为自然人，无任何相关建筑资质，也不具备承揽大型工程所需的专业技术能力、资金投入和工程质量管理能力，其只能在某河建设集团有限公司的指导、制约、管理下进行工程施工。并且某河建设集团有限公司已向被告人程某金下达了任命书，与二被告人签订了《工程目标管理责任书》，授权二被告人对外签订合同，二人属于授权型项目经理。因此，二被告人作为授权型项目经理，利用职务上的便利，非法占有某河建设集团有限公司的工程预付款亦构成职务侵占罪。

②关于辩护人辩称二被告人与某河建设集团有限公司未签订劳动合同，某河建设集团有限公司未向二人支付工资、劳动保险及其他福利待遇，双方不具有劳动关系的辩护意见。

从形式上来看，某河建设集团有限公司有二被告人的任命书、任职通知以及签署的《工程目标管理责任书》，二人是某河建设集团有限公司的管理人员，具有一定的工作职责，无劳动合同并不影响其主体身份的认定；并且被告人程某金、吴某作为执行经理、项目负责人，对外都以某河建设集团有限公司的名义行使权利和义务，基于二被告人的职务行为性质，其在施工期间侵占资金造成工程停工、亏损的一切后果由某河建设集团有限公司承担。

③关于辩护人辩称某河建设集团有限公司在向被告人程某金、吴某支付工程

---

① 湖北省团风县人民法院刑事判决书（2016）鄂 1121 刑初 86 号。

款后，该工程款的所有权发生转移，二被告人是基于挂靠协议，并无非法占有目的的辩护意见。

被告人作为项目经理，对外的所有职务行为均是以某河建设集团有限公司的名义进行，按照权利、义务、责任相一致的原则，由建设单位拨付的工程款理应属于某河建设集团有限公司所有。二被告人在承包经营期间，以非法占有为目的，违反建筑法的规定，将工程分包给十四个人，并以此谋取不正当利益，故公诉机关指控被告人程某金、吴某犯职务侵占罪、非国家工作人员受贿罪的罪名成立。

【主要案情】

某河建设集团有限公司巢湖市某一标段工程及巢湖市某居三期工程两个工程施工期间，被告人程某金、吴某利用执行经理、实际负责人身份职务上的便利，虚构某居履约保证金（1257.6719万元）及两个工程的农民工工资保证金（合计250万元）的借款利息共计192万元，并将192万元以代办条的形式在某河建设集团有限公司的账目中进行报账。此外，二被告人还利用职务便利，将上述两个工程分包给十四人，并以工程分包收取“居间费”的名义收受8个分包人合计667万元。

（4）全某东、周某职务侵占案①

【裁判要旨】

①不能认定全某东系安徽某集团有限公司（以下简称安某公司）或安徽某第四工程有限公司（以下简称安某四公司）工作人员。

第一，全某东、周某、欧某均提到全某东是挂靠安某公司。郭某（安某四公司员工）证实全某东与安某公司是工程总包关系，负责与业主对接的是全某东。代表安某四公司与全某东签订《项目管理目标责任书》的甲方代表汪某已明确涉案工程的实际承包人是全某东，同时确认项目业主已按合同约定支付70%工程款。

第二，某联公司负责人罗某证言“全某东的工程队是2011年6月进场施工的”，证实全某东在其与安某四公司签订《项目管理目标责任书》之前就已实际

---

① 湖北省团风县人民法院刑事判决书（2016）粤13刑终600号。

进场施工。

第三，安某公司及安某四公司均未能提供证据证明全某东是该公司员工。

第四，双方签订的《项目管理目标责任书》首行载明："乙方（即全某东）对本项目的工期、质量、成本、安全、文明施工及企业形象等负全面责任，全面履行施工承包合同，并实行项目成本单列、独立核算、确保上缴、自主经营、自负盈亏的经营管理方式。"第三条第（一）项载明："乙方按工程最终结算价的2%向甲方（即安某公司）缴纳企业管理费。有关本项目的企业管理费，甲方按业主方支付的工程进度款比例收取。当本项目工程完工，乙方申报工程竣工验收之前应按约定的工程合同总价向甲方缴清企业管理费。工程竣工结算时合同外增加工程量按实际发生结算金额计收2%的管理费。"

据此，在案证据不能证实上诉人全某东系安某公司或者安某四公司的员工，也不能排除全某东与安某四公司是挂靠关系且为实际承包人的可能。

②不能证实全某东套取的款项系两家公司财物，也不能证实全某东对套取的工程款主观上具有非法占有的目的。

根据发包人某联公司与安某公司签订的总承包合同，以及安某四公司与全某东签订的《项目管理目标责任书》两份协议可以确定，最终具体实施某联广场一期第二标段主体工程的是全某东，涉及工程的工程款系发包人根据工程进度先打入安某四公司账户，再由安某四公司扣除管理费以及其他应当由全某东承担的费用后支付给全某东。

据此可以判断，安某四公司对经手的涉及该工程的工程款，除对其中极少部分费用（包括2%的管理费及全某东应当支付的其他税费）享有权力外，余款最终均应当依照协议约定的支付方式支付给全某东，即应当计作全某东的预期利益。此部分款项不能认定系安某公司或安某四公司的自有资金。《项目管理目标责任书》已明确了全某东的权力系"自主经营、自负盈亏"，该工程最终经决算即使存在亏损，其法律后果亦由全某东承担。本案中，全某东在工程未决算、未付清包括工人工资等应付款项前采用虚假手段套取工程款用于个人使用的行为虽客观存在，但现有证据不能证实其对套取的工程款主观上具有非法占有的目的。

综上所述，全某东的行为以及原审被告人周某、欧某帮助全某东套取钢材款的行为并不符合我国《刑法》第二百七十一条关于职务侵占罪的犯罪构成要件，不构成职务侵占罪。

【主要案情】

安某公司与某联公司签订《惠州某联广场一期第二标段工程建安工程施工总承包合同》，某联公司将惠州某联广场一期第二标段主体工程发包给安某公司。安某公司的子公司安某四公司具体承接该项目后，聘任全某东为项目副经理，参与施工项目的日常管理工作。

在项目施工过程中，全某东找到被告人周某，其以安某公司的名义和周某所在的东莞市某正脚手架建材商行签订钢材购销合同，约定购买钢材约1600吨，并约定了付款方式。全某东安排安某公司新华联项目部的材料员胥某和全某制作虚假材料结算单，以证实项目部已收到万江商行出售的钢材，并要求被告人欧某根据上述虚假材料结算单制作资金计划表并提供给安某四公司。安某四公司向周某支付购买钢材款455.2万元。全某东将该款项用于个人消费、支付项目材料款等事项。周某、欧某未分得财物。

(5) 姚某职务侵占案[①]

【裁判要旨】

被告人姚某利用职务之便，将本单位财物非法占为己有，数额巨大，其行为已经构成职务侵占罪。关于非法占有财物的数额问题，现有证据不能充分证明毛某安转账给赵某，赵某再转账给被告人姚某的90万元为被害单位长沙某混凝土有限公司的销售货款，即该笔款项的性质不能确定，根据证据存疑有利于被告人的原则，不予认定；指控的第四笔事实的165万元中，被告人姚某另以承兑汇票方式上缴货款98.3万元、通过张某代付货款50万元共计148.3万元，应予以核减。

【主要案情】

被告人姚某入职长沙某混凝土有限公司，先后担任业务员、业务经理、销售部部长。被告人姚某利用负责收取公司货款的职务之便，侵占公司混凝土货款共计4604360元用于赌博以及其他消费。

---

① 湖南省长沙市岳麓区人民法院刑事判决书（2017）湘0104刑初217号。

4. 合规要点

（1）完善管理制度，以制度管人

企业所有员工都应当受到企业制度的约束与制约，完善的内控制度是防范所有法律风险的第一步。建筑施工企业应当遵循销售、收发货、付款等环节相互独立及岗位分离的原则。企业在治理过程中，应务必摆脱权力集中制的公司治理思路，建立完善、合理的分权机制：在给予一定权力的时候一定要用相应的制度与之制衡，通过岗位间的分权或监督机制来避免高级经营管理人员的腐败。①

建筑施工企业应当坚持集体决策，高管人员不能随意代表企业对外作出决策。在重大事项的决策方面，首先要召开董事会或股东大会，由董事会成员或股东代表讨论后才能作出决策，避免权力过于集中，防止独断专权。其次要优化董事会结构，一方面要增加职工代表的比例，增强企业一线员工对公司管理的参与感并且能够获知一线员工的需求；另一方面要提高有相关管理知识的专家比例，他们能够在董事会决策过程中从专业的角度提出宝贵的建议。另外要提高权力运行的透明度，完善对国企高管的问责机制，还要公开国企高管的权力清单，使其权力的运行置于企业和社会的监督之下。②

建筑施工企业从选任人员时就必须注意员工队伍的纯洁性，严格把控人员质量，认真考量招收员工的综合素质，坚持标准，择优录用。对于管理人员的聘用任职更应慎重，任用生产、经营、购销、仓库保管等部门中的实权人物和经手管理钱物的职员，不能滥竽充数，确保所任之人素质良好。③ 要按照法律规定与员工签订劳动合同，在合同中明确员工的岗位职责，以便于将职务便利与工作之便加以有效区分，尽量将职务侵占的可能性缩小。对主管、管理、经手单位财物的员工进行岗前业务培训，进行严格的法律、职业道德素质培训。对于关键部门，实行轮岗制度，加强内部人员的定期流动，④ 这样既能使员工熟悉各岗位的业务，又避免了个人长期在一个岗位工作带来的弊端。

---

① 于越、朱晔明：《防范高管职务侵占》，载《经理人》2019 年第 11 期，第 71 页。

② 余舒：《基于 GONE 理论的国企高管侵占型职务犯罪问题分析及防范》，江西财经大学 2018 年硕士学位论文。

③ 刘培勇：《职务侵占犯罪案件的特点及防范对策探析》，载《辽宁警专学报》2008 年第 1 期，第 61 页。

④ 刘行星：《论职务侵占犯罪及预防》，载《黑龙江社会科学》2012 年第 2 期，第 112 页。

应当定期对制度进行民事、刑事层面的合规审查与修订，保证当下运行的有效制度始终紧跟国家相关法律法规的变革。

（2）建立健全内部监督约束机制

对于利用职权进行犯罪等行为，建筑施工企业应当建立健全严格的监督制约机制，公司、企业要紧紧围绕以下几个环节完善规章制度：①财务管理确保，确保财务部门工作的独立性，项目经理不能独断专权，赋予财务部门一定的监督权，有效限制高管专权，对预防打击该类犯罪至关重要。要加强现金及财务票据管理，及时核查应收应付款项，不给职务侵占犯罪行为可承之机。企业应当自设或聘任专门的财务顾问对企业财务状况进行定期检查和不定期抽查，年终应进行财务审计，以便及时监督、防微杜渐。[①] 公司或企业可开通开户银行短信提醒业务、办理综合对账业务，以便及时了解每一笔款项的数目和去向，发现问题，立马追回。②货物流转方面，可在工地或者办公的入口公示货物材料的材料签收人员，签收人必须具体到某天谁负责，有特殊情况需记录在公示备注一栏，签收人员必须由建设公司直派，可起到相互制约的作用，避免工作人员私自操作。③合同签订环节，合同签订尽量有多人在场，实行专项专章，私章或非合同用章无效。印章可以刻上“不得用于签订经济合同”标志，发现失窃或私刻现象，应保留证据，立即报案。④加强对项目经理、发包人代表、工程监理等人员的监督管理；杜绝采用挂靠、违法转包和分包等方式。

建立良性考核赏罚制度，建筑施工企业内部应当定期开展风险评估活动，要求员工进行自我检查、自我监督，同时加强各部门之间的协调联动、相互监督；可以定期组织风控岗、合规岗对各部门业务进行合规督查，排查、解决可能存在的风险隐患。

（3）增强法律意识，建立刑事法律顾问制度

很多企业设立了法务部门或聘请了法律顾问，但是这些措施往往针对民事领域，专门的刑事法律顾问相对较少。建立刑事法律顾问制度的优点在于，在发现员工有侵占行为时，法律顾问能够提供更专业的意见。首先，有利于企业根据员工侵占行为的轻重程度采取不同的处理办法，情节轻微的，可依据企业规章制度

① 刘行星：《论职务侵占犯罪及预防》，载《黑龙江社会科学》2012年第2期，第112页。

给予处罚；情节严重、可能构成犯罪的，要及时向公安机关报案。其次，有利于企业采取有效措施，留存犯罪证据。最后，有利于企业与公安机关沟通，更好地配合公安机关的侦查工作。①

重视法律培训，增强法律意识。警示教育一直在风险防范中发挥着重要作用，企业应当定期开展法律培训和宣传，要求全体员工进行刑事法律方面的学习，以增强法律风险防范意识。一方面，要让员工了解基本和常见的犯罪及其成因，在企业的日常经营过程中，准确把握罪与非罪的界限。另一方面，要让员工了解犯罪后果，特别是犯罪对整个人生和家庭的负面影响，以身边的真实案例警示企业员工，自我约束，远离犯罪。

（二）挪用资金罪、挪用公款罪

挪用资金罪和挪用公款罪作为常见的职务侵财犯罪，通过表 7-2 和表 7-3 可以看出，建筑工程领域也是该犯罪的高发领域。建设工程类企业犯罪主体一般为企业直接负责人或相关部门负责人，他们对企业情况较熟悉，犯罪手段十分隐蔽，导致挪用资金/公款的行为屡有发生。

表 7-2　建筑施工企业挪用资金罪数据

时间	2001—2019 年	2020 年	2021 年	2022 年	2023 年
案件数量/件	324	83	115	119	25

（参考“威科先行 · 法律信息库”，通过检索“挪用资金罪+建设工程”得出）

表 7-3　建筑施工企业挪用公款罪数据

时间	2001—2019 年	2020 年	2021 年	2022 年	2023 年
案件数量/件	719	180	134	81	12

（参考“威科先行 · 法律信息库”，通过检索“挪用公款罪+建设工程”得出）

1. 挪用资金罪、挪用公款罪概述

（1）罪名简述

挪用资金罪是指公司、企业或者其他单位的工作人员，利用职务上的便利，挪用本单位资金归个人使用或者借贷给他人，数额较大、超过三个月未还的，或者虽未超过三个月，但数额较大、进行营利活动的，或者进行非法活动的行为。

① 贺白雪：《民营企业中职务侵占罪的防范》，载《中国律师》2020 年第 5 期，第 77 页。

挪用公款罪是指国家工作人员利用职务上的便利，挪用公款归个人使用，进行非法活动的，或者挪用公款数额较大、进行营利活动的，或者挪用公款数额较大、超过三个月未还的行为。国有公司、企业或者其他国有单位中从事公务的人员和国有公司、企业或者其他国有单位委派到非国有公司、企业以及其他单位从事公务的人员有前述挪用资金的行为，依照挪用公款行为处理。

（2）历史演变

中华人民共和国成立以来，我国长期将挪用资金的行为视为贪污行为的一种，将挪用公款行为与贪污行为作同等解释。1979 年《刑法》将挪用特定款物罪明确规定在第一百二十六条，但对于社会危害性更大的挪用公款的行为却未加以规范。1988 年 1 月颁布施行的《全国人民代表大会常务委员会关于惩治贪污罪贿赂罪的补充规定》（已失效）[①] 对挪用型犯罪的立法具有开创性意义，挪用公款行为第一次在立法上从贪污罪中分离出来，并在立法层面规定了挪用资金罪的构成要件。1997 年《刑法》明确规定了挪用资金罪。此后，通过刑法修订的形式把公司、企业人员以外的其他单位的工作人员确定为挪用资金罪的犯罪主体。[②] 2020 年《刑法修正案（十一）》第三十条修订挪用资金罪，删除了第一款“数额较大不退还”的规定，增设了“数额特别巨大的，处七年以上有期徒刑”的规定，同时增设了第三款从宽处罚的规定。

挪用公款罪由 1988 年《全国人民代表大会常务委员会关于惩治贪污罪贿赂

---

① 1988 年《全国人民代表大会常务委员会关于惩治贪污罪贿赂罪的补充规定》（已失效）第三条：国家工作人员、集体经济组织工作人员或者其他经手、管理公共财物的人员，利用职务上的便利，挪用公款归个人使用，进行非法活动的，或者挪用公款数额较大、进行营利活动的，或者挪用公款数额较大、超过三个月未还的，是挪用公款罪，处五年以下有期徒刑或者拘役；情节严重的，处五年以上有期徒刑。挪用公款数额较大不退还的，以贪污论处。挪用救灾、抢险、防汛、优抚、救济款物归个人使用的，从重处罚。挪用公款进行非法活动构成其他罪的，依照数罪并罚的规定处罚。

② 1997 年《刑法》第二百七十一条：公司、企业或者其他单位的人员，利用职务上的便利，将本单位财物非法占为己有，数额较大的，处五年以下有期徒刑或者拘役；数额巨大的，处五年以上有期徒刑，可以并处没收财产。国有公司、企业或者其他国有单位中从事公务的人员和国有公司、企业或者其他国有单位委派到非国有公司、企业以及其他单位从事公务的人员有前款行为的，依照本法第三百八十二条、第三百八十三条的规定定罪处罚。

罪的补充规定》（已失效）创制，[①] 1997 年修订的《刑法》作了明确规定。[②] 1989 年《最高人民法院、最高人民检察院关于执行〈关于惩治贪污罪贿赂罪的补充规定〉若干问题的解答》（已失效）和 1998 年《最高人民法院关于审理挪用公款案件具体应用法律若干问题的解释》又先后对本罪进行了具体解释。

（3）所涉法律法规、司法解释规定

1）挪用资金罪

《刑法》

第二百七十二条　公司、企业或者其他单位的工作人员，利用职务上的便利，挪用本单位资金归个人使用或者借贷给他人，数额较大、超过三个月未还的，或者虽未超过三个月，但数额较大、进行营利活动的，或者进行非法活动的，处三年以下有期徒刑或者拘役；挪用本单位资金数额巨大的，处三年以上七年以下有期徒刑；数额特别巨大的，处七年以上有期徒刑。

国有公司、企业或者其他国有单位中从事公务的人员和国有公司、企业或者其他国有单位委派到非国有公司、企业以及其他单位从事公务的人员有前款行为的，依照本法第三百八十四条的规定定罪处罚。

有第一款行为，在提起公诉前将挪用的资金退还的，可以从轻或者减轻处罚。其中，犯罪较轻的，可以减轻或者免除处罚。

《最高人民法院、最高人民检察院关于办理贪污贿赂刑事案件适用法律若干问题的解释》

第十一条第二款　刑法第二百七十二条规定的挪用资金罪中的“数额较大”

---

① 1988 年《全国人民代表大会常务委员会关于惩治贪污罪贿赂罪的补充规定》（已失效）第三条：国家工作人员、集体经济组织工作人员或者其他经手、管理公共财物的人员，利用职务上的便利，挪用公款归个人使用，进行非法活动的，或者挪用公款数额较大、进行营利活动的，或者挪用公款数额较大、超过三个月未还的，是挪用公款罪，处五年以下有期徒刑或者拘役；情节严重的，处五年以上有期徒刑。挪用公款数额较大不退还的，以贪污论处。挪用救灾、抢险、防汛、优抚、救济款物归个人使用的，从重处罚。挪用公款进行非法活动构成其他罪的，依照数罪并罚的规定处罚。

② 1997 年《刑法》第三百八十四条：国家工作人员利用职务上的便利，挪用公款归个人使用，进行非法活动的，或者挪用公款数额较大、进行营利活动的，或者挪用公款数额较大、超过三个月未还的，是挪用公款罪，处五年以下有期徒刑或者拘役；情节严重的，处五年以上有期徒刑。挪用公款数额巨大不退还的，处十年以上有期徒刑或者无期徒刑。挪用用于救灾、抢险、防汛、优抚、扶贫、移民、救济款物归个人使用的，从重处罚。

“数额巨大”以及“进行非法活动”情形的数额起点，按照本解释关于挪用公款罪“数额较大”“情节严重”以及“进行非法活动”的数额标准规定的二倍执行。

2）挪用公款罪

《刑法》

第三百八十四条　国家工作人员利用职务上的便利，挪用公款归个人使用，进行非法活动的，或者挪用公款数额较大、进行营利活动的，或者挪用公款数额较大、超过三个月未还的，是挪用公款罪，处五年以下有期徒刑或者拘役；情节严重的，处五年以上有期徒刑。挪用公款数额巨大不退还的，处十年以上有期徒刑或者无期徒刑。

挪用用于救灾、抢险、防汛、优抚、扶贫、移民、救济款物归个人使用的，从重处罚。

《最高人民法院关于审理挪用公款案件具体应用法律若干问题的解释》

……对办理挪用公款案件具体应用法律的若干问题解释如下：

第一条　刑法第三百八十四条规定的“挪用公款归个人使用”，包括挪用者本人使用或者给他人使用。

挪用公款给私有公司、私有企业使用的，属于挪用公款归个人使用。

第二条　对挪用公款罪，应区分三种不同情况予以认定：

（一）挪用公款归个人使用，数额较大、超过三个月未还的，构成挪用公款罪。

挪用正在生息或者需要支付利息的公款归个人使用，数额较大，超过三个月但在案发前全部归还本金的，可以从轻处罚或者免除处罚。给国家、集体造成的利息损失应予追缴。挪用公款数额巨大，超过三个月，案发前全部归还的，可以酌情从轻处罚。

（二）挪用公款数额较大，归个人进行营利活动的，构成挪用公款罪，不受挪用时间和是否归还的限制。在案发前部分或者全部归还本息的，可以从轻处罚；情节轻微的，可以免除处罚。

挪用公款存入银行、用于集资、购买股票、国债等，属于挪用公款进行营利活动。所获取的利息、收益等违法所得，应当追缴，但不计入挪用公款的数额。

（三）挪用公款归个人使用，进行赌博、走私等非法活动的，构成挪用公款罪，不受“数额较大”和挪用时间的限制。

挪用公款给他人使用，不知道使用人用公款进行营利活动或者用于非法活动，数额较大、超过三个月未还的，构成挪用公款罪；明知使用人用于营利活动或者非法活动的，应当认定为挪用人挪用公款进行营利活动或者非法活动。

第四条 多次挪用公款不还，挪用公款数额累计计算；多次挪用公款，并以后次挪用的公款归还前次挪用的公款，挪用公款数额以案发时未还的实际数额认定。

《最高人民法院关于挪用公款犯罪如何计算追诉期限问题的批复》

根据刑法第八十九条、第三百八十四条的规定，挪用公款归个人使用，进行非法活动的，或者挪用公款数额较大、进行营利活动的，犯罪的追诉期限从挪用行为实施完毕之日起计算；挪用公款数额较大、超过三个月未还的，犯罪的追诉期限从挪用公款罪成立之日起计算。挪用公款行为有连续状态的，犯罪的追诉期限应当从最后一次挪用行为实施完毕之日或者犯罪成立之日起计算。

《最高人民法院、最高人民检察院关于办理贪污贿赂刑事案件适用法律若干问题的解释》

第五条 挪用公款归个人使用，进行非法活动，数额在三万元以上的，应当依照刑法第三百八十四条的规定以挪用公款罪追究刑事责任；数额在三百万元以上的，应当认定为刑法第三百八十四条第一款规定的“数额巨大”。具有下列情形之一的，应当认定为刑法第三百八十四条第一款规定的“情节严重”：

（一）挪用公款数额在一百万元以上的；

（二）挪用救灾、抢险、防汛、优抚、扶贫、移民、救济特定款物，数额在五十万元以上不满一百万元的；

（三）挪用公款不退还，数额在五十万元以上不满一百万元的；

（四）其他严重的情节。

第六条 挪用公款归个人使用，进行营利活动或者超过三个月未还，数额在五万元以上的，应当认定为刑法第三百八十四条第一款规定的“数额较大”；数额在五百万元以上的，应当认定为刑法第三百八十四条第一款规定的“数额巨大”。具有下列情形之一的，应当认定为刑法第三百八十四条第一款规定的“情节严重”：

（一）挪用公款数额在二百万元以上的；

（二）挪用救灾、抢险、防汛、优抚、扶贫、移民、救济特定款物，数额在一百万元以上不满二百万元的；

（三）挪用公款不退还，数额在一百万元以上不满二百万元的；

（四）其他严重的情节。

（4）保护法益

挪用资金罪属于《刑法》分则第五章侵犯财产罪章节中的罪名，保护的法益是公司、企业或其他单位的财产权，具体包括单位对财产的占有权、使用权和收益权。

挪用公款罪属于《刑法》分则第八章贪污贿赂罪章节中的罪名，保护的是复杂法益，既包括国家工作人员的职务廉洁性，也包括公共财产的占有、使用、收益权。

（5）表现形式

①挪用资金罪

1）受国家机关、国有公司、企业、事业单位、人民团体委托，管理、经营国有财产的非国家工作人员，利用职务上的便利，挪用国有资金归个人使用的行为。

2）公司、企业或者其他单位的非国家工作人员，利用职务上的便利，挪用本单位资金归本人或者其他自然人使用，或者挪用人以个人名义将所挪用的资金借给其他自然人和单位的行为。

3）筹建公司的工作人员在公司登记注册前，利用职务上的便利，挪用准备设立的公司在银行开设的临时账户上的资金，归个人使用或者借贷给他人，数额较大、超过 3 个月未还的，或者虽未超过 3 个月，但数额较大且进行营利活动或者进行非法活动的行为。

4）村民小组组长利用职务上的便利，擅自将村民小组的集体财产为他人担保贷款，并以集体财产承担担保责任的，属于挪用本单位资金归个人使用的行为。

②挪用公款罪

1）国家工作人员利用职务上的便利，挪用公有国库券或本单位的国库券的行为。

2）国有金融机构工作人员和国有金融机构委派到非国有金融机构从事公务的人员，利用职务上的便利，挪用本单位或者客户资金的行为。

3）国有公司、企业或者其他国有单位中从事公务的人员和国有公司、企业或者其他国有单位委派到非国有公司企业以及其他单位从事公务的人员，利用职务上的便利，挪用本单位资金归个人使用或者借贷给他人，数额较大、超过3个月未还的，或者虽未超过3个月，但数额较大、进行营利活动的，或者进行非法活动的行为。

4）国家工作人员利用职务上的便利，挪用失业保险基金和下岗职工基本生活保障资金归个人使用的行为。

5）国家出资企业的工作人员在公司、企业改制过程中为购买公司、企业股份，利用职务上的便利，将公司、企业的资金或者金融凭证、有价证券等用于个人贷款担保的行为。

（6）行为对象

1）挪用资金罪

挪用资金罪的行为对象是单位资金。需要注意的是，资金不等于现金，出借承兑汇票或者其他票据给他人的，也属于挪用资金。筹建公司的工作人员在公司登记注册前，利用职务上的便利，挪用准备设立的公司在银行开设的临时账户上的资金，归个人使用或者借贷给他人，构成犯罪的，应当以挪用资金罪论处。①

2）挪用公款罪

挪用公款罪的行为对象是公款，包括公共财产中呈货币或者有价证券形态的公共财产，用于救灾、抢险、防汛、优抚、扶贫、移民、救济等特定款物，以及失业保险基金和下岗职工基本生活保障资金、公有国库券等。挪用金融凭证有价证券用于质押，使公款处于风险之中，与挪用公款为他人提供担保性质相同，按挪用公款罪论处。

---

① 参见2000年《最高人民检察院关于挪用尚未注册成立公司资金的行为适用法律问题的批复》。

挪用公款罪的犯罪对象并不限于公款，还包括特定物。但除上述特定物外的非特定公物或一般公物，不属于挪用公款罪的犯罪对象。挪用非特定公物归个人使用的，不以挪用公款罪论处；如构成其他犯罪的，则依照刑法的相关规定定罪处罚。①

（7）行为主体

1）挪用资金罪

挪用资金罪的主体是特殊主体，即公司、企业或其他单位中从事一定管理性职务的人员。单纯劳务人员，不能成为本罪的主体。国有公司、企业或单位中从事公务的国家工作人员，或者国有单位委派到非国有单位从事公务的国家工作人员，利用职务之便挪用本单位财物的，应以挪用公款罪论处。但是，根据2000年《最高人民法院关于对受委托管理、经营国有财产人员挪用国有资金行为如何定罪问题的批复》，对于受国家机关、国有公司、企业、事业单位、人民团体委托，管理、经营国有财产的非国家工作人员，利用职务上的便利，挪用国有资金归个人使用构成犯罪的，应当依照挪用资金罪定罪处罚。

2）挪用公款罪

挪用公款罪的主体是特殊主体，即只由国家工作人员构成。国家工作人员的范围具体根据《刑法》第九十三条的规定确定。村民委员会等基层组织人员协助人民政府从事行政管理工作，受国家机关、国有公司、企业、事业单位、人民团体委托，管理、经营国有财产的非国家工作人员都可以成为本罪的行为主体。

（8）罪责

1）挪用资金罪

挪用资金罪的责任形式为故意，即行为人必须明知是单位的资金而非法占有、使用。这里的非法占有、使用的故意，是指暂时占有、使用单位资金的故意，因而不同于盗窃、诈骗罪中的非法占有目的。如果行为人具有非法占有的目的，则成立职务侵占罪。②

---

① 参见2000年《最高人民检察院关于国家工作人员挪用非特定公物能否定罪的请示的批复》。

② 张明楷：《刑法学（下）》（第六版），法律出版社2021年版，第1341页。

2）挪用公款罪

挪用公款罪的责任形式为故意，即明知自己的行为侵犯了公款的占有权、使用权与收益权以及职务行为的廉洁性，并希望或者放任这种结果的发生。如果具有非法占有目的，则以贪污罪论处。

（9）量刑

1）挪用资金罪

犯本罪的，处3年以下有期徒刑或者拘役；挪用本单位资金数额巨大的，处3年以上7年以下有期徒刑；数额特别巨大的，处7年以上有期徒刑；在提起公诉前将挪用的资金退还的，可从轻或者减轻处罚。其中，犯罪较轻的，可减轻或者免除处罚。

2）挪用公款罪

犯本罪的，处5年以下有期徒刑或者拘役；情节严重的，处5年以上有期徒刑。挪用公款数额巨大不退还的，处10年以上有期徒刑或者无期徒刑。

根据《最高人民法院关于审理挪用公款案件具体应用法律若干问题的解释》的规定，挪用公款数额巨大不退还的，是指挪用公款数额巨大，因客观原因在一审宣判前不能退还的。多次挪用公款不还，挪用公款数额累计计算；多次挪用公款，并以后次挪用的公款归还前次挪用的公款，挪用公款数额以案发时未还的实际数额认定。此外，因挪用公款索取、收受贿赂构成犯罪的，依照数罪并罚的规定处罚。用公款进行非法活动构成其他犯罪的，依照数罪并罚的规定处罚。根据《刑法》第三百八十四条第二款的规定，挪用用于救灾、抢险、防汛、优抚、扶贫、移民、救济款物归个人使用的，从重处罚。

2. 主要争议问题

（1）挪用资金罪中“资金”的认定

挪用资金罪的犯罪对象是“本单位资金”，资金的概念有别于财物，其主要表现形式是货币。除了人民币和外汇以外，汇票、本票、支票、股票、国债、国库券等有价证券能否在资金的外延范围内，学界存在否定说与肯定说两种观点。

否定说也称严格限制说，该观点主张资金只能严格限制解释为货币，[1] 主张

---

① 李岩岩：《挪用资金罪问题研究》，载《法治与社会》2015年第3期，第285页。

将汇票、本票、支票、股票、国债、国库券等有价证券纳入其中有类推解释之嫌。首先，从文义解释的角度来看，“资金”就是指货币，将其理解为有价证券超出了文字本身的含义。资金本身有引导和配置资源的特性，其他资源需要与资金进行交换，才能顺利进入市场并发挥其本身价值，有价证券只是作为投资形式，虽然可以充当资本，但其职能远不足以与货币等同。其次，将“资金”解释为有价证券有违刑法体系解释的要求。挪用资金罪在刑法分则中属于第五章侵犯财产罪的范围，这一章中的不同罪名所保护的财产法益的侧重点也不同，将挪用资金罪的对象规定为“资金”表明其具有特别含义，如果因新型的信用工具和存款类型不断出现就随意扩大“资金”范围，最终不仅会导致“资金”一词含义与“财物”趋同，也会削弱本罪的保护机能，与立法者的初衷相悖。①

肯定说从适应社会发展和打击犯罪的角度出发，认为有价证券虽然不是严格意义上的货币，但在现实的经济交往中已经不同程度地发挥着货币的功能，它们是货币财产的书面表现形式，可据此提取或换取现金。② 因此，汇票、本票、支票、股票、国债、国库券等有价证券含有挪用资金罪中“资金”的内容。也有观点认为这要看有价证券与货币的功能和性质是否等同，或者是否能代替货币的功能，要根据具体的行为形式确定。③

另外，实物形式的财产通常都是被排除在挪用资金罪的对象范围之外的，但现实中工作人员利用工作之便将管理、经手的公司、企业或单位的物资进行变卖、抵押、质押获取资金而为个人利益使用的情况并不少见。有学者认为人挪用实物财产追求的是经济价值，变现后的资金才是行为的最终目的。④ 变现后被使用的资金才能成为挪用资金罪的犯罪对象。但也有反对的观点认为财物与资金在功能和属性上存在本质上的区别，并且挪用行为的对象是物，变现是挪用的事后行为，不影响行为的认定。⑤

---

① 黄福涛：《挪用犯罪新论》，中国人民公安大学出版社 2011 年版，第 239 页。
② 孟庆华：《挪用公款罪研究新动向》，北京大学出版社 2006 年版，第 236 页。
③ 李鹏、樊天忠：《挪用资金罪司法认定中的若干疑难新问题》，载《政治与法律》2011 年第 5 期。
④ 黄福涛：《挪用犯罪新论》，中国人民公安大学出版社 2011 年版，第 242 页。
⑤ 陈百顺：《挪用资金罪研究》，广西民族大学 2020 年硕士学位论文。

（2）“挪而未用”行为的定性

挪用资金罪和挪用公款罪中都包含“挪用”的行为。“挪而未用”指的是行为人利用职务之便将单位资金或公款挪出并置于自己的支配控制之下，但未来得及使用的情形。关于“挪而未用”的争议主要在于两点：一是挪而未用是否构成犯罪；二是挪而未用构成犯罪的既遂还是未遂。

在“挪而未用”是否构成犯罪的问题上，分为“犯罪构成说”和“犯罪不构成说”。“犯罪构成说”认为，“挪而未用”就是将资金公款挪出其所有权人控制的范围，一旦公款被挪出，那么对于刑法所保护的本罪的法益事实上就已经被侵犯了，所有挪而未用的行为在实质意义上均可以构成本罪，不应该将其排除在刑法之外。① “犯罪不构成说”认为，刑法对挪用公款后的具体用途主要规定了三种，即用于非法活动、营利活动或者是超过规定期限仍未归还的情形，“挪用”的行为模式是“挪”加“用”的复式行为，唯有完成“挪”且“用”的行为才满足刑法关于此罪的构罪设计，因此“挪而未用”不符合挪用资金罪的客观方面要求，不能认定为犯罪。②

关于“挪而未用”在犯罪形态上看，“未遂说”认为法条规定“既挪且用”的行为模式是对挪用资金罪既遂状态的描述，“挪”与“用”虽然是一个整体，但“用”是行为人的目的，资金未使用应该成立挪用资金罪的未遂。③ 支持“既遂说”观点的学者主张，“挪而未用”构成挪用资金罪的犯罪既遂，其理由是挪用行为不是复式行为，“挪”与“用”不是并列关系而是有主次之分的。仅“挪”这一行为就足以对公司、企业或其他单位对资金的所有权产生侵害，其危害结果正是成立本罪要防止和打击的根本所在。“用”是行为人的主观目的，其实现与否不影响挪用资金罪既遂的成立。④

（3）“归个人使用”的争议

关于“归个人使用”的争议，首先，在于“归个人使用”犯罪的构成要件

---

① 于宏：《挪用犯罪论》，中国检察出版社 2005 年版，第 151 页。

② 杨涛：《查处挪用公款犯罪中几个问题的思考》，载《河南省政法管理干部学院学报》2001 年第 6 期，第 96 页。

③ 王振勇：《办理挪用公款罪应注意的问题》，载《刑事司法指南》2000 年第 2 期，第 99 页。

④ 李岩岩：《挪用资金罪问题研究》，载《法治与社会》2015 年第 3 期，第 285 页。

的位置问题。在肯定“归个人使用”属于犯罪构成要件的争议时，主要分为两类：一类是主张“归个人使用”属于客观要件,[①] 另一类是主张“归个人使用”属于主观要件。[②] 支持主观要件的学者认为，随着司法解释对挪而不用类案件的处理及对挪用公款罪共犯、罪数认定的出台，客观要件要素的观点难以符合上述基本共识，且存在论证方法和结论上的疑问，都不妥当。因此“归个人使用”应当属于主观要件要素。[③] 否定“归个人使用”属于犯罪构成要件的学者认为，“归个人使用”事实上说的是被挪用的公款的一个去向问题，它只是对行为人行为动机的一种反映，不能仅凭此就否定其不构成犯罪，这不利于对犯罪分子的打击。[④]

其次，对于“归个人使用”的认定问题。争论的焦点之一在于，在以个人名义将公款供其他单位使用的情况下，是否需要以“谋取个人利益”作为构成要件？肯定观点认为，“谋取个人利益”属于该种情形的构成要件要素。在“谋取个人利益”的肯定观点中也有不同观点。持主观构成要素的学者认为，“谋取个人利益”只是行为人主观目的的一种表达，无须行为人在现实意义中谋取了实际的利益。[⑤] 并且，司法实践中有以主观要素认定“谋取个人利益”的司法案例，比如姚某某案；[⑥] 持客观构成要素的学者认为，“谋取个人利益”应该是一种客观表现行为，即行为人应该客观地谋取到了一定利益。同样司法实践中也有以客观要素认定“谋取个人利益”的司法案例，比如孔某某案；[⑦] 由此产生了持既可以是主观要素又可以是客观要素的学者，他们认为挪用公款罪中“谋取个人利益”的理解应与贪污受贿罪中关于“谋取个人利益”的理解一样，它可以是行为人主观目的的一种表达，也可以是行为人现实获得利益的客观行为表现。[⑧]

---

① 王作富：《挪用公款罪司法认定若干问题研究》，载《政法论坛》2001 年第 4 期。

② 陈立、陈晓明：《刑法分论》，厦门大学出版社 2007 年版，第 523 页。

③ 姚诗：《挪用公款罪的法益重构与挪用行为的再诠释》，载《政治与法律》2021 年第 7 期，第 88 页。

④ 杨静楠：《挪用公款罪认定中的疑难问题探究》，天津师范大学 2021 年硕士学位论文。

⑤ 徐虹：《挪用公款“归个人使用”立法解释的理解与适用》，载《华东刑事司法评论》2002 年第 2 期。

⑥ 最高人民法院刑事审判庭：《刑事审判参考》，法律出版社 2019 年版，第 107-110 页。

⑦ 张仲芳：《刑事司法指南》，法律出版社 2006 年版，第 201-207 页。

⑧ 王晓琳：《论挪用公款罪“归个人使用”的认定》，载《现代交际》2013 年第 8 期。

2003 年《全国法院审理经济犯罪案件工作座谈会纪要》提到两种情形：第一种是挪动公款的行为人和使用公款的行为人在实施犯罪行为之前就商量好了各自应获得的利益但并未如愿；第二种是双方实施犯罪行为后获得了利益但是没有提前商量关于利益如何划分。这两种情形的介绍实际上就是把“谋取个人利益”根据案件具体情况区分为主观要素和客观要素。

否定“谋取个人利益”作为构成要件的观点认为，“谋取个人利益”不是该种情形的构成要件要素，它应该作为一个客观处罚条件进行参考。[①]

3. 案例总结

（1）张某 1 挪用资金案[②]

【裁判要旨】

①不能认定张某 1 及其泰州某 3 公司与某 2 公司存在隶属关系，张某 1 不具备挪用资金罪的主体要件。

现无证据证明张某 1 与某 2 公司存在合法的人事或者劳动合同、工资以及社会保险关系。根据某 2 公司出具的授权委托书、法人授权委托书证明，该公司授权张某 1 为密云县某园住宅小区工程生产负责人。根据某 2 公司与泰州某 3 公司签订的《某园住宅小区项目目标责任书》及实际执行情况看，该责任书系两个平等民事主体之间签订的合同，某 2 公司承揽工程后已将其与某公司约定的全部权利义务转让给了由张某 1 任法定代表人的泰州某 3 公司。故，认定张某 1 及其泰州某 3 公司与某 2 公司存在隶属关系，或者张某 1 实际承担了某 2 公司赋予的密云县某园住宅小区项目管理职责的事实不清，证据不足。

②不能认定张某 1 挪用工程建设资金，张某 1 的行为不符合挪用资金罪的客体要件。

《某园住宅小区项目目标责任书》约定了由泰州某 3 公司负责前期准备工作及有关资金筹措的内容。某 2 公司第一笔工程款 1446 万元于 2011 年 1 月 20 日汇入张某 1 指定账户，而张某 1 在 2010 年 10 月即接受该项目并组织人员进行项目前期准备工作。现有证据不能排除张某 1 有垫资施工的情况，亦不能认定涉案

---

① 杨静楠：《挪用公款罪认定中的疑难问题探究》，天津师范大学 2021 年硕士学位论文。

② 北京市第三中级人民法院刑事判决书（2013）三中刑终字第 00142 号。

600余万元的性质。故，张某1及其辩护人的此节上诉理由和辩护意见以及北京市人民检察院第三分院相关出庭意见，法院予以采纳。法院认为，现有证据尚不足以认定上诉人张某1的行为构成挪用资金罪。

【主要案情】

某公司经过招投标确定某2公司为密云县某园住宅小区项目施工中标人，双方签订了《北京市房屋建筑和市场基础设施工程施工总承包合同》。某2公司授权张某1为密云县某园住宅小区工程生产负责人。某公司与张某1任法定代表人的泰州某3公司签订了《某园住宅小区项目目标责任书》，该责任书约定：泰州某3公司代表某2公司履行和承担与业主签订的施工合同的全部权利及义务。某公司拨付工程款共计7430万元，其中5800万元直接拨付给某2公司。某2公司向张某1指定的北京某装饰工程有限责任公司账户和泰州某3公司账户支付工程款共计5508.04万元。张某1将华北公司拨付的工程款以个人名义借款给张某220万元；支付个人购车款137.68万元；支付个人别墅和办公楼装修费50万元；支付其以江苏某建设工程有限公司连云港分公司名义承揽的山东吉祥某豪庭项目工程款140万元；支付偿还欠款265万元及广告费7万元，以上合计819.68万元。

（2）高某挪用资金案①

【裁判要旨】

新某集团合肥分公司的工资表、报销单据证明高某在分公司行使了部分行政管理权，授权书、投标书、询标记录表、招标规则确认与签到表证明高某系受新某公司法定代表人委托，以公司名义参加工程的投标，且授权书对其职务的表述是新某建设集团有限公司经营部副经理。证人刘某某、李某某的证言亦证明高某系经营部副经理，以上证据相互印证，足以证明高某系新某建设集团有限公司的员工，具备挪用资金罪的主体资格。根据证人李某甲、薛某某、熊某某的证言及银行交易明细证明，高某从新某公司拨付给其芜湖某制造1号厂房的315.07万元工程款中挪用50万元用于营利活动。高某作为新某建设集团有限公司工作人

① 河南省郑州市中级人民法院刑事裁定书（2014）郑刑二终字第99号。

员，利用职务上的便利，挪用本单位资金进行营利活动，数额巨大，其行为已构成挪用资金罪。

【主要案情】

新某建设集团有限公司于2008年11月在安徽省合肥市成立新某集团合肥分公司，之后，被告人高某进入合肥分公司，从事业务及相关管理工作。2010年11月，高某通过熊某某的介绍以合肥某装饰工程有限公司的名义承接了安徽省黄山市某大厦度假有限公司的装饰工程，后从王某处借款50万元用于支付该工程的保证金。新某建设集团有限公司拨付给高某315.07万元款项，高某从中挪用50万元用于归还其从王某处的借款。

（3）李某新、缙云县某建设工程公司挪用公款案①

【裁判要旨】

李某新利用其担任公司经理具有管理公司财产职权的职务之便，在其妻子王某3要求下，个人决定安排樊某1将公司资金转给王某3、潘某用于归还银行贷款。李某新利用职务便利挪用公款进行营利活动，符合挪用公款罪的构成要件。李某新挪用公款行为与其借款给某建设公司的行为没有关联性，不能认定为资金拆借。李某新身为国家工作人员，利用职务之便，个人决定将公款借给亲友用于经营活动，数额较大，其行为已构成挪用公款罪。被告人李某新在案发前已将挪用的公款予以归还，可酌情从轻处罚。

【主要案情】

被告人李某新在其妻子王某3的要求下，利用其担任缙云县某建设工程公司经理，对公司款项的使用具有决策权的职务之便，安排公司出纳樊某1将公司资金出借给王某3的哥哥潘某用于归还个人经营公司的贷款。之后潘某将上述款项归还缙云县某建设工程公司。

之后王某3向某银行缙云支行贷款100万元。被告人李某新又一次在王某3的要求下，授意公司出纳樊某1将公司资金借给王某3用于偿还贷款。王某3的朋友李某强将上述款项归还缙云县某建设工程公司。

---

① 浙江省丽水市中级人民法院（原浙江省丽水市人民法院）刑事判决书（2019）浙11刑终283号。

4. 合规要点

（1）完善企业内控机制和财务监管制度

建筑施工企业制度建设不但要具有长远性、有效性，还要针对新情况、新问题，不断充实完善。要加强涉及人、财、物和具有行政审批权的重要岗位与关键环节的监督，认真研究工作中存在的职务犯罪隐患和非规范职务行为，进一步完善监督、管理的制度性办法，合理设置职能部门和工作岗位，对关键岗位实施轮换制度，形成行之有效的内部监管体系，消除可能存在的职务犯罪发案条件，促进本单位案件防控工作水平和质量得到切实改善与提高。①

同时，建筑施工企业要注重项目经理的选任，提高项目经理准入门槛，重视培养“直营”项目经理，加强对项目经理的考核、监管。在招聘项目经理时，需要对应聘项目经理人员的资质、过往业绩、社会信用等进行综合考察，录用符合要求的项目经理。加强企业财务管理，严格按照公司财务管理制度要求，由公司账户统一收取、支付相应工程款项，最大限度地减少权力寻租空间，降低职务侵占、挪用资金的风险。加强印章管理，严格用印制度，做到用印必审批。总公司要保证公司印章的管理，杜绝空白印章、偷盖印章的情况发生。同时，要明确项目部印章的使用权限，严格监督项目部的印章使用，明确违规使用印章的严重后果。严禁私刻印章，加大印章相关方面的宣传，告知项目部私刻印章等将涉及刑事犯罪，提高企业员工的法律意识与风险意识。②

严格执行财经法规，规范财经行为，做到堵塞漏洞。建筑施工企业应完善企业的财务制度，把好开支审批环节。对于企业人员较大数额的借款，增加审批制度、通报制度及还款限制。健全货物发放和货款回收制度，建立客户应收款明细账、业务员个人明细账，以及企业、客户、业务员对账制度，详细记载每份合同的收款情况。对财务、销售等重点岗位，定期进行审计和对账，堵塞各种可能造成企业财物流失的风险漏洞。③ 对追加投资项目给予必要审核，将追加部分与原设计、原概算进行比对，确因价格上涨或规模扩大而需追加投资的，仍须严把追

① 何礼华：《挪用公款罪的现状、特点及预防对策研究》，西南政法大学 2010 年硕士学位论文。
② 李宇：《伪造印章实施法律行为之效果归属研究》，中南财经政法大学 2021 年硕士学位论文。
③ 赵新娟：《现代企业应收账款管理制度探析》，载《现代商业》2019 年第 17 期，第 139-140 页。

加部分的资金关。加强对工程计价人员的监督，防止高估冒算、虚列追加投资。建设方对工程追加投资应当专款专用，严格用款审批制度，确保资金安全。建筑施工企业应落实支票分人保管制度，开通银行账户资金出入短信息通知业务，对账户资金的出入进行实时监控。建筑施工企业应重视对实际库存资金的核查，及时核实资金回收情况，发现异常及时查处。建设单位同时要加强对施工监理人员的监督，确立总监监督制，以保证监理人员的公正性。

（2）实行政务公开，强化社会监督

对于国有建筑施工企业，社会监督是权力监督和制约的重要组成部分，是社会对国家行为的规范和约束。要拓宽监督渠道，明确监督的内容和方法，便于群众对权力进行监督；同时要依法保护群众的监督权，调动群众监督的积极性。[①]要积极引导建立廉政文化，充分发挥社会舆论对权力的监督作用，建立健全廉政制度，形成职能预防、社会预防、家庭预防三位一体的廉政文化“互廉网”，减少挪用公款的可能性。

（3）增强产权意识，健全公司治理意识

公司是独立的法人，拥有独立的法人财产权，使用公司的资金需要合法合规，公司不是出资人的私产。建设工程单位应当增强产权意识，避免单位沦为出资人的私产。

同时，建筑施工企业若缺乏健全公司治理的意识、能力和习惯，会导致企业权责混乱、企业家权力高度集中、内控制度失灵，容易出现企业家违规挪用资金的情况。权力过大、缺乏有效制衡，事实上增加了掌权者的个人风险，对建筑施工企业同样不利。要把批评与自我批评、自查与互查工作作为企业的一项经常性的工作，营造良好氛围。要坚持重大事项集体研究决定，坚持民主集中原则，发挥内部监督作用。要依法、依规，以行业特点制定科学完善的制度，切实做到把权力关进制度的“笼子”内。要加强规避制度的检查力度，杜绝“暗箱操作”，防止“少数人说了算”，减少职务犯罪的发生概率。从案件具体分析看，绝大多数贪污、挪用公款案件的发生，都是规章制度形同虚设，执行中随意性大，有章

① 贾向丽：《浅谈如何遏制财务人员贪污、挪用公款犯罪》，载《时代金融》2009 年第 12 期，第 103 页。

不循、有制不遵而造成的。因此，要把贯彻落实各项制度作为推进反腐败工作的重中之重，使权力运行更透明、更规范、更廉洁，防止权力失控和行为失范，[①]减少工作人员挪用资金/公款的风险。

（4）提高领导人员和专业人员的综合素质

领导人知识的局限性以及不民主导致挪用公款犯罪的案例屡见不鲜，因此，首先，选拔优秀的领导人，组建好的领导班子。其次，各单位、各部门的财务部门和财务人员，应通过各种方法，加强对公共款项的核算和管理，制定出一套合理、切实可行的管理制度和方法。[②] 要切实加强对会计人员的培训工作，一方面，通过提高业务素质，可以避免国有资产在核算时发生损失；另一方面，通过提高财会人员的法律意识，使他们熟练掌握与本职工作相关的政策法规，不断更新知识，及时完善、充实、适应新时期内容要求的行为道德规范和准则，在挪用公款的犯罪发生时避免为虎作伥，并且勇于大胆揭发犯罪，使检察机关和上级部门及早介入，有效地遏制公款的流失。[③] 再次，人事部门要成立考核组织和建立健全考核机制，定期对职工思想和行为进行排查了解，针对个人的工作特点认真细致分析，掌握思想动态，避免管理上的疏漏，除考核日常行为工作表现外，还应关注重要岗位人员在非工作期间的行为，若发现有违纪违法行为的，要及时果断地将其调离。最后，加强对负责财务的领导和财务人员的经常性教育，做到“警钟长鸣”。[④]

加强正反两方面教育，通过表扬、奖励先进工作者、廉政守法者，给其以较高的精神荣誉及物质奖励等实惠，并宣传其典型事迹，从正面激励其他人员遵纪守法、廉洁奉公。同时通过严惩犯罪分子以儆效尤，利用图片展、廉政教育、服刑人员现身说法等措施，以案说法，以案明纪，从反面教育广大干部职工勿涉挪用公款犯罪。

---

① 国家森：《论中国特色的反腐机制建设》，载《国家检察官学院学报》2005 年第 4 期，第 40-49 页。

② 何礼华：《挪用公款罪的现状、特点及预防对策研究》，西南政法大学 2010 年硕士学位论文。

③ 林瑛、马逢春：《出纳人员贪污、挪用公款案件成因分析及预防》，载《青海检察》2009 年第 3 期，第 18 页。

④ 姜士德：《挪用公款案件带给我们的警示与思考》，载《吉林金融研究》2009 年第 8 期，第 77 页。

（三）虚开增值税专用发票罪

通过表 7-4 可以看出，虚开增值税专用发票罪近年来在建设工程领域虽然有所波动，但是仍然呈现总体上升的趋势。建筑施工领域虚开增值税专用发票犯罪频发与该行业的特殊背景和交易现实之间有着密不可分的关系，并且建设工程领域的工程款、材料款、劳务费等数额巨大，很容易达到追诉门槛，虚开增值税专用发票犯罪应引起建筑施工企业的重视。

表 7-4　建筑施工企业虚开增值税专用发票罪数据

时间	2001—2019 年	2020 年	2021 年	2022 年	2023 年
案件数量/件	46	34	90	126	46

（参考“威科先行 · 法律信息库”，通过检索“虚开增值税专用发票罪+建设工程”得出）

1. 虚开增值税专用发票罪概述

（1）罪名简述

虚开增值税专用发票罪，是指个人或单位故意虚开增值税专用发票的行为。虚开是指有为他人虚开、为自己虚开、让他人为自己虚开、介绍他人虚开行为之一的。

（2）历史演变

1994 年，我国开始实行增值税税制改革，我国实行的增值税实际上是采用“以票控税”的思路，即“销售必开票、扣税必有票、计税必靠票、审计必查票”。[①] 由于税制改革后，增值税发票具有抵扣税款的作用，此后便出现了虚开增值税专用发票的行为。

1997 年之前，虚开增值税专用发票罪尚未纳入《刑法》，该罪定罪处罚的依据为《全国人民代表大会常务委员会关于惩治虚开、伪造和非法出售增值税专用发票犯罪的决定》；1997 年《刑法》颁布后，虚开增值税专用发票罪正式入刑，基本沿用了《全国人民代表大会常务委员会关于惩治虚开、伪造和非法出售增值税专用发票犯罪的决定》的内容，此后定罪处罚的依据为刑法，最高刑为死刑；2011 年《刑法修正案（八）》颁行后，其第三十二条删除了 1997 年《刑法》

① 连逸夫：《虚开增值税专用发票罪之“虚开”行为辨析》，载《山西财政税务专科学校学报》2018 年第 4 期，第 55 页。

第二百零五条第二款“有前款行为骗取国家税款，数额特别巨大，情节特别严重，给国家利益造成特别重大损失的，处无期徒刑或者死刑，并处没收财产”的规定，从而废除了该罪的死刑。

（3）所涉法律法规、司法解释规定

《刑法》

第二百零五条　虚开增值税专用发票或者虚开用于骗取出口退税、抵扣税款的其他发票的，处三年以下有期徒刑或者拘役，并处二万元以上二十万元以下罚金；虚开的税款数额较大或者有其他严重情节的，处三年以上十年以下有期徒刑，并处五万元以上五十万元以下罚金；虚开的税款数额巨大或者有其他特别严重情节的，处十年以上有期徒刑或者无期徒刑，并处五万元以上五十万元以下罚金或者没收财产。

单位犯本条规定之罪的，对单位判处罚金，并对其直接负责的主管人员和其他直接责任人员，处三年以下有期徒刑或者拘役；虚开的税款数额较大或者有其他严重情节的，处三年以上十年以下有期徒刑；虚开的税款数额巨大或者有其他特别严重情节的，处十年以上有期徒刑或者无期徒刑。

虚开增值税专用发票或者虚开用于骗取出口退税、抵扣税款的其他发票，是指有为他人虚开、为自己虚开、让他人为自己虚开、介绍他人虚开行为之一的。

《最高人民法院关于对〈审计署关于咨询虚开增值税专用发票罪问题的函〉的复函》

地方税务机关实施“高开低征”或者“开大征小”等违规开具增值税专用发票的行为，造成国家税款重大损失的，虽不属于刑法第二百零五条规定的虚开增值税专用发票的犯罪行为，但对有关主管部门的国家机关工作人员，应当根据刑法有关渎职罪的规定追究刑事责任。

（4）保护法益

虚开增值税专用发票罪属于《刑法》分则破坏社会主义市场经济秩序罪一章中危害税收征管罪小节中的罪名，其保护的法益是国家税收征管秩序。

（5）表现形式

①税务机关及其工作人员将不具备条件的小规模纳税人虚报为一般纳税人，

并让其采用“高开低征”的方法为他人代开增值税专用发票的行为。

②为他人虚开，是指为没有实际经营活动的人开具发票，或者为有经营活动的人开具数量或金额不实的增值税专用发票。

③为自己虚开，是指本身没有实际的进项经营活动而利用非法取得的进项发票为自己虚开，以用于抵扣本身应缴纳的部分或全部销项税额，或者本身有实际的进、销项经营活动，却利用自己合法拥有的发票或非法取得他人的发票为自己开具数量或金额不实的增值税专用发票。

④让他人为自己虚开，是指行为人没有实际的经营活动，让他人用他人的发票为自己虚开，或者行为人有实际的经营活动，让他人用他人的发票为自己开具数额不实的增值税专用发票。

⑤介绍他人虚开，是指在增值税专用发票的拥有人和有虚开需要的人之间斡旋、沟通的行为。

（6）行为对象

本罪的行为对象是增值税专用发票。增值税专用发票，是指国家根据增值税征收管理的需要设定的，兼记价款及货物或者劳务所负担的增值税税额的一种专用发票。由于增值税的征收实行的是价外税，即价税分离原则，因而增值税专用发票在内容上，不仅明确载明了商品或劳务的销售额，同时还明确载明了其销项税额。一般纳税人的应纳增值税税额实际上是其销项税额减去进项税额的差额部分。本罪中的增值税专用发票不限于真实的发票，伪造的发票也包括在内。①

（7）行为主体

本罪的主体是一般主体，包括任何已满 16 周岁、具有刑事责任能力的自然人和单位。

（8）罪责

本罪在主观上表现为故意，即行为人明知没有实际经营活动而为他人虚开、为自己虚开、让他人为自己虚开、介绍他人虚开增值税专用发票，或者故意开具与实际经营活动的数量或金额不符的增值税专用发票。

---

① 高铭暄、马克昌：《刑法学》（第十版），北京大学出版社 2022 年版，第 434 页。

(9) 量刑

犯本罪的，处3年以下有期徒刑或者拘役，并处2万元以上20万元以下罚金；虚开的税款数额较大或者有其他严重情节的，处3年以上10年以下有期徒刑，并处5万元以上50万元以下罚金；虚开的税款数额巨大或者有其他特别严重情节的，处10年以上有期徒刑或者无期徒刑，并处5万元以上50万元以下罚金或者没收财产。单位犯本条规定之罪的，对单位判处罚金，并对其直接负责的主管人员和其他直接责任人员，按照上述主刑的法定刑处罚，不得判处罚金。在执行罚金、没收财产前，应当先由税务机关追缴税款和所骗取的税款。

2. 主要争议问题

(1) 虚开增值税专用发票罪的性质认定

虚开增值税专用发票罪在《刑法修正案（八）》删除死刑之前，最高刑为死刑，删除之后最高刑为无期徒刑。许多学者认为虚开增值税专用发票罪的量刑过重，因此对虚开增值税专用发票罪的构成要件进行了限制性解释。由此导致理论上对虚开增值税专用发票罪的本质存在较大的争议，主要包括目的犯说、行为犯说、实害犯说。

目的犯说认为，本罪是一种非法定的目的犯，只有以使用虚开的发票去非法抵扣税款或者骗取出口退税为目的，实施虚开增值税专用发票行为，才属于本罪行为，反之，则不构成本罪。[①] 因为行为人企图通过虚开发票去抵扣税款以偷逃国家税款，这种主观恶性和可能造成的客观损害使本罪行为的社会危害性特别严重。支持目的犯说的学者认为，从法定刑比较来看，作为预备行为的本罪，比作为实行行为的逃税罪和骗取出口退税罪的法定刑罚都重，说明本罪行为不只是虚开增值税专用发票而已，而是必须具有逃税或骗税目的。[②] 也有观点主张如果将本罪认定为行为犯不仅会不当扩大本罪的成立范围，反而会将那些主观上不具有偷税或骗税意图、客观上尚未严重侵害增值税征管秩序或者危及税收收入的行为纳入犯罪，而且会导致司法实践认定犯罪的困难，因为仅凭虚开行为尚难以证明

① 陈兴良：《不以骗取税款为目的的虚开发票行为之定性研究》，载《法商研究》2004年第3期，第127页。

② 康瑛：《虚开增值税专用发票罪是否属于目的犯》，载《法学杂志》2005年第11期，第21页。

行为人主观上有无偷税或骗税意图。[①] 也有反对观点主张，本罪是逃税或骗税行为的预备阶段，认为本罪的行为人在主观上具有诈骗目的没有必要，因为预备行为内在的实行行为明显违背犯罪构成要件理论。[②]

行为犯说认为，本罪是行为犯，构成犯罪不以造成偷税、骗税等后果为必要条件，只要着手实施了虚开增值税专用发票的行为并且达到定罪量刑标准即可。行为人主观上有无偷税、骗税目的，客观上有无实际抵扣、骗取税款行为，均不影响本罪的认定。[③] 有学者从罪状描述及犯罪构成要件进行论证，认为本罪在本质上是行为犯，不要求发生实际损害结果，不能以发票是否被税务机关许可抵扣或者退税为既遂未遂的标准。[④] 也有学者主张本罪是行为犯，一旦实施虚开增值税专用发票行为，就构成犯罪既遂，不存在未遂与中止情形。[⑤]

实害犯说认为，1997 年《刑法》第二百零五条第二款规定："有前款行为骗取国家税款，数额特别巨大，情节特别严重，给国家利益造成特别重大损失的，处无期徒刑或者死刑，并处没收财产。"显然，如果骗取国家税款没有达到数额特别巨大的，则仍然适用第一款。这便表明原第一款规定的是实害犯。另外，本罪第一款规定的行为包括虚开可以用于骗取出口退税的发票，可是《刑法》第二百零四条却规定了骗取出口退税罪，没有规定骗取增值税罪，因此，骗取增值税或者说利用虚开的增值税发票抵扣增值税的行为，只能适用第二百零五条第一款，这也表明了虚开增值税专用发票罪是实害犯，而不是危险犯。如果将虚开增值税专用发票罪理解为抽象危险犯或者行为犯，就意味着不管行为人是否抵扣增值税，所受处罚完全相同，这明显不符合罪刑相适应原则。[⑥]

---

① 武广彪：《从犯罪客体角度认定虚开增值税专用发票罪的虚开数额》，载《江苏警官学院学报》2016 年第 1 期，第 48 页。

② 周铭川：《论虚开增值税专用发票罪的抽象危险犯本质——兼与陈兴良教授和张明楷教授商榷》，载《上海政法学院学报（法治论丛）》2020 年第 1 期，第 60 页。

③ 张忠斌：《虚开增值税专用发票罪争议问题思辨》，载《河北法学》2004 年第 6 期；岳彩林：《虚开增值税专用发票犯罪行为的认定及法律适用》，载《法律适用》2004 年第 6 期；赵晓丽、周海霞：《刑法第 205 条犯罪研究》，载《辽宁师专学报（社会科学版）》2004 年第 8 期。

④ 王旭霞、刘娟：《办理虚开增值税专用发票案件应注意的几个问题》，载《人民检察》2003 年第 10 期，第 49 页。

⑤ 梁剑：《虚开增值税专用发票罪若干问题研究》，载《北京科技大学学报（社会科学版）》2003 年第 3 期，第 34 页。

⑥ 张明楷：《刑法学（下）》（第六版），法律出版社 2021 年版，第 1059 页。

（2）虚开增值税专用发票又以此骗取国家税款行为的定性

根据《刑法》第二百零五条第二款的规定，虚开的税款数额巨大或者有其他特别严重情节的，处十年以上有期徒刑或者无期徒刑。但对虚开增值税专用发票后并以此骗取了税款，数额不巨大、情节不严重、未造成重大损失的情形没有具体规定。

理论界目前主要有如下主张：一是牵连犯说。支持该观点的学者认为行为人虚开增值税专用发票并非为虚开而虚开，而是为了骗取税款。如同一主体实施这两种行为，两行为之间必然存在着手段行为与目的行为的牵连关系。[①] 其中，偷逃税款是行为人的目的行为，虚开增值税专用发票则是为实现偷税目的而采取的手段和方法，二罪之间系牵连关系，应根据从一重罪处罚原则以虚开增值税专用发票罪论处。二是并合说。有的学者认为，立法应将虚开行为和以虚开的方式偷税的行为合并为虚开增值税专用发票一个罪名。因此，对于虚开发票又以此抵扣税款的，应直接以虚开增值税专用发票罪论处，无须再适用牵连犯的理论。三是加重行为说。有的学者认为，虚开增值税专用发票行为本身就构成犯罪，再用虚开的发票骗取国家税款，属加重行为。[②] 但也有反驳观点认为骗取税款的行为不符合加重犯的构成要件。[③] 四是法条竞合说。支持该观点的学者认为这种情况属犯一罪同时触犯数法条的法条竞合，适用特别法优于普通法的原则以虚开增值税专用发票罪论处。[④] 五是并罚说。支持该观点的学者认为虚开增值税专用发票又以此骗取税款的行为应以偷税罪和虚开增值税专用发票罪数罪并罚，其理由是行为人的行为分别出于偷税和虚开增值税专用发票的故意，实施了两个行为，故宜以两罪论处。[⑤]

（3）伪造增值税专用发票并虚开行为的定性

对于伪造增值税专用发票并虚开行为，理论界没有统一的观点。有学者主张根据牵连犯“从一重处断”的原则论处。伪造增值税专用发票后又虚开的，触

---

① 马克昌：《经济犯罪新论》，武汉大学出版社 1998 年版，第 454 页。

② 肖扬：《中国新刑法学》，中国人民公安大学出版社 1997 年版，第 426 页。

③ 张忠斌：《虚开增值税专用发票罪争议问题思辨》，载《河北法学》2004 年第 6 期，第 80 页。

④ 刘宪权、阮传胜：《关于虚开增值税专用发票犯罪几个争议问题的分析》，载《法学》1999 年第 6 期，第 34 页。

⑤ 张忠斌：《虚开增值税专用发票罪争议问题思辨》，载《河北法学》2004 年第 6 期，第 79 页。

犯了伪造增值税专用发票罪和虚开增值税专用发票罪两个罪名，二者之间存在牵连关系，应根据牵连犯的处断原则，以其中重罪定罪处罚，不实行数罪并罚。也有学者主张数罪并罚。如果犯罪分子既伪造增值税专用发票，又利用伪造的增值税专用发票虚开，则同时触犯虚开增值税专用发票罪和伪造增值税专用发票罪，应当按照刑法规定的数罪并罚原则实施数罪并罚。还有观点认为应当以虚开增值税专用发票罪论处。伪造且虚开增值税专用发票的行为，虽涉及多个行为，但伪造与虚开之间存在预备行为和实行行为的关系。预备行为为实行行为所吸收，仅依实行行为所构成的犯罪定罪。① 另有观点采综合说。该观点对伪造行为和虚开行为并存的情况，根据行为人主观态度和客观行为区分出四种不同的处理方法。② 支持综合说观点的学者认为综合说坚持犯罪构成主客观相统一原则，以犯罪动机入手，全面考虑了行为人的犯罪手段、目的、结果，具有可操作性和较强的指导性。③

3. 案例总结

（1）泰兴某建筑工程有限公司、吴某虚开增值税专用发票案④

【裁判要旨】

被告单位泰兴某建筑工程有限公司让他人为自己虚开增值税专用发票，被告人吴某系被告单位泰兴某建筑工程有限公司直接负责的主管人员，其行为均已构成虚开增值税专用发票罪，且系单位犯罪，依法应分别予以惩处。因被告单位泰兴某建筑工程有限公司已补缴税款，故对该公司、被告人吴某所犯虚开增值税专用发票罪，均可酌情从轻处罚。被告单位泰兴某建筑工程有限公司、被告人吴某积极缴纳财产刑执行保证金，均可酌情从轻处罚。

【主要案情】

2018 年 2 月，被告人吴某为了让其经营的泰兴某建筑工程有限公司少缴纳税款，在没有真实交易的情况下，通过石某某虚开增值税专用发票 5 份，价税合计人民币 500066 元，上述虚开的增值税专用发票均已被泰兴某建筑工程有限公司

---

① 高铭暄、马克昌等：《刑法学》，北京大学出版社、高等教育出版社 1999 年版，第 203 页。
② 刘志伟：《发票犯罪若干疑难问题研析》，载《法学家》2001 年第 4 期，第 86 页。
③ 张忠斌：《虚开增值税专用发票罪争议问题思辨》，载《河北法学》2004 年第 6 期，第 81 页。
④ 江苏省泰兴市人民法院刑事判决书（2020）苏 1283 刑初 407 号。

认证抵扣，虚开税款数额共计人民币72659.17元。被告单位泰兴某建筑工程有限公司已补缴税款人民币72659.17元。

（2）张某庆虚开增值税专用发票案①

【裁判要旨】

被告人张某庆违反国家税收管理法规，虚开增值税专用发票，数额较大，其行为已构成虚开增值税专用发票罪。公诉机关指控的罪名成立，应予惩处。张某庆犯罪后自动投案，如实供述自己的罪行，系自首，依法予以从轻处罚；鉴于张某庆系初犯、偶犯，认罪、悔罪态度较好，并已补缴全部税款，酌情予以从轻处罚。

【主要案情】

被告人张某庆于2017年6月挂靠在黑龙江省A建筑工程有限公司，并以A建筑工程有限公司名义承揽了一在建楼盘的土石方挖掘工程。为增加成本，张某庆在A建筑工程有限公司与哈尔滨B商贸有限公司没有实际业务发生的情况下，通过使用虚假合同、伪造资金流的手段，在网络上联系购买了12张开具方为哈尔滨B商贸有限公司、接收方为A建筑工程有限公司的价税合计金额为130万元的黑龙江省增值税专用发票，A建筑工程有限公司已全部入账并已认证通过抵扣了相应税款。上述12张发票影响增值税金额共计188888.89元。

（3）滨州A建筑工程有限公司、陆某健虚开增值税专用发票案②

【裁判要旨】

被告单位滨州A建筑工程有限公司（以下简称A公司）违反国家增值税专用发票管理规定，在无业务往来的情况下，以收取或支付开票费的方式，为他人虚开、让他人为自己虚开增值税专用发票，其行为已构成虚开增值税专用发票罪。被告人陆某健作为A公司直接负责的主管人员，其行为已构成虚开增值税专用发票罪。

① 黑龙江省哈尔滨市南岗区人民法院刑事判决书（2019）黑0103刑初93号。

② 滨州经济技术开发区人民法院刑事判决书（2020）鲁1691刑初53号。

【主要案情】

被告单位A公司纳税人资格类型为增值税一般纳税人，法定代表人及实际控制人为被告人陆某健。2018年3月，被告人陆某健在经营A公司期间，在没有实际货物交易或者应税劳务的情况下，以A公司名义为某饲料公司虚开增值税专用发票20份，价税合计200万元，税额290598.29元，均已被用于抵扣增值税进项税额。某饲料公司按照价税合计的8%支付开票费16万元。同月，为弥补进项不足，被告人陆某健以支付开票费的方式，从某瑞公司为被告单位A公司虚开增值税专用发票13份，价税合计1493267.07元，税额216970.49元，以上发票均已在税务局认证抵扣。

4. 合规要点

建筑企业及从业人员在经营活动中如果不规范自己的行为，那么企业及其主管人员与直接责任人员都可能陷入刑事风险。这些行为有些是建筑企业及从业人员故意为之，有些则是建筑企业及其从业人员法律意识淡薄和法律知识匮乏造成的。企业应充分认识虚抵增值税专用发票的危害，拒绝虚假增值税专用发票进项抵扣的利益诱惑。企业恶意接收虚假增值税专用发票，将会被处以罚金。即便企业是善意取得虚假增值税发票，不会对受票企业进行处罚，但是由于取得的增值税专用发票不合法合规，增值税进项税的转出及企业所得税的调增，都会增加企业的税务成本。

（1）完善企业税务管理制度

建立健全资金管理、财务核算和涉税事项的管理与审批，密切关注货物、资金和发票的流向是否正常、货物（服务）项目与数额是否填写正确。建筑施工企业应当提高税务管理水平、增强合规意识，从企业端控制税务风险，实现业务流程规范化。建筑施工企业应制定内部配套的规章制度，将《发票管理办法》《发票管理办法实施细则》《刑法》及相关司法解释转化成企业规章制度，企业高层应带头并要求全体员工严格遵守、合规经营。企业高层应重视合规并承诺依法依规经营，为企业员工树立合规典范，企业在运行过程中要遵守法律法规、遵守商业行为守则和企业伦理规范，不可有侥幸心理。[①] 在确保企业各项经营合法合规的前提下，应保证“三流一致”，形成完整的交易链条，在交易过程中建立完善的采购、入库、销售及应收账款管理等制度，确保财务岗位设置科学合理，且形成有效监督，确保每项交易准确、真实和完整，防止被认定为虚开增值税专用发票。

企业、公司要重视对会计、出纳等掌握公司账目的人员的培养与训练，当公司的经济往来行为明显是违规操作时，会计、出纳要及时给出建议与提醒，规避刑事风险。项目经理在向施工企业提供发票时，应当确保业务真实发生，且所出具的发票内容与实际相符，不能为了冲抵成本、收取工程款出具无真实交易或金额不符的发票。同时，项目经理应当强化对发票管理法律法规的学习，做到资金流、合同流、货物流相一致，其开具无实际业务的虚假发票，情节严重的，将构成虚开发票罪。对于项目负责人自身不具备开票资格，在发生真实交易需要出具发票的情况下，应当到税务机关进行代开，杜绝向建设单位提供非实际施工方出具的虚假发票。[②] 另外，还存在如实代开增值税专用发票的情形，如实代开行为大多发生在供货方不具备开具增值税专用发票的能力，从而找到关联公司为购货方开具专用发票。在此过程中，实践中仍然有可能被定义为犯罪。因此，企业、公司在经济往来中，一定要重视增值税专用发票的开具程序，避免因不懂法而犯罪。[③]

（2）定期开展纳税意识培训

定期开展对高级管理人员、财务管理人员及购销业务人员的税法、刑法培训，提高各级人员的依法纳税意识，增强合规意识，使企业全体员工知晓法律的具体规定和行为边界，进而规范自身行为。培育遵纪守法的良好纳税企业文化，从领导到员工都能自觉履行相关法律要求。企业虽是以营利为目的，但必须合法合规经营。要守法，首先要懂法。组织员工学习税务相关的法律法规，不仅要提升财务人员的税务专业素养，还要增强业务人员的法律意识。业务人员是接洽业

---

① 陈瑞华：《合规整改中的高层承诺原则》，载《法律科学（西北政法大学学报）》2023 年第 3 期，第 86-88 页。

② 陈谦：《增值税专用发票的虚开与规范治理研究》，集美大学 2021 年硕士学位论文。

③ 辛荣华：《关于我国虚开增值税专用发票的管控研究》，天津财经大学 2020 年硕士学位论文。

务的一线人员，只有提高业务人员税务风险的识别能力，才能守好拒绝虚假增值税发票的第一道防线。①

企业一定要加强与法律顾问之间的联系。只有以专业律师团队为代表的法律顾问才能够真正从法律的角度来分析企业的经济行为，在企业即将滑向犯罪深渊时悬崖勒马，起到预防犯罪的作用。防止企业内部工作人员或公司高管基于朴素的道德观念，造成国家税款的损失。②

（3）规范业务交易流程

建筑施工企业应当健全每个交易环节的内控管理制度，对业务发起、合同签订、货物购销、资金流转、发票开具等环节展开监督和管理，确保各个环节真实合法。建筑施工企业应当尽可能选择长期合作且诚信可靠的供应商作为合作伙伴。要杜绝虚假增值税发票，先要从源头上控制，即在供应商选择上加强甄别。对新的供应商进行企业信息收集，考察其经营范围、企业资质、生产能力、经营规模、纳税情况及社保缴纳情况等。可通过国家税务局或者国家企业信用信息公示系统网站，核实供货单位的纳税信用及经营状态，确保供货商是非走逃企业或非正常户。选定供货商之后，从签订合同到支付货款、从货物运输到货物入库，都需要提供第三方凭据。如向供货商支付货款，应避免大额现金支付，获取银行汇款或者支票凭据，且收款人必须与合同的乙方、发票的开具单位一致，确保三流合一。货物运输物流凭据应保存完整，如发货地、发货人和收货人名字，以及货物类别、数量。货物入库时，应确保物流单据、入库单与货物品名数量一致，入库和出库手续完备。

另外，在交易过程中建筑施工企业应当强化与税务机关的良好沟通，及时获取最新税法规定及防范经验。作为合法合规经营的企业，与税务机关应是携手合作的关系。税务机关对于违规企业的严厉打击，为企业营造了诚信公平的市场环境。税务机关向企业宣传稽查虚假发票企业的经验，其中包含一些违规企业的特征，及防范接收虚假发票的窍门。当企业接收到上类企业的发票时，就会提高警

① 刘婷婷、郑洲、黄燕：《企业取得虚开增值税专用发票的风险及其应对》，载《企业改革与管理》2019年第1期，第126页。

② 袁彬：《虚开增值税专用发票罪的限制适用探讨》，载《人民检察》2017年第17期，第16-20页。

惕，大大降低接收虚假发票的风险。①

二、建筑施工企业资金管理合规要求

（一）完善资金管理制度

1. 建立资金预算体系，合理筹集分配资金

建筑施工企业所创造的价值在国民经济中的地位举足轻重，企业应制定合理的资金管理模式对资金进行统筹管理，确保资金使用安全并产生最大的经济效益。企业建立自己的资金预算管理体系，需要根据实际情况由各资金需求单位制定全年资金预算，企业要站在战略发展的角度，统一分配和调度资金，并将批复后的全年资金预算由各资金需求单位分解到各个季度、月度，执行过程中应严格按照资金预算进行，定期对资金预算执行情况进行跟踪分析，制定奖罚办法并加大落实力度。建筑施工企业资金管理要做到事前预测、事中控制、事后分析、评价考核。② 在制定资金预算策略时，要落实企业发展战略，充分考虑影响资金流动的外部环境因素和内部因素。外部环境因素又可以分为宏观因素（如政策导向、资金面形势）和产业链上下游环境因素（如业主招标条件、支付意愿、分包或采购成本），内部因素主要指企业的市场影响力、成本费用支出、资金管理效率等。企业要在充分分析环境影响因素的基础上制定中长期的预算策略，市场环境好时可采取适当的激进型策略，完成企业规模的扩张，在市场形势走弱期间要慎重利用财务杠杆，及时调整负债结构，逐步消化积累的风险。③

2. 建立健全集中资金管理的模式

货币资金集中管理模式，是指对整个集团货币资金进行集中调度、支付、管理、运作和监控。建筑施工企业应当根据企业业务管理和项目开发实际，建立健全资金集中管理制度，完善投融资管理、资金预算、资金授权审批、监督管理、岗位分工等各项制度。通过全面的资金集中管理制度，确保建筑施工企业在推进

---

① 刘婷婷、郑洲、黄燕：《企业取得虚开增值税专用发票的风险及其应对》，载《企业改革与管理》2019 年第 1 期，第 126 页。

② 杨丽：《浅谈建筑施工企业资金管理》，载《纳税》2019 年第 33 期，第 292 页。

③ 王旭：《工程施工企业资金预算管理分析》，载《一重技术》2019 年第 1 期，第 74 页。

资金集中管理时有据可依，保证工作流程的规范性以及严谨性。①

一方面，货币资金集中管理需要严格执行预算管理，结合内部控制，提高货币资金使用效率，扩大效益规模；另一方面，实行资金集中管理模式既应与当前财务管理模式结合，又要分离。结合是指在财务模型的基础上运作，企业应保证财务管理系统的可靠运行；分离则是指两种模式要独立运行且互不干扰，企业应提升货币资金集中管理的效力。② 同时充分利用信息系统，加强资金集中管理，实行统收统支。其中，共享服务中心是资金预算管理的有效工具。而企业财务管理实现信息化、流程化、制度化之后，将会彻底排除人情化管理，提高预算编制效率，强化预算的刚性约束，有效降低财务风险。③ 另外，建筑施工企业应当对各子企业进行分类、分级管理，建立不同的指标考核体系。对于亏损或者负债率过高的单位，可收回其自主项目的投融资决策权，调整对其收入规模的考核指标，同时提出减亏措施建议和指导。对于经营情况较好的子企业，要充分放权，提升末端企业的管理水平。还可以建立可追溯考评机制，根据企业投资项目的效果对企业管理者实施可追溯考评，以提高企业管理者对于投资项目全生命周期的重视程度，削弱对短期利益的追求。④ 最后应当落实反馈机制，及时接收分公司以及各项目部信息反馈并上传至管理层，实现企业与分公司、项目部的集权与分权关系，提升统收统支模式下对分公司、项目部资金管理工作的灵活性。⑤

3. 利用信息化建设，厘清资金管理流程

建筑施工企业工程项目点多面广，资金管理更需要加强信息化建设，依托信息化手段厘清管理流程，减少周转环节，降低审批周期，强化在线监控。现在，许多大型企业集团都已开始实施或者试点财务共享模式，从业务和财务融合的角度出发，标准化财务和业务流程，集约化，人力、物资和资金等资源推行统一的信息标准、业务流程、成本标准、组织体系，实现物流、资金流、信息流和价值

① 谢黎明：《建筑施工企业资金集中管理存在的问题及对策探讨》，载《纳税》2019 年第 22 期，第 286 页。

② 张洋：《施工企业资金管理风险及对策》，载《山西财经大学学报》2019 年第 S2 期，第 64 页。

③ 井云：《关于建筑企业资金预算管理的探讨》，载《现代经济信息》2016 年第 11 期，第 206 页。

④ 王旭：《工程施工企业资金预算管理分析》，载《一重技术》2019 年第 1 期，第 74 页。

⑤ 孟沙：《基于资金集中管理模式的建筑施工企业内控制度建设策略》，载《企业改革与管理》2018 年第 15 期，第 170 页。

流“四流合一”，进行会计集中核算、资金集中管理、资本集中运作、预算集约调控、风险在线监控，促进财务管理规范化。[①] 针对建设施工项目而言，在项目正式启动前，应制定详细的项目预算，严格把握融资节奏和资金投入节奏。在项目进行中应根据预算严格管控资金流，做好应对紧急情况的预案。项目完成后，应及时做好应收账款账龄分析，按进度收回款项。另外，还要对项目进行评价，分析项目投资实际收益情况，作为管理决策支持材料，同时为客户的信用分类管理提供依据。[②]

（二）拓宽融资渠道，防范融资风险

建筑施工企业在融资时应统筹考虑融资渠道与融资期限，综合进行不同的资本组合与期限组合。在构建长期资产时，尽量选择利率相对较低的长期借款和内生资金进行资本合并；当筹集资金以满足企业的日常生产和经营为需求时，选择灵活性较高的短期贷款。定期规划融资计划，综合考虑资金占用的紧急程度以及还款期限的长短来实现最低资金成本借款。企业还应积极响应国家政策，参与PPP（Public-Private-Partnership，政府和社会资本合作）、BOT（Build-Operate-Transfer，建设—经营—转让）等新型资本构建模式，逐步由依靠单一银行借款模式转变为股权融资、债券融资、内部和外部融资以及其他融资方式的组合。除此之外，企业还可以利用资产证券化、绿色金融市场化等方式实现风险转移，提升企业的融资能力。[③]

（三）建设资金管理人才队伍

财务管理人员是企业资金管理的主要参与者，其能力的高低直接影响企业资金管理的整体水平。建筑施工企业需要优化内部人事组织，完善人才引进机制，提高招工标准和要求，帮助企业大力引进高素质人才，完善岗前培训机制，帮助员工更好地适应当今公司的工作模式。[④]

企业应积极建立一支高水平的资金管理人才队伍。第一，进行详细的岗前筛

① 杨丽：《浅谈建筑施工企业资金管理》，载《纳税》2019 年第 33 期，第 292 页。
② 王旭：《工程施工企业资金预算管理分析》，载《一重技术》2019 年第 1 期，第 74 页。
③ 张洋：《施工企业资金管理风险及对策》，载《山西财经大学学报》2019 年第 S2 期，第 64 页。
④ 黄秀清：《大型建筑施工企业资金集中管理探讨》，载《行政事业资产与财务》2020 年第 10 期，第 28 页。

选，在选任工作人员时核实其资格证书，并对员工的理论知识能力和专业胜任能力进行考核，通过逐级筛选后进入企业，创建严格的准入制度；第二，员工进入企业后，结合其实际操作能力、经验，考察员工的具体优势与擅长方向，深入挖掘职工潜能，为其匹配适用货币资金管理岗位，最大限度地使员工人尽其才，提升财务人员的整体素养；[①] 第三，强化企业内部绩效考评机制与晋升制度，科学设置考评目标，充分考量员工实际工作内容，确保考评指标的科学性以及合理性，促进员工工作积极性的有效提升，培养员工忠诚度，减少人才流失，完善奖惩机制，帮助员工充分意识到资金集中管理工作的重要性，推动企业实现长足发展；[②] 第四，定期组织职工培训与交流会，扩充财务人员的专业知识储备，加强职工之间的相互交流，督促员工自我提升，增强员工专业技能和信息化手段应用能力，更好地适应现代化建筑施工企业工作管理需求。[③] 针对上层领导，应定期开展沟通交流会议，拓宽对于项目以及资金的控制思路，进一步提高资金管理能力。针对监督和审核的部门，需要落实自身监督和互相监督的制度，完善责任制度的划分，从而提高部门的自身净化能力，避免内部员工中饱私囊。[④]

---

① 张洋：《施工企业资金管理风险及对策》，载《山西财经大学学报》2019 年第 S2 期，第 64 页。

② 姚萍：《建筑施工企业资金集中管理的必要性及实施策略研究》，载《经营者》2020 年第 3 期，第 96 页。

③ 王彬彬：《建筑施工企业的资金集中管理研究》，载《财会学习》2021 年第 25 期，第 149 页。

④ 余翠兰：《工程施工企业资金集中管理内控体系的构建》，载《财经界》2019 年第 35 期，第 58 页。

第八章　建筑施工企业风险自查及举报机制

一、建筑施工企业风险自查机制

本制度所称的风险，是指可能对建筑施工企业正常经营产生较大不利影响或对行业声誉及平稳发展造成较大损害的不确定因素，具体为事故或事件发生的可能性和严重程度的组合。可能性，是指事故（事件）发生的概率。严重性，是指事故（事件）一旦发生后，将造成的人员伤害和经济损失的严重程度。[①]

为降低建筑施工企业的经营风险，应以推动建筑施工企业落实安全生产主体责任为抓手，建立健全双重预防机制治理体系，实现企业安全风险自辨自控、隐患自查自纠，提升安全生产整体管控能力，把风险控制在隐患形成之前[②]，把隐患消灭在事故发生之前，切实提高建筑施工企业防范和遏制安全生产事故的能力与水平，同时经营过程中应做到合法合规，并定期进行企业风险的自我排查。

建筑施工企业实施风险自我排查，应坚持以下原则：

①上下联动原则。建筑施工企业应根据法律法规和监管部门、行业协会、监理单位等相关指导意见对自身管理、服务、经营、招标投标、施工许可、施工活动监管、安全生产监督等各个经营管理环节开展风险排查与沟通，形成防范化解风险的合力。

②定量与定性相结合的原则。开展风险排查，既要遵循客观的定量分析，也要注重宏观基础上的主观评估，保证结论的科学性、全面性。

③短期与长期相结合的原则。开展风险排查，不仅要针对当前经营与管理中

---

① 崔建川、安世辉、张志勇：《落实安全"风险分级管控"的思考》，载《电力安全技术》2020 年第 2 期，第 8-10 页。

② 关有利、刘少军、王守印：《张家峁矿构建双重预防机制的实践》，载《陕西煤炭》2020 年第 2 期。

的风险因素进行摸排，而且要着眼长远，对可能影响和威胁公司以及行业健康发展的长期隐患进行排查与预测，增强预见性。

④具体、可操作的原则。实施风险排查的责任主体，应根据自身职责及主客观条件，科学设置风险指标，准确评价风险状况，确保数据真实、信息完整、层次分明、评估具体可靠。

建筑施工企业合规管理组织风险自查

1. 建筑施工企业安全风险分级管控

风险等级从高到低依次划分为重大风险、较大风险、一般风险和低风险四个等级，并分别采用红、橙、黄、蓝四种颜色标示。[①] 其中：

Ⅰ级：重大风险/红色风险，是指现场的作业条件或作业环境非常危险，现场危险源多且难以控制，如继续施工，极易引发群死群伤事故，或造成重大经济损失，属于不可容许的危险，当风险涉及正在进行中的作业时，应暂停作业。

Ⅱ级：较大风险/橙色风险，是指现场的作业条件或作业环境处于不安全状态，现场危险源较多且管控难度较大，如继续施工，极易引发一般生产安全事故，或造成较大经济损失，属于高度危险，当风险涉及正在进行中的作业时，应采取应急措施。

Ⅲ级：一般风险/黄色风险，是指现场的风险基本可控，但依然存在导致生产安全事故的诱因，如继续施工，可能会引发人员伤亡事故，或造成一定的经济损失，属于中度危险，应采取安全措施，完成控制管理。

Ⅳ级：低风险/蓝色风险，是指现场所存在的风险基本可控，如继续施工，可能导致人员伤害，或造成一定的经济损失，属于轻度且可容许的危险，虽无须增加另外的控制措施，但需要在工作中逐步加以改进。

以下情形可直接确定为重大风险：

①违反法律、法规及国家标准中强制性条款的；

②发生过死亡、重伤、职业病、重大财产损失事故，或三次及以上轻伤、一般财产损失事故，且现在发生事故的条件依然存在的；

---

① 《国务院安委会办公室关于实施遏制重特大事故工作指南构建双重预防机制的意见》（安委办〔2016〕11号）。

③超过一定规模的危险性较大的分部分项工程；

④构成危险化学品一级、二级重大危险源的场所和设施；

⑤具有火灾、爆炸、窒息、中毒等危险的场所，作业人员在 10 人及以上的。

企业应根据风险分级管控的基本原则，结合本单位机构设置情况，合理确定各级风险的管控层级，落实管控责任。[①]

（1）管控要求

①企业应根据风险等级实施差异化管理，进行四级管控，包括企业、项目部、施工班组、作业人员，遵循风险等级越高管控层级越高的原则，如表 8-1 所示。

表 8-1 建筑施工企业风险管控层级

风险等级	表示颜色	管控责任单位	责任人
重大风险	红色	企业	主要负责人/部门
较大风险	橙色	项目部	项目负责人
一般风险	黄色	施工班组	班组长
低风险	蓝色	作业人员	岗位员工

②企业应根据本单位组织机构设置情况，合理确定各级风险的管控层级。上一级负责管控的风险，下一级必须同时负责管控，并逐级落实具体措施。

③对于操作难度大、技术含量高、风险等级高、可能导致严重后果的风险应进行重点管控。

④风险管控层级可进行增加、合并或提级。[②]

（2）风险分级管控清单[③].

风险分级管控清单包含作业活动风险分级管控清单、设备设施风险分级管控清单。清单需经企业组织相关部门、岗位人员按程序评审，企业主要负责人审定后发布，企业应根据自身实际及时更新。

① 范志富：《当前存在的问题及破局之道》，载《施工企业管理》2019 年第 6 期。

② 于得祥、巩继涛、王浩等：《风险分级管控在烟厂安全管理中的应用》，载《山东工业技术》2019 年第 6 期。

③ 张晓星：《风险分级管控和隐患排查治理双重预防体系在地铁施工阶段的应用分析》，载《价值工程》2019 年第 18 期。

1）作业活动风险分级管控清单

项目部应在施工前，针对所涉及作业活动风险的辨识和评价情况，编制作业活动风险分级管控清单，如表 8-2 所示，并随工程进度及时更新。

表 8-2　作业活动风险分级管控清单

序号	风险点名称	工作步骤或工作内容	潜在事故类型	主要危险有害因素（人、物、环、管因素）	风险等级	管控措施	应急措施	管控层级	责任人

2）设备设施风险分级管控清单

项目部应在施工前，针对所涉及的设施、部位、场所、区域风险的辨识和评价情况，编制设备设施风险分级管控清单，如表 8-3 所示，并随工程进度及时更新。

表 8-3　设备设施风险分级管控清单

序号	风险点名称	检查内容	标准要求	产生偏差导致的主要事故类型	风险等级	管控措施	应急措施	管控层级	责任人

（3）风险告知

企业应建立完善的风险公告制度，针对辨识评估出的风险，在施工现场采用区域安全风险四色分布图、作业安全风险比较图、岗位安全风险明白卡、重大安全风险公告栏、安全警示标志等形式进行安全风险公告，并定期对各类安全风险警示标识进行检查和维护，确保其完好有效。

1）区域安全风险四色分布图

项目部应将作业场所、生产设施等区域存在的重大风险、较大风险、一般风险和低风险，分别用红、橙、黄、蓝四种颜色标示在总平面布置图或地理坐标图中，并设置在施工现场的醒目位置，向本单位从业人员和外来人员公示施工现场安全风险分布情况。建筑施工现场采用表 8-4 中的统一色谱标准。①

表 8-4　安全风险等级四色标识

序号	风险等级	颜色
1	重大风险	红
2	较大风险	橙
3	一般风险	黄
4	低风险	蓝

2）岗位安全风险明白卡

项目部应在有安全风险的工作岗位设置岗位安全风险告知卡，告知从业人员本岗位存在的主要危险有害因素、易发生事故类型、岗位操作注意事项、应急处置措施等信息，如表 8-5 所示。②

表 8-5　岗位安全风险告知卡

作业名称		作业对象	
主要危险有害因素			
易发生事故类型			
岗位操作注意事项			
须穿戴的劳动防护用品			
应急处置措施			
安全警示标志			
告知人（签名）		接受人（签名）	

3）其他警示标志

项目部应按照规定要求，在施工现场入口处、施工起重机械、临时用电设施、脚手架、出入通道口、楼梯口、电梯井口、孔洞口、桥梁口、隧道口、基坑边沿、爆破物及有害危险气体和液体存放处等存在安全风险的场所与危险位置，

① 张子英：《安全风险分级管控与隐患排查治理双重预防体系的建立与推广应用》，载《中小企业管理与科技（中旬刊）》2019 年第 10 期。

② 参见《企业安全生产标准化基本规范》（GB/T 33000-2016）。

设置明显的、符合国家标准的安全警示标志。①

（4）文件管理

完整保存体现风险分级管控过程的记录资料，并分类建档管理。包括风险分级管控制度、风险点统计表、危险源辨识与风险评价记录，以及风险分级管控清单、危险源统计表等内容的文件化成果；涉及重大、较大风险时，其辨识、评价过程记录，风险控制措施及其实施和改进记录等，应单独建档管理。

（5）分级管控的效果②

通过风险分级管控体系建设，应至少在以下六个方面有所改进：

①每一轮危险源辨识和风险评价后，应使原有管控措施得到改进，或者通过增加新的管控措施提高安全可靠性；

②重大风险场所、部位的警示标识得到保持和完善；

③涉及重大风险部位的作业、属于重大风险的作业建立了专人监护制度；

④员工对所从事岗位的风险有更充分的认识，安全技能和应急处置能力进一步提高；

⑤保证风险控制措施持续有效的制度得到改进和完善，风险管控能力得到加强；

⑥根据改进的风险控制措施，完善隐患排查项目清单，使隐患排查工作更具针对性。

2. 风险控制措施

（1）风险控制措施确定原则

①企业在选择风险控制措施时应充分考虑以下四个方面：第一，可行性；第二，安全性；第三，可靠性；第四，重点突出人的因素。

②作业活动类危险源的控制措施通常应考虑管理制度的健全性、操作规程的完备性、管理流程的合理性、作业环境的可控性、作业对象的完好状态及作业人员的技术能力等方面的因素。

③设备设施类危险源的控制措施通常应包括设备本身带有的控制措施，如各

---

① 筑龙网编著：《建筑施工安全技术与管理》，中国电力出版社 2005 年版。

② 吴建平：《构建风险分级管控体系》，载《施工企业管理》2019 年第 2 期。

种安全防护装置，以及检查、检测、验收、维修保养等常规的管理措施。①

（2）重大风险控制措施

①对于重大风险应尽可能地采取较高级别的风险控制方法，增加或同时采取多种管控措施并有效落实，将风险降低到可控范围或可容许程度，管控过程应形成文件记录。

②需通过同时实施多种控制措施才能控制的重大风险，应制订相应的控制目标和具体实施方案。

③属于经常性或周期性工作中的不可接受风险的，要制定新的管理文件（程序或作业文件）或修订原来的文件，文件中应明确规定对该种风险的有效控制措施，并在实践中落实。②

（3）控制措施有效性评审

风险控制措施应在实施前针对以下内容进行评审：

①措施的可行性和有效性；

②是否使风险降低至可接受程度；

③是否产生新的危险源或危险有害因素；

④是否已选定最佳的解决方案。

3. 各部门风险自查定期报告制度

各建筑施工企业应依据前述风险分类、等级划分以及各自承担的排查责任编制风险排查报告，报告应重点围绕风险发生的可能性、风险发生的条件和影响程度进行分析、评估。风险排查报告应至少包含下列内容：

①当期风险排查、识别、监测、评估情况和重大纠纷调解过程中排查出的风险情况，包括风险的种类、等级、表现形式、形成因素以及预计可能导致的损失等。

②对主要风险拟采取的控制措施和应对方案。

③对上期排查出的风险跟踪和应对处置情况。

---

① 王海震：《B啤酒生产企业的安全风险分级管控优化研究》，广西大学2019年硕士学位论文。

② 邹晓锋、宋大成：《职业安全健康管理体系策划中的逻辑关系》，载《中国职业安全卫生管理体系认证》2004年第2期。

此外，若建筑施工企业发生重大生产安全事故应当按照国家有关伤亡事故报告和调查处理的规定，及时、如实地向负责安全生产监督管理的部门、建设行政主管部门或者其他有关部门报告。建设行政主管部门是建设安全生产的监督管理部门，对建设安全生产实行的是统一监督管理，因此，各个行业的建设施工中若出现安全事故，都应当向其报告。对于专业工程施工中出现的生产安全事故，由于相关专业主管部门也承担着对建设安全生产的监督管理职能，因此，专业工程出现安全事故，还需要向有关行业主管部门报告。

事故报告应采用统一表式。报告内容包括：事故单位概况；事故发生的时间、地点以及事故现场情况；事故的简要经过；事故已经造成或者可能造成的伤亡人数（包括下落不明的人数）和初步估计的直接经济损失；已经采取的措施；其他应当报告的情况。除了事故后及时提交报告外，还需要持续报告事故处理进展。续报内容包括：事故发生单位及其主要负责人情况；事故发生的简要经过；事故造成的伤亡人数和直接经济损失的初步估计；事故原因的初步分析；事故发生后的应急救援措施及采取的其他处理措施。事故在第一次续报后出现新情况的，应继续报告。在事故发生后30日内伤亡人数发生变化的，应及时补报。①

法条链接

《中华人民共和国刑法》

第一百三十九条之一　在安全事故发生后，负有报告职责的人员不报或者谎报事故情况，贻误事故抢救，情节严重的，处三年以下有期徒刑或者拘役；情节特别严重的，处三年以上七年以下有期徒刑。

《最高人民法院、最高人民检察院关于办理危害生产安全刑事案件适用法律若干问题的解释》

第四条　刑法第一百三十九条之一规定的“负有报告职责的人员”，是指负有组织、指挥或者管理职责的负责人、管理人员、实际控制人、投资人，以及其他负有报告职责的人员。

---

① 赵挺生、葛莉：《工程安全与防灾减灾》，华中科技大学出版社2008年版。

《最高人民法院关于进一步加强危害生产安全刑事案件审判工作的意见》

11. 安全事故发生后，负有报告职责的国家工作人员不报或者谎报事故情况，贻误事故抢救，情节严重，构成不报、谎报安全事故罪，同时构成职务犯罪或其他危害生产安全犯罪的，依照数罪并罚的规定处罚。

《中华人民共和国安全生产法》

第四十一条 生产经营单位应当建立安全风险分级管控制度，按照安全风险分级采取相应的管控措施。

生产经营单位应当建立健全并落实生产安全事故隐患排查治理制度，采取技术、管理措施，及时发现并消除事故隐患。事故隐患排查治理情况应当如实记录，并通过职工大会或者职工代表大会、信息公示栏等方式向从业人员通报。其中，重大事故隐患排查治理情况应当及时向负有安全生产监督管理职责的部门和职工大会或者职工代表大会报告。

县级以上地方各级人民政府负有安全生产监督管理职责的部门应当将重大事故隐患纳入相关信息系统，建立健全重大事故隐患治理督办制度，督促生产经营单位消除重大事故隐患。

第五十九条 从业人员发现事故隐患或者其他不安全因素，应当立即向现场安全生产管理人员或者本单位负责人报告；接到报告的人员应当及时予以处理。

第六十八条 安全生产监督检查人员应当将检查的时间、地点、内容、发现的问题及其处理情况，作出书面记录，并由检查人员和被检查单位的负责人签字；被检查单位的负责人拒绝签字的，检查人员应当将情况记录在案，并向负有安全生产监督管理职责的部门报告。

第七十四条 任何单位或者个人对事故隐患或者安全生产违法行为，均有权向负有安全生产监督管理职责的部门报告或者举报。

因安全生产违法行为造成重大事故隐患或者导致重大事故，致使国家利益或者社会公共利益受到侵害的，人民检察院可以根据民事诉讼法、行政诉讼法的相关规定提起公益诉讼。

第八十三条 生产经营单位发生生产安全事故后，事故现场有关人员应当立即报告本单位负责人。

单位负责人接到事故报告后，应当迅速采取有效措施，组织抢救，防止事故扩大，减少人员伤亡和财产损失，并按照国家有关规定立即如实报告当地负有安全生产监督管理职责的部门，不得隐瞒不报、谎报或者迟报，不得故意破坏事故现场、毁灭有关证据。

第八十五条 有关地方人民政府和负有安全生产监督管理职责的部门的负责人接到生产安全事故报告后，应当按照生产安全事故应急救援预案的要求立即赶到事故现场，组织事故抢救。

参与事故抢救的部门和单位应当服从统一指挥，加强协同联动，采取有效的应急救援措施，并根据事故救援的需要采取警戒、疏散等措施，防止事故扩大和次生灾害的发生，减少人员伤亡和财产损失。

事故抢救过程中应当采取必要措施，避免或者减少对环境造成的危害。

任何单位和个人都应当支持、配合事故抢救，并提供一切便利条件。

第一百零一条 生产经营单位有下列行为之一的，责令限期改正，处十万元以下的罚款；逾期未改正的，责令停产停业整顿，并处十万元以上二十万元以下的罚款，对其直接负责的主管人员和其他直接责任人员处二万元以上五万元以下的罚款；构成犯罪的，依照刑法有关规定追究刑事责任：

（一）生产、经营、运输、储存、使用危险物品或者处置废弃危险物品，未建立专门安全管理制度、未采取可靠的安全措施的；

（二）对重大危险源未登记建档，未进行定期检测、评估、监控，未制定应急预案，或者未告知应急措施的；

（三）进行爆破、吊装、动火、临时用电以及国务院应急管理部门会同国务院有关部门规定的其他危险作业，未安排专门人员进行现场安全管理的；

（四）未建立安全风险分级管控制度或者未按照安全风险分级采取相应管控措施的；

（五）未建立事故隐患排查治理制度，或者重大事故隐患排查治理情况未按照规定报告的。

《中华人民共和国建筑法》

第十条 在建的建筑工程因故中止施工的，建设单位应当自中止施工之日起一个月内，向发证机关报告，并按照规定做好建筑工程的维护管理工作。

建筑工程恢复施工时，应当向发证机关报告；中止施工满一年的工程恢复施工前，建设单位应当报发证机关核验施工许可证。

第十一条 按照国务院有关规定批准开工报告的建筑工程，因故不能按期开工或者中止施工的，应当及时向批准机关报告情况。因故不能按期开工超过六个月的，应当重新办理开工报告的批准手续。

第五十一条 施工中发生事故时，建筑施工企业应当采取紧急措施减少人员伤亡和事故损失，并按照国家有关规定及时向有关部门报告。

《建设工程安全生产管理条例》

第二十一条 施工单位主要负责人依法对本单位的安全生产工作全面负责。施工单位应当建立健全安全生产责任制度和安全生产教育培训制度，制定安全生产规章制度和操作规程，保证本单位安全生产条件所需资金的投入，对所承担的建设工程进行定期和专项安全检查，并做好安全检查记录。

施工单位的项目负责人应当由取得相应执业资格的人员担任，对建设工程项目的安全施工负责，落实安全生产责任制度、安全生产规章制度和操作规程，确保安全生产费用的有效使用，并根据工程的特点组织制定安全施工措施，消除安全事故隐患，及时、如实报告生产安全事故。

第二十三条 施工单位应当设立安全生产管理机构，配备专职安全生产管理人员。

专职安全生产管理人员负责对安全生产进行现场监督检查。发现安全事故隐患，应当及时向项目负责人和安全生产管理机构报告；对于违章指挥、违章操作的，应当立即制止。

专职安全生产管理人员的配备办法由国务院建设行政主管部门会同国务院其他有关部门制定。

第五十条 施工单位发生生产安全事故，应当按照国家有关伤亡事故报告和调查处理的规定，及时、如实地向负责安全生产监督管理的部门、建设行政主管部门或者其他有关部门报告；特种设备发生事故的，还应当同时向特种设备安全监督管理部门报告。接到报告的部门应当按照国家有关规定，如实上报。

实行施工总承包的建设工程，由总承包单位负责上报事故。

第五十七条　违反本条例的规定，工程监理单位有下列行为之一的，责令限期改正；逾期未改正的，责令停业整顿，并处10万元以上30万元以下的罚款；情节严重的，降低资质等级，直至吊销资质证书；造成重大安全事故，构成犯罪的，对直接责任人员，依照刑法有关规定追究刑事责任；造成损失的，依法承担赔偿责任：

（一）未对施工组织设计中的安全技术措施或者专项施工方案进行审查的；

（二）发现安全事故隐患未及时要求施工单位整改或者暂时停止施工的；

（三）施工单位拒不整改或者不停止施工，未及时向有关主管部门报告的；

（四）未依照法律、法规和工程建设强制性标准实施监理的。

《特种设备安全监察条例》

第四十条　特种设备作业人员在作业过程中发现事故隐患或者其他不安全因素，应当立即向现场安全管理人员和单位有关负责人报告。

第四十八条　特种设备检验检测机构进行特种设备检验检测，发现严重事故隐患或者能耗严重超标的，应当及时告知特种设备使用单位，并立即向特种设备安全监督管理部门报告。

第五十九条　特种设备安全监督管理部门对特种设备生产、使用单位和检验检测机构进行安全监察，发现重大违法行为或者严重事故隐患时，应当在采取必要措施的同时，及时向上级特种设备安全监督管理部门报告。接到报告的特种设备安全监督管理部门应当采取必要措施，及时予以处理。

对违法行为、严重事故隐患或者不符合能效指标的处理需要当地人民政府和有关部门的支持、配合时，特种设备安全监督管理部门应当报告当地人民政府，并通知其他有关部门。当地人民政府和其他有关部门应当采取必要措施，及时予以处理。

第六十六条　特种设备事故发生后，事故发生单位应当立即启动事故应急预案，组织抢救，防止事故扩大，减少人员伤亡和财产损失，并及时向事故发生地县以上特种设备安全监督管理部门和有关部门报告。

县以上特种设备安全监督管理部门接到事故报告，应当尽快核实有关情况，立即向所在地人民政府报告，并逐级上报事故情况。必要时，特种设备安全监督管理部门可以越级上报事故情况。对特别重大事故、重大事故，国务院特种设备安全监督管理部门应当立即报告国务院并通报国务院安全生产监督管理部门等有关部门。

第八十一条 电梯制造单位有下列情形之一的，由特种设备安全监督管理部门责令限期改正；逾期未改正的，予以通报批评：

（一）未依照本条例第十九条的规定对电梯进行校验、调试的；

（二）对电梯的安全运行情况进行跟踪调查和了解时，发现存在严重事故隐患，未及时向特种设备安全监督管理部门报告的。

第九十条 特种设备作业人员违反特种设备的操作规程和有关的安全规章制度操作，或者在作业过程中发现事故隐患或者其他不安全因素，未立即向现场安全管理人员和单位有关负责人报告的，由特种设备使用单位给予批评教育、处分；情节严重的，撤销特种设备作业人员资格；触犯刑律的，依照刑法关于重大责任事故罪或者其他罪的规定，依法追究刑事责任。

4. 风险自查奖惩制度

奖惩制度是奖励制度与惩戒制度的合称。奖励制度，指根据员工的现实表现和工作成绩对其进行物质或精神上的鼓励，以调动其工作潜能和工作积极性的制度。惩戒制度，则指员工违反了法律法规、企业规章制度等规定，导致可能给企业带来重大风险隐患或已经造成了实际损害，而对其进行的物质或精神上的惩罚，以起到矫正、威慑、预防的功能。①

为及时消除各类事故隐患，有效遏制事故发生，增强公司职工的安全生产参与意识，建筑施工企业可综合采用定期风险自查计分奖惩法、单次违规惩罚法、单次立功奖励法，并坚持“遵章必奖，违章必罚，责利挂钩，奖惩到人”的原则。

① 张旭：《机械制造企业培训的现状分析及对策》，载《中国科技投资》2020年第4期。

（1）常见的对建筑施工企业相关负责人的惩罚情形

1）未按规定进行安全风险辨识活动的单位，罚部门或班组负责人______元；风险辨识不认真，辨识内容不清晰的，罚负责人______元。

2）各部门、班组未按规定针对安全风险和安全隐患建立安全风险清单并汇总造册的单位，罚单位负责人______元；编制内容不全，编制不合格的，罚单位相关责任人______元。

3）各部门、班组未按规定编写安全风险综合评估书的单位，罚单位负责人______元；编制内容不全，编制不合格的，罚单位相关责任人______元。

4）本单位作业区域安全风险评估不认真或弄虚作假的，罚单位负责人______元，罚相关责任人______元。

5）带班领导、班组长每班交接班前本班组岗位员工未对重点工序进行安全风险辨识评估或未进行现场监管的，罚带班领导______元，罚班组长______元。

6）岗位员工上岗前未对上岗区域进行安全风险辨识的，罚责任人______元；发现安全风险未及时处理并汇报的，罚责任人______元。

7）岗位员工汇报的安全风险，值班人员未在岗位工种值班日志中记录的，罚当班值班领导______元。

8）各业务部门对安全风险辨识评估的结果未按要求进行跟踪落实、闭合管理的，罚责任单位负责人______元。

9）各相关科室未按规定在显著位置公告存在的重大安全风险、管控责任人和主要管控措施的，罚责任单位负责人______元。

10）不组织或不参加各类人员的安全检查生产宣传教育和培训的，每发现一次罚当事人______元。

11）接到“事故隐患通知单”后不及时采取措施的，每发现一次罚部门负责人______元。

（2）常见的对建筑施工企业员工个人的惩罚情形

1）违反操作规程和劳动纪律未造成事故者；

2）超范围使用设备者；

3）非特种作业人员从事特种作业者；

4）拆卸或安装设备不用安全防护设施的、明知设备有缺陷并有可能造成事故还继续使用者；

5）发生伤亡事故或未遂事故隐瞒不报、谎报或拖延不报者；

6）不具备“操作证”或资质而独立上岗操作者。

（3）常见的奖励事项

职工有下列成绩之一者，给予单独奖金______元，每奖励一人次车间加______分。

1）模范遵守国家有关政策法令，遵守集团、冶炼厂各项安全管理制度，在安全工作方面做出显著成绩的；

2）发现事故征兆，立即采取措施以及制止“三违”避免事故或显著减轻事故危害程度的；

3）在事故抢险中有功的；

4）在安全活动等工作中取得其他显著成绩的；

5）对安全生产事故隐患积极举报并经核实的，一般安全生产事故隐患举报奖励标准为______元至______元；重大安全生产事故隐患举报奖励标准为______元至______元；特大安全生产事故隐患举报奖励标准为______元至______元。

（4）附件：某煤业股份有限公司风险管理考核评分标准及分工

附件1：风险管理考核评分标准及分工

附件2：某煤矿科室、区（厂）队风险管理考核评分标准

附件 1

表 8-6 风险管理考核评分标准及分工

考核项目		考核内容	考核标准	考核方式	标准分	牵头部门
一、全面风险管理体系（50分）	（一）全面风险管理体系基础建设（12分）	1. 风险管理组织职能体系	（1）未设置专职风险管理部门或明确指定风险管理负责部门（扣2分）； （2）未配备满足工作需要的风险管理专职或兼职人员（扣1分）； （3）未对风险管理职能机构的职责、责任和权限进行明确界定（扣1分）。	考核对象提交《风险管理组织结构图》《风险管理组织职能说明》等相关文档； 由公司按考核标准进行考核。	4	财务科
		2. 风险管理制度流程	（1）未制定风险管理相关制度或制度覆盖范围不全面（扣1分）； （2）未制定风险管理流程并体现风险管理的内容（扣1分）； （3）制定的制度、流程不能有效执行（扣1分）。	考核对象提交《风险管理制度汇编》《风险管理工作情况总结》《风险管理流程规范》相关文档； 由公司按考核标准进行考核。	3	财务科
		3. 风险管理考核体系	（1）未制定明确的考核办法及考核标准（扣1—2分）； （2）未按照考核办法检查考核（扣1分）。	考核对象提交《风险管理考核办法》、日常工作考核文档； 由公司按考核标准进行考核。	3	财务科
		4. 风险管理报告体系	未建立风险管理报告机制，包括报告类型和审批程序（扣2分）。	考核对象提交风险管理报告机制相关材料； 由公司按考核标准进行考核。	2	财务科

续表

考核项目		考核内容	考核标准	考核方式	标准分	牵头部门
一、全面风险管理体系（50分）	（二）全面风险管理体系运行情况（32分）	1. 初始信息收集	（1）未明确专人负责风险信息的收集上传（扣1分）； （2）未能及时收集、整理、汇总本部门职责范围内的风险管理信息并上传信息系统（扣1分）； （3）收集信息缺乏及时性、准确性、表述不清晰（扣1分）。	考核对象提交收集的初始信息相关资料；查看信息系统。由公司按考核标准进行考核。	3	财务科
		2. 风险辨识评估	（1）未能及时对原有风险事件进行确认并对新风险事件进行登记（扣1分）； （2）风险事件表述不规范，动因说明不充分，存在随意编造或存在重大漏项（扣1分）； （3）未完成风险事件的评估（扣2分）； （4）未评价出本单位重大风险（扣1分）； （5）未绘制风险图谱（扣1分）； （6）未采取访谈等形式对评估出的重大风险进行分析确认（扣1分）； （7）未能按时按要求编制、提交风险辨识评估报告（扣1分）。	考核对象提交《风险事件辨识表》和相关过程文档；提交《风险图谱》《公司重大风险》及《风险评估报告》等相关过程文档； 由公司按考核标准进行考核。	8	财务科
		3. 风险管理策略制定	（1）未按要求制定与本单位相关的风险管理策略（扣1分）； （2）未制定本单位对重大风险的风险偏好（扣1分）； （3）未制定本单位重大风险的风险承受度（扣1分）。	考核对象提交风险管理策略制定文件及相关材料； 由公司按考核标准进行考核。	3	财务科

续表

考核项目		考核内容	考核标准	考核方式	标准分	牵头部门
一、全面风险管理体系（50分）	（二）全面风险管理体系运行情况（32分）	4. 重大风险应对方案	（1）未按要求制订风险应对方案（扣1分）； （2）未认真实施应对方案或根据需要适时调整方案（扣1—2分）； （3）未对方案执行情况进行认真评价（扣1分）； （4）未对重大安全事故和突发事件制订紧急应对预案（扣1分）。	考核对象提交重大风险的应对方案及相关材料； 由公司按考核标准进行考核。	5	财务科
		5. 风险管理监控与改进	（1）未能针对风险监控、预警指标，及时制订风险监控预警方案（扣1分）； （2）未能按指标填写频率，及时填报风险监控数据或数据填报不准确（扣2分）； （3）关联事件填报不及时、准确（扣1分）； （4）未根据监控预警指标情况，定期出具《风险监控报告》（扣1分）； （5）未按要求及时提交季度重大风险管控自评估报告（扣2分）。	风险监控预警指标数据填制准确及时，关联事件填制准确； 考核对象提交《风险监控报告》《风险管控自评估报告》等相关文档； 由公司按考核标准进行考核。	7	财务科
		6. 全面风险管理报告	未及时编写、提交合格的《全面风险管理报告》（扣1—2分）。	考核对象提交《全面风险管理报告》等相关文档； 由公司按考核标准进行考核。	2	财务科

续表

考核项目		考核内容	考核标准	考核方式	标准分	牵头部门
一、全面风险管理体系（50分）	（二）全面风险管理体系运行情况（32分）	7. 业务流程内部控制	（1）未能根据评估出的重大风险，完善相关制度规定,梳理相关业务流程(扣1分)；（2）未能针对风险控制点，制定相应的应对措施（扣1分）；（3）制定的业务流程未能规范有效地执行（扣1分）；（4）未能根据工作需要及时更新改进业务流程(扣1分)。	查看制度等资料；由公司按考核标准进行考核。	4	财务科
	（三）风险管理信息系统（3分）	1. 系统用户管理	部门人员变动未能及时上报风险管理主管部门变更用户信息（扣1分）。	查看用户信息变更记录；查看信息系统；由公司按考核标准进行考核。	1	财务科
		2. 密码保护	用户未能定期修改并妥善保管登录密码，发生泄密事件（扣1分）。	查看信息系统；由公司按考核标准进行考核。	1	财务科
		3. 系统操作	未指定专人及时登录信息系统，办理待办事项（扣1分）。	查看信息系统；由公司按考核标准进行考核。	1	财务科
	（四）其他内容（3分）	1. 业务培训	未按要求参加公司组织的业务培训和有关会议及未定期组织各层级人员进行全面风险管理知识培训（扣1分）。	查看会议记录、培训记录等；由公司按考核标准进行考核。	1	财务科
		2. 文化贯彻	未在本单位开展风险管理文化宣传工作，贯彻风险管理的理念和内容（扣1分）。	查看会议记录等；由公司按考核标准进行考核。	1	财务科
		3. 工作配合	未能及时配合公司风险主管部门开展相关工作（扣1分）。	结合公司风险管理主管部门日常工作掌握情况，客观公正评价各单位风险管控工作。	1	财务科

续表

考核项目		考核内容	考核标准	考核方式	标准分	牵头部门
二、风险管理内部控制（30分）	（一）物资采购风险（6分）	1. 采购制度建设	（1）未建立相关的制度办法，或制度的覆盖范围不全面（扣0.5分）； （2）制度规定不符合相关法律法规、不符合公司的有关要求（扣0.5分）。	考核对象提交本单位的采购制度相关文档，由公司按考核标准进行考核： （1）是否建立健全了相关的采购制度，包括采购价格、采购合同、存货管理等方面的规定； （2）有关规定是否符合相关的法律、法规，符合公司物资采购风险管理的有关要求。	1	市场办
		2. 采购价格管理	（1）未保留比价采购、招标采购的工作记录，工作记录不规范、不完整（扣1分）； （2）比价、招标的工作记录中无本单位风险管理部门的参与确认（扣1分）。	考核对象提交比价采购的工作文档，由公司按考核标准进行考核： （1）是否采取了比价采购、招标采购等措施； （2）本单位的风险管理部门是否参与比价采购、招标采购。	2	市场办
		3. 存货管理	（1）不符合公司确定的合理存货总额标准（扣1分）； （2）物资保管部门的入库物资验收记录不完整（扣0.5分）； （3）出库发货手续记录不完整、盘点记录不及时、不完整（扣0.5分）。	考核对象提交库存物资管理的工作文档，由公司按考核标准进行考核： （1）是否控制存货的合理总额； （2）是否控制存货的质量风险； （3）是否控制存货的日常风险。	2	市场办

续表

考核项目		考核内容	考核标准	考核方式	标准分	牵头部门
二、风险管理内部控制(30分)	(一)物资采购风险(6分)	4. 积压物资处理	(1) 审核意见的工作记录不完整、审核组的成员构成不符合公司要求（扣0.5分）； (2) 审批记录不符合公司的有关要求（扣0.5分）。	考核对象提交处置积压物资的工作文档，由公司按考核标准进行考核： (1) 处理申请是否经过公司的有效审核； (2) 是否按公司要求履行审批程序。	1	市场办
	(二)财务风险(9分)	1. 资产处置	(1)《资产处置申请》及相关资料填写不及时、不完整（扣1分）； (2) 本单位审核意见的工作记录不完整、审核组的成员构成不符合公司要求（扣1分）； (3) 缺少公司风险管理部的评估记录、处置审批记录不符合公司的有关要求（扣1分）。	考核对象提交资产处置的工作文档，由公司按考核标准进行考核： (1) 预计损失10万元以上的单项（批）资产处置是否及时提报资产处置申请； (2) 预计损失10万元以上的单项（批）资产处置申请是否经过本单位的有效审核； (3) 预计损失10万元以上的单项（批）资产处置是否按公司要求履行审批程序。	3	机电科(设备)、房管队(房屋)、基建中心(建筑物)

续表

考核项目		考核内容	考核标准	考核方式	标准分	牵头部门
二、风险管理内部控制（30分）	（二）财务风险（9分）	2. 资产安全	（1）未进行资产盘点（扣1分）； （2）盘点记录不齐全，未有本单位风险管理人员的参与确认（扣1—2分）。	考核对象提交资产状态检查的文档，由公司按考核标准进行考核： （1）是否定期进行各项资产的盘点； （2）各单位风险管理人员是否参与各项资产盘点，检查资产的状态。	3	机电科（设备）、房管队（房屋）、基建中心（建筑物）
		3. 坏账核销	（1）未按公司要求履行审批程序（扣1—2分）； （2）账销案存工作记录及相关资料不符合公司的有关要求（扣1分）。	考核对象提交坏账核销的工作文档，由公司按考核标准进行考核： （1）本单位的坏账处理是否按公司要求履行风险评估、审批程序； （2）坏账处理是否做到账销案存。	3	财务科、煤质发运科
	（三）计划风险（6分）	1. 计划的编制	（1）生产经营计划的安排不合规、不合理（扣1—2分）； （2）资金计划的编制不能保证生产经营持续稳定、安全、高效（扣1分）。	考核对象提交计划统计分析及季度工作总结资料，由公司按考核标准进行考核： （1）生产经营计划的编制是否合规、合理； （2）资金计划的编制能否保证生产经营持续稳定、安全、高效。	3	计划科财务科

续表

考核项目		考核内容	考核标准	考核方式	标准分	牵头部门
二、风险管理内部控制（30分）	（三）计划风险（6分）	2. 计划的执行	（1）未严格执行计划，导致生产经营目标无法完成（扣1分）； （2）发生计划外项目（扣1—2分）。	考核对象提交计划统计分析及季度工作总结资料，由公司按考核标准进行考核： （1）是否严格执行各类计划； （2）是否产生计划外项目。	3	计划科 财务科
	（四）建设项目风险（6分）	1. 风险预案管理	未作风险管理计划，或未及时上报风险管理部门审核（扣1—2分）。	考核对象提交风险管理计划； 由公司按考核标准进行考核。	2	财务科
		2. 重大风险事件报告	未及时报告，或报告有漏项（扣1—2分）。	考核对象提交重大风险事件报告； 由公司按考核标准进行考核。	2	财务科
		3. 风险管理效果评估	未作风险管理效果评估，或未及时将评估报告上报风险管理部审核（扣1—2分）。	考核对象提交风险管理效果评估报告； 由公司按考核标准进行考核。	2	财务科
	（五）法律事务（3分）	引发诉讼和非诉讼法律事务	未遵循公司规定，引发诉讼和非诉讼法律事务，给公司造成损失（扣1—3分）。	考核对象提交相关法律事务的工作文档； 由公司按考核标准进行考核。	3	市场办

续表

考核项目		考核内容	考核标准	考核方式	标准分	牵头部门
三、专项风险管理绩效（20分）	（一）经营风险（4分）	1. 收入确认	收入确认不真实（扣1—2分）。	考核对象提交销售收入的完成资料； 由公司按考核标准进行考核。	2	财务科
		2. 成本确认	成本确认不真实（扣1—2分）。	考核对象提交成本的完成资料； 由公司按考核标准进行考核。	2	财务科
	（二）运营风险（5分）	1. 安全生产	发生安全生产事故并受到处罚（扣1—2分）。	考核对象提交安全责任认定资料； 由公司按考核标准进行考核。	2	安监处
		2. 商品煤质量	出现商品煤质量投诉，认定属于考核对象责任（扣1分）。	考核对象提交商品煤质量争议处理资料； 由公司按考核标准进行考核。	1	煤质发运科
		3. 设备故障影响生产	发生设备故障影响生产事件（扣1分）。	考核对象提交机电部季度检查等资料； 由公司按考核标准进行考核。	1	机电科
		4. 发生污染事件	因污染事件收到有关部门的处罚通知（扣1分）。	考核对象提交有关的认定及处罚资料； 由公司按考核标准进行考核。	1	环保中心
	（三）财务风险（5分）	1. 应收款项	应收款项超过3年未收回（扣1分）。	考核对象提交有关的财务报表资料； 由公司按考核标准进行考核。	1	财务科

续表

<table>
<tr><th colspan="2">考核项目</th><th>考核内容</th><th>考核标准</th><th>考核方式</th><th>标准分</th><th>牵头部门</th></tr>
<tr><td rowspan="7">三、专项风险管理绩效（20分）</td><td rowspan="2">（三）财务风险（5分）</td><td>2. 税务罚款（含滞纳金）</td><td>发生税务罚款、滞纳金（扣1—2分）。</td><td>考核对象提交有关的税务工作资料；由公司按考核标准进行考核。</td><td>2</td><td>财务科</td></tr>
<tr><td>3. 财务信息</td><td>经审计，存在财务信息不真实或重大审计调整意见（扣1—2分）。</td><td>考核对象提交有关的内审、外审资料；由公司按考核标准进行考核。</td><td>2</td><td>财务科</td></tr>
<tr><td rowspan="5">（四）法律风险（6分）</td><td>1. 诉讼和非诉讼法律事务处理</td><td>法律事务处理不当给公司造成损失（扣1分）。</td><td>考核对象提交相关法律事务处理资料；由公司按考核标准进行考核。</td><td>1</td><td>市场办</td></tr>
<tr><td>2. 知识产权保护</td><td>知识产权保护不利造成损失（扣1分）。</td><td>考核对象提交知识产权纠纷等资料；由公司按考核标准进行考核。</td><td>1</td><td>市场办</td></tr>
<tr><td>3. 劳动关系纠纷</td><td>发生劳资诉讼（扣1分）。</td><td>考核对象提交劳资诉讼的统计资料；由公司按考核标准进行考核。</td><td>1</td><td>人资科
市场办</td></tr>
<tr><td>4. 印鉴管理</td><td>印鉴管理、使用违规（扣1分）。</td><td>考核对象提交用印审批统计等资料；由公司按考核标准进行考核。</td><td>1</td><td>市场办
矿办</td></tr>
<tr><td>5. 健康安全环保</td><td>因违规事件收到有关部门的处罚通知（扣1分）。</td><td>考核对象提交有关的认定及处罚资料；由公司按考核标准进行考核。</td><td>1</td><td>市场办
环保中心
医疗中心</td></tr>
</table>

续表

考核项目		考核内容	考核标准	考核方式	标准分	牵头部门
三、专项风险管理绩效（20分）	（四）法律风险（6分）	6. 证照变更	相关证照变更不及时（扣1分）。	考核对象提交有关的证照统计等资料；由公司按考核标准进行考核。	1	市场办

附件 2

表 8-7 某煤矿科室、区（厂）队风险管理考核评分标准

考核项目		考核内容	考核标准	考核方式	标准分
一、全面风险管理体系（60分）	（一）全面风险管理体系基础建设（10分）	1. 风险管理组织职能体系	（1）未配备满足工作需要的风险管理专职或兼职人员（扣2分）； （2）未对风险管理职能机构的职责、责任和权限进行明确界定（扣2分）。	矿风险管理办公室按在册人员考核标准进行考核。	4
		2. 风险管理制度流程	（1）未制定风险管理相关制度或制度覆盖范围不全面（扣2分）； （2）未制定风险管理流程并体现风险管理的内容（扣2分）； （3）制定的制度、流程不能有效执行（扣2分）。	考核对象提交《单位风险管理工作情况总结》《风险管理流程规范》相关文档； 由矿风险管理办公室按考核标准进行考核。	6

续表

考核项目		考核内容	考核标准	考核方式	标准分
一、全面风险管理体系（60分）	（二）全面风险管理体系运行情况（40分）	1. 初始信息收集	（1）未明确专人负责风险信息的收集上传（扣2分）； （2）未能及时收集、整理、汇总本部门职责范围内的风险管理信息并及时上传信息系统（扣2分）； （3）收集信息缺乏及时性、准确性、表述不清晰（扣2分）。	考核对象提交收集的初始信息相关资料；查看信息系统。由矿风险管理办公室按考核标准进行考核。	6
		2. 风险辨识评估	（1）未能及时对原有风险事件进行确认并对新风险事件进行登记（扣2分）； （2）风险事件表述不规范，动因说明不充分，存在随意编造或存在重大漏项（扣2分）； （3）未完成风险事件的评估（扣2分）； （4）未评价出本单位重大风险（扣2分）。	考核对象提交《风险事件辨识表》和相关过程文档； 提交《公司重大风险》及《风险评估报告》等相关过程文档； 由矿风险管理办公室按考核标准进行考核。	8
		3. 风险管理策略制定	（1）未按要求制定与本单位相关的风险管理策略（扣2分）； （2）未制定本单位对重大风险的风险偏好（扣2分）； （3）未制定本单位重大风险的风险承受度（扣2分）。	考核对象提交风险管理策略制定文件及相关材料； 由矿风险管理办公室按考核标准进行考核。	6

续表

考核项目		考核内容	考核标准	考核方式	标准分
一、全面风险管理体系（60分）	（二）全面风险管理体系运行情况（40分）	4. 重大风险应对方案	（1）未按要求制订风险应对方案（扣2分）； （2）未认真实施应对方案或根据需要适时调整方案（扣2分）； （3）未对方案执行情况进行认真评价（扣2分）； （4）未对重大安全事故和突发事件制订紧急应对预案（扣2分）。	考核对象提交重大风险的应对方案及相关材料； 由矿风险管理办公室按考核标准进行考核。	8
		5. 风险管理监控与改进	（1）未能针对风险监控、预警指标，及时制订风险监控预警方案（扣1分）； （2）未能按指标填写频率，及时填报风险监控数据或数据填报不准确（扣1分）； （3）关联事件填报不及时、不准确（扣1分）； （4）未根据监控预警指标情况，定期出具《风险监控报告》（扣1分）； （5）未按要求及时提交季度重大风险管控自评估报告（扣1分）。	风险监控预警指标数据填制准确及时，关联事件填制准确； 考核对象提交《风险监控报告》《风险管控自评估报告》等相关文档； 由矿风险管理办公室按考核标准进行考核。	5
		6. 业务流程内部控制	（1）未能根据评估出的重大风险，完善相关制度规定，梳理相关业务流程（扣2分）； （2）未能针对风险控制点，制定相应的应对措施（扣2分）； （3）制定的业务流程未能规范有效地执行（扣1分）； （4）未能根据工作需要及时更新改进业务流程(扣2分)。	查看制度等资料； 由矿风险管理办公室按考核标准进行考核。	7

续表

考核项目		考核内容	考核标准	考核方式	标准分
一、全面风险管理体系（60分）	（三）风险管理信息系统（3分）	1. 系统用户管理	部门人员变动未能及时上报风险管理主管部门变更用户信息（扣1分）。	查看用户信息变更记录，查看信息系统； 由矿风险管理办公室按考核标准进行考核。	1
		2. 密码保护	用户未能定期修改并妥善保管登录密码，发生泄密事件（扣1分）。	查看信息系统； 由矿风险管理办公室按考核标准进行考核。	1
		3. 系统操作	未指定专人及时登录信息系统，办理待办事项（扣1分）。	查看信息系统； 由矿风险管理办公室按考核标准进行考核。	1
	（四）其他内容（7分）	1. 业务培训	未按要求参加矿风险主管部门或公司组织的业务培训和有关会议及未定期组织各层级人员进行全面风险管理知识培训（扣3分）。	查看会议记录、培训记录及签到簿等； 由矿风险管理办公室按考核标准进行考核。	3
		2. 文化贯彻	未在本单位开展风险管理文化宣传工作，贯彻风险管理的理念和内容（扣2分）。	查看会议记录等； 由公司按考核标准进行考核。	2
		3. 工作配合	未能及时配合公司及矿风险主管部门开展相关工作（扣2分）。	结合公司风险管理主管部门日常工作掌握情况，客观公正评价各单位风险管控工作。	2

续表

考核项目		考核内容	考核标准	考核方式	标准分
二、风险管理内部控制（25分）	（一）物资采购风险（10分）	1. 采购制度建设	（1）未建立相关的制度办法，或制度的覆盖范围不全面（扣1分）； （2）制度规定不符合相关法律法规、不符合矿风险主管部门及公司的有关要求（扣1分）。	考核对象提交本单位的采购制度相关文档，由矿风险管理办公室按考核标准进行考核： （1）是否建立健全的采购制度，包括采购价格、采购验收单、存货管理等方面的规定； （2）有关规定是否符合相关法律、法规，符合矿风险主管部门及公司物资采购风险管理的有关要求。	2
		2. 采购价格管理	（1）未保留比价采购、招标采购的工作记录，工作记录不规范、不完整（扣2分）； （2）比价、招标的工作记录中无本单位风险管理部门的参与确认（扣1分）。	考核对象提交比价采购的工作文档，由矿风险管理办公室按考核标准进行考核： （1）是否采取了比价采购、招标采购等措施； （2）本单位的风险管理部门是否参与比价采购、招标采购。	3
		3. 存货管理	（1）不符合公司确定的合理存货总额标准（扣1分）； （2）物资保管部门的入库物资验收记录不完整（扣1分）； （3）出库发货手续记录不完整、盘点记录不及时、不完整（扣1分）。	考核对象提交库存物资管理的工作文档，由矿风险管理办公室按考核标准进行考核： （1）是否控制存货的合理总额； （2）是否控制存货的质量风险； （3）是否控制存货的日常风险。	3

续表

考核项目		考核内容	考核标准	考核方式	标准分
二、风险管理内部控制（25分）	（一）物资采购风险（10分）	4. 积压物资处理	（1）审核意见的工作记录不完整、审核组的成员构成不符合公司要求（扣1分）； （2）审批记录不符合公司的有关要求（扣1分）。	考核对象提交处置积压物资的工作文档，由矿风险管理办公室按考核标准进行考核： （1）处理申请是否经过公司的有效审核； （2）是否按公司要求履行审批程序。	2
	（二）财务风险（7分）	1. 资产处置	（1）《资产处置申请》及相关资料填写不及时、不完整（扣1分）； （2）本单位审核意见的工作记录不完整、审核组的成员构成不符合公司要求（扣1分）； （3）缺少公司风险管理部的评估记录、处置审批记录不符合公司的有关要求（扣1分）。	考核对象提交资产处置的工作文档，由矿风险管理办公室按考核标准进行考核： （1）预计损失10万元以上的单项（批）资产处置是否及时提报资产处置申请； （2）预计损失10万元以上的单项（批）资产处置申请是否经过本单位的有效审核； （3）预计损失10万元以上的单项（批）资产处置是否按公司要求履行审批程序。	3

续表

考核项目		考核内容	考核标准	考核方式	标准分
二、风险管理内部控制（25分）	（二）财务风险（7分）	2. 资产安全	（1）未进行资产盘点（扣1分）； （2）盘点记录不齐全，未有本单位风险管理人员的参与确认（扣1分）。	考核对象提交资产状态检查的文档，由矿风险管理办公室按考核标准进行考核： （1）是否定期进行各项资产的盘点； （2）各单位风险管理人员是否参与各项资产盘点，检查资产的状态。	2
		3. 坏账核销	（1）未按矿风险主管部门及公司要求履行审批程序（扣1分）； （2）账销案存工作记录及相关资料不符合公司的有关要求（扣1分）。	考核对象提交坏账核销的工作文档，由矿风险管理办公室按考核标准进行考核： （1）本单位的坏账处理是否按公司要求履行风险评估、审批程序； （2）坏账处理是否能做到账销案存。	2
	（三）计划风险（6分）	1. 计划的编制	（1）生产经营计划的安排不合规、不合理（扣1—2分）； （2）资金计划的编制不能保证生产经营持续稳定、安全、高效（扣1分）。	考核对象提交计划统计分析及季度工作总结资料，由矿风险管理办公室按考核标准进行考核： （1）生产经营计划的编制是否合规、合理； （2）资金计划的编制能否保证生产经营持续稳定、安全、高效。	3

续表

<table>
<tr><th colspan="2">考核项目</th><th>考核内容</th><th>考核标准</th><th>考核方式</th><th>标准分</th></tr>
<tr><td rowspan="2">二、风险管理内部控制（25分）</td><td>（三）计划风险（6分）</td><td>2. 计划的执行</td><td>（1）未严格执行计划，导致生产经营目标无法完成（扣1分）；
（2）发生计划外项目（扣1—2分）。</td><td>考核对象提交计划统计分析及季度工作总结资料，由矿风险管理办公室按考核标准进行考核：
（1）是否严格执行各类计划；
（2）是否产生计划外项目。</td><td>3</td></tr>
<tr><td>（四）法律事务（2分）</td><td>引发诉讼和非诉讼法律事务</td><td>未遵循公司规定，引发诉讼和非诉讼法律事务，给矿风险管理部门及公司造成损失（扣2分）。</td><td>考核对象提交相关法律事务的工作文档，由矿风险管理办公室按考核标准进行考核。</td><td>2</td></tr>
<tr><td rowspan="4">三、专项风险管理绩效（15分）</td><td rowspan="2">（一）经营风险（2分）</td><td>1. 收入确认</td><td>收入确认不真实（扣1分）。</td><td>考核对象提交销售收入的完成资料；
由矿风险管理办公室按考核标准进行考核。</td><td>1</td></tr>
<tr><td>2. 成本确认</td><td>成本确认不真实（扣1分）。</td><td>考核对象提交成本的完成资料；
由矿风险管理办公室按考核标准进行考核。</td><td>1</td></tr>
<tr><td rowspan="2">（二）运营风险（6分）</td><td>1. 安全生产</td><td>发生安全生产事故并受到处罚（扣2分）。</td><td>考核对象提交安全责任认定资料；
由矿风险管理办公室按考核标准进行考核。</td><td>2</td></tr>
<tr><td>2. 设备故障影响生产</td><td>发生设备故障影响生产事件（扣2分）。</td><td>考核对象提交机电部季度检查等资料；
由矿风险管理办公室按考核标准进行考核。</td><td>2</td></tr>
</table>

续表

考核项目		考核内容	考核标准	考核方式	标准分
三、专项风险管理绩效（15分）	（二）运营风险（6分）	3. 发生污染事件	因污染事件收到有关部门的处罚通知（扣2分）。	考核对象提交有关的认定及处罚资料；由矿风险管理办公室按考核标准进行考核。	2
	（三）法律风险（7分）	1. 诉讼和非诉讼法律事务处理	法律事务处理不当给公司造成损失（扣1分）。	考核对象提交相关法律事务处理资料；由矿风险管理办公室按考核标准进行考核。	1
		2. 知识产权保护	知识产权保护不利造成损失（扣1分）。	考核对象提交知识产权纠纷等资料；由矿风险管理办公室按考核标准进行考核。	1
		3. 劳动关系纠纷	发生劳资诉讼（扣1分）。	考核对象提交劳资诉讼的统计资料；由矿风险管理办公室按考核标准进行考核。	1
		4. 印鉴管理	印鉴管理、使用违规（扣2分）。	考核对象提交用印审批统计等资料；由矿风险管理办公室按考核标准进行考核。	2
		5. 健康安全环保	因违规事件收到有关部门的处罚通知（扣1分）。	考核对象提交有关的认定及处罚资料；由矿风险管理办公室按考核标准进行考核。	1

续表

考核项目		考核内容	考核标准	考核方式	标准分
三、专项风险管理绩效（15分）	（三）法律风险（7分）	6. 证照变更	相关证照变更不及时（扣1分）。	考核对象提交有关的证照统计等资料；由矿风险管理办公室按考核标准进行考核。	1

二、建筑施工企业举报应对机制

（一）处理举报的原则

1. 风险与影响评估原则

对涉及一般员工的可疑的、被控但未经证实的举报，除视其轻重缓急，进行评估并作出是否调查的决定外，还应注意评估调查的程度范围、涉及主体以及如何进行才能降低对企业构成的不良影响。若举报涉及公司高层管理人员，则由公司董事会批准后组成特别调查小组进行联合调查。①

2. 保密原则

整个调查的过程要考虑采取合适措施进行保密，被调查的人员也有保密的义务。

3. 证据固定原则

如记录全部调查过程，该记录应让被面谈人阅读，并签字确认。

4. 无偏见原则

调查人员不能靠主观想象或自己的猜测或偏好或刻板印象而下任何结论，任何结论只能基于已经得到的证据来推断。

5. 诚实原则

对任何有利或不利的证据应全部保留和利用，不可刻意藏匿证据或毁灭证据或隐瞒任何得到的信息和证据。

① 韩晓燕：《发挥内部审计优势治理商业贿赂》，载《商场现代化》2012年第5期。

6. 严肃流程原则

对每个举报都认真按照流程进行严肃调查与处理。

7. 时效性原则

任何举报都应在规定的时间（如半个月）内完成。

8. 独立原则

调查全过程要公正无私，不能被第三方势力所左右。

9. 冲突回避原则

主导调查的人员不能与举报的案件有利益关联或冲突，否则就不能作为调查人员主导、参与调查。

10. 无误导原则

在调查过程中，不得误导或威胁证人或相关人员，以免无法调查出真实且全面的结果。

11. 反馈原则

任何调查的结果都应反馈给公司相关领导、相关的举报人、被举报人以及其他关联方。

12. 保护举报人原则

与举报人确定无干扰、安静、安全的面谈地点及时间，告知对方公司的政策，对待这类问题的态度，评估这种调查对举报人人身安全的影响，决定调查的方式以及调查的程度与范围，同时注意不能泄露举报人的个人身份信息。

对于情况属实的举报，应根据公司的相关规定进行处罚，并督促有关部门即时进行整改。公司安全科要对举报的各类安全生产事故隐患做好记录，并立即上报领导，在规定时间内对事故隐患进行核实，对查实的事故隐患要及时向相关单位提出整改意见，并督促相关责任单位或责任人限期整改，确保人员生命、财产安全。同时在规定时间内给予举报人答复。对未依法履行生产安全、消防安全职责，违反单位生产安全、消防安全制度的行为，按照有关规定追究安全责任人员的责任。

（二）举报失实的应对机制

在调查过程中，发现举报人存在故意捏造他人违纪违法事实，意图使他人受到法律法规追究、影响他人选拔任用或扰乱他人工作生活情形的，应认定为不实举报。经核查，信访举报人不存在主观故意或者捏造他人违纪违法事实，但存在误信他人传言出现错告或者检举失实等不负责任的行为，应首先进行批评教育。若具有下列情形之一的，应当从重或加重处理：①冒用他人名义进行不实举报的；②策划、指使他人进行不实举报的；③在调查期间，串供或者伪造、销毁、转移、隐匿证据，干扰调查的；④严重侵害他人人格名誉，扰乱他人工作生活，导致履职不力，严重影响公司整体工作推进的；⑤造成其他严重后果的。

（三）刑事调查风险的应对①

除了内部举报外，外部的控告也可能导致企业面临刑事风险。当企业已经面临明显的刑事法律风险，即针对公司（企业）或自然人的刑事诉讼程序尚未启动，侦查机关既没有进行立案，也没有采取侦查措施。但由于种种原因，该公司（企业）或自然人已经感受到被立案侦查的现实危险，例如与本公司（企业）有密切合作关系的关联企业正在接受立案侦查，有关部门已经让本公司（企业）或者高管配合调查，本公司（企业）的相关人员已经被限制出境，对本公司或本人的行政调查显示案件可能已被移交侦查机关，等等。这些迹象都显示，针对本公司（企业）或本人的刑事侦查活动即将展开，本公司或本人面临刑事指控的极大可能性。

在上述“危机四伏”、行为人“压力重重”的情况下，律师的刑事合规工作具有相对的明确性和针对性。在接受委托后，律师所能从事的工作主要有三个方面：一是开展合规调查，也就是全面调查公司单位或者自然人所从事的相关活动是否涉及刑事法律风险，了解和分析这些交易和经营活动的细节；二是诊断刑事法律风险，针对各项交易和经营行为，根据法律规定，明确指出这些交易、经营等行为是否触犯了刑法，确定构成的罪名；三是提出防范刑事法律风险的建议，也就是在法律允许的范围内，提出避开特定罪名的具体补救措施，如减少高档消费、退回相应款项、还清相应债务、补齐相应合同等。

通常来说，特定刑事合规业务的最终成果是一份综合性刑事合规报告书，该报告书包括“合规团队简介”“委托人情况介绍”“相关交易和经营活动”“刑事

① 部分内容参见陈瑞华：《“体检式刑事法律服务”的兴起》，载《中国律师》2018年第1期。

法律风险诊断”“化解刑事法律风险的建议”等主要部分，可为客户提供一份较为完整的刑事合规调查和咨询建议。

再者，律师还应帮助客户提前准备好应对刑事调查的措施，为企业、高管、员工关于如何配合调查提供有针对性的应对方案。当被司法机关或其他调查机关审查或调查时，由于没有相关经历且对刑事诉讼不了解，一般人很容易陷入慌乱、恐惧的状态中，导致做出错误的判断，提供与事实不符的言词证据；或者因没有保存关键的有利证据而陷入被动。

律师的合规工作包括：向客户讲解可能涉及的罪名以及相关的量刑规则；帮助客户熟悉刑事诉讼程序的流程；帮助客户了解未决羁押场所的布局以及侦查讯问程序的流程；必要时参考已决案件的案卷，向客户讲解侦查案卷的基本构成，诸如“程序卷”与“证据卷”的关系和效力；向客户讲解基本的证据规则，尤其是讯问笔录的效力；帮助客户鉴别常见的非法侦查手段，尤其是应对非法讯问的基本策略；协助客户分清无罪证据与有罪证据，并做好对无罪证据的保全工作，防止侦查人员立案后将全部证据材料予以扣押，陷入有理说不清、有证无处取的困境；等等。

在为客户提供应对刑事调查的服务时，律师还要注意防范自身的职业风险。本着“律师画地图，委托人选择道路”的基本原则，律师要向委托人详细说明各种选择的可能性，并帮助分析各项选择的利弊得失以及可能的风险。律师不要为委托人提供应对未来刑事调查的具体操作方式，要遵守职业底线，不得采取诸如毁灭、伪造、藏匿证据，威胁、引诱、欺骗证人提供伪证，或者违法制造不真实证据等不正当手段。

当然，事前的刑事风险防范很重要，刑事合规服务应常态化，企业应将刑事合规服务纳入法律顾问、法律咨询、决策审核的工作之中，并定期进行“体检式法律服务”，以推动公司建立常态化的合规文化。

图书在版编目（CIP）数据

建筑施工企业合规及风险防范指引 / 韩骁，王晓儒主编. -- 北京：中国法治出版社，2025. 4. --（企业合规管理法律实务指引）. -- ISBN 978-7-5216-4168-4

Ⅰ. D922. 297. 5

中国国家版本馆 CIP 数据核字第 2024X0W225 号

策划编辑：胡艺
责任编辑：马春芳　　封面设计：周黎明

建筑施工企业合规及风险防范指引

JIANZHU SHIGONG QIYE HEGUI JI FENGXIAN FANGFAN ZHIYIN

主编/韩骁，王晓儒
经销/新华书店
印刷/河北鑫兆源印刷有限公司
开本/710 毫米×1000 毫米　16 开　　印张/ 27　字数/360 千
版次/2025 年 4 月第 1 版　　2025 年 4 月第 1 次印刷

中国法治出版社出版
ISBN 978-7-5216-4168-4　　定价：88. 00 元

北京市西城区西便门西里甲 16 号西便门办公区
邮政编码：100053　　传真：010-63141600
网址：http：//www. zgfzs. com　　**编辑部电话：010-63141815**
市场营销部电话：010-63141612　　**印务部电话：010-63141606**

（如有印装质量问题，请与本社印务部联系。）